风险交通行为

智能感知与矫正

付 锐 袁 伟 著

人民交通出版社股份有限公司
北 京

内 容 提 要

本书针对目前道路监控系统在线精准识别与智能研判能力不足、风险交通行为有效防控技术缺乏等问题,系统介绍了新一代道路风险交通行为智能感知与矫正技术。本书围绕道路运行风险主动防控需求,从道路交通事故数据特征中解析风险交通行为,为制定风险协同防管控策略奠定基础;开展动态多目标、多维度风险因子实时检测与智能感知技术研究,为风险交通行为辨识、风险评估提供有效信息;对交通行为进行辨识预测,为驾驶人行为矫正和主动防控提供触发依据;通过人因机理分析实现风险交通行为由被动矫正转向自助矫正,构建一套集精准道路风险智能感知、快速辨识与自助矫正的道路风险防控系统。

本书可供从事交通安全技术及相关领域科研、教学和管理的人员全面了解图像识别、雷达、信息、通信和人工智能等先进技术在道路风险防控中的应用。

图书在版编目(CIP)数据

风险交通行为智能感知与矫正 / 付锐,袁伟著. —
北京:人民交通出版社股份有限公司,2022.9
ISBN 978-7-114-18171-9

Ⅰ.①风… Ⅱ.①付…②袁… Ⅲ.①公路运输—安全运输—研究 Ⅳ.①U492.8

中国版本图书馆 CIP 数据核字(2022)第 156744 号

Fengxian Jiaotong Xingwei Zhineng Ganzhi yu Jiaozheng

书　　名: 风险交通行为智能感知与矫正
著 作 者: 付　锐　袁　伟
策划编辑: 张　琼
责任编辑: 董　倩
责任校对: 席少楠
责任印制: 刘高彤
出版发行: 人民交通出版社股份有限公司
地　　址: (100011)北京市朝阳区安定门外外馆斜街 3 号
网　　址: http://www.ccpcl.com.cn
销售电话: (010)59757973
总 经 销: 人民交通出版社股份有限公司发行部
经　　销: 各地新华书店
印　　刷: 北京虎彩文化传播有限公司
开　　本: 787×1092　1/16
印　　张: 17.5
字　　数: 320 千
版　　次: 2022 年 9 月　第 1 版
印　　次: 2022 年 9 月　第 1 次印刷
书　　号: ISBN 978-7-114-18171-9
定　　价: 98.00 元

FOREWORD 前言

“长乐、永宁、安定、安远”是本书作者工作生活三十余年的西安城四个古城门的名字，可见，从古至今，安全是贯穿整个道路交通发展进程的永恒主题。如今信息感知、无线通信、远程存储、人工智能、高精定位和导航等新技术不断涌现，并广泛应用于道路和交通设施，从监测到控制，从个体行为干预到宏观系统管理，全方位地影响交通业态，也为提高道路交通安全提供了全新的手段和途径。借助这些技术，可将事故防控提早为风险防控，将事件干预细化为行为干预，有望实现交通事故率大幅下降。

在此背景下，本书作者承担了国家重点研发计划项目“道路运输网运行风险主动防控关键技术及应用(2019YFB1600500)”，并在开展项目研究的过程中，梳理和总结研究成果，形成两本著作，即《风险交通行为智能感知与矫正》和《特殊路段运行风险主动防控技术》。前者的核心内容是风险防控需要解决的风险感知、风险辨识和行为干预等关键技术问题，是实现风险防控的技术基础；后者的主要内容是针对大桥、长隧道、长下坡、急陡弯等典型路段的风险防控技术和防控方案。读者如希望了解风险防控背后的支撑技术和原理，可选择本书，如欲进一步了解对危险路段运行风险的具体防控措施和方案，可参考《特殊路段运行风险主动防控技术》。

本书共8章，第1章对本书所述风险交通行为进行界定，介绍研究内容的技术背景和研究现状；第2章主要介绍基于交通事故数据驱动的风险交通行为特征，解析风险交通行为与事故间的映射关系；第3章主要介绍基于视频运用人工智能算法实现交通目标检测、跟踪与感知的技术；第4章主要介绍基于毫米波雷达和激光雷达的交通目标连续跟踪和轨迹预测技术；第5章主要介绍视频与雷达融合的多目标检测跟踪方法，实现跨设备交通目标的连续跟踪；第6章主要介绍多维度道路环境风险因子检测技术；第7章主要介绍典型风险交通行为的在线辨识方法，以及针对长下坡、急弯等路段的典型风险交通行为预测算法；第8章主要介绍基于人因理论构建多模态、差异化的交通行为矫正技术。

本书具体的撰写分工为：第1章由付锐、袁伟撰写；第2章由牛世峰、潘应久、袁伟、于鹏程撰写；第3章由李亚栋撰写；第4章由栗红强、刘建超、王邓江、胡攀攀、孟凡志撰写；第5章由宋焕生、葛振振、崔华、魏文辉、公维宾、翟军、房颜明、邓永强、戴喆、李孔、魏泽发、朱礼亚撰写；第6章由李志慧、陶鹏飞、罗高赛撰写；第7章由刘亚辉、王畅、丁华、王永岗撰写；第8章由郭羽熙、高在峰撰写。此外，众多研究生在本书的撰写过程中付出了辛勤劳动，承担了大量的资料收集、文字和图片校对等工作，他们是黄涛、刘照霞、赵辰浩、马昕、马冲、于士杰、党忠政、郭子豪、濮泽昱、陈军如、涂凯、赵辉、萧家恒、吴场建、李孔、唐心瑶、张昊昊、黄云飞、马永健、曹倩、董俊一、董晴、杨文杰、陈俊先、苏彦奇、邓芳、梁佳文、李坤宸、石天聪、孙港、张会明、赵苑秀等。

感谢长安大学、清华大学、浙江大学、吉林大学、北京万集科技股份有限公司、北京旷视科技有限公司、公安部道路交通安全研究中心、江苏大学、北京工业大学、招商局公路网络科技控股股份有限公司作为项目承担单位对本书撰写工作的支持；本书得到国家重点研发计划项目“道路运输网运行风险主动防控关键技术及应用(2019YFB1600500)”的资助；感谢人民交通出版社股份有限公司对本书出版工作的支持。

历经3年，10个参研单位200余名研究人员勤勤恳恳，倾情投入，克服由新冠肺炎疫情带来的种种困难，汇总研究成果形成本书。但终究因时间和精力有限，本书对所涉及问题的探讨难免有疏漏，或存在方法、观点的偏颇，敬请广大读者批评指正，同时更希望本书能引发读者对相关问题的兴趣，进而深入探讨，使本书起到抛砖引玉的作用。

付　锐

2022 年 4 月于西安

CONTENTS 目录

CHAPTER 1 第1章

绪论

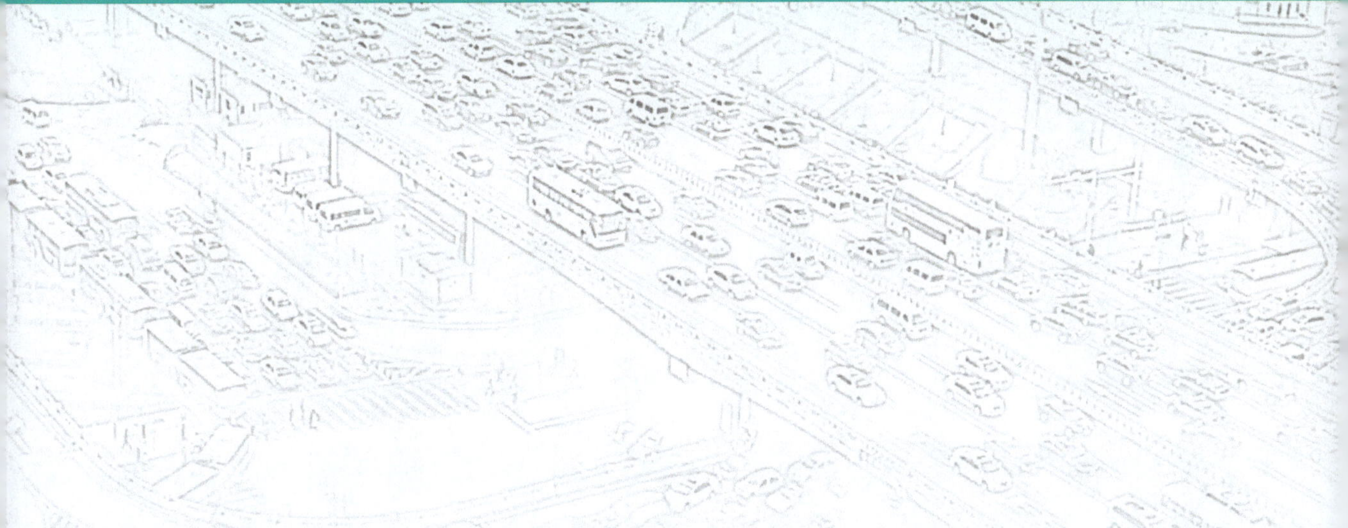

本书探讨风险交通行为的智能感知、辨识预测与干预矫正技术。为使整书概念统一、范围清晰，本章首先给出所述风险交通行为的界定，并介绍问题提出的技术背景和国内外研究现状，最后概述本书的主要研究内容。

1.1 风险交通行为的界定

世界卫生组织（World Health Organization，WHO）指出，全球每年大约有 130 万人死于道路交通事故，受伤的数量高达 5000 万人，且在道路交通事故死亡人群中大部分是青壮年。道路交通事故给人类社会和经济发展带来伤害的严重性无法忽视，给涉事家庭带来的伤痛也难以承受。我国自 1951 年开始统计记录交通事故数据，道路交通事故发生数量呈现先上升后下降的变化趋势。2004 年，《中华人民共和国道路交通安全法》正式施行之后，道路交通事故的发生率从高发到遏制直至下降，目前虽趋于平稳，但与其他国家相比，总量仍居于高位。

在涉及道路交通事故的人、车、路三要素中，人的因素占比最高，如图 1-1 所示，包括机动车驾驶人、非机动车、乘车人、行人等，高达 90% 以上的交通事故是由于人的各种过错或失误所致，如车辆违法变道、非机动车驶入机动车车道以及行人闯红灯和横穿高速公路等。进一步探究道路交通事故的产生机理可以发现，风险交通行为已成为影响道路交通安全的主要因素，其引发的道路交通事故占比超过 95%。

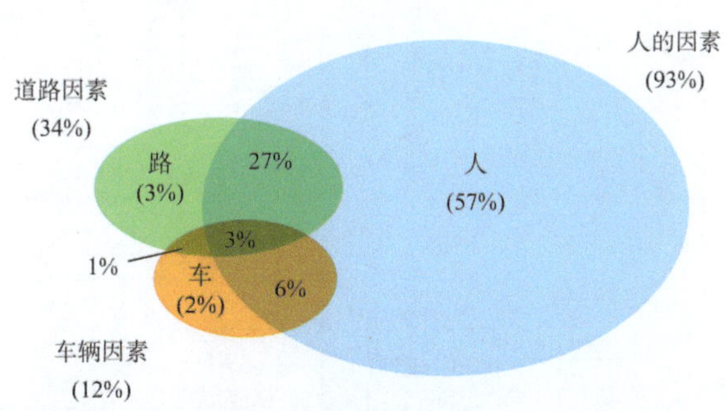

图 1-1 美国对道路交通事故因素分布的统计分析结果

全国道路交通事故统计数据显示，2020 年道路交通事故的主要原因包括：机动车驾驶人违法行为、机动车驾驶人非违法行为、非机动车违法行为、行人与乘车人违法行为、道路不安全因素和意外等。其中，因机动车驾驶人违法行为和非违法行为导致的交通事故分别为202465起和1668起，造成死亡的人数是53420人和404人，占总死亡人数的87.75%和0.68%，受伤人数是205149人和1814人，占总受伤人数的81.82%和0.72%。可见，各类风险交通行为是交通事故的主要诱因。

风险交通行为既包括超速、闯红灯等违法行为，也包括跟车距离过近、疲劳驾驶、分心驾驶等不良习惯和状态导致的风险行为；此外，非机动车及行人同样涉及风险交通行为，具体如图1-2所示。

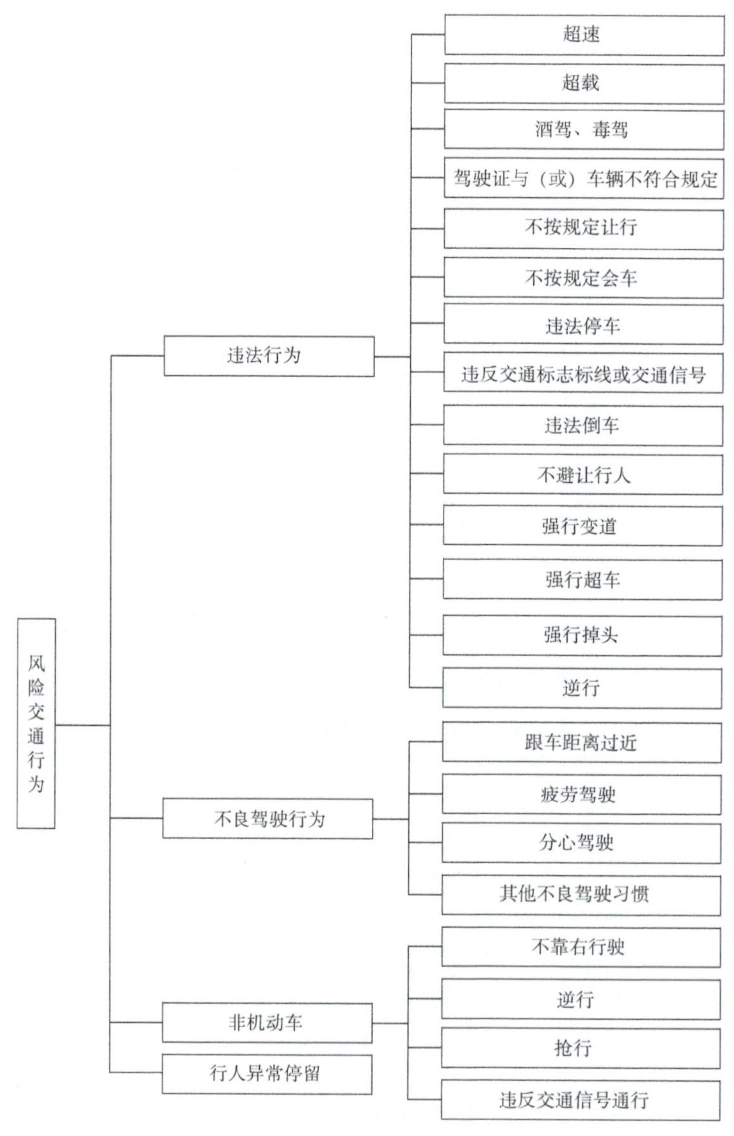

图1-2　风险交通行为分类

同时，风险交通行为也会因时、因地的不同而异。在条件良好的高速公路上，以100km/h的速度行驶，不是风险交通行为；但在雨、雪、雾等恶劣天气，在隧道、弯道等特殊路段，以80km/h的速度行驶，则属于风险交通行为。因此，与天气条件、道路条件相关的外显风险交通行为也是风险交通行为的重要一环。

目前，通过车载设备监测驾驶人不良驾驶状态的研究已取得较大进展，对驾驶人疲劳驾驶、分心驾驶和饮酒驾驶等的监测技术已得到广泛应用，均对风险交通行为进行了有效地预警和干预。本书重点探讨针对通过路侧设备监测的外显风险交通行为，以及与天气条件、道路条件相关的风险交通行为的感知、辨识、预测和矫正技术。

1.2 技术背景

云计算、大数据、物联网、人工智能等新兴技术推动道路基础设施向智能化和网联化发展，催生智慧公路的兴起，也为道路运行风险的智能感知和主动防控提供了新的思路和手段，使其成为智慧公路的关键一环，故而智慧公路的蓬勃发展是本书诞生的技术背景。

智慧公路是一个集成多领域新技术的复杂、庞大系统工程，主要包括信息感知和控制层、网络通信层和信息管理层，主要涉及泛在无线通信技术、车辆全时空连续高精度定位与导航技术、基于车路协同的车辆队列技术、无线充电技术、道路智能材料技术、面向主动安全的道路控制技术、面向出行即服务的车路信息交互技术和结合基础设施的智能决策与规划技术等。在信息感知和控制层，采用路侧设备采集道路和车辆信息，利用深度学习、云计算等技术进行信息的实时处理，为车辆提供丰富全面的路况信息和决策依据；在网络通信层，考虑信息传输的稳定性与安全性，采用光纤无线电技术、可见光通信技术，实现无处不在且按需进行的信息获取、传递、存储、认知、决策、使用等综合服务的网络体系；在信息管理层，主要由云平台技术和大数据技术，采用状态机、决策树、深度学习、增强学习等方法挖掘信息和制定决策，实现对车流在时间和空间上的引导与分流，通过可变交通标志或数字交通广播发布交通诱导信息。

智慧公路车路协同技术借助车与车、车与路侧基础设施、车与行人之间的无线通信，实现对车辆周边状况的实时感知和即时预警。面向未来，基于数字孪生技术构建平行智慧公路，以人-车-路多维数据驱动，通过大数据计算进行分析评估，进行物理公路系统与人工仿真系统之间的交互，完成对各自未来状况的“借鉴”和“预估”，实现对物理系统管理和控制方式的优化。

目前，智慧公路主要应用在运输组织、应急救援、智能车辆、安全保障、节能环保、绿色能源等诸多领域，是一个集环境感知、规划决策、信息交互、自动修复等功能为一体的高新技术道路综合体，通过提供大量全局、实时和先验知识，辅助智能网联汽车环境感知和即时通信，消除行车安全和交通拥堵隐患，让道路交通系统更安全、高效、环保和舒适。

风险交通行为智能感知与矫正的目的是通过研究道路风险传播机理，提升交通行为感知能力与交通风险精准辨识速度，探讨基于人因理论的风险交通行为矫正技术，实现道路运行风险主动防控，进而大幅提升道路运行的安全性。因此，风险交通行为感知与矫正是智慧公路发展过程中需攻克的诸多关键技术之一。

智慧公路的建设着眼于提升道路设施的智能化，道路运行风险智能感知与主动防控则聚焦于运用智慧公路的前端技术提高道路运行安全和通行效率，是智慧公路实现快速落地的一个重要应用领域。因此，道路运行风险智能感知与主动防控是现阶段智慧公路切实可行的技术实践。风险交通行为智能感知与矫正技术主要针对现实道路运行中存在的风险，探讨实现风险有效防控的技术措施和方案，因此，技术选择是以可行和可靠为前提，强调技术的落地性，同时兼顾融入未来智慧公路的技术构架。

1.3 国内外研究现状

风险交通行为的智能感知与矫正是一个涉及交通工程、车辆工程、计算机工程、信息工程和心理学等的多学科融合技术，主要研究包括风险交通行为分析、基于视频的动态目标实时监测、基于雷达的多目标动态连续跟踪、雷达与视频一体化的融合感知、多维度运行风险因子的检测、风险交通行为的辨识与预测和风险交通行为的矫正。本节从这几个方面简要介绍国内外研究现状。

1.3.1 风险交通行为分析

交通事故数据包含人、车、道路及环境等各方面记录，包含丰富的事故信息，是进行道路交通安全研究的重要资源，也是制定交通安全政策的依据。

对交通事故信息进行统计、分析能够有效揭示事故规律及影响因素，从而为道路交通安全改善和提升提供数据支撑。道路交通事故数据库能够实现对事故信息的有效存储、维护、查询和统计分析，使事故信息的获取和管理更加系统、高效、准确，以利于把握事故发生特征及规律并采取有效措施降低事故发生。因此，构建适应功能需求的道路交通事故信息数据库对交通安全尤为重要。

目前，对高风险交通行为及其他影响事故发生原因的研究通常是以历史事故数据为基础，建立数理统计模型，进而得到单影响因素和多影响因素与事故结果的相关性，或影响因素之间的耦合关系。张旭欣等的研究表明，与驾驶风险相关的人的因素主要包括驾驶人本身性格特质与驾驶行为，因此，解析驾驶行为对事故风险影响，对提高道路交通安全具有非常重要的意义。

国外针对事故风险与驾驶人影响因素研究，主要考虑与驾驶人的性别、年龄、驾龄、教育程度和与驾驶行为相关的因素。LEE 利用 2009—2013 年韩国国家健康与营养调查中 15043 名 20 岁和 20 岁以上汽车驾驶人的数据，使用多变量对数几率回归（Logistic Regression，LR）分析方法研究了驾驶人饮酒习惯与高风险行为之间的联系，结果表明高频饮酒者和中频饮酒者开车时出现的高风险行为较多；MARTINEZ 使用 2016 年 5 月西班牙晴雨表数据来分析不同类型高风险驾驶行为的驾驶人特征，研究表明，在西班牙成为高风险驾驶人的可能性随着受教育程度的提高而增加，并随着年龄的增长而降低。IREM 通过调查 2014 年 1～11 月发生在拉合尔的 461 起事故，确定了巴基斯坦拉合尔致命和非致命道路交通事故的因素，采用判别分析法对致命和非致命撞车进行分类，研究结果显示，与男性驾驶人相比，女性驾驶人死亡的风险更高，超速和超载是导致致命事故的高风险行为。

国内相关研究发现，人的行为尤其是高风险交通行为是影响交通事故发生的主要因素，王恩达建立了基于交互信息理论的风险测度模型，并发现事故风险的大小取决于行车时存在的风险因素的种类和数量，而且当特定的风险因素组合时，如不当驾驶行为风险与突发意外事件风险相组合，会产生极高的交通事故风险，研究发现，在采集的事故样本中，有 77.8% 的事故存在不当驾驶行为；WANG 使用武汉交通管理局提供的为期 5 年的事故数据分析造成道路交通事故死亡的危险因素。通过案例对照研究了四种类型的变量，包括驾驶经验、环境因素、巷道因素和碰撞特性，统计分析结果显示，碰撞事故死亡风险与驾驶经验、季节、光照条件、道路类型、碰撞类型、碰撞方向和高风险驾驶行为显著相关；黄钢以 2013—2017 年全国道路交通事故数据为样本，分别使用灰色关联模型和白化加权函数的灰色关联模型对道路交通事故中 40 项主要因素进行了关联分析，结果表明，超速行驶、未按规定让行、违法会车和酒后驾驶是造成道路交通事故的主要原因。

1.3.2 基于视频的动态目标实时监测

目标检测技术是指快速、准确地将视频序列图像中的动态目标从背景中分离出来，它是后续目标跟踪、分类、识别和行为分析的基础。在道路交通环境中，动态目标主要包括行人、机动车、非机动车和异常物体等。目前，目标检测技术主要分为双阶段的目标检测技术和单阶段的目标检测技术，其中，双阶段的目标检测技术是指将检测问题划分为两个子问题，分别是产生检测框的候选区域和对候选区域进行分类和位置回归，主要方法包括：区域卷积神经网络（Region Convolutional Neural Network，R-CNN）、空间金字塔池化（Spatial Pyramid Pooling，SPP）、快速区域的卷积神经网络（Fast R-CNN）、更快区域的卷积神经网络（Faster R-CNN）、掩码区域卷积神经网络（Mask R-CNN）等；单阶段的目标检测技术是对原图进行区域划分，不再进行候选区域提取，直接在每个区域回归对应目标的位置及类别，以解决双阶段的目标检测技术的速度瓶颈、训练复杂和无法考虑全局信息等问题。目前，单阶段的目标检测技术主要包括：You Only Look Once（Yolo）、单次检测器（The Single Shot Detector，SSD）、Yolov2、Yolov3 等。

目标跟踪技术是指跟踪特定目标在连续图像中的位置并对目标赋予全局唯一认证信息，甚至包含对同一目标在跨摄像头下进行位置跟踪。利用这样的技术，可以得到目标在单摄像头或跨摄像头内的完整运动轨迹。目前，目标跟踪技术主要分为手工规则的目标跟踪技术和深度学习的目标跟踪技术。手工规则的目标跟踪技术主要可以分为生成式模型和鉴别式模型。早期的工作主要集中于生成式模型跟踪算法的研究，如光流法、粒子滤波、Meanshift 算法和 Camshift 算法等；鉴别式模型是指将目标模型和背景信息同时考虑在内，通过对比目标模型和背景信息的差异将目标模型提取出来，从而得到当前帧中的目标位置。深度学习的目标跟踪技术主要通过目标检测、特征提取/运动预测、计算成对的检测和短轨迹之间相似度、采用相似度或距离度量将属于同一目标的检测和小轨迹关联起来实现目标的跟踪。

风险感知技术包含交通事件分析技术和环境风险感知技术。交通事件分析技术指基于得到的目标轨迹信息，并结合交通环境和交通规则，对交通事件做出研判。环境风险感知技术主要是对道路环境进行评价，包含能见度、抛洒物、路面平整度等指标，以做到对潜在交通事故的提前预警。

1.3.3 基于雷达的多目标动态连续跟踪

基于雷达的多目标动态连续跟踪是雷达对信号处理器提取到的点迹进行关联、预测、滤波，进而输出多目标的位置、速度和加速度信息。由于基于雷达的多目标动态连续跟踪技术检测精度高、提供信息丰富、系统可靠性和稳定性高、抗干扰能力强、全天候、工作和安装维护方便快捷，从而使得雷达在多目标动态连续跟踪领域得到了大规模应用。

依据雷达的类型，现有基于雷达的多目标动态连续跟踪技术主要分为基于毫米波雷达的多目标动态连续跟踪和基于激光雷达的多目标动态连续跟踪。基于毫米波雷达的多目标动态连续跟踪技术通过采用数字波束形成算法和数据信号处理单元对毫米波雷达采集的数据进行处理，获取目标坐标、速度、强度信息，从而实现目标的识别和定位。毫米波雷达能够准确地获取目标的距离和速度信息，高振海通过实验对目标的运动状态进行预计和验证后，证实了毫米波雷达的精确性；刘志强等提出一种基于毫米波雷达和安防监控摄像机相结合的前方车辆检测方法，该方法解决摄像机、雷达、世界坐标系的变换关系，实现空间上的融合，并采用线程同步方式实现时间上的融合。基于激光雷达的多目标动态连续跟踪技术是通过对激光雷达获取的点云数据进行分割并聚类为不同的目标，进而产生目标对象的外接矩形框并提取其中的特征信息。基于激光雷达的多目标动态连续跟踪主要实现方法分为基于特征的方法和基于栅格地图的方法。基于特征的方法主要通过聚类、几何特征拟合、提取特征向量等步骤实现目标的识别，针对不同的目标，需要建立不同的几何模型，因此，一种检测算法只能识别一类目标。基于栅格地图的方法利用离散的二维网格来划分环境空间，采用单元格中包含障碍物的概率来对环境进行表达。与基于特征的方法相比，基于栅格地图的方法不需要假定目标的几何模型，可应用于多种类型的目标，如行人、自行车、汽车等；除此之外，基于栅格地图方法感知环境的另一个优势在于多目标跟踪与路径规划。

1.3.4 雷达与视频一体化的融合感知

对交通目标进行检测跟踪的方式有很多，其中基于视频和雷达的方式是实际应用中的主流方案。视频检测可以获取图像中的交通目标风险行为及交通参数等重要交通数据。但真实环境中，由于受到光照变化、视线遮挡、目标运动复杂性、目标与背景颜色相似等不利因素干扰，检测结果易受外部环境变化影响，造成视频分析出现误报、漏报的情况。雷达检测优点是在恶劣环境下适用性极强，雷达发射的毫米波导引头穿透雾、烟、灰尘的能力强，具有测距精度高、全天候、全天时工作的特点。但其缺点是无法获得精细化的目标信息，相比于视频手段来说只能进行大致的信息感知。实现雷达视频检测信息融合，可以充分发挥雷达和视频的优点，实现互补，提高目标检测的精度和范围。

信息融合技术以各类软硬传感器为基础，通过数学方法和技术工具对获取的多源信息进行关联、估计和融合，以实现目标系统的协调优化和综合处理的目的，其本质是对于多元变量的估计与决策。WANG 等采用后融合的方式将雷达与视频追踪结果进行融合，使用扩展卡尔曼滤波进行状态估计，获得了相对更好的追踪结果。我国人工智能算法在某些领域的应用处于国际领先地位，但雷达信号处理芯片、检测距离、扫描方式以及智能分析算法等方面与国际先进水平尚有差距。智能交通感知技术未来的发展趋势主要是提升与完善人工智能、雷达、视频等单项技术的感知技术；实现多传感器融合技术的优势融合，提升综合感知能力，解决边缘检测准确性、强目标掩盖弱目标等问题；从车载感知向车路协同感知应用转移，实现交通系统的智慧化。

由于单摄像机和毫米波雷达监控区域有限，实际监控场景中通过单摄像机和雷达不可能长时间大范围地跟踪动态目标，可以利用多个相关摄像机与雷达所获得的目标感知信息得到更广范围和更高层次的监控场景感知能力，通过融合多个摄像机和雷达的数据信息，实现广域监控场景中动态目标全程连续跟踪。目前，国内外常用的运动车辆跟踪技术主要有基于运动估计的跟踪方法、基于模型的跟踪方法、基于轮廓的跟踪方法、基于几何变换的跟踪方法及基于特征匹配的跟踪方法。

现阶段我国交通目标检测及异常行为检测技术以视频、雷达等单一技术为主，人工智能算法和数据融合技术欠缺；复杂交通场景中交通行为在线识别精度低、实时性差、运行风险辨识和评估智能化不足。本书主要研究了视觉与雷达一体化检测跟踪方法，实现了大范围交通目标风险状态和行为的连续实时监测，形成了新一代道路运输网运行风险智能感知技术体系，为交通安全主动防控、交通精细化治理等应用需求提供更加及时可靠和系统全面的基础数据。

1.3.5 多维度运行风险因子的检测

交通运行风险因子是指从人、车、路、环境角度出发，对交通安全产生负面影响的要素，交通风险因子的检测是交通风险识别、预警、防控等的基础，也是提升道路网络运行安全性的迫切需求，而道路风险组成复杂，如何从纷繁复杂的道路风险因子中找到主要的影响因子并对其进行高效检测，是当前的研究重点与难点，也是当前研究所面临的挑战。在道路运输系统中，隧道、桥梁和长下坡路段更易受交通风险因子影响，是交通安全领域研究重点。

不同类型的高风险路段具有不同的交通风险因子，如：隧道路段的内部照明、出入口“黑白洞”效应等是引发交通事故的主要因素；大桥路段因常出现横风、团雾、雨雪等不利因素，易导致翻车、连环追尾等交通事故；长下坡路段车辆超载、超速、制动失效等的存在，增加了发生交通事故的风险。同时，风险因子包括人、车、路、环境等多个维度，如何从复杂多样的风险因子中找到路段相应的风险主要影响因子，是进行风险因子分析的前提。

在不同的道路环境下，交通风险因子的分布具有不同的特点。例如，隧道路段照明条件在隧道出入口段的影响最为明显；大桥路段的中段更易发生结冰等风险；长下坡路段车辆往往在路段下游部分发生制动失效问题。在建设成本、检测器有效检测范围与检测精度等的制约下，如何利用有限的资源，抓住道路风险因子的分布特点对其进行高效检测需因环境和道路条件而定，也是研究的重点。

1.3.6 风险交通行为的辨识与预测

国内外针对大桥、长隧道、长下坡等特殊路段的研究集中于车速特征、交通流特性、驾驶人心理与生理特性、风险行为检测等方面。具有代表性的有：日本 Fujitsu 株式会社研发了高精度、可实时监测的交通异常检测技术及基于图像识别和机器学习的交通视频分析技术；UC Berkeley 建立了风险行为评估人-车-路数据集和驾驶任务需求模型，提出了风险驾驶行为干预策略。长安大学在高速公路特长隧道环境驾驶人风险行为特性、连续长大下坡安全保障技术、高速公路交通安全风险评估及应急管理能力等方面的研究成果已得到广泛应用。现有研究对大桥、长隧道等风险路段，长下坡、急陡弯等隐患路段交通风险的实时辨识与预测评估技术相对薄弱，是目前交通管理中存在的一个明显技术瓶颈。复杂交通场景下风险交通行为精准快速辨识、预测与风险评估的系列关键技术有待突破。随着智慧出行概念的提出，结合大数据交通目标识别、风险交通行为预测、风险行为评估的成套技术方案与产品体系，成为提升交通安全的重要技术手段与主流发展趋势。

1.3.7 风险交通行为的矫正

风险交通行为矫正技术的发展，经历了现场执法、交通安全设施设置、可变信息标志等阶段，已经逐渐从单一被动经验模式向主动协同防控模式转变，从人主观辨识判断模式向智能感知辨识干预一体化模式转变。国内外已有的成果主要有：奥地利 Kapsch TrafficCom 公司的道路安全执法系统、交通管理和车用无线通信技术（Vehicle to X，V2X）合作系统应用于林肯隧道和荷兰隧道的交通和道路状况监控，自动检测事故并限制车辆运行；美国联邦高速公路管理局（Federal Highway Administration，FHWA）的下坡严重度分级系统广泛应用于美国下坡路段对货车挡位和车速的建议。在国内，长安大学、北京工业大学、招商局公路网络科技控股股份有限公司等致力于长下坡、长隧道、桥梁等路段的安全保障技术研究，取得了交通安全监测与控制系统等一系列创新成果，探索高速公路特殊行车路段预警与联动处置的功能，并应用于我国高速公路。然而，目前风险交通行为矫正普遍存在预警智慧化程度低，矫正手段单一，风险矫正目标主要以路段为主，欠缺对路段路网的一体化矫正。随着智能、网联技术在交通安全设施设备上的推广应用，研究人性化、一体化运行风险交通行为矫正技术是未来发展趋势。

1.4 研究内容

本书围绕道路运行风险智能感知与主动防控技术需求，以风险演化机理—目标感知—风险辨识—行为干预为逻辑主线，着重介绍事故数据驱动的风险交通行为特征画像、道路动态目标实时监测与环境风险感知技术、风险交通行为辨识与预测技术、基于人因理论的风险交通行为矫正技术。从道路交通事故数据特征中解析风险交通行为，为制定路段、路网风险协同防管控策略奠定理论基础；开展动态多目标、多维度风险因子实时检测与智能感知技术研究，为风险交通行为辨识、风险评估提供有效信息；交通行为辨识预测结果为驾驶人行为矫正和路段、路网主动防控提供触发依据；通过人因机理分析实现风险交通行为由被动矫正转向主动矫正，构建一套集精准道路风险感知能力、快速道路风险辨识与风险自助矫正的道路风险防控系统，为实现道路运行风险有效防控奠定技术基础。主要研究内容为：

(1) 深入挖掘交通事故大数据，确定风险交通行为种类，深度挖掘风险交通行为特征，引入知识工程理念，建立“行为特征—风险行为—发生环境—事故后果”关联映射规则，解析风险行为与事故间的映射关系，形成风险交通行为特征和规则数据库，设计“数据—规则—数据”和“数据—自适应优化—数据”动态联动闭环管理系统。

(2) 研究人工智能视频目标快速、精准检测算法与动态目标轨迹跟踪算法，以及基于视频的交通风险感知技术，实现复杂条件下大幅面、高帧率目标自适应检测、跟踪与风险交通行为的快捷预警。

(3) 分别研究复杂条件下毫米波雷达与激光雷达的多目标检测技术、动态连续跟踪技术与异常交通行为智能分析技术，实现超视距、高精度的交通目标检测、跟踪与行为智能感知。

(4) 研究视频与毫米波雷达的多源信息融合算法，运用贝叶斯融合理论和深度神经网络融合方法，实现全天候、全天时、超视距、高精度的多目标检测跟踪，并研究跨设备场景下的目标再识别跟踪技术，实现广域监控场景中目标的大范围稳定连续跟踪。

(5) 从人、车、路、环境等多个维度出发，分析道路上的潜在风险因子，构建风险因子评价体系，研究多维度风险因子检测技术，优化风险因子检测器布设，提升交通运行风险感知的可靠性与全面性。

(6) 以视觉传感器和雷达传感器采集的交通数据为基础，分析风险交通行为常见的分析方法，以及典型风险交通行为的在线辨识方法。在风险在线辨识的基础上，针对长下坡、急弯等路段提出典型风险行为预测算法，实现典型风险交通行为的在线预测，为风险交通行为防控提供依据。

(7) 运用人因理论分析现有预警方式的优缺点，结合风险交通行为多模态和差异化的特点，提出运用强化理论的行为矫正技术来实现驾驶人风险驾驶行为由被动矫正转向主动矫正，并结合多模态预警信息构建多模态、差异化的主动矫正技术。

本章参考文献

[1] The World Health Organization. Global plan decade of action for roadsafety 2021-2030. [R/OL]. (2021-04-03)[2021-05-01] https://www. who. int/teams/social- determinants- of-health/safety-and-mobility/ decade -of-action-for-road-safety-2021-2030.

[2] 华启迪,陈松灵.道路交通事故发生机理分析与应用研究[J].山东交通科技,2008,(1):72-74+83.

[3] 王长君."十三五"道路交通安全改善思路[R].上海:第十届中国道路交通安全论坛,2016.

[4] 公安部交通管理局.中华人民共和国道路交通事故统计年报(2020年度)[R].北京:公安部交通管理科学研究所,2021.9.

[5] 徐志刚,李金龙,赵祥模,等.智能公路发展现状与关键技术[J].中国公路学报,2019,32(8):1-24.

[6] TOH C, SANGUESA J, et al. Advances in smart roads for future smart cities. Proceedings of The Royal Society A: Mathematical, Physical, and Engineering Sciences [J]. 2020, 476(2233):20190439.

[7] GUERRIERI M. Smart Roads Geometric Design Criteria and Capacity Estimation Based on AV and CAV Emerging Technologies. A Case Study in the Trans-European Transport Network[J]. International Journal of Intelligent Transportation Systems Research, 2021, 19(1):429-440.

[8] BHOGARAJU S, KORUPALLI V. Design of Smart Roads-A Vision on Indian Smart Infrastructure Development [C]. In 2020 International Conference on COMmunication Systems & NETworkS (COMSNETS). Bengalura, 2020.

[9] 张旭欣,王雪松,马勇,等.驾驶行为与驾驶风险国际研究进展[J].中国公路学报2020,33(6):5-21.

[10] LEE D W. Association of habitual alcohol use on risk-taking behaviors while using a car: The Korean National Health and Nutrition Examination Survey 2009 - 2013[J]. Accident Analysis and Prevention, 2020, 144.

[11] MARTINEZ G. An empirical characterization of high-risk drivers in Spain. The role of gender, age, marital status and education[J]. Transportation Research Part F: Psychology and Behaviour, 2019, 66.

[12] IREM B. An empirical characterization of high-risk drivers in Spain. The role of gender, age, marital status and education[J]. International Journal of Injury Control and Safety Promotion, 2018, 25(4).

[13] 王恩达.道路交通事故多因素风险的量化与分析[D].北京:清华大学.2017.

[14] WANG Z. Analyzing risk factors for fatality in urban traffic crashes: A Case Study of Wuhan, China[J]. Sustainability, 2017, 9(6).

[15] 黄钢. 基于加权灰色关联的交通事故致因分析[C]//. 中国智能交通协会. 第十四届中国智能交通年会论文集. 北京:电子工业出版社, 2019, 69-77.

[16] 包晓敏, 王思琪. 基于深度学习的目标检测算法综述[J]. 传感器与微系统, 2022, 41(04):5-9.

[17] 甘林海, 王刚, 刘进忙, 等. 群目标跟踪技术综述[J]. 自动化学报, 2020, 46(03):411-426.

[18] ZHENG L, WANG X. Improved multiple hypothesis tracker for joint multiple target tracking and feature extraction[J]. IEEE Transactions on Aerospace and Electronic Systems, 2019, 55(6):3080-3089.

[19] 李晓花, 李亚安, 金海燕, 等. 三维数据关联情况下外辐射源雷达多目标跟踪研究[J]. 电子与信息学报, 2021, 43(10):2840-2847.

[20] 高振海, 王竣, 佟静, 等. 目标的运动状态估计[J]. 吉林大学学报(工学版). 2014, 44(6):1537-1544.

[21] 刘志强, 张中昀, 倪捷, 等. 双动态条件下多传感器融合的车辆检测方法研究[J]. 机械设计与制造, 2018, (S2):6-10.

[22] 周笑宇, 王玲, 马燕新, 等. 融合附加神经网络的激光雷达点云单目标跟踪[J]. 中国激光, 2021, 48(21):158-170.

[23] 王海, 李洋, 蔡英凤, 等. 基于激光雷达的 3D 实时车辆跟踪[J]. 汽车工程, 2021, 43(7):1013-1021.

[24] WANG C, LIU H, GAO Y. Scene-Adaptive Hierarchical Data Association for Multiple Objects Tracking[J]. IEEE Signal Processing Letters, 2014, 21(6):697-701.

[25] 川崎. 基于图像识别和机器学习的交通视频分析技术开发[EB/OL]. https://www.fujitsu.com/cn/about/resources/news/press-releases/2016/frdc-1018.html. 2016-10-18/2022-04-11.

[26] BECHTEL A K, MACLEOD K E, RAGLAND D R. Oakland Chinatown Pedestrian Scramble: An Evaluation[R]. UC Berkeley Traffic Safety Center, 2003.

[27] 蔡晓禹, 雷财林, 彭博, 等. 基于驾驶行为和信息熵的道路交通安全风险预估[J]. 中国公路学报, 2020, 33(6):190-201.

[28] 胡宏宇,王庆年,曲昭伟,等.运动目标空间模式辨识与异常交通行为检测[J].吉林大学学报(工学版),2011,41(06):598-602.

[29] 郭孜政,陈崇双,王欣.基于贝叶斯判别的驾驶行为危险状态辨识[J].西南交通大学学报,2009,44(05):771-775.

[30] 孙剑,孙杰.城市快速路实时交通流运行安全主动风险评估[J].同济大学学报(自然科学版),2014,42(06):873-879.

[31] 贾丰源,孙杰,孙剑.快速路交通流运行安全关键参数识别与评估[J].同济大学学报(自然科学版),2015,43(02):221-225+324.

CHAPTER 2 第 2 章

事故数据驱动的风险交通行为特征画像

据世界卫生组织统计，交通事故在全球范围内每年会造成 130 万人可预防的死亡，5000 万人受伤，成为全世界青年和儿童死亡的主要原因（WHO，2021）。我国道路交通事故形势仍然不容乐观，死亡绝对人数和相对人数仍处于较高水平。相关研究表明，人为因素是导致交通事故的主要因素。TREAT（1977）的研究发现，93% 以上的交通事故与人为因素有关，而段莉（2012）的研究表明，超过 95% 的交通事故是由驾驶行为决策失误造成的。因此，采取有效措施、合理控制人为因素以减少道路交通事故的发生刻不容缓。

本章基于全国道路交通事故数据构建风险交通行为数据库，分析风险交通行为的事故特征，厘清风险交通行为与不同环境因素间的耦合关系，深度解析交通事故数据库中隐含的“风险交通行为—环境因素—事故后果”交通行为映射规则，构建风险交通行为风险评估系统，为风险交通行为风险评估提供数据和模型支撑。

2.1 基于道路交通事故数据的风险交通行为特征解析

本节以风险交通行为为核心，基于历史道路交通事故数据，挖掘其隐含的事故特征规律，寻找引发风险交通行为的主客观因素，有利于交通主管部门开展道路交通安全管理工作。

2.1.1 道路交通事故数据描述

本章所用数据来源于公安部道路交通安全研究中心数据库，数据的时间维度为 2015 年 1 月—2019 年 12 月 31 日，空间维度为东北、华北、西北、华东、华南、西南六大片区内代表省份的高速公路及一、二、三、四级公路上所发生的全部交通事故。

数据库数据包含两部分：第一部分为事故信息，包括行政区划、事故发生时间、路号、路名、公里数、米数、事故地点、简要案情、事故类型、事故形态、车辆间事故、单车事故、直接死亡人数、7 日内受伤人数、是否运载危险物品、运载危险品事故后果、天气、能见度、路面状况、路表情况、交通信号方式、照明条件、事故认定原因、道路类型、公路行政等级、地形、路口路段类型、道路物理隔离、路面结构、路侧防护设施类型、直接财产损失等；第二部分为事故涉及人员信息，包括人员编号、人员类型、性别、年龄、驾龄、交通方式、主要违法行为、其他违法行为一、其他违法行为二、事故责任、7 日内伤害程度、受伤部位、致死原因等。所有数据均为事故现场即时采集录入，具有极高的真实性、可靠性、及时性。

2.1.2 基于道路交通事故数据的风险交通行为确定

本小节分析现有交通违法行为的特点，对其进行归类，再根据归类后交通风险行为的数量、致死强度与致伤强度，确定风险交通行为。

1）交通违法行为合并和归类

道路交通事故数据库中每起事故数据均有对应记录的违法行为代码，主要记录交通参与者主动或者由于错误判断被动违反道路安全交通管理规定，扰乱道路交通秩序从而导致交通事故发生的行为。经统计，数据集共记录有 369 种交通违法代码，存在同类行为统计较细导致每种行为关联事故数据较少的问题（如超速），因此，本小节对违法驾驶行为进行合并和归类，最终获得 86 类风险交通行为。

本小节对所有违法行为进行合并和归类的主要原则包括：

①均衡性原则，合并后有利于不同交通行为关联数据数量均衡，因此，关联数据量较少的交通行为优先被合并。

②属性相近原则，合并的交通行为需要具有相似的属性，如超速不同幅度的行为可以合并为超速行为。

③可检测性原则，本小节主要为后续动态风险交通行为风险评估服务，因此，合并和分类风险交通行为时，对于后续可检测的交通行为给予更高的优先权。

2）风险交通行为筛选

合并后 86 类风险交通行为，仍存在部分事故发生频率、致死强度较低的风险交通行为，不符合风险交通行为定义。具体筛选步骤如下：

（1）通过风险交通行为所导致的事故发生频数筛选。本小节将各类风险交通行为所导致的事故频数进行排序，如图 2-1 所示，本小节选取事故发生频数较低和累积频数达到较高的点作为选取阈值，本小节选取事故频数排序前 30% 的风险交通行为（共计 26 类）作为选取阈值，前 30% 的风险交通行为累计占比达到 95% 以上。

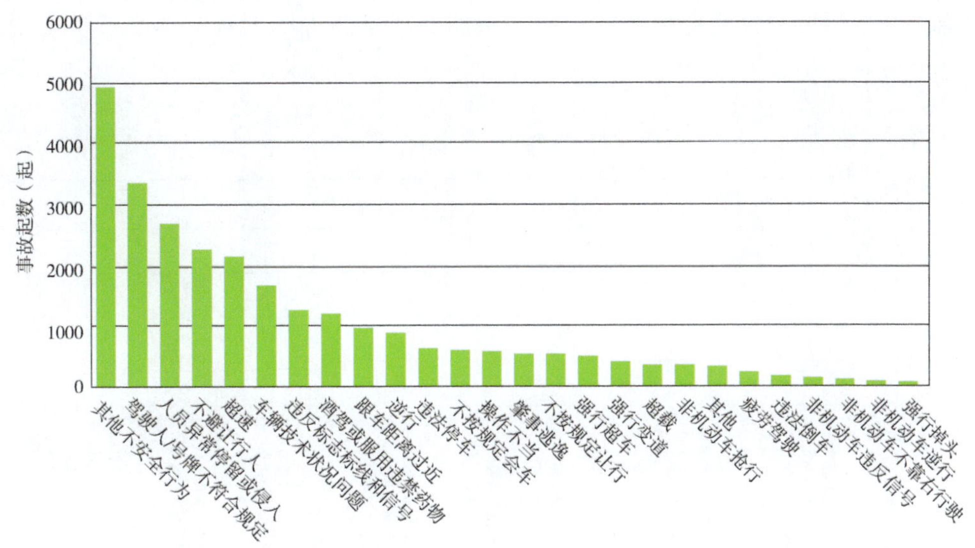

图 2-1　风险交通行为事故起数前 30% 排列图

(2) 通过风险交通行为致死强度筛选。风险交通行为不只是导致事故较多，而且导致的交通事故也较为严重，因此，本小节引入致死强度（平均每起事故死亡人数）的概念。

$$X_i = L_i / Q_i \tag{2-1}$$

式中，X_i为第 i 类风险交通行为致死强度；L_i为第 i 类风险交通行为死亡人数；Q_i第 i 类风险交通行为事故起数。

取致死强度趋于平均值 1 的拐点 50% 作为筛选阈值。如图 2-2 所示，26 类风险交通行为的致死强度均包含在致死强度排序的前 50% 以内，但 26 类风险交通行为中，包含"其他不安全行为""其他"两类不具有代指的风险行为，以及"肇事逃逸"和四种非机动车相关风险行为，不是本小节的重点，因而将其去除，最终确定了 19 类风险交通行为，分别为：驾驶人/号牌不符合规定、人员异常停留或侵入、不避让行人、超速、车辆技术状况问题、违反标志标线和信号、酒驾或服用违禁药物、跟车距离过近、逆行、违法停车、不按规定会车、操作不当、不按规定让行、强行超车、强行变道、超载、疲劳驾驶、违法倒车、强行掉头。

2.1.3　风险交通行为关联影响因素确定

风险交通行为所诱发的交通事故是在多种因素共同作用下发生的具有偶然性和随机

性的动态过程，形成原因可归结为人、车、道路、环境四大类因素。本小节确定了风险交通行为关联影响因素。

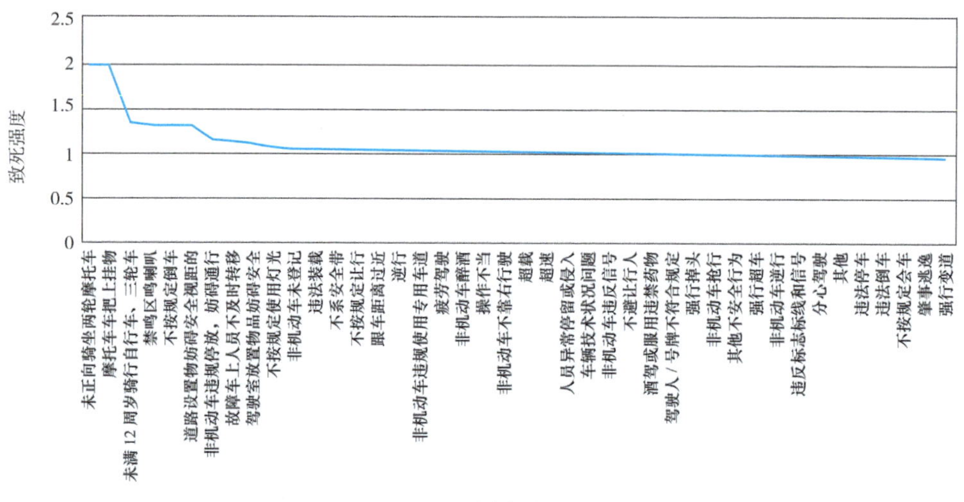

图 2-2　风险交通行为致死强度前 50%排列图

公安部道路交通安全研究中心数据库中所涵盖的事故因素类别众多，若全部考虑在内，一方面某些类别下数据缺失值较多影响分析结果的准确性，另一方面，很难突出重点变量的关联性。因此，本小节结合数据情况和以后研究成果，从人、车、路、环四种角度筛选出 15 类关联影响因素。

（1）驾驶人因素变量：年龄、性别、驾龄；

（2）车辆因素变量：交通方式；

（3）道路因素变量：地形、路表情况、路面结构、路面状况、防护设施类型、交通信号方式；

（4）环境因素变量：能见度、时段、天气、照明条件、周内周末。

事故数据库中对于某些分类变量的原始划分较为细致，为避免出现每一集合内事故数据过少从而无法有效提取具有普适性规律特征的情况，本小节在道路交通事故信息采集表以及数据库编码规范的基础上，依据数据量对各影响因素中的类别进行有效合并。除此之外，依据分析需求对数据属性为连续变量、未进行分类的因素进行离散化处理，各影响因素分类结果见表 2-1。本表中，编码占 2 位，如“11-男”和“12-女”分别指在“性别”这一影响因素下，用编码“11”来指代男性，“12”来指代女性。

事故影响因素分类表　　表 2-1

影响因素	因素分类
年龄	11-未成年（18岁以下）；12-青年（18～34岁）；13-中年（35～54岁）；14-老年（55岁及以上）
性别	11-男；12-女
驾龄	11-1年及以下；12-2年；13-3～5年；14-6～10年；15-10年以上；16-未知
交通方式	11-小微型客车；12-大中客车；13-轻微型货车；14-重中型货车；15-其他机动车
地形	11-平原；12-丘陵；13-山区
路表情况	11-干燥；12-潮湿；13-积水或漫水；14-冰雪；15-其他
路面结构	11-沥青；12-水泥；13-其他
路面状况	11-完好；12-施工；13-缺陷；14-其他
防护设施类型	11-无防护；12-护栏；13-避险车道；14-物理隔离设施；15-其他
交通信号方式	11-无控制；12-标志标线；13-信号灯+标志标线；14-其他
能见度	11-50m以内；12-50～100m；13-100～200m；14-200m以上
时段	11-凌晨（0:00～4:00）；12-早高峰（5:00～9:00）；13-日间平峰（9:00～17:00）；14-晚高峰（17:00～21:00）；15-夜间（21:00～次日0:00）
天气	11-晴或阴；12-雨；13-雪或冰雹；14-雾或沙尘；15-其他
照明条件	11-50m以内；12-50～100m；13-100～200m；14-200m以上
周内周末	11-周内；12-周末

2.1.4　风险交通行为事故特征画像

1）交通事故结果变量及表征指标确定

公安部道路交通安全研究中心数据库中所记载的事故后果变量有：事故形态、直接死亡人数、7日内受伤人数、直接财产损失。本章确定3种事故严重程度标准指标。

①绝对指标：真实反映特定因素下同类型事故状况的指标，事故严重程度绝对指标包括事故起数、死亡人数、受伤人数、财产损失数；事故形态绝对指标为车辆间事故起数、人车事故起数、单车事故起数。

②平均指标：引入致死强度、致伤强度及财产损失强度三项强度指标，分别描述平均每起事故的伤亡人数及直接财产损失情况。

$$X_i = L_i / Q_i \tag{2-2}$$

$$Y_i = M_i / Q_i \tag{2-3}$$

$$Z_i = N_i / Q_i \tag{2-4}$$

式中，X_i为第i类风险交通行为致死强度；Y_i为第i类风险交通行为致伤强度；Z_i

为第 i 类风险交通行为财产损失强度；L_i为第 i 类风险交通行为死亡人数；M_i为第 i 类风险交通行为受伤人数；N_i为第 i 类风险交通行为财产损失数；Q_i为第 i 类风险交通行为事故起数。

③相对指标：融入相关数据做基础对绝对数据进行处理，使所比较数据更具客观性。本小节中引入的相对指标数据均来源于国家统计年鉴或公安部交通管理局官方数据，具体包括：人口性别比例、驾驶人群体性别比例、年龄结构比例、不同等级公路比例、时段内包含小时数、周内周末包含天数。

2）风险交通行为事故特征解析

隧道具有狭长而封闭的结构特点，驾驶人进入隧道对光线的明暗变化具有一定的适应过程，这对行车安全造成了一定的影响，一旦发生交通事故，与开放路段相比，隧道内的疏散救援难度更大，且容易造成二次事故。桥梁为公路上的另一种特殊路段，其桥型及桥面宽度、防护设施配置等对交通安全有较大的影响，相较于普通路段，桥梁路段同样更易造成具有严重后果的事故以及二次事故。除以上两种特殊路段外，从道路线形角度出发，急弯与陡坡路段的交通事故率及事故严重程度均明显高于普通路段，也应作为道路交通安全治理的重点路段。

因此，本章选取桥梁、隧道、急弯、陡坡四种特殊路段，基于数据统计和理论分析探寻四种不同特殊路段的交通事故分布特征并进行对比，以事故严重程度及事故形态两个方面对风险交通行为在不同因素条件下的事故特征展开分析，探索事故特征规律。限于篇幅原因，本书仅以超速风险交通行为为例，对交通事故特征解析思路进行展示。主要从人的因素、车辆因素、道路因素和环境因素四个维度解析超速在不同路段导致交通事故的特征，路段分为桥梁路段、隧道路段、急弯路段、陡坡路段。

（1）人的因素维度超速行为交通事故特征解析。

①超速行为性别角度事故特征。

从绝对指标来看，在不同性别条件下，超速导致的交通事故发生在急弯路段的起数远高于其他路段，四种路段事故主要责任人为男性的起数远高于女性。考虑到现实中男女比例本身并不平衡，引入我国人口统计的男女比例和驾驶证拥有者男女比例计算相对指标，从相对指标来看，不论以何种性别比例为基数计算相对事故起数时，不同性别下发生于急弯路段上的超速行为导致相对事故起数均高于其他路段；事故主要负责人为女性时的相对事故起数均低于男性（图 2-3）。

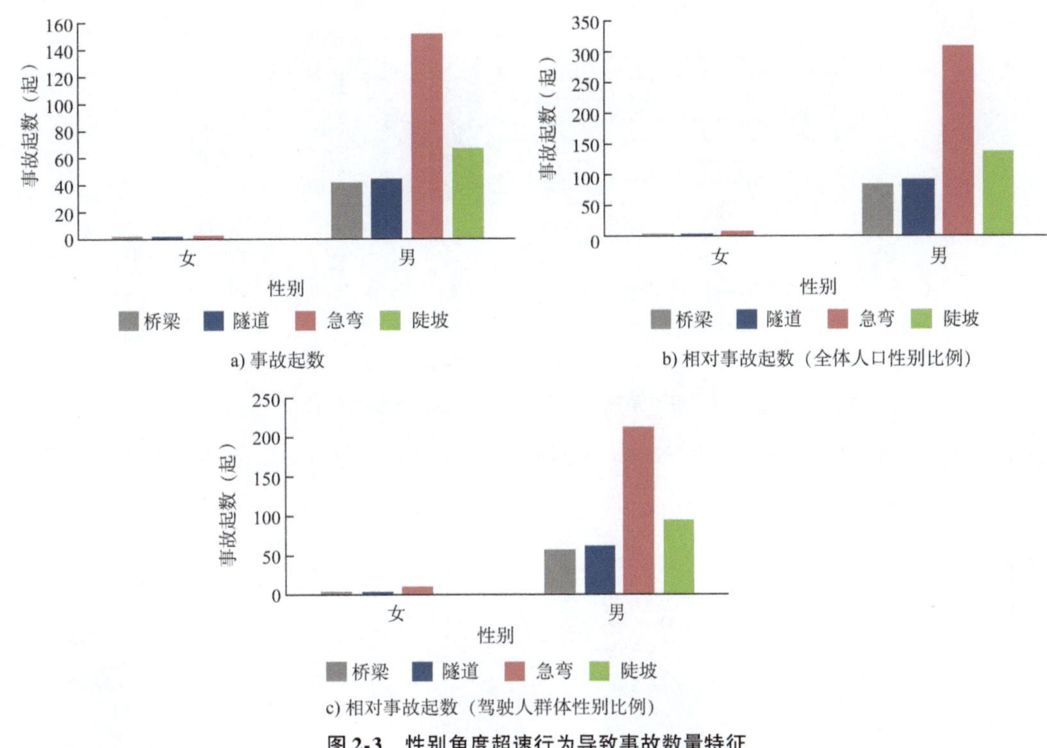

a) 事故起数

b) 相对事故起数（全体人口性别比例）

c) 相对事故起数（驾驶人群体性别比例）

图 2-3　性别角度超速行为导致事故数量特征

从绝对指标来看，不同性别下超速行为导致的事故受伤、死亡人数及财产损失数变化趋势与事故起数基本保持一致，急弯路段较高，女性远低于男性。从平均指标来看，在桥梁和隧道路段上超速行为导致的事故中，主要责任人为女性的致伤强度和财产损失强度低于男性，但致死强度高于男性。在急弯和陡坡路段上超速行为导致的事故中，主要责任人为女性时致伤强度、致死强度和财产损失强度均低于男性（图 2-4）。

不同路段下事故形态分布有相似规律。四种路段下均表现为事故主要责任人为男性发生的事故起数大于女性，超速导致的事故中主要责任人为女性的较少。此外，不同路段下所发生事故中，车辆间事故最多，其次是单车事故，人车事故最少（图 2-5）。

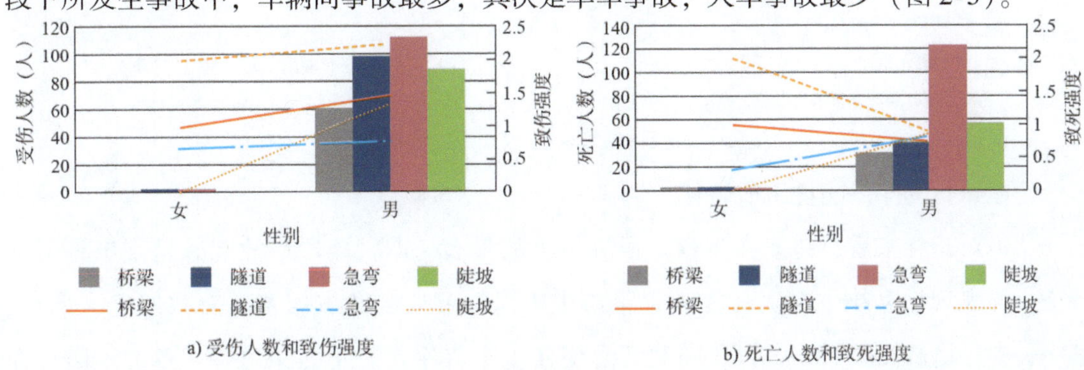

a) 受伤人数和致伤强度

b) 死亡人数和致死强度

图　2-4

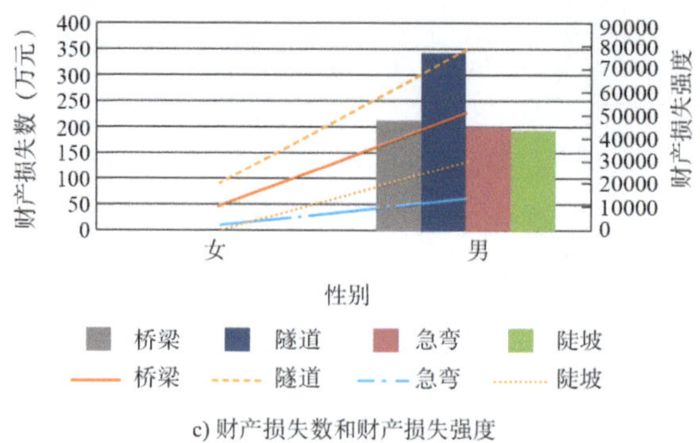

c) 财产损失数和财产损失强度

图 2-4　性别角度超速行为导致事故严重程度特征

注：图中柱状图形对应左侧坐标轴指标数据，线状图形对应右侧坐标轴指标数据。该规则适用图 2-4 ~ 图 2-47。不再逐一赘述。

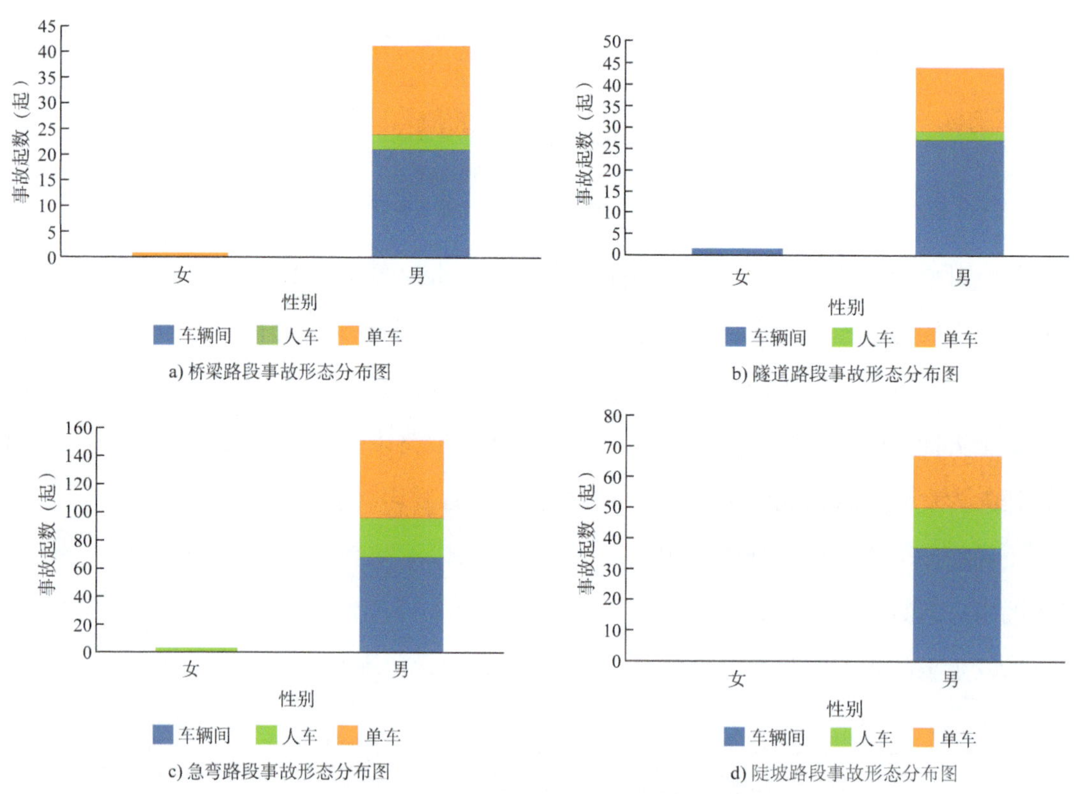

a) 桥梁路段事故形态分布图

b) 隧道路段事故形态分布图

c) 急弯路段事故形态分布图

d) 陡坡路段事故形态分布图

图 2-5　性别角度超速行为导致事故形态特征

②超速行为年龄角度事故特征。

从绝对指标来看，超速在急弯路段导致事故最多。四种路段事故起数呈现出相似的特征，均表现为事故主要责任人为青年与中年时，事故起数占据事故总数的绝大部分，其中，中年事故起数最多，其次是青年、老年、未成年人。这与交通参与者的年龄分布存在一定关联。从平均指标来看，以全国人口年龄比例为基数计算相对事故起数，呈现的特征与绝对指标呈现的特征保持一致（图 2-6）。

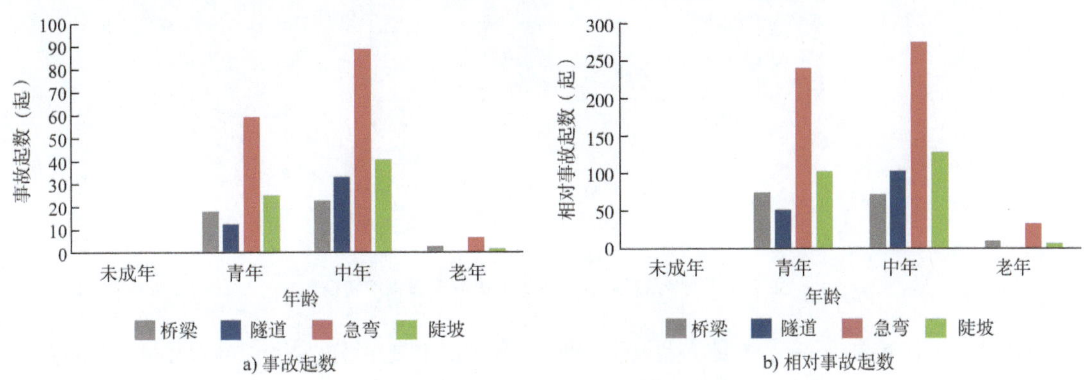

图 2-6　年龄角度超速行为导致事故数量特征

从绝对指标来看，不同年龄区间下事故受伤、死亡人数及财产损失数变化趋势与事故起数基本保持一致，各路段事故严重程度年龄分布矩阵见表 2-2，但中年驾驶人在隧道的致伤强度和财产损失强度较高。从平均指标来看，事故主要负责人年龄区间为青年时，超速导致的事故在隧道路段致死强度和财产损失强度达到峰值，需引起重视；当主要责任人年龄区间为中年时，在隧道、桥梁路段所发生事故的致伤强度出现峰值，在桥梁路段财产损失强度也达到峰值（图 2-7）。

各路段事故严重程度年龄分布矩阵表　　　　表 2-2

平均指标	隧道路段	桥梁路段	急弯路段	陡坡路段
死亡强度峰值	青年	老年	中年	中年
受伤强度峰值	中年	中年	青年	老年
财产损失强度峰值	青年	中年	青年	中年

注：表中颜色填充部分是四类路段中强度值最大的路段。

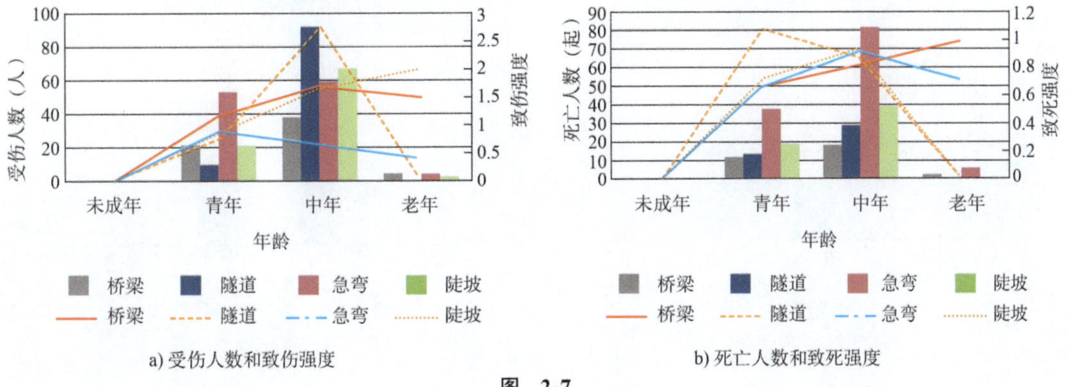

图　2-7

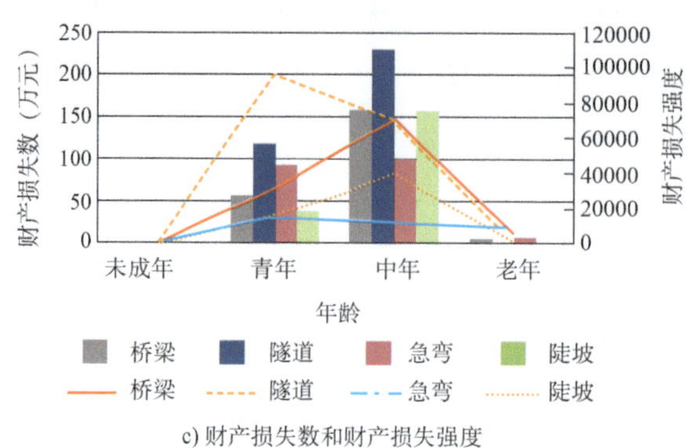

c) 财产损失数和财产损失强度

图 2-7　年龄角度超速行为导致事故严重程度特征

不同路段下事故形态分布体现明显区别，当事故主要责任人为青年时，在桥梁路段超速导致的事故主要为单车事故，其次是车辆间事故，人车事故最少；在隧道和陡坡路段超速导致的事故大部分是车辆间事故；而在急弯路段超速导致的事故中，车辆间事故和单车事故数量大致相同，人车事故较少。当事故主要责任人为中年时，超速导致的事故主要为车辆间事故，其次是单车事故，人车事故最少。在桥梁和急弯路段，随着主要责任人年龄的增长，超速导致单车事故的比例在减少，而在隧道和陡坡路段，随着主要责任人年龄的增长，超速导致单车事故的比例在增加，这可能与人们对四类路段危险的认知特性有关（图 2-8）。

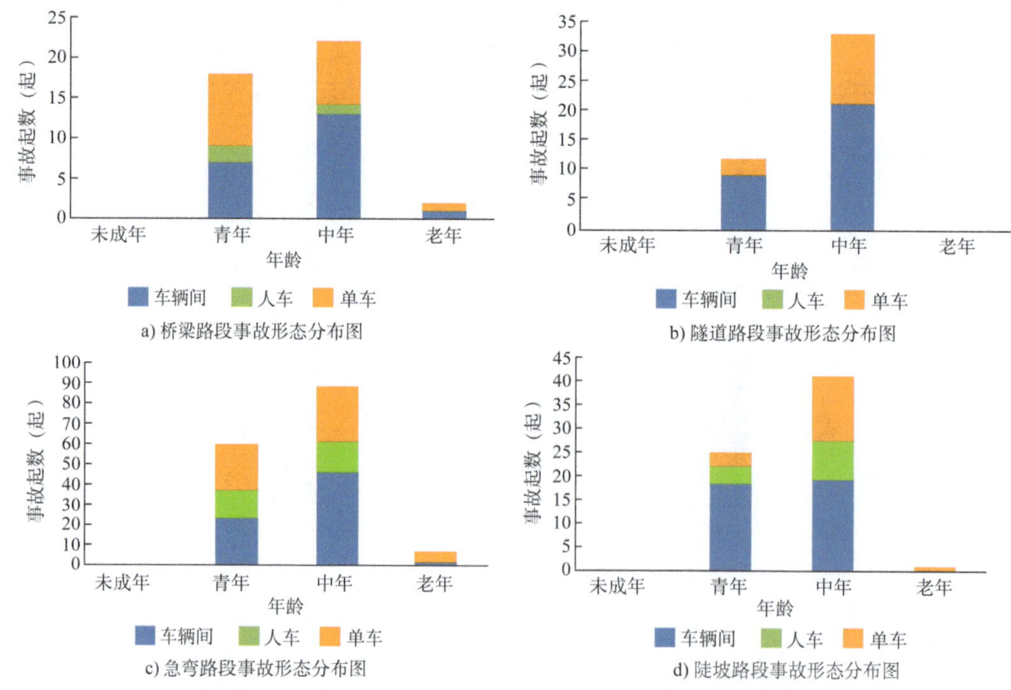

图 2-8　年龄角度超速行为导致事故形态特征

③超速行为驾龄角度事故特征。

从绝对指标来看，发生在急弯路段的事故最多，其次是陡坡路段。四种路段事故起数呈现出相似的特征，均表现为事故主要责任人的驾龄为 10 年以上时，事故起数最多，其次是驾龄为 3 ~ 5 年、6 ~ 10 年、1 年及以下、2 年，这可能和 10 年以上驾龄驾驶人较多有关（图 2-9）。

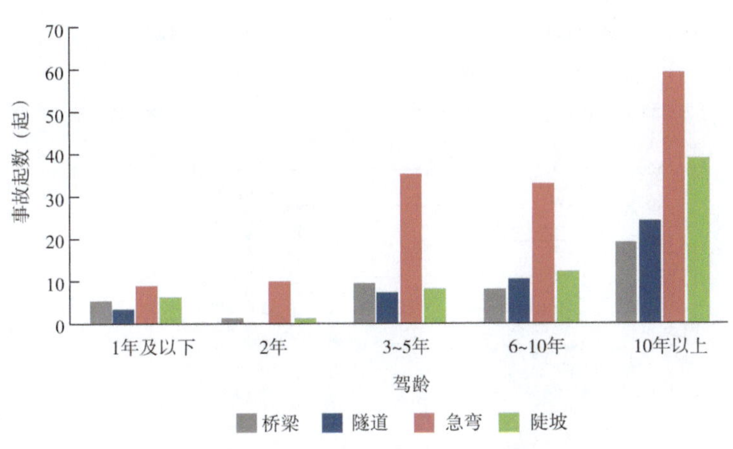

图 2-9　驾龄角度超速行为导致事故数量特征

从绝对指标来看，驾龄为 10 年以上驾驶人因超速导致的事故死亡人数、受伤人数和财产损失数都最高。从平均指标来看，桥梁和隧道路段的超速导致事故的严重程度特性比较相近，超速在桥梁和隧道路段导致事故的死亡和受伤强度更大，各路段事故严重程度驾龄分布矩阵见表 2-3。在桥梁和隧道路段，超速导致事故的死亡强度最高的是驾龄 6 ~ 10年驾驶人，致伤强度最高的是驾龄 3 ~ 5 年驾驶人，财产损失强度最高的是驾龄 6 ~ 10 年驾驶人。在急弯路段，超速导致事故的死亡强度最高的是驾龄 1 年以下驾驶人，受伤强度和财产损失强度最高的是驾龄 10 年以上驾驶人。在陡坡路段，所有强度最高的都是 10 年以上驾驶人（图 2-10）。

各路段事故严重程度驾龄分布矩阵表　　表 2-3

平均指标	隧道路段	桥梁路段	急弯路段	陡坡路段
死亡强度峰值	6 ~ 10 年	6 ~ 10 年	1 年及以下	10 年以上
受伤强度峰值	3 ~ 5 年	3 ~ 5 年	10 年以上	10 年以上
财产损失强度峰值	10 年以上	10 年以上	10 年以上	10 年以上

注：表中颜色填充部分是四类路段中强度值最大的路段。

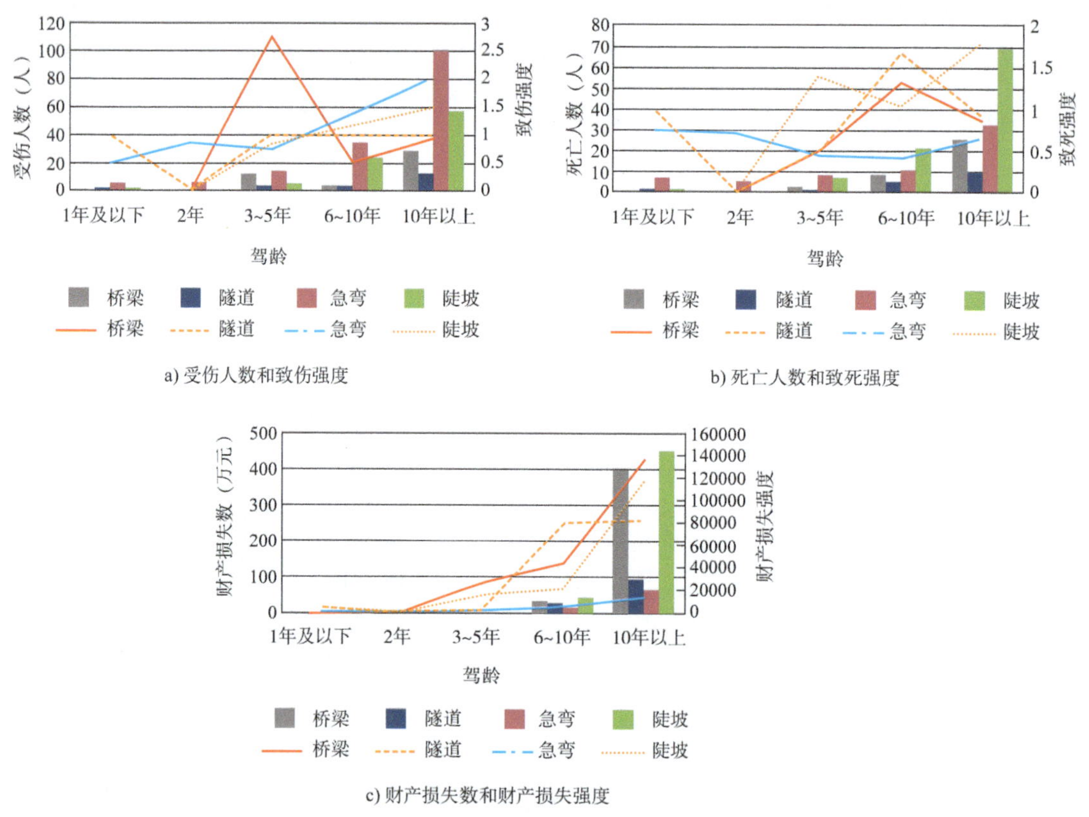

a) 受伤人数和致伤强度

b) 死亡人数和致死强度

c) 财产损失数和财产损失强度

图 2-10　驾龄角度超速行为导致事故严重程度特征

不同路段下所发生事故形态分布未体现明显特征，当事故主要责任人驾龄为 1 年时，在桥梁路段上发生的事故全部是单车事故；当驾龄为 3 ~ 5 年和 6 ~ 10 年时，发生的事故主要为车辆间事故，其次是单车事故，人车事故最少；而驾龄为 10 年以上时，各种路段上发生的事故中，车辆间事故与单车事故数量大致相同，人车事故最少（图 2-11）。

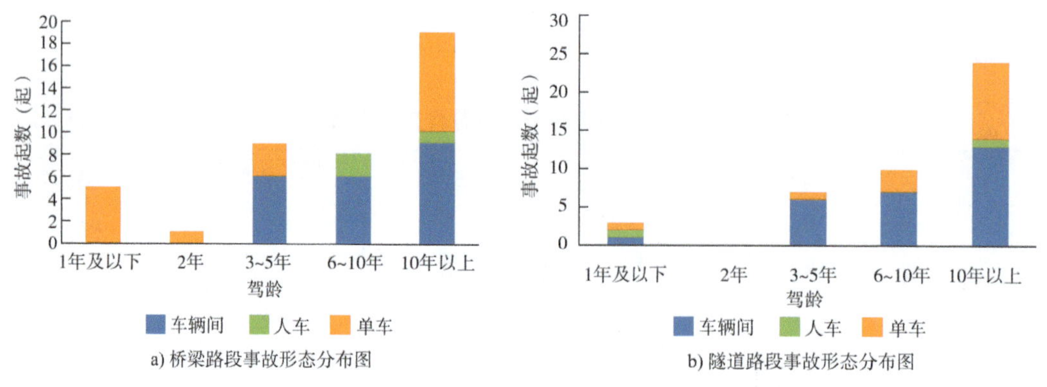

a) 桥梁路段事故形态分布图

b) 隧道路段事故形态分布图

图　2-11

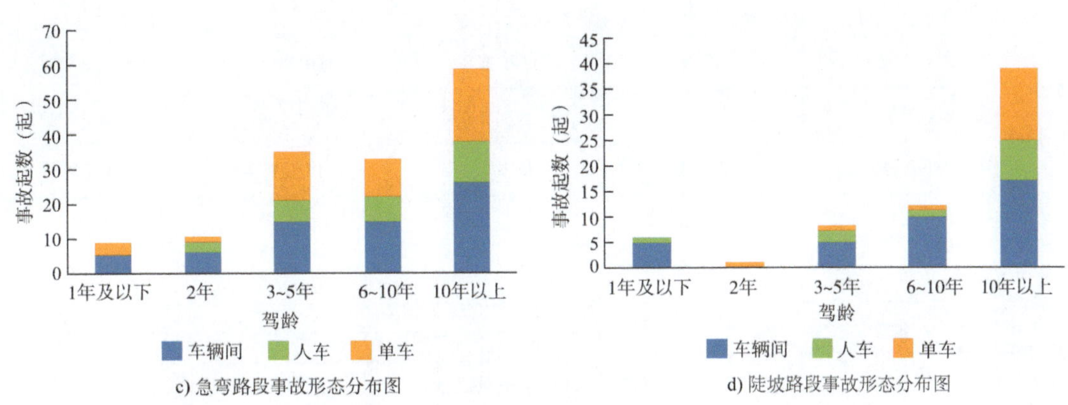

图 2-11　驾龄角度超速行为导致事故形态特征

（2）车辆因素维度超速行为交通事故特征解析。

从绝对指标来看，在除大中型客车以外的其他车辆类型下，超速导致的事故发生在急弯路段的起数远高于其他路段。四种路段事故起数呈现出相似的特征，小微型客车、重中型货车和其他机动车所发生事故起数较多，其中小微型客车事故最多(图 2-12)。

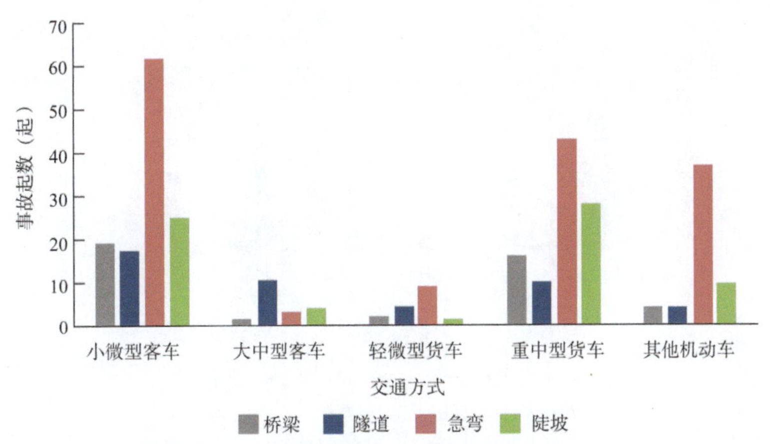

图 2-12　车辆类型角度超速行为导致事故数量特征

从绝对指标来看，不同车辆类型超速导致的事故受伤、死亡人数及财产损失数变化趋势与事故起数基本保持一致，各路段事故严重程度车辆类型分布矩阵见表 2-4，但大中型客车在隧道路段的受伤人数和财产损失数极高，重中型货车在桥梁路段的财产损失数也极高。从平均指标来看，大中型客车超速导致的事故致伤强度和致死强度都在桥梁路段最高，要格外重视，其他机动车在隧道路段财产损失强度达到峰值(图 2-13)。

各路段事故严重程度车辆类型分布矩阵表 表 2-4

平均指标	隧道路段	桥梁路段	急弯路段	陡坡路段
死亡强度峰值	大中型客车	大中型客车	重中型货车	大中型客车
受伤强度峰值	其他机动车	大中型客车	小微客车	大中型客车
财产损失强度峰值	其他机动车	重中型货车	重中型货车	重中型货车

注：表中颜色填充部分是四类路段中强度值最大的路段。

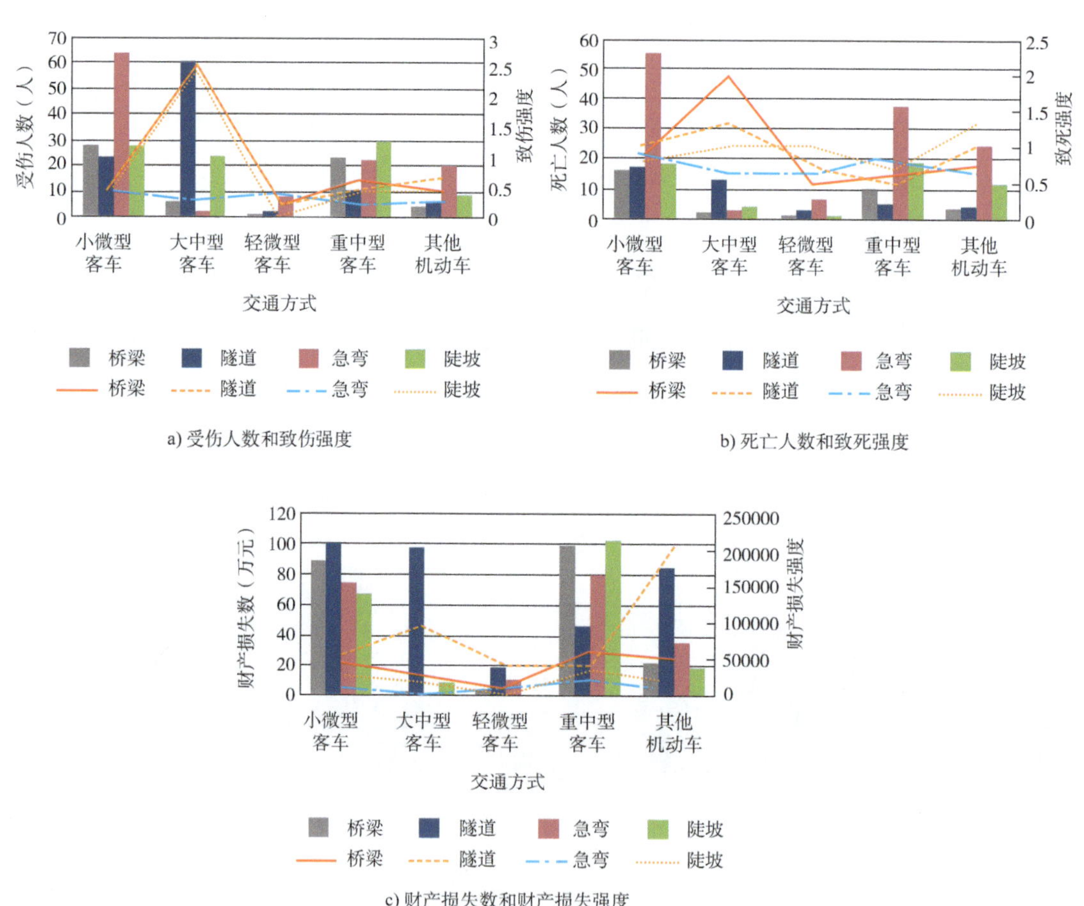

a) 受伤人数和致伤强度

b) 死亡人数和致死强度

c) 财产损失数和财产损失强度

图 2-13 车辆类型角度超速行为导致事故严重程度特征

在各路段超速导致的事故形态分布无明显的相似特征，当车辆类型为小微型客车时，发生在桥梁路段的事故主要为单车事故，而发生在隧道和陡坡路段的事故主要是车辆间事故。当车辆类型为重中型货车和其他机动车时，发生的事故主要为车辆间事故。大中型客车和轻微型货车在隧道路段主要发生单车事故，在其他路段主要为车辆间事故（图 2-14）。

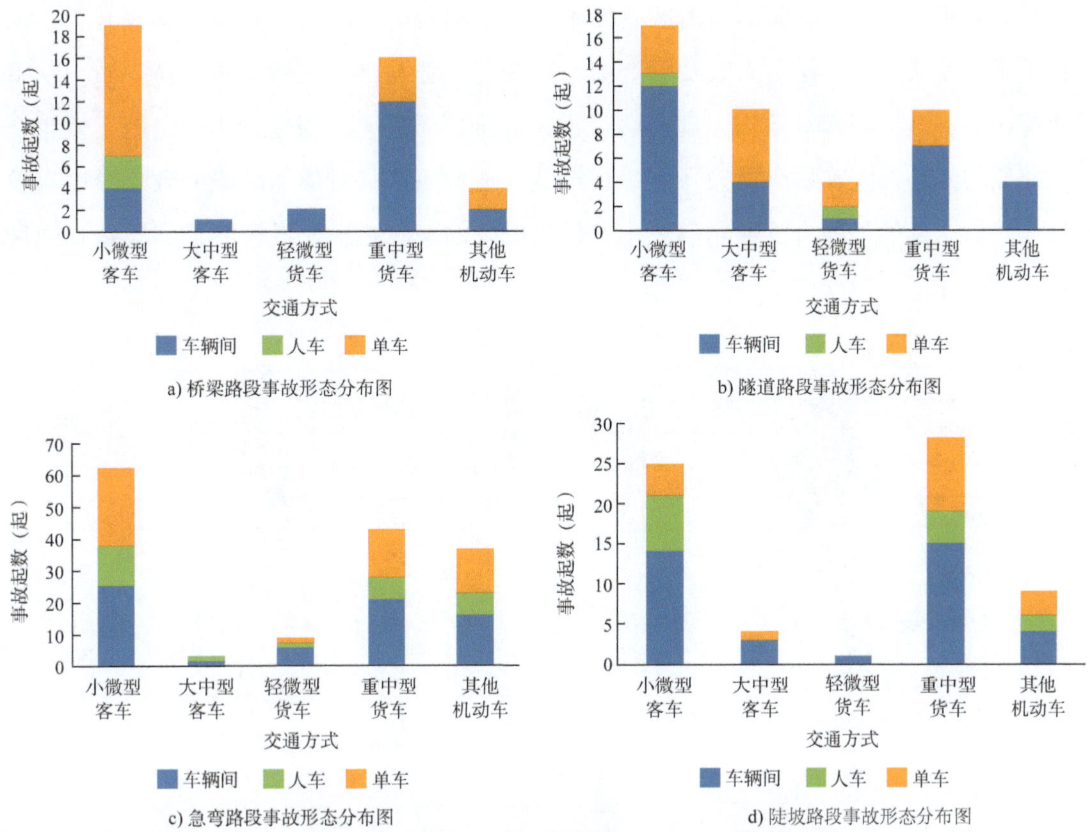

a) 桥梁路段事故形态分布图

b) 隧道路段事故形态分布图

c) 急弯路段事故形态分布图

d) 陡坡路段事故形态分布图

图 2-14　车辆类型角度超速行为导致事故形态特征

(3) 道路因素维度超速行为交通事故特征解析。

①超速行为地形角度事故特征。

从绝对指标来看，在山区和平原地形，超速导致的事故发生在急弯路段的起数远高于其他路段，而在丘陵地形，超速在急弯路段导致的事故起数略低于陡坡路段。在三种地形中，发生在山区的超速导致的事故最多，其次是丘陵，平原最少（图 2-15）。

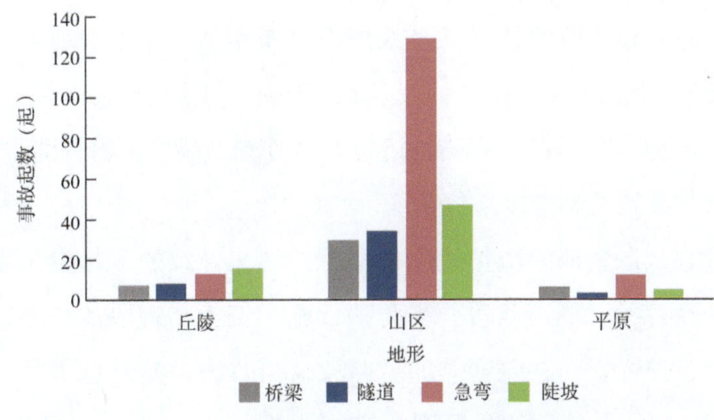

图 2-15　地形角度超速行为导致事故数量特征

从绝对指标来看，除地形为山区时发生在隧道路段的事故财产损失数偏高外，不同地形下事故受伤人数、死亡人数及财产损失数变化趋势与事故起数基本保持一致。从平均指标来看，地形因素对致伤强度和财产损失强度影响较大，当地形为山区时，发生在隧道路段的致伤强度和财产损失强度达到峰值。地形因素只对隧道路段的致死强度有较大影响，对于其他三种路段影响都较小，超速导致的事故在平原地区隧道路段致死强度最高（图2-16）。

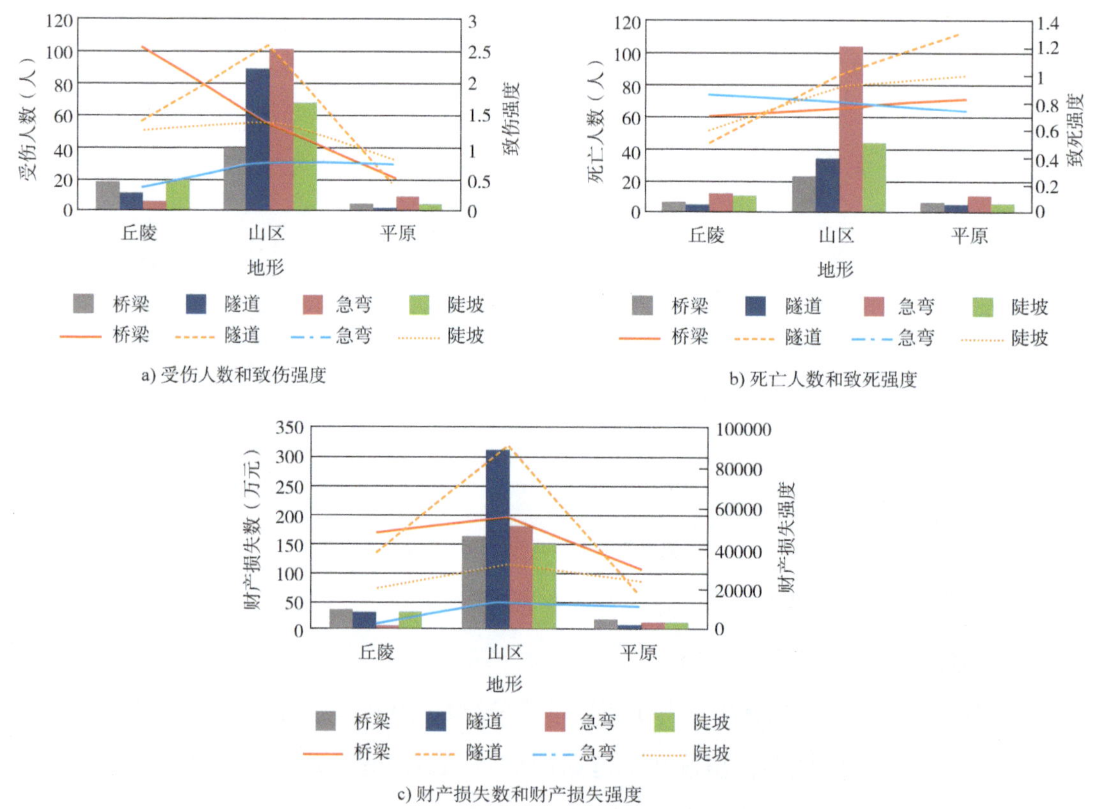

图2-16　地形角度超速行为导致事故严重程度特征

桥梁、隧道、急弯和陡坡四种路段事故形态分布相似，在不同地形上所发生的事故中，车辆间事故最多，其次是单车事故，人车事故最少。但当地形为山区时，发生在桥梁路段的事故中，单车事故最多，其次是车辆间事故，人车事故最少，需特别注意（图2-17）。

②超速行为防护设施类型角度事故特征。

从绝对指标来看，在全部的防护设施类型下，超速导致的事故发生在急弯路段的起数高于其他路段。在桥梁、隧道路段，当防护设施类型为物理隔离设施时，事故起数最多，其次是无防护、护栏。而在急弯、陡坡路段，当防护设施类型为无防护时，事故起数最多，其次是物理隔离设施、护栏（图2-18）。

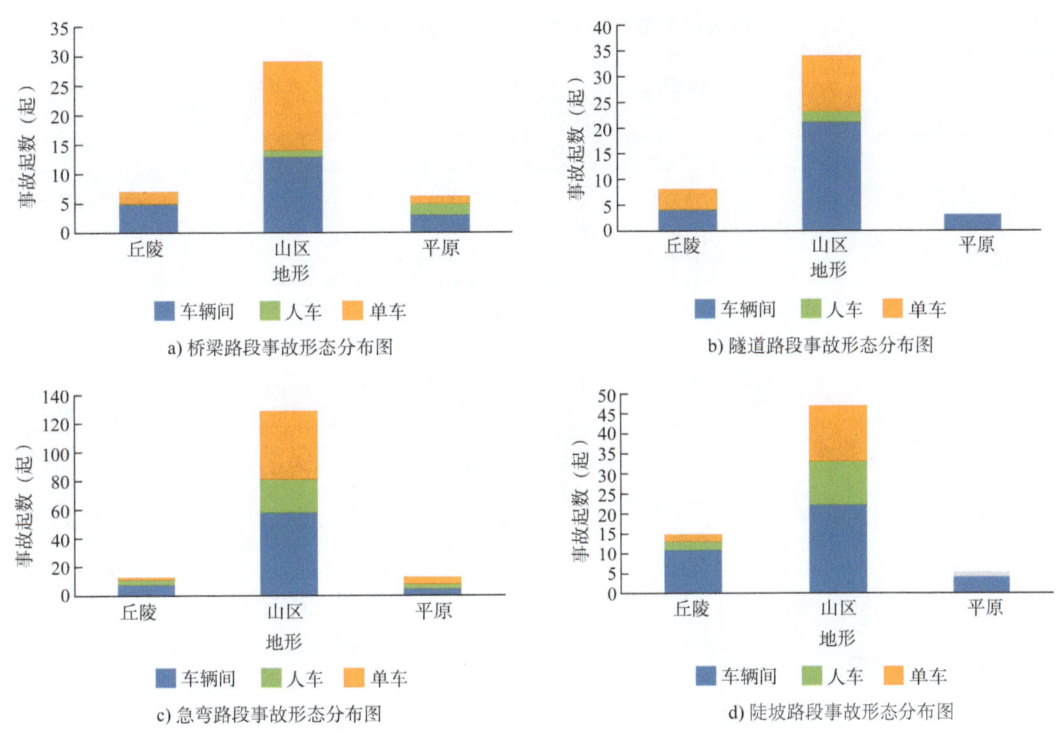

图 2-17　地形角度超速行为导致事故形态特征

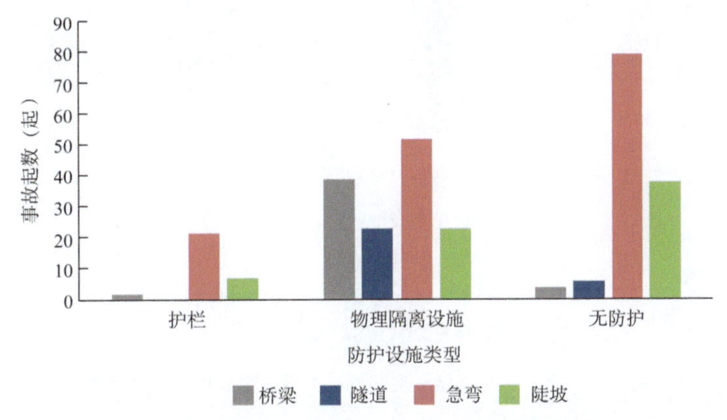

图 2-18　防护设施类型角度超速行为导致事故数量特征

从绝对指标来看，有护栏防护的路段受伤人数、死亡人数及财产损失数最少，有物理隔离设施的路段发生事故时造成的财产损失最大，各路段事故严重程度防护措施分布矩阵见表 2-5。从平均指标来看，在具有物理隔离设施的隧道和桥梁路段上，致伤强度、致死强度及财产损失强度达到峰值，而在无防护的急弯路段上，致伤强度、致死强度及财产损失强度均达到峰值，同时，在具有物理隔离设施的急弯路段上，致伤强度、致死强度及财产损失强度均最低（图 2-19）。

各路段事故严重程度防护措施分布矩阵表 表 2-5

平均指标	隧道路段	桥梁路段	急弯路段	陡坡路段
死亡强度峰值	物理隔离设施	物理隔离设施	无防护	无防护
受伤强度峰值	物理隔离设施	物理隔离设施	无防护	物理隔离设施
财产损失强度峰值	物理隔离设施	物理隔离设施	无防护	物理隔离设施

注：表中颜色填充部分是四类路段中强度值最大的路段。

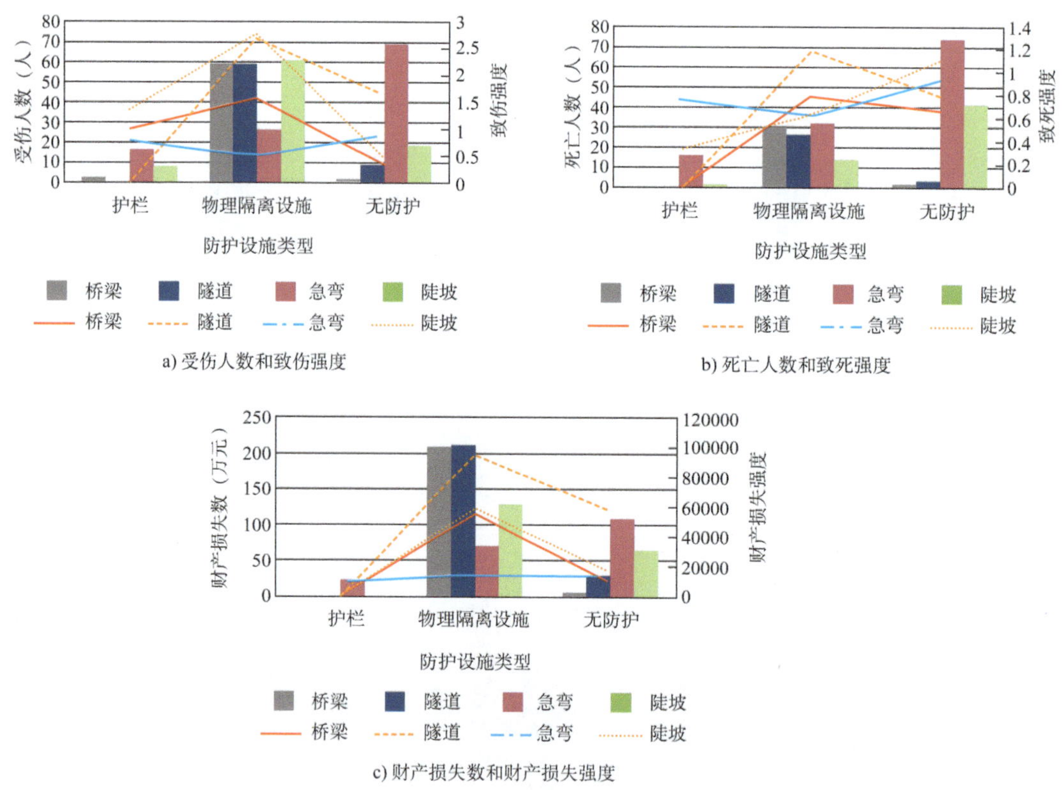

a) 受伤人数和致伤强度

b) 死亡人数和致死强度

c) 财产损失数和财产损失强度

图 2-19 防护设施类型角度超速行为导致事故严重程度特征

当超速导致的事故发生在桥梁和隧道路段时，防护设施类型为物理隔离设施时，事故主要为车辆间事故，其次是单车事故，人车事故最少。当超速导致的事故发生在急弯和陡坡路段时，防护设施类型为护栏和无防护时，事故主要为车辆间事故，为物理隔离设施时，车辆间事故和单车事故数量大致相同，人车事故最少（图 2-20）。

③超速行为交通信号方式角度事故特征。

从绝对指标来看，交通信号方式为无控制时，超速在急弯路段导致的事故最多，交通信号为标志标线时，超速在急弯路段导致的事故最多，而超速在桥梁路段和隧道路段导致的事故起数基本持平。在信号灯和标志标线同时存在的路段，超速导致的事故非常少（图 2-21）。

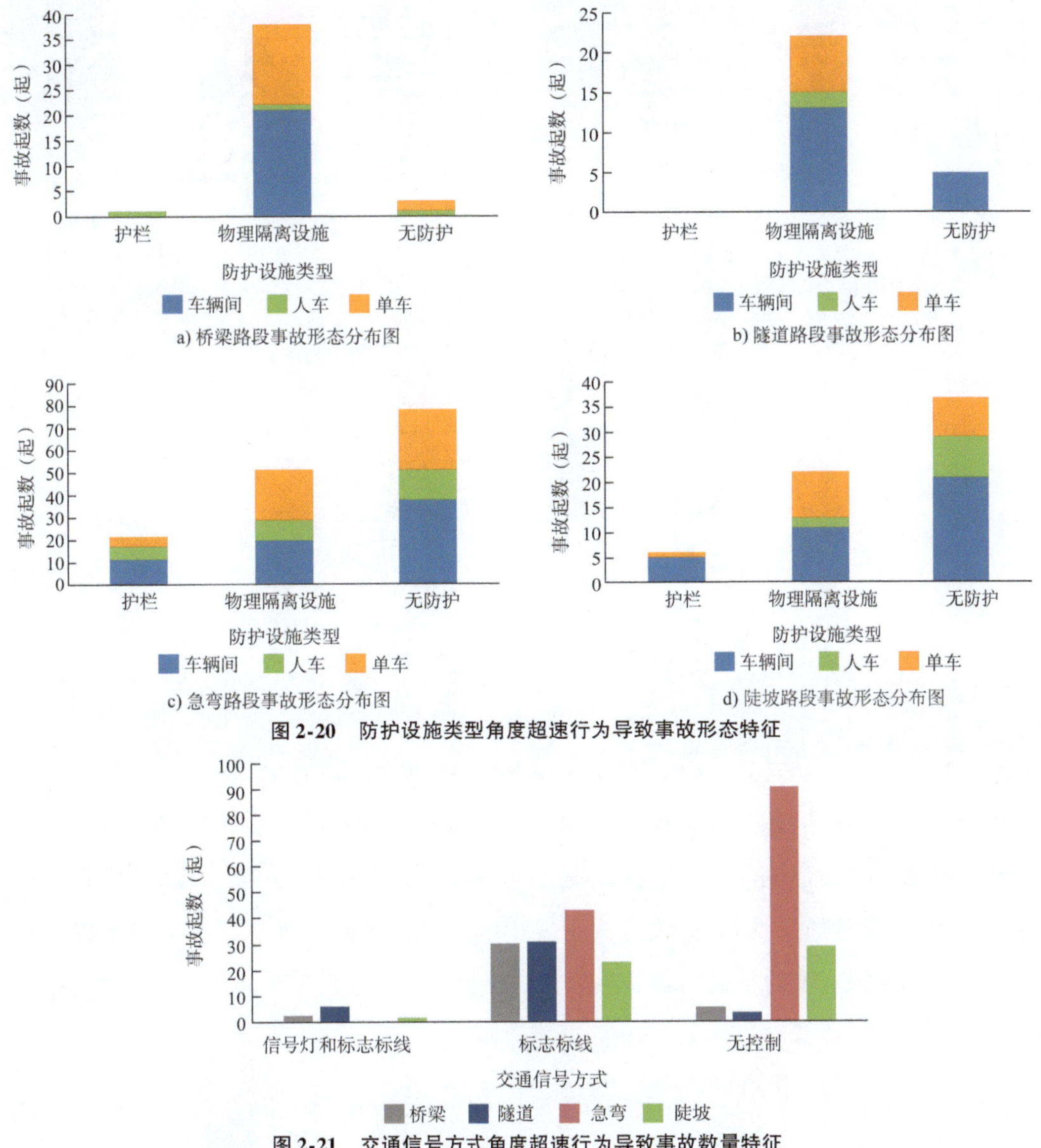

图 2-20　防护设施类型角度超速行为导致事故形态特征

图 2-21　交通信号方式角度超速行为导致事故数量特征

从绝对指标来看，不同交通信号方式下超速导致的事故受伤、死亡人数及财产损失数变化趋势与事故起数基本保持一致，但交通信号方式为标志标线时，超速导致的事故的受伤人数和财产损失数偏高。从平均指标来看，交通信号方式为信号灯和标志标线时，超速在桥梁路段导致的事故致伤强度、致死强度和财产损失强度均达到峰值。交通信号方式为标志标线时，超速在陡坡和隧道路段导致的事故致伤强度达到峰值，致死强度也比较高，需引起注意（图 2-22）。

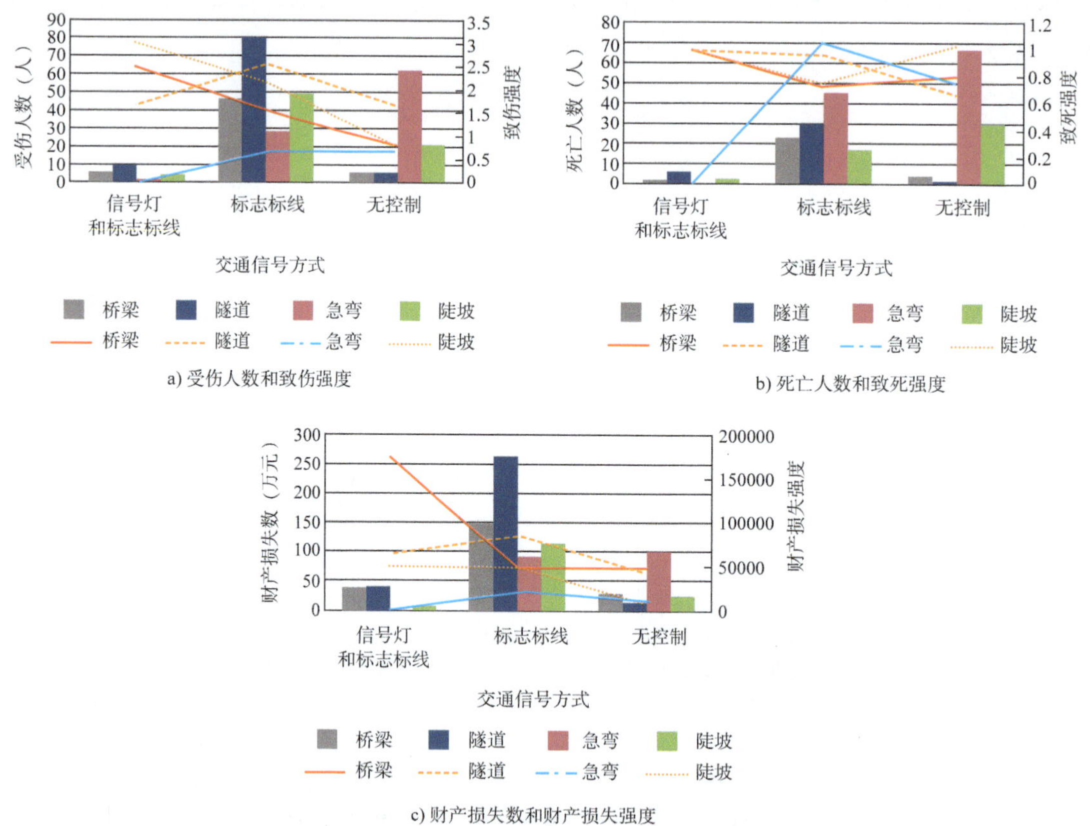

a) 受伤人数和致伤强度

b) 死亡人数和致死强度

c) 财产损失数和财产损失强度

图 2-22　交通信号方式角度超速行为导致事故严重程度特征

四种路段下事故形态分布无明显规律。当超速导致的事故发生在桥梁、隧道和陡坡路段时，事故主要为车辆间事故，其次是单车事故，人车事故最少。当超速导致的事故发生路段为急弯路段时，标志标线方式下发生的车辆间事故、人车事故和单车事故数量大致相同，而无控制下的车辆间事故和单车事故数目相近，人车事故较少（图 2-23）。

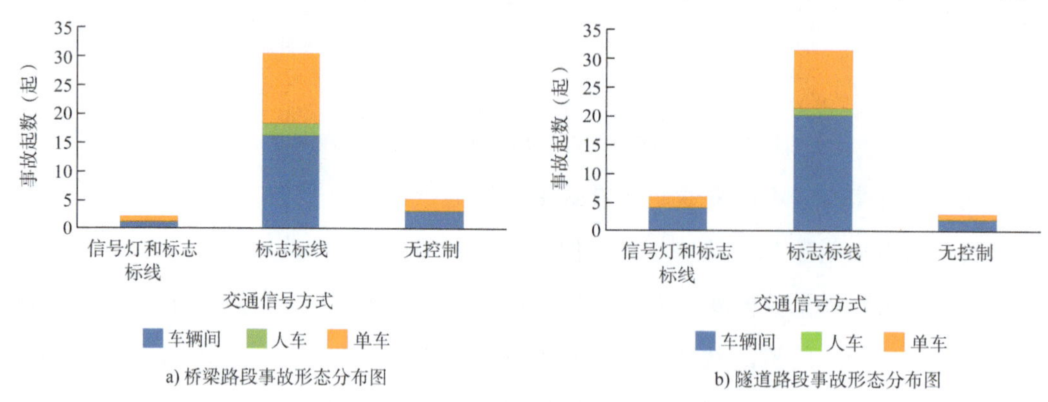

a) 桥梁路段事故形态分布图

b) 隧道路段事故形态分布图

图　2-23

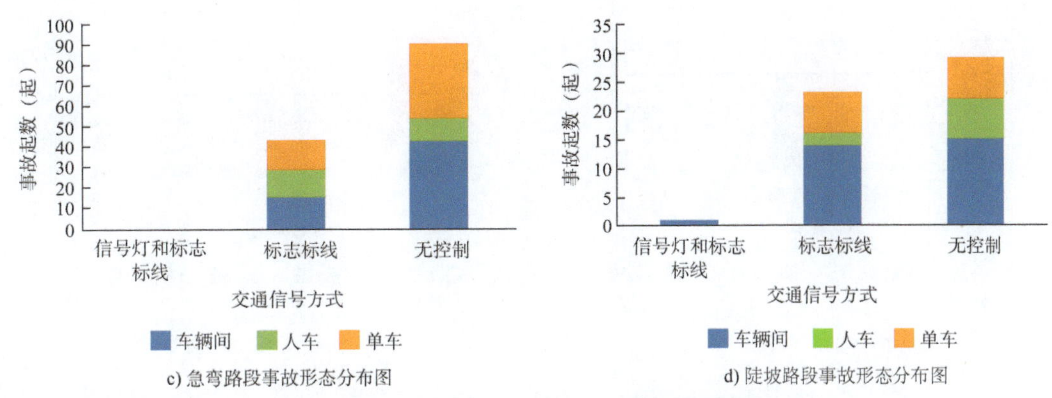

图 2-23 交通信号方式角度超速行为导致事故形态特征

④超速行为路表情况角度事故特征。

从绝对指标来看，不同路表情况下急弯路段的事故起数高于其他路段。四种路段事故起数呈现出相似的特征，当路表情况为干燥时，发生事故起数最多，其次为潮湿，其余两种路表情况发生事故起数均较少，这与天气情况自然分布关联较大（图 2-24）。

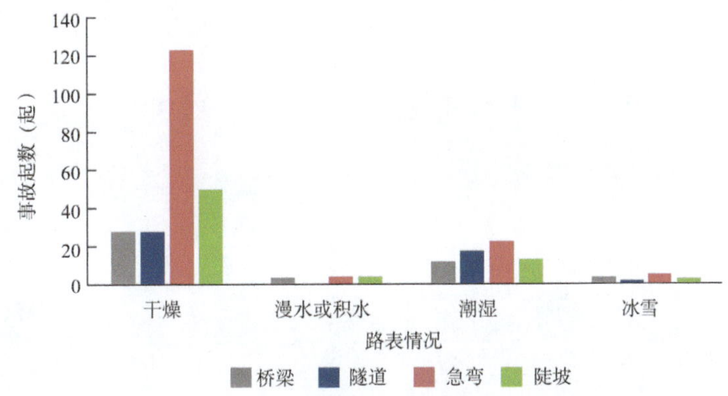

图 2-24 路表情况角度超速行为导致事故数量特征

从绝对指标来看，不同路表情况下超速导致的事故受伤、死亡人数及财产损失数变化趋势与事故起数基本保持一致。从平均指标来看，当路表情况为冰雪时，在隧道路段上所发生的事故财产损失强度达到峰值，桥梁、隧道和急弯路段的致死强度也极高；当路表情况为潮湿时，四种路段的致伤强度均达到峰值，致死强度也较高。可见，潮湿和冰雪对超速导致事故严重程度影响较大（图 2-25）。

四种路段超速导致的事故形态分布无明显规律，桥梁、急弯、陡坡路段下路表情况为干燥时，三种类型事故都占有一定比例。桥梁和隧道路段在冰雪路面上所发生事故全部为单车事故。四种路段下所发生事故中，车辆间事故最多，其次单车事故，人车事故极少，与超速风险交通行为发生条件的特殊性有关（图 2-26）。

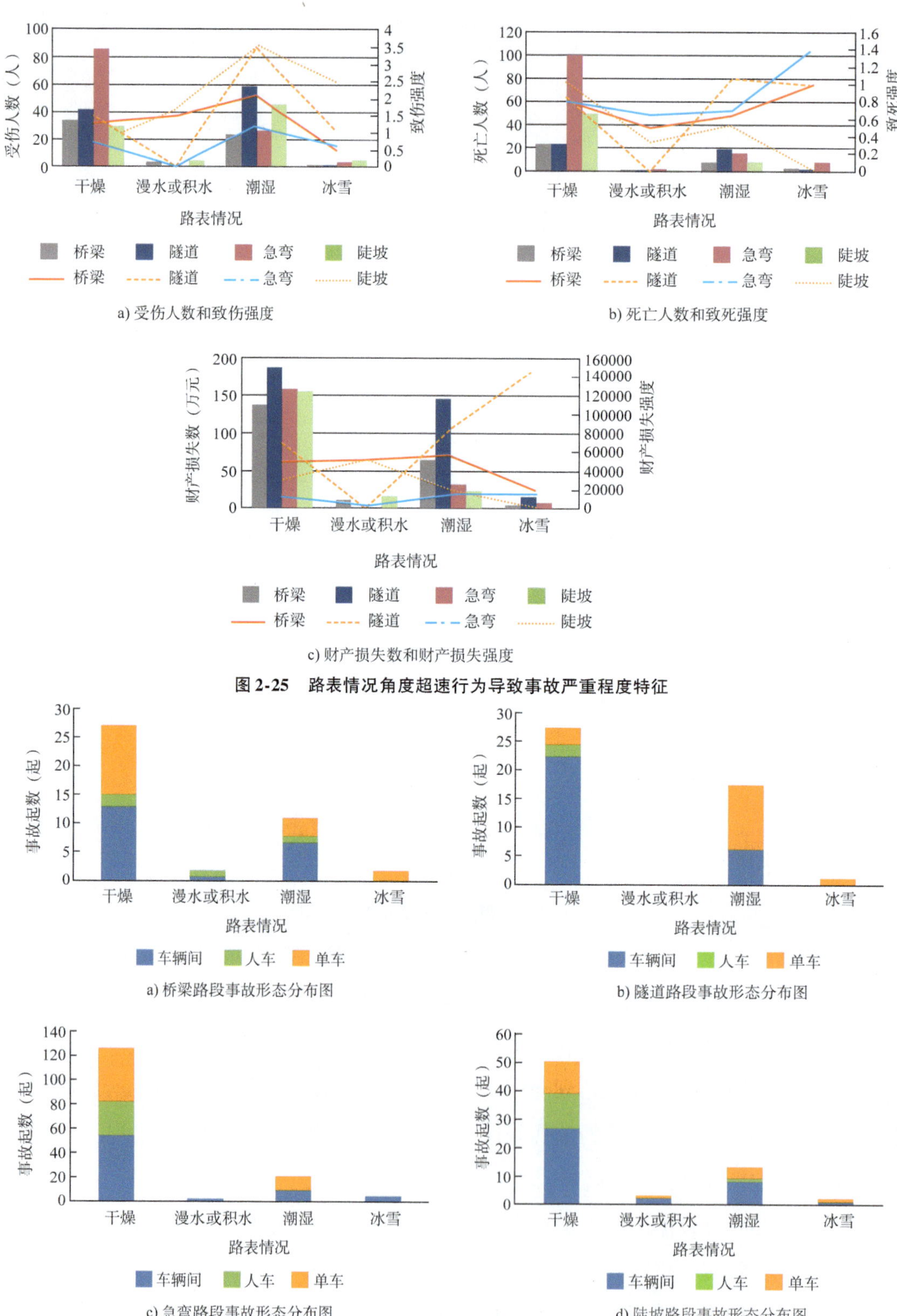

图 2-25　路表情况角度超速行为导致事故严重程度特征

图 2-26　路表情况角度超速行为导致事故形态特征

⑤超速行为路面结构角度事故特征。

从绝对指标来看，不同路表情况下发生于急弯路段上的事故起数最高，发生于隧道路段上的事故起数最低，且四种路段事故起数呈现出相似的特征，均表现为路面结构为沥青混凝土时的事故起数高于水泥混凝土路面（图 2-27）。

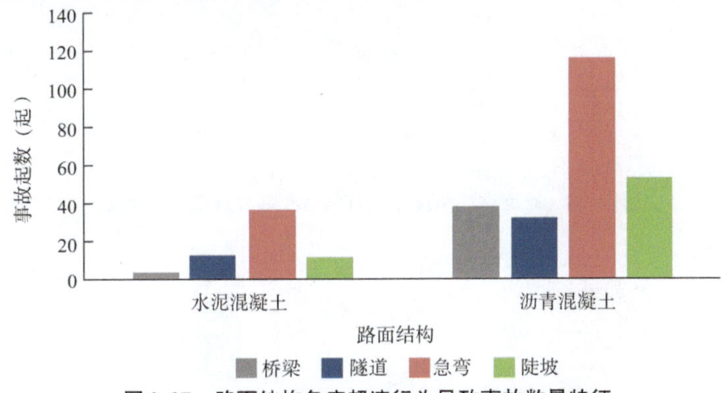

图 2-27　路面结构角度超速行为导致事故数量特征

从绝对指标来看，不同路面结构下超速导致的事故受伤、死亡人数及财产损失数变化趋势与事故起数基本保持一致。从平均指标来看，桥梁路段路面结构为沥青混凝土时，超速导致的事故致伤强度低于水泥混凝土路面，其余三种路段下超速导致的事故致伤强度均为水泥混凝土路面低于沥青混凝土路面。桥梁和隧道路段路面结构为沥青混凝土时，超速导致的事故致死强度均高于水泥混凝土路面，四种路段中路面结构为沥青混凝土时，超速导致的事故财产损失强度均高于水泥混凝土路面，即事故更为严重（图 2-28）。

当事故发生路段为桥梁路段时，水泥混凝土路面上的事故大多为车辆间事故，沥青混凝土路面上的车辆间事故和单车事故数目大致相同，人车事故最少。当事故发生在其他三种路段时，沥青混凝土路面上发生的事故中，车辆间事故最多，其次是单车事故，人车事故最少（图 2-29）。

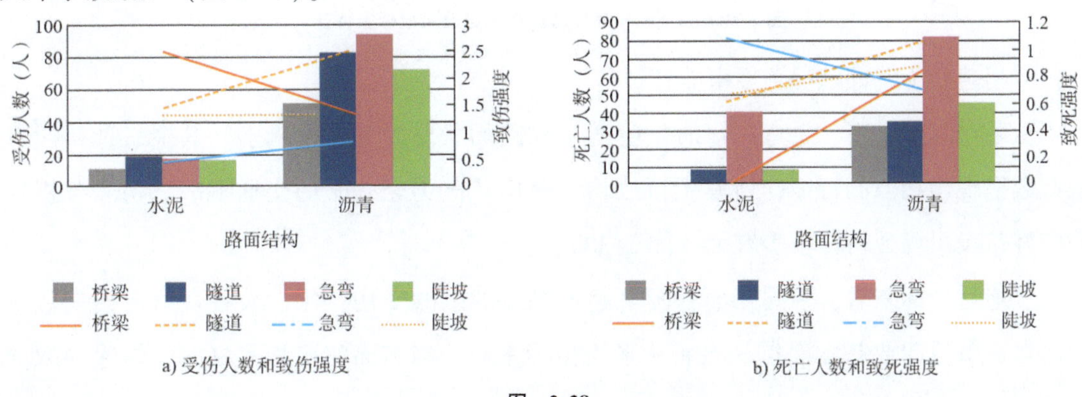

图　2-28

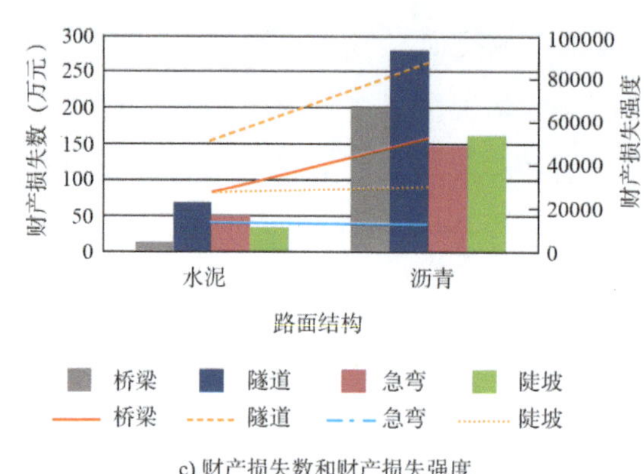

c) 财产损失数和财产损失强度

图 2-28 路面结构角度超速行为导致事故严重程度特征

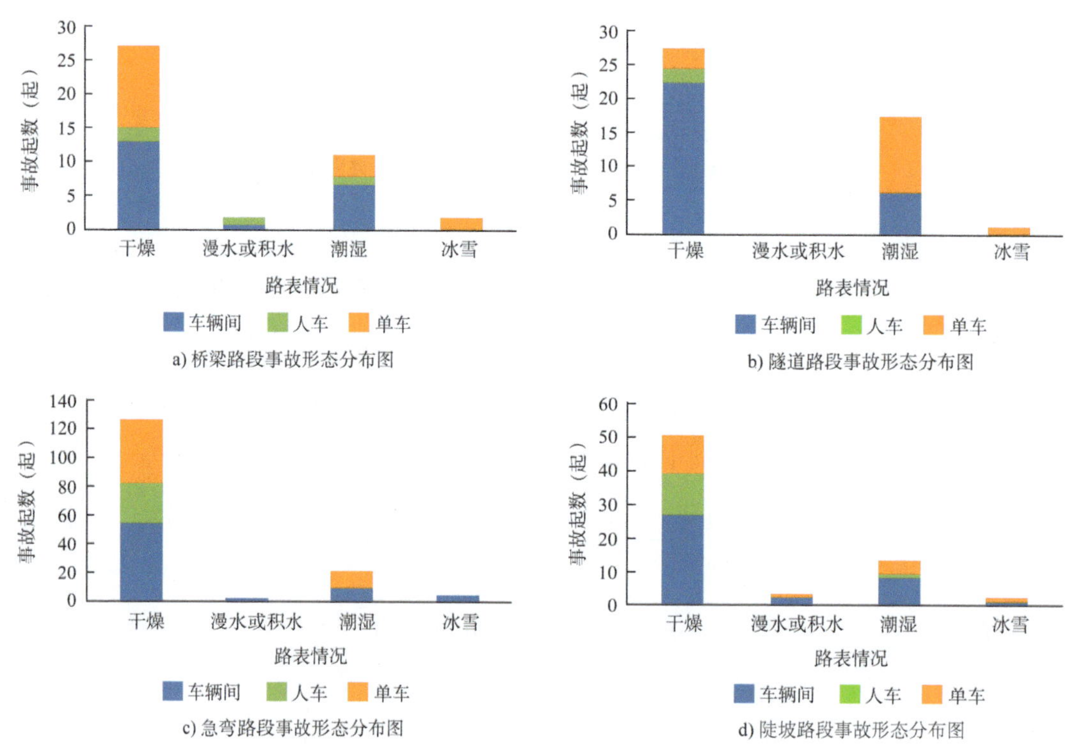

a) 桥梁路段事故形态分布图

b) 隧道路段事故形态分布图

c) 急弯路段事故形态分布图

d) 陡坡路段事故形态分布图

图 2-29 路面结构角度超速行为导致事故形态特征

⑥超速行为路面状况角度事故特征。

从绝对指标来看，急弯路段所发生的事故路面状况为完好时最多。其余三种路段事故起数呈现出相似的特征，所发生事故均为路面状况为完好时的交通事故。初步分析这与完好路段里程数占比较多有关（图 2-30）。

从绝对指标来看，不同路面状况下超速导致的事故受伤、死亡人数及财产损失数变化趋势与事故起数基本保持一致。从平均指标来看，当路面状况为完好时，超速导致的事故在桥梁和隧道路段的致伤强度、致死强度和财产损失强度均达到峰值，需要特别重视。当路面状况为施工时，超速在陡坡路段导致的事故致伤强度达到峰值。当路面状况为缺陷时，在急弯和陡坡路段的致死强度也达到了峰值（图 2-31）。

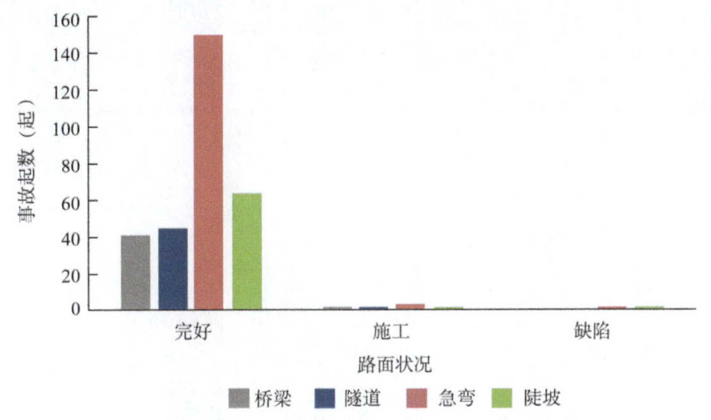

图 2-30　路面状况角度超速行为导致事故数量特征

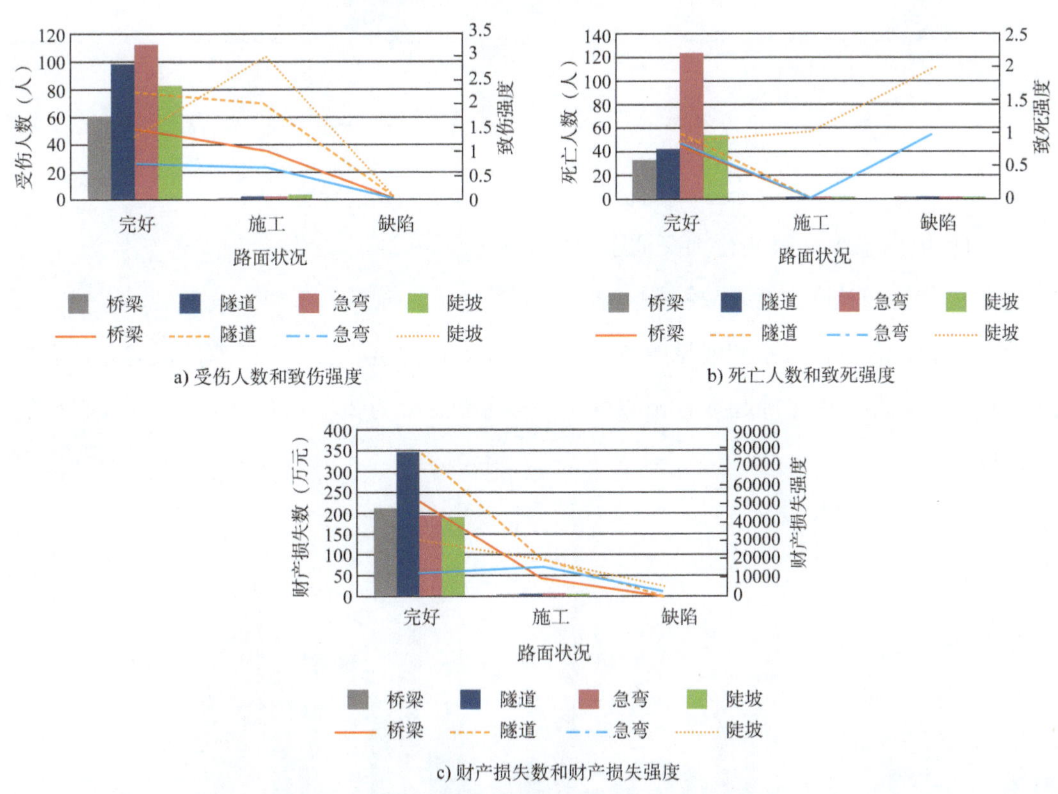

图 2-31　路面状况角度超速行为导致事故严重程度特征

四种路段的事故形态分析有相似特征，在桥梁和急弯路段的完好路面上发生的事故中，车辆间事故和单车事故数目相近，人车事故最少。而在隧道和陡坡路段的完好路面上发生的事故主要为车辆间事故（图 2-32）。

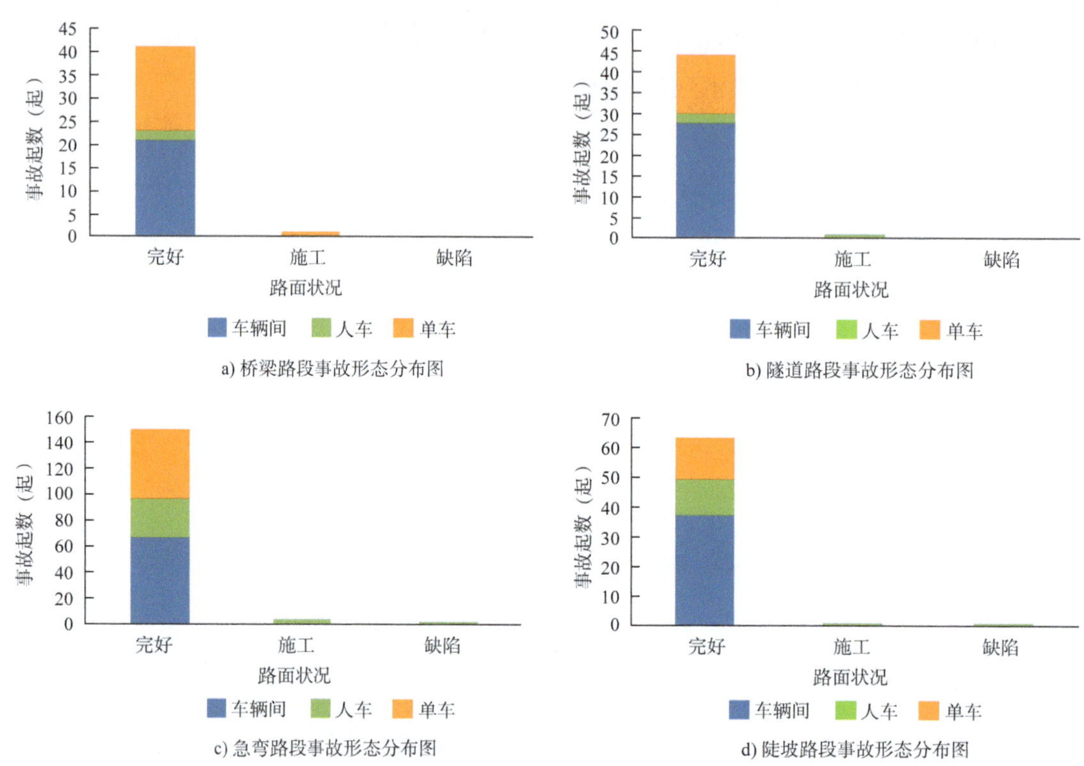

图 2-32 路面状况角度超速行为导致事故形态特征

(4) 环境因素维度超速行为交通事故特征解析。

①超速行为能见度角度事故特征。

从绝对指标来看，在不同能见度条件下，超速导致的事故发生在急弯路段的起数远高于其他路段。四种路段的事故起数有相似特征，均为能见度为 200m 以上时发生事故起数最高(图 2-33)。

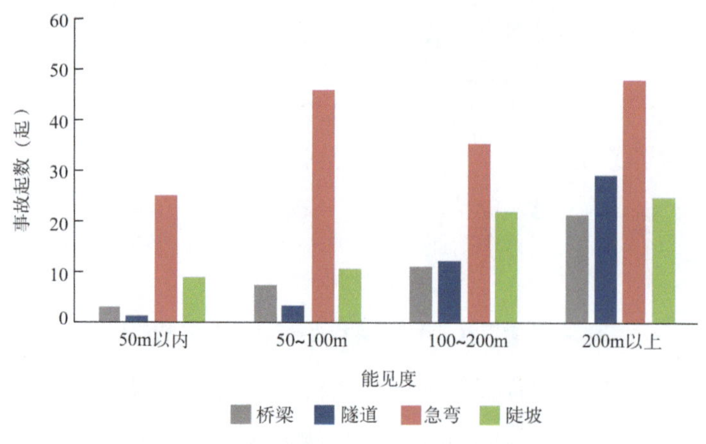

图 2-33 能见度角度超速行为导致事故数量特征

从绝对指标来看，不同能见度下超速导致的事故受伤、死亡人数及财产损失数变化趋势与事故起数基本保持一致，但能见度为 100 ~ 200m 和 200m 以上时，隧道路段发生事故的受伤人数和财产损失数较多。从平均指标来看，能见度为 50 ~ 100m 时，超速在桥梁路段导致的事故财产损失强度达到峰值，隧道导致的事故致死强度也极高。除此之外，当能见度为 100 ~ 200m 时，超速在隧道路段导致的事故致伤强度达到峰值，致死强度和财产损失强度也极高，在陡坡路段的致死强度也出现峰值。隧道路段超速导致的事故，在能见度受限的情况下致死强度高于其他路段，需注意（图 2-34）。

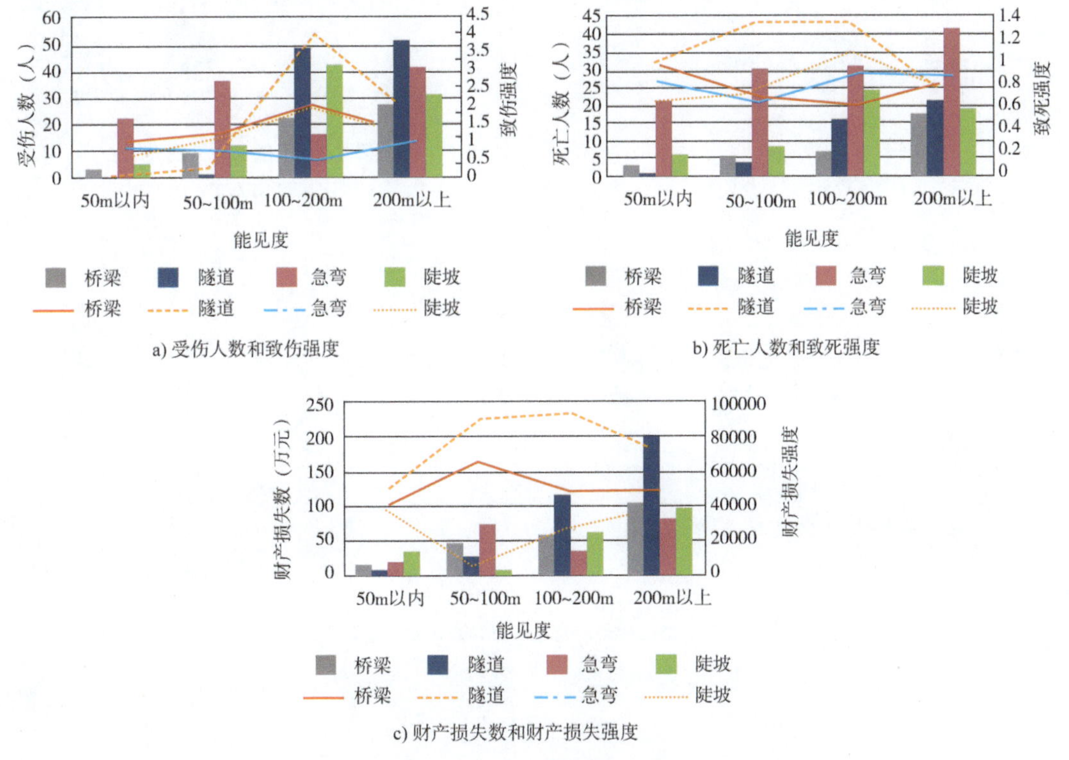

图 2-34　能见度角度超速行为导致事故严重程度特征

四种路段的超速导致的事故形态分析无明显的相似特征。当超速导致的事故发生路段为桥梁和隧道时，能见度在 50m 以内时，事故较少；在 50 ~ 100m 时，车辆间事故、人车事故、单车事故数目相近；在 100 ~ 200m 和 200m 以上时，发生的事故主要为车辆间事故，其次是单车事故，人车事故最少。急弯路段上能见度为 50 ~ 100m 时，事故较多，车辆间事故和单车事故数目相近，人车事故最少。超速导致的事故在陡坡路段时，人车事故比例受能见度影响较大（图 2-35）。

②超速行驶行为时段角度事故特征。

从绝对指标来看，在不同时段条件下，超速导致的事故发生在急弯路段的起数高于其他路段。四种路段下发生于日间平峰时段内的事故起数最高。引入不同时段时间长度比例计算相对指标，从相对指标来看，早高峰和晚高峰事故相对起数较高，可能和道路流量大小有关系（图2-36）。

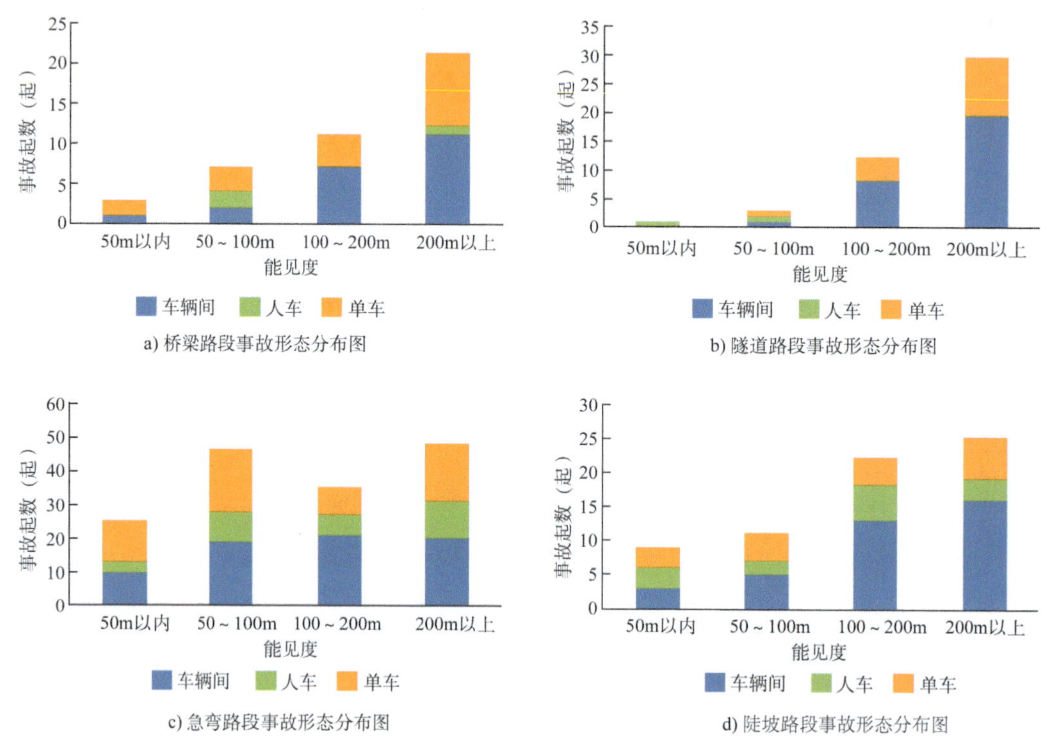

a) 桥梁路段事故形态分布图

b) 隧道路段事故形态分布图

c) 急弯路段事故形态分布图

d) 陡坡路段事故形态分布图

图2-35　能见度角度超速行为导致事故形态特征

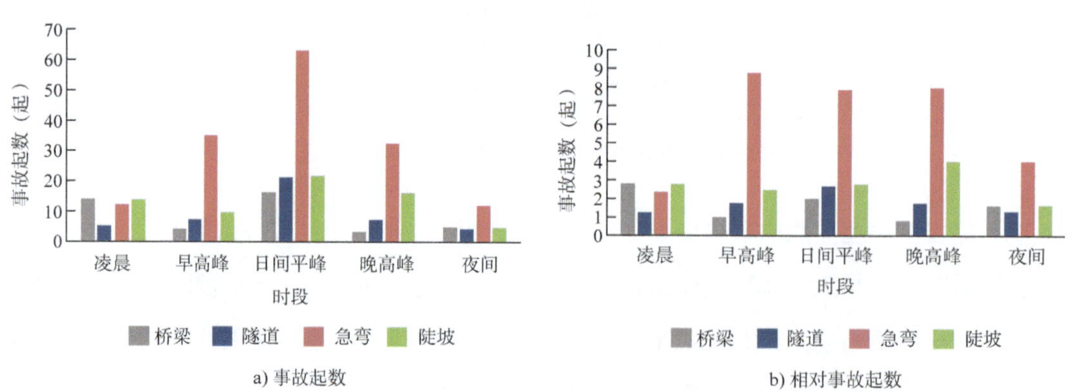

a) 事故起数

b) 相对事故起数

图2-36　时段角度超速行为导致事故数量特征

从绝对指标来看，不同时段下超速导致的事故受伤、死亡人数及财产损失数变化趋势与事故起数基本保持一致，但凌晨时段超速导致的事故财产损失数较大。从平均指标来看，凌晨时段超速导致的事故在隧道路段财产损失强度极高。早高峰时段超速导致的事故在隧道路段致死强度达到峰值，其他路段的致死强度也较高。而在晚高峰时段超速导致的事故在隧道路段致伤强度达到峰值。陡坡和急弯路段超速导致的事故严重程度受时段影响波动不大（图 2-37）。

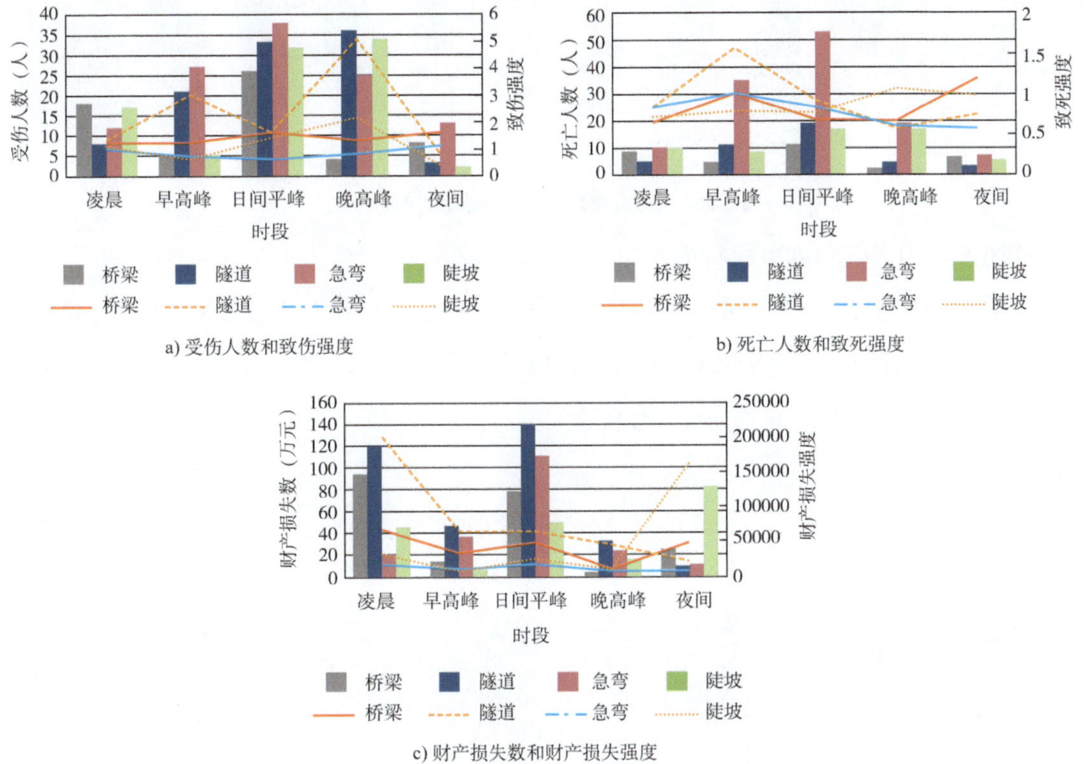

图 2-37　时段角度超速行为导致事故严重程度特征

四种路段的超速导致的事故形态分析无明显的相似特征。凌晨和夜间时段内，桥梁路段超速导致的事故中，车辆间事故最多，其次是单车事故，而在其他时段超速导致的事故中单车事故最多。隧道、急弯和陡坡路段中超速导致的事故中车辆间事故最多（图 2-38）。

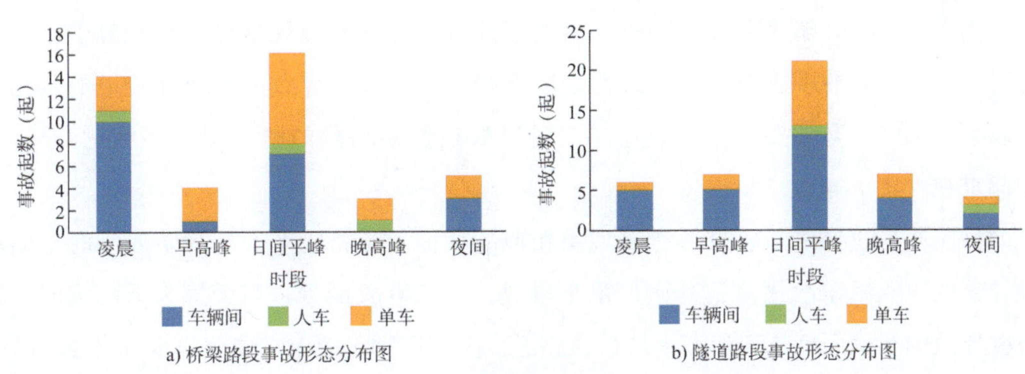

a) 桥梁路段事故形态分布图

b) 隧道路段事故形态分布图

图　2-38

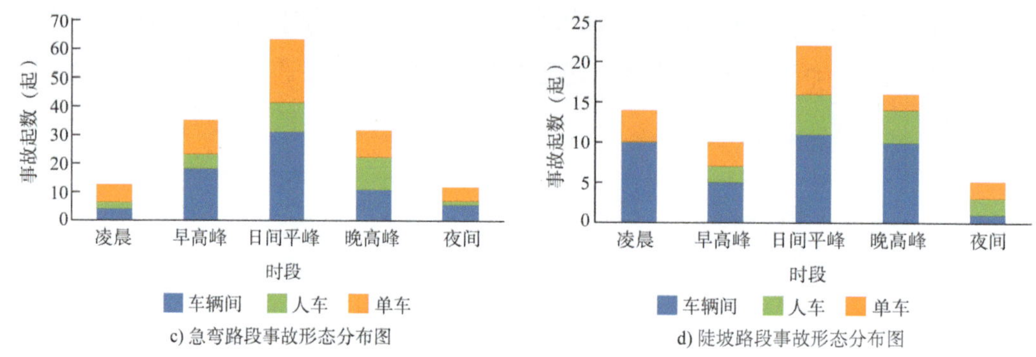

图 2-38 时段角度超速行为导致事故形态特征

③超速行为天气角度事故特征。

从绝对指标来看，在不同天气条件下，超速导致的事故发生在急弯路段的起数高于其他路段。四种路段公路事故起数呈现出相似的特征，均表现为晴或阴条件下事故发生起数较多，在事故总数中占比较大，这与晴或阴日常出现频率最高存在关联（图 2-39）。

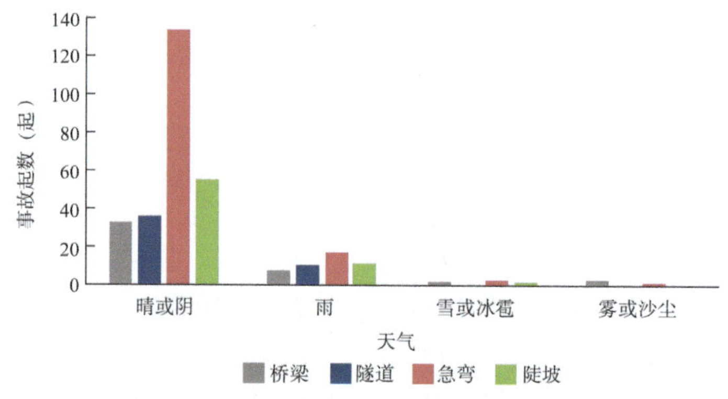

图 2-39 天气角度超速行为导致事故数量特征

从绝对指标来看，不同天气下超速导致的事故受伤、死亡人数及财产损失数变化趋势与事故起数基本保持一致，但凌晨时段超速导致的事故财产损失数较大。从平均指标来看，当天气为雨时超速在隧道路段导致的事故致伤强度和致死强度均出现峰值，雪或冰雹时，超速导致的事故在急弯的致死强度达到峰值，超速导致的事故在陡坡的致伤强度也较高。天气为雾或沙尘时，超速导致的事故在桥梁路段的财产损失强度达到峰值，需引起重视（图 2-40）。

四种路段超速导致的事故形态表现出相似的特征。各路段下天气为晴或阴时，超速行驶导致的车辆间事故最多，其次是单车事故，人车事故最少；当天气为下雨天时，超速行驶导致的车辆间事故和单车事故数目相近，占比较大，而人车事故很少（图 2-41）。

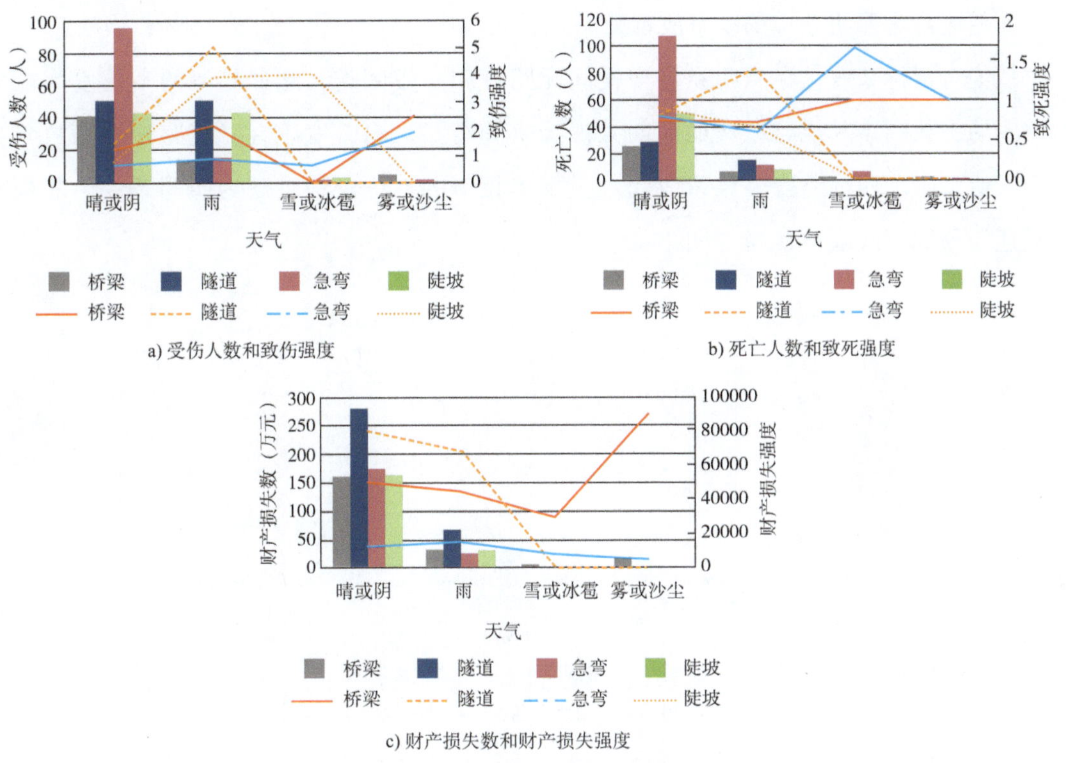

图 2-40　天气角度超速行为导致事故严重程度特征

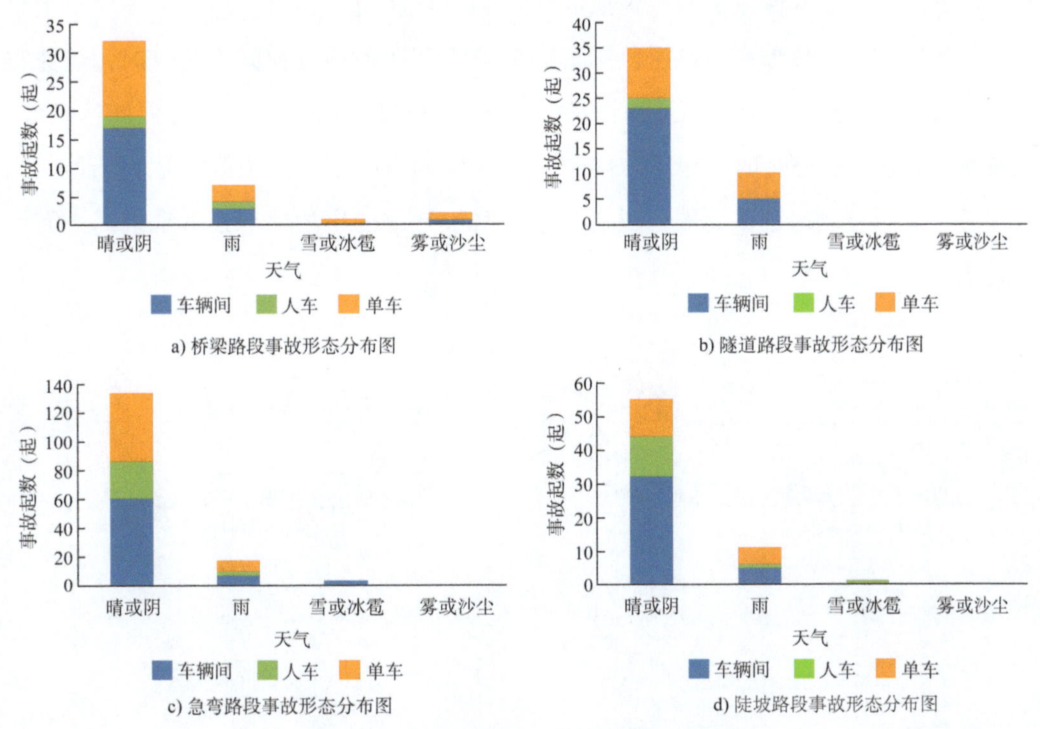

图 2-41　天气角度超速行为导致事故形态特征

④超速行为照明条件角度事故特征。

从绝对指标来看，在照明条件为夜间无路灯和非夜间时，超速导致的事故发生在急弯路段的起数高于其他路段，而照明条件为夜间有路灯时，发生在隧道路段的事故起数高于其他路段。四种路段公路事故起数呈现出相似的特征，均表现为照明条件为非夜间时超速导致的事故起数最高（图 2-42）。

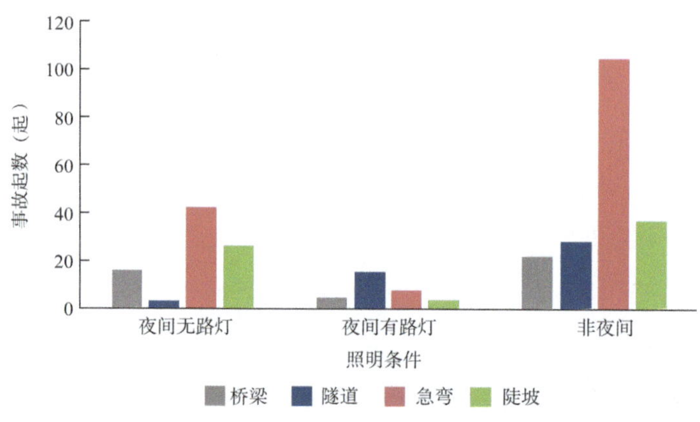

图 2-42　照明条件角度超速行为导致事故数量特征

从绝对指标来看，不同照明条件下超速导致的事故受伤、死亡人数及财产损失数变化趋势与事故起数基本保持一致，但照明条件为非夜间时，超速在隧道路段导致的事故受伤人数和财产损失数偏高。从平均指标来看，当照明条件为夜间无路灯时，超速在桥梁路段导致的事故财产损失强度达到峰值，在隧道路段导致的事故致伤强度达到峰值。当照明条件为夜间有路灯时，超速在隧道路段导致的事故财产损失强度达到峰值。当照明条件为非夜间时，超速在陡坡、隧道和急弯路段导致的事故致死强度也极高，需引起重视（图 2-43）。

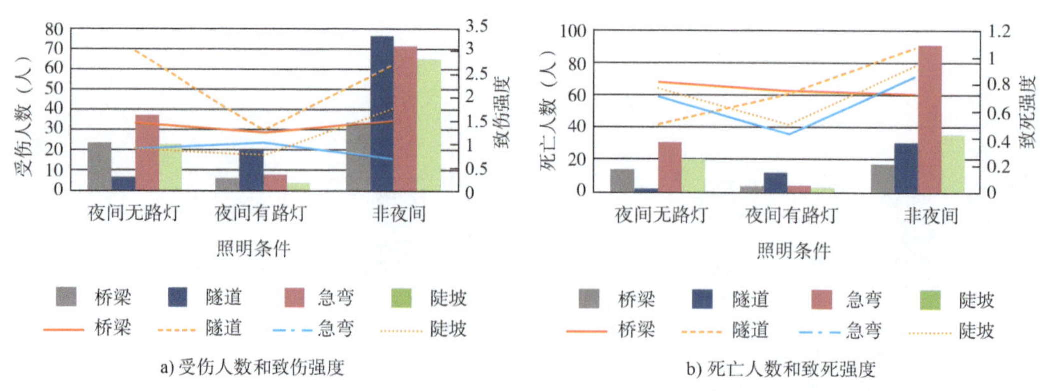

图　2-43

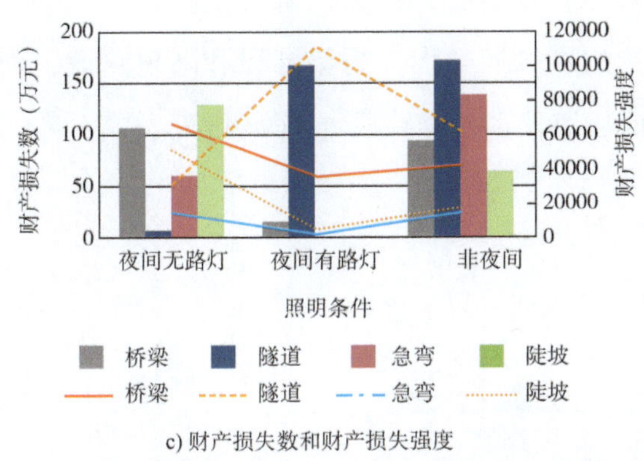

c) 财产损失数和财产损失强度

图 2-43　照明条件角度超速行为导致事故严重程度特征

四种路段超速导致的事故形态无明显的相似特征。隧道和陡坡路段超速导致的事故主要为车辆间事故，其次是单车事故，人车事故最少。而在桥梁路段，当照明条件为夜间无路灯和夜间有路灯时，超速导致的事故主要为车辆间事故，当照明条件为非夜间时，超速导致的事故主要为单车事故（图 2-44）。

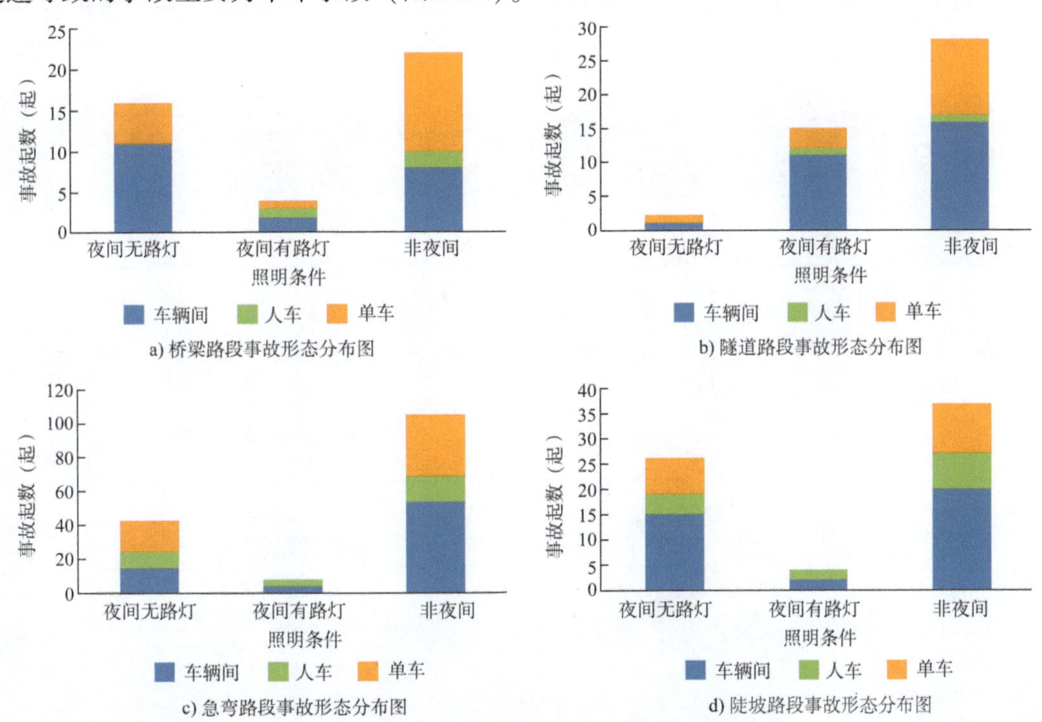

图 2-44　照明条件角度超速行为导致事故形态特征

⑤超速行为周内、周末角度事故特征。

从绝对指标来看，周内、周末超速导致的事故发生在急弯路段上的事故起数均高于其余三种路段，但不同路段公路事故起数呈现出相似的特征，均表现为周内事故起数高于周末事故起数。从相对指标来看，周内、周末发生在各路段的事故数目相差不大，但周内超速在陡坡路段导致的事故起数大于桥梁路段和隧道路段，而在周末超速在隧道路段导致的事故起数大于陡坡路段和桥梁路段（图 2-45）。

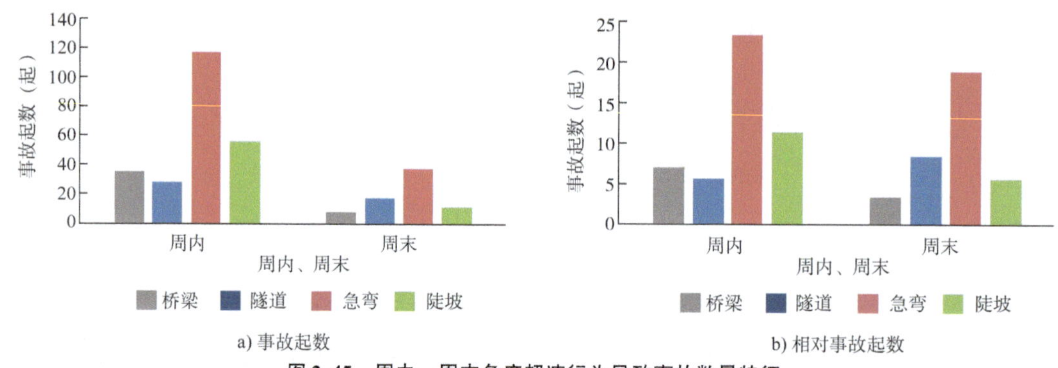

图 2-45　周内、周末角度超速行为导致事故数量特征

从绝对指标来看，周内、周末超速导致的事故受伤、死亡人数及财产损失数变化趋势与事故起数基本保持一致。从平均指标来看，事故发生路段为隧道和陡坡路段时，周内的致伤强度、致死强度和财产损失强度均高于周末。而在急弯路段，周内发生事故的致死强度和财产损失强度低于周末（图 2-46）。

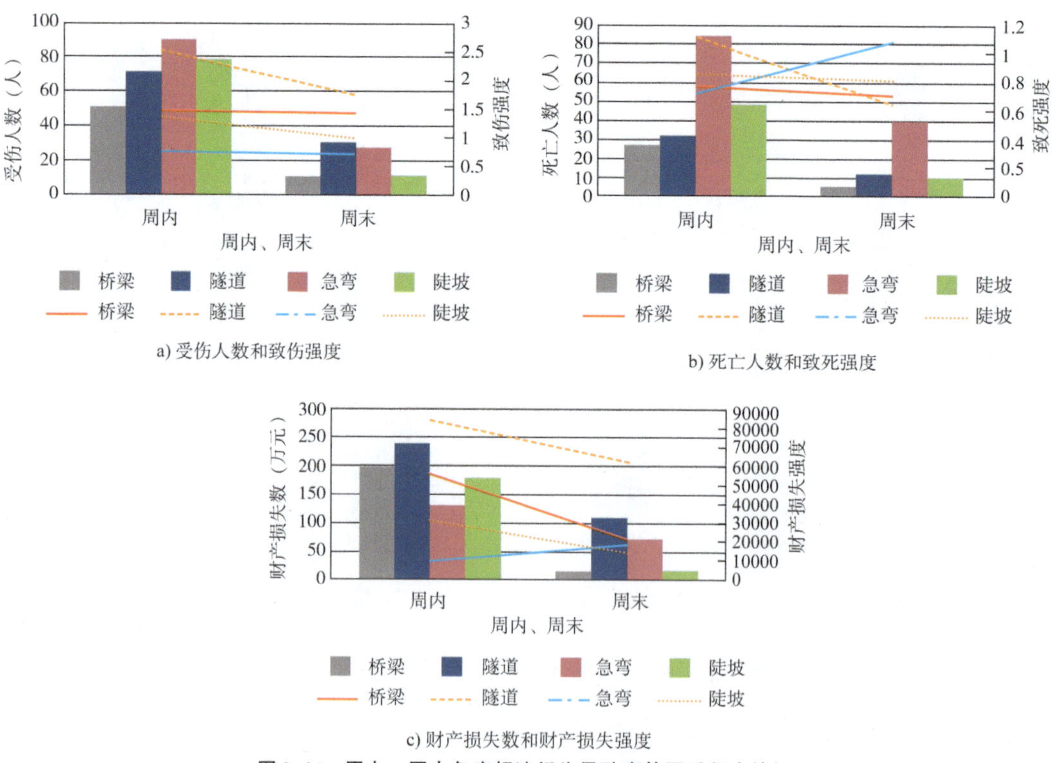

图 2-46　周内、周末角度超速行为导致事故严重程度特征

四种路段超速导致的事故形态具有较为明显的相似特征。桥梁、隧道和陡坡路段

超速导致的事故主要为车辆间事故。而在急弯路段周内超速导致的事故中车辆间事故和单车事故数目相近，占比较大，人车事故最少，周末发生的事故主要为车辆间事故（图 2-47）。

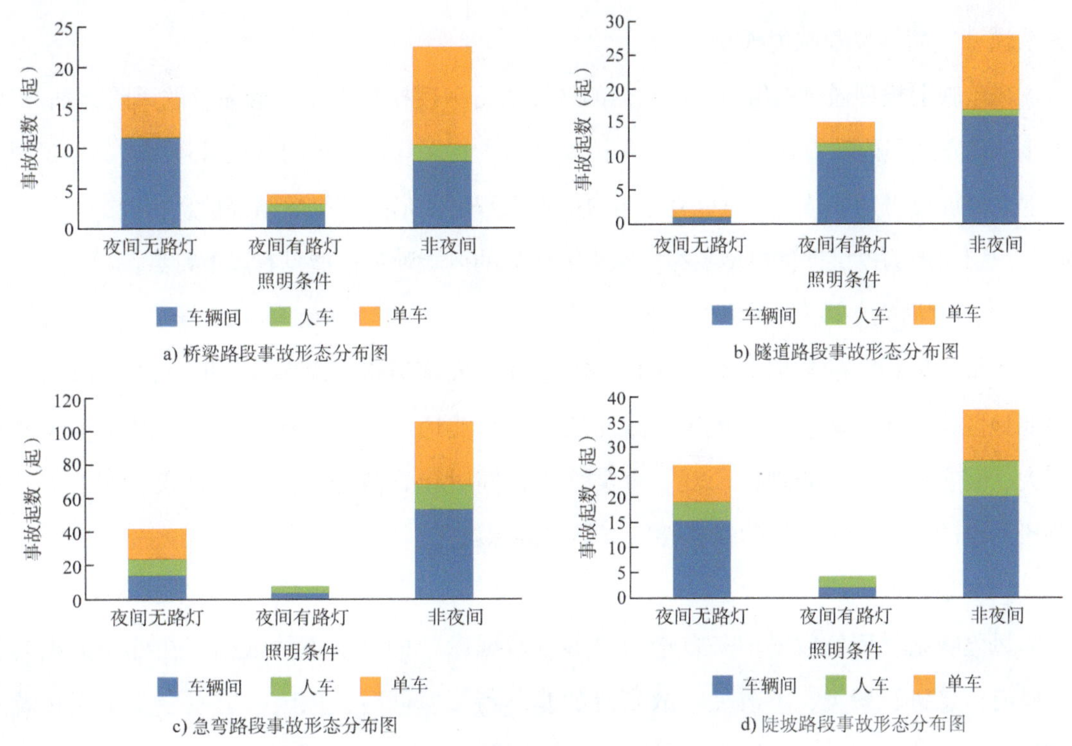

图 2-47　周内、周末角度超速行为导致事故形态特征

2.2 风险交通行为与事故风险映射规则

在已有的交通事故风险评估系统中，多数是聚焦于人、车辆、道路、环境中的数个因素，如通过事故车辆的行驶速度、加速度、前后车间距、事故发生地车流量等参数所建立的交通事故风险评估模型。此类模型虽能在特定条件下对交通事故风险进行有效评估，但忽略了风险交通行为及其在特定条件下对交通事故的影响。

根据以往对多因素关联与事故结果映射的研究发现，建立风险交通行为与事故结果映射规则是研究道路运输网风险规律的关键，尤其是基于历史事故数据的研究，对促进道路交通综合安全性能的提升是具有积极影响的。因此，对历史事故数进行整理、分析，并在此基础上建立一种风险交通行为与风险映射模型，具有非常积极的意义。

2.2.1 风险映射模型特点

在本小节中，风险交通行为与风险映射模型是指从风险交通行为特征到风险的映射关系模型，简称风险映射模型。

风险映射模型通过对历史事故数据的特征进行深度挖掘得出一套完备的风险评估方法。本小节建立的风险映射模型主要基于风险交通行为特征与可采集的事故风险因素，经过风险映射模型推理得到该条件下可能发生事故的严重程度及形态等事故结果信息，为交通运行风险的识别和预测提供评估模型支撑。本小节建立的风险映射模型具有以下特点：

（1）数据完备性。

风险映射模型的数据来源是2015—2019年公安部道路交通事故数据，包括华北地区、西北地区、华东地区、华南地区、西南地区、东北地区六大地区的数据，其特点是规模庞大、真实性高、分布地区广泛、分类详细，同时包含隧道、桥梁、急弯、陡坡等特殊路段的事故信息，为模型的推理性能提供可靠保障。

（2）客观性。

风险映射模型的数据均来自于历史事故数据库中的真实事故数据，在处理数据时仅对已有信息进行聚类，不改变事故信息的基本特征，同时，风险映射模型是基于传统数理统计方法建立的模型，模型输出的精确度会随着数据量的增大而显著提升。

（3）可更新性。

风险映射模型完全依赖于数据库中的历史事故信息，具有可更新性。风险映射模型的更新分为离线和在线两种模式，适用于数据部分共享和数据完全共享两种情况。离线更新模式下，风险映射模型会加强推理能力，在将全部推理结果计算得出后，存入规则子库；在线更新模式下，风险映射模型会弱化推理能力，仅将关键特征数据存入规则子库，在输出结果时由推理机进行进一步运算。

（4）敏感信息保密性。

由于原始事故信息中包含大量个人敏感信息，因此，风险映射模型在处理数据时将通过一个不可逆的运算过程模糊事故数据中的敏感信息，以保障当事人的个人隐私安全。

2.2.2 风险映射模型建立

风险映射模型主要包括数据层、运算层、应用层三个主要模块（图2-48）。原始事故数据经数据层、运算层处理，得到风险映射规则，而后将风险映射存入风险映射规则子库中，每当输入一条事故链信息，输出经推理机推理得到的相应事故结果信息。

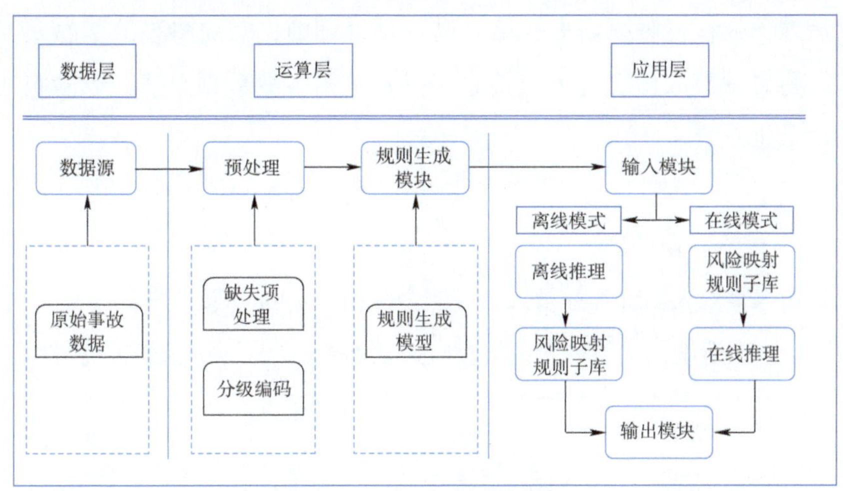

图 2-48　风险映射模型框架图

考虑到模型对更新数据的适应能力，将应用部分设计为两种使用模式，分别是离线模式和在线模式。

在离线模式下，每当输入一条事故链信息，离线推理机会将风险映射规则子库中的作为输入，利用直接求取风险期望等方式得到对一条事故链信息的风险评估结果，并将此结果存放于风险映射规则子库的相应条目下，最终通过输出模块输出经推理机推理得到的相应事故结果信息。由于离线模式下数据是静态的，因此，离线模式在更新时需要输入全部数据，通过规则模型和推理机的运算后将所有可能结果存储于风险映射子库中以供查询。

在线模式与离线模式的处理方式有所不同，当风险映射模型处于在线模式下，每当输入一条事故链信息，在线推理机会以风险映射规则子库中的信息作为输入，事故严重程度分级作为输出，建立新的分类器（由于数据不断更新，为保证查询效率，分类器的训练过程是离线的），每条事故链通过规则生成模型和在线推理机的运算后，会得到一个事故严重程度评级结果。在线模式下的数据是动态的，因此，风险映射模型仅需处理当前输入的单一事故链信息，但随着事故数据量的增大，分类器的训练较为耗时，因此，在更新规则时仅需对分类器进行更新训练即可。

1）数据层

数据层主要为模型后续模块提供数据支撑，数据来源是公安部道路交通事故数据库。原始事故数据主要分为事故信息表和人员信息表两部分，事故信息表包括事故编号、事故发生时间、事故形态、致死亡人数、7 日内受伤人数、天气、能见度、路面状况、路表情况、交通信号方式、事故认定原因等信息，人员信息表包括事故编号、人员编号、性别、年龄、驾龄、主要违法行为等主要信息。一条事故信息可能对应多条人员信息。

为方便后续研究，在对原始事故信息进行预处理前，需要将事故信息表与人员信息表信息对应，再合并事故信息与人员信息，得到原始事故数据总表，风险映射模型的数据源为此事故数据总表。

2）运算层

（1）原始事故数据预处理。

由于原始数据全由人工统计并录入，可能会存在一定的问题（图 2-49），在建立风险映射规则前需进行数据清洗，主要内容包括对缺失项的填充和对事故影响因素的重新编码。

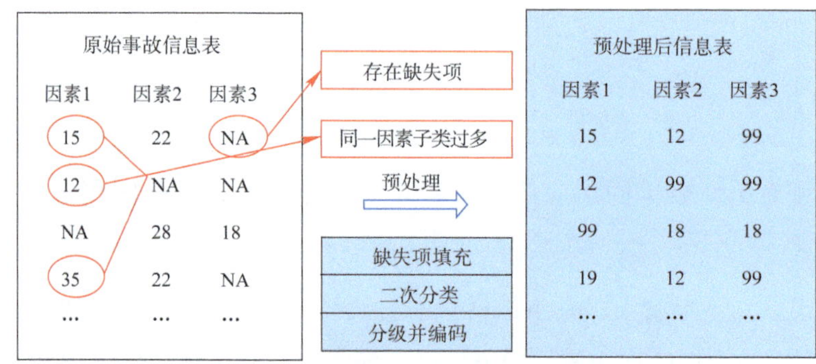

图 2-49 原始数据存在问题示意图

根据前面研究，本小节选取了风险交通行为 24 种，并对其进行二次编码，风险交通行为编码见表 2-6。

风险交通行为编码表 表 2-6

风险交通行为	编码	风险交通行为	编码
驾驶人或号牌不符合规定	11	肇事逃逸	23
人员异常停留或侵入	12	不按规定让行	24
不避让行人	13	强行超车	25
超速行驶	14	强行变道	26
车辆技术状况问题	15	超载	27
违反标志标线和信号	16	非机动车抢行	28
酒驾或服用违禁药物	17	疲劳驾驶	29
跟车距离过近	18	违法倒车	30
逆行	19	非机动车违反信号	31
违法停车	20	非机动车不靠右行驶	32
不按规定会车	21	非机动车逆行	33
操作不当	22	强行掉头	34

同样地，为了优化模型训练能力、排除极端因素的干扰，本小节对原始事故数据总表的事故影响因素也进行了二次分类，将事故发生时间分为星期和时间段两个属性；将路面材料合并为沥青、水泥、其他，共3项；将路面状况合并为完好、施工、缺陷、其他共4项；将交通信号控制方式合并为无控制、标志标线、信号灯+标志标线、其他，共4项；将路侧防护设施合并为无防护、护栏、避险车道、物理隔离设施、其他，共5项；将照明条件合并为夜间有路灯照明、夜间无路灯照明、非夜间，共3项；将天气合并为晴或阴、雨、雪或冰雹、雾或沙尘、其他，共5项；将路表情况合并为干燥、潮湿、积水或漫水、冰雪、其他，共5项，其他具体内容见表2-7。其中，编码占2位，例如“地形”中“11-平原”指“平原”这一子类对应的编码为“11”。

事故影响因素编码表　　　　表2-7

原始信息	原始分类	一级编码及影响因素	二级编码及子类
事故时间	无分类	11-星期	11-周内；12-周末
地形	1-平原；2-丘陵；3-山区	12-地形	11-平原；12-丘陵；13-山区
路面材料	1-沥青；2-水泥；3-沙石；4-土路；9-其他	13-路面材料	11-沥青；12-水泥；13-其他
路面状况	1-路面完好；2-施工；3-凹凸；4-塌陷；5-路障；9-其他	14-路面状况	11-完好；12-施工；13-缺陷；14-其他
交通控制方式	01-无控制；02-民警指挥；03-信号灯；04-标志；05-标线；06-其他	15-交通信号控制方式	11-无控制；12-标志标线；13-信号灯+标志标线；14-其他
路侧防护设施	01-无防护；02-行道树；03-绿化带；04-混凝土护栏；05-波形梁护栏；06-金属梁柱护栏；07-缆索护栏；08-防护墩柱；09-缓冲物；10-避险车道；99-其他	16-路侧防护设施	11-无防护；12-护栏；13-避险车道；14-物理隔离设施；15-其他
照明条件	1-白天；2-夜间有路灯照明；3-夜间无路灯照明；4-黎明；5-黄昏	17-照明条件	11-夜间有路灯照明；12-夜间无路灯照明；13-非夜间
天气	1-晴；2-阴；3-雨；4-雪；5-雾；6-大风；7-沙尘；8-冰雹；9-其他	18-天气	11-晴或阴；12-雨；13-雪或冰雹；14-雾或沙尘；15-其他
能见度	1-50m以内；2-50～100m；3-100～200m；4-200m以上	19-能见度	11-50m以内；12-50～100m；13-100～200m；14-200m以上
路表情况	1-干燥；2-潮湿；3-积水；4-漫水；5-冰雪；6-泥泞；9-其他	20-路表情况	11-干燥；12-潮湿；13-积水或漫水；14-冰雪；15-其他
事故时间	无分类	21-时间段	11-0:00～4:00；12-5:00～9:00；13-9:00～17:00；14-17:00～21:00；15-21:00～次日0:00

（2）规则生成模型。

规则生成模型的主要思路是：将一条事故信息看作是以风险交通行为为起点，各种事故影响因素作为中间节点，事故结果作为终点的事故链，如图 2-50 所示。通过对比目标事故链信息与已知事故链信息，选取在特定范式下与目标事故链超距离（损失值）最小的数条已知事故链作为已知信息，而后估计目标事故链的事故结果，并输出相应的超距离以测定评估结果的优劣。

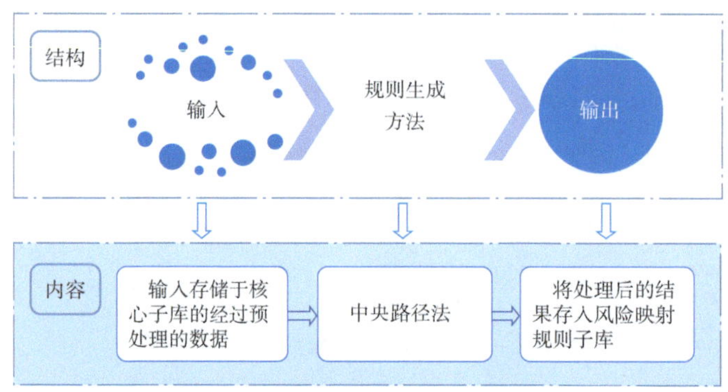

图 2-50　规则生成模型的主要框架图

模型将一条事故信息表示为一条以风险交通行为为起点，各种事故影响因素作为中间节点，事故结果作为终点的事故链路径，如图 2-51 所示。

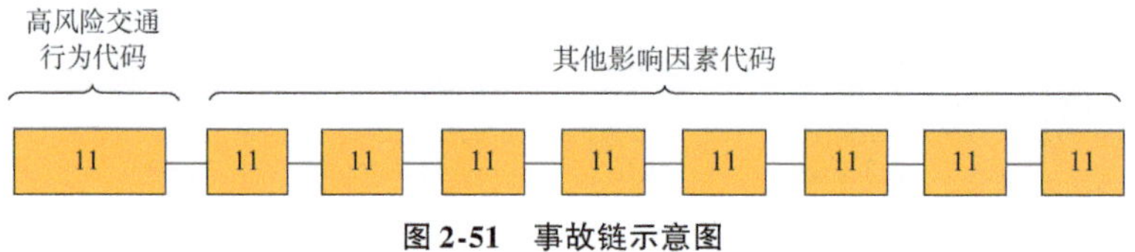

图 2-51　事故链示意图

每条事故链都对应着多个事故结果标签，如图 2-52 所示。

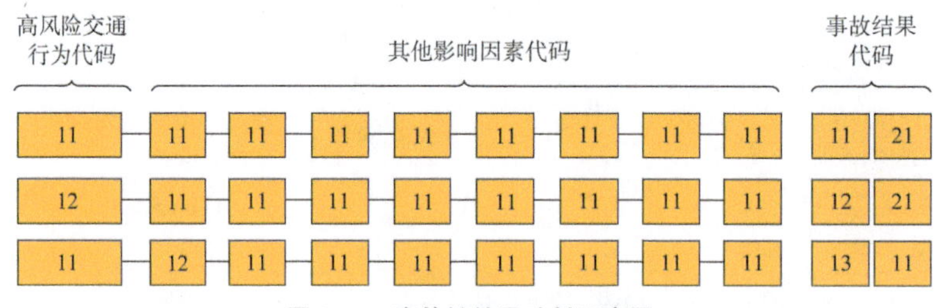

图 2-52　事故链结果映射示意图

事故结果标签 R 由两个相互独立的集合组成，分别是事故严重程度R_1和事故形态R_2，满足条件：

$$R = \{R_1, R_2\} \tag{2-5}$$

$$R_1 = \{r_1, r_2, r_3, r_4\} \tag{2-6}$$

$$R_2 = \{r_5, r_6, r_7\} \tag{2-7}$$

式中，r_1、r_2、r_3、r_4依次表示死亡 0 人、死亡 1 人、死亡 2 人、死亡 3 人及以上；r_5、

r_6、r_7依次表示车辆间事故、人车事故、单车事故。

模型使用变量说明表见表 2-8。

模型使用变量说明表　　表 2-8

变量名称	解　　释	变量名称	解　　释
S	事故总表集合	U_i	第 i 种事故标签全部影响因素组合的所有事故链的集合
R	事故结果标签集合	S_i^*	第 i 种事故结果标签下未知事故链集合
R_1	事故严重程度标签集合	D_n^i	第 i 种事故标签下第 k 条未知事故链
R_2	事故形态标签集合	Sc_i	第 i 种事故标签下中央路径的集合
r_1、r_2、r_3、r_4	死亡 0 人、死亡 1 人、死亡 2 人、死亡 3 人及以上	$q^i_{(j,m_j)}$	第 i 种事故标签下第 j 个一级影响因素下的第 m 个二级影响因素的发生频率
r_5、r_6、r_7	车辆间事故、人车事故、单车事故	d^i_{nr}	第 i 种事故标签下第 n 条未知事故链与第 r 条中央路径超距离
S_i	事故结果标签索引为 i 的全部事故链信息	d^i_n	第 i 种事故标签下第 n 条未知事故链平均超距离
i	事故结果标签索引	q^i_n	第 i 种事故标签下第 n 条未知事故链事故发生强度
k	已知事故链索引	E_n	第 n 条未知事故链的伤亡期望
C^i_k	第 i 种事故标签下第 k 条已知事故链	$P^{r_i}_{1n}$	第 n 条未知事故链的伤亡强度的占比
A^i_j	第 i 种事故标签下第 j 个一级影响因素	$P^{r_i}_{2n}$	第 n 条未知事故链的事故形态发生强度占比
$a^i_{(j,m)}$	第 i 种事故标签下第 j 个一级影响因素下的第 m 个二级影响因素代码	—	—

规则生成模型的根本思想是：若两条事故链中影响因素节点分布充分相似，或仅有部分非主要影响因素不同时，在该种事故链条件下发生的事故结果也是相近的。在已有数据信息中，发生频数较高的事故链在主要影响因素节点上的表达能力较强，通常会覆盖掉该节点上其他不显著影响因素，使得在该事故链附近超距离允许范围内事故链的严重程度与其相似，本小节将这样的事故链称为中央路径，利用中央路径估计未知事故链结果的方法称为中央路径法，中央路径法是一种基于已知事故链结果信息来估计未知事故链结果信息的方法。

中央路径法的推理流程如图 2-53 所示。

考虑到事故信息具有一定敏感性，且为了提升应用层在输出事故链结果时的效率，将“推理得到相关的事故结果信息”的功能在运算层实现，即在规则生成模型建立后直接推理出全部事故结果信息，并存入数据库中。

规则生成模型的建立方法如下：获得事故数据总表 S，将总表按R_1、R_2分为 7 张子表，每张子表对应不同事故结果下的事故数据，如图2-54所示。由于R_1、R_2中的事故结果相互独立，因此，求解每张子表下未知链与事故结果映射的问题可看作是7个不相关的分类问题。

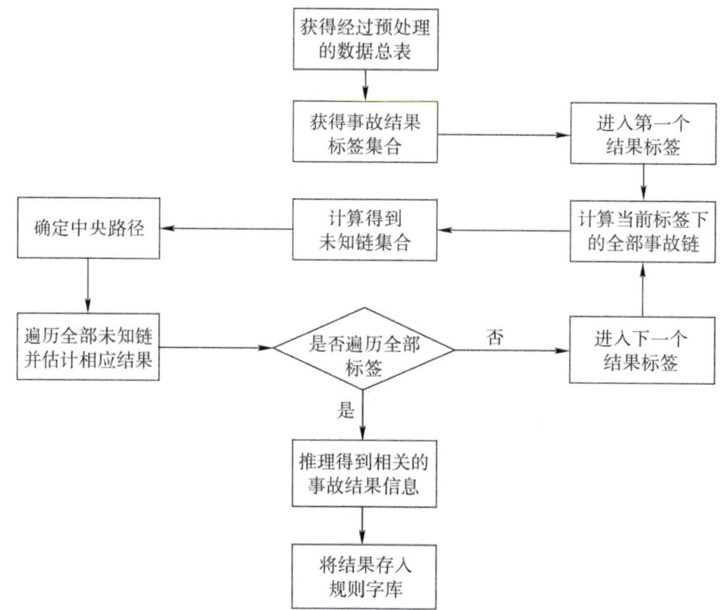

图2-53　中央路径法推理流程示意图

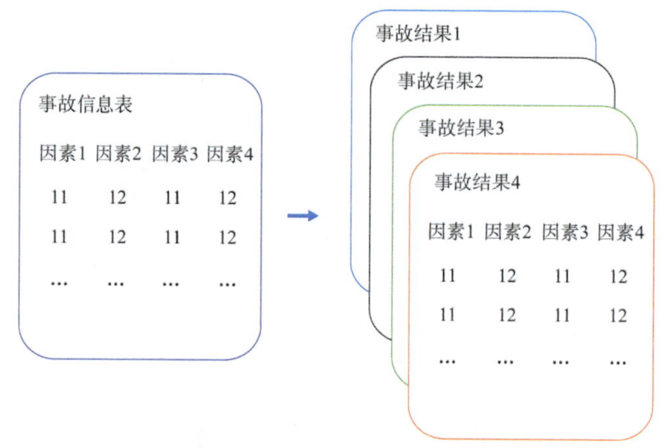

图2-54　事故信息表拆分示意图

以其中一种事故结果标签为例，第一步需要基于已有事故链信息分析得到待估计的未知事故链集合，接着确定此种事故结果标签下的中央路径，最后估计并推理出相应的结果信息。

设该种事故结果标签索引为i，S_i表示事故结果标签索引为i的全部事故链信息，单条事故链用C表示，已知事故链索引为k，满足

$$\begin{cases} S_i = \{S \mid R = r_i\} \\ C_k^i \in S_i, k \in \{1,2,3,\cdots,\mathrm{card}(S_i)\} \end{cases} \tag{2-8}$$

式中，card（S_i）为原始数据总表在第 i 种事故标签下包含的不重复事故链的条数。

设第 i 种事故结果标签下第 j 种一级影响因素，即事故链节点为A_j^i且 $j\in$ {1，2，…，11}，根据道路类型不同，选取的影响因素不同，于是 j 的取值也不同。一般地，在道路设施较为完备的高速公路、一级公路条件下，影响道路安全并导致事故发生的因素较少，即从 j 中取 8 个影响因素；在其他类型的道路条件下，即从 j 中取 11 个影响因素。在第 j 种一级影响因素下又存在不同的二级子因素，于是用一个二元数（j，m）定位不同一级影响因素下的二级子因素，并用$a_{(j,m)}^i$表示该条件下的子因素代码，满足

$$A_j^i = \{a_{(j,1)}^i, a_{(j,2)}^i, \cdots, a_{(j,m)}^i, \cdots\} \tag{2-9}$$

于是，一条已知事故链可表示为一个有向序列C_k

$$\vec{C}_k^i = (a_{(1,m_1)}^i, a_{(2,m_2)}^i, \cdots, a_{(j,m_j)}^i \cdots) \tag{2-10}$$

由于不同一级影响因素下二级子因素的个数不同，m 的取值依赖于 j，表示为m_j。

用U_i表示全部二级影响因素可能组合而成的事故链的集合，显然$S_i \subset U_i$，则集合中所包含事故链的数量为

$$\mathrm{card}(U_i) = \prod_{j=1}^{j_{\max}} m_j \tag{2-11}$$

式中，$j_{\max}$表示选取一级影响因素的个数。

由式（2-8）、式（2-11）可得第 i 种事故结果标签下未知事故链集合$S^*{}_i$

$$S_i^* = Cu_i\, S_i \tag{2-12}$$

于是，一条未知事故链可表示为

$$\vec{D}_n^i = (a_{(1,m_1)}^i, a_{(2,m_2)}^i, \cdots, a_{(j,m_j)}^i \cdots) \tag{2-13}$$

式中，n 为未知事故链索引且满足 $n + k = \mathrm{card}$（U_i）。

在得到未知事故链后，需进一步确定中央路径。中央路径是先通过统计每条事故链在第 i 种事故结果标签下的发生频数，再由该频数筛掉偶发事故链确定的。一条已知事故链的发生频数用 Fre（$\vec{C}_k^i$）表示，频率用 Q（$\vec{C}_k^i$）表示，则选取的中央路径集合Sc_i为

$$Sc_i = \{S_i \mid \mathrm{argFre}(\vec{C}_k^i) = t\} \tag{2-14}$$

式中，t 为选取中央路径的频数阈值，为尽可能少地损失原始数据信息且避免偶发事故对模型造成的影响，取 $t=2$，中央路径则由$\vec{C}_r^i$表示，其中 $r \leqslant k$。

接着，本小节通过一个范式来计算一条未知事故链与所有中央路径的“距离”，并将这种两条事故链之间的“距离”称为“超距离”。考虑到不同影响因素作为分类变量是离散的、量纲不统一的，在计算时，本小节将事故链中的子因素代码$a^i_{(j,m_j)}$替换为改子因素在第 i 种事故结果标签下发生的频率$q^i_{(j,m_j)}$，分别用$q^i_{0(j,m_j)}$和$q^i_{1(j,m_j)}$区分未知链与中央路径，定义这种变量转换关系如式（2-15）所示，于是得到第 n 条未知事故链与第 r 条中央路径超距离d^i_{nr}的计算方法

$$q^i_{(j,m_j)} = \mathrm{Con}(a^i_{(j,m_j)}) \tag{2-15}$$

$$d^i_{nr} = \frac{1}{j_{\max}} \sum_{j=1}^{j_{\max}} (q^i_{0(j,m_j)} - q^i_{1(j,m_j)})^2 \tag{2-16}$$

再对超距离d^i_{nr}由小到大排序，选取超距离最小的两个值 d^{*i}_{1r}和 d^{*i}_{2r}，取其均值作为该条未知链与中央路径的平均超距离d^i_n，再获得与 d^{*i}_{1r}、d^{*i}_{2r}所对应的两条中央路径的频数q^{*i}_{1r}、q^{*i}_{2r}，取均值作为该条未知链的事故发生强度q^i_n。

同理，当计算出全部事故结果标签下所有未知链的超距离和事故发生强度，由式（2-17）、式（2-18）计算出各条未知链的伤亡期望E_n及各伤亡强度的占比$P^{r_i}_{1n}$，由式（2-19）计算各种事故形态发生强度的占比$P^{r_i}_{2n}$。

$$E_n = \sum_{i=0}^{3} i \times q^{i+1}_n \tag{2-17}$$

$$P^{r_i}_{1n} = \frac{q^i_n}{\sum_{i=1}^{4} q^i_n} \tag{2-18}$$

$$P^{r_i}_{2n} = \frac{q^i_n}{\sum_{i=5}^{7} q^i_n} \tag{2-19}$$

最终，将计算结果存入规则子库中。

（3）算法实现与优化。

考虑到影响因素分类较多，由不同因素组合而成的事故链数量十分庞大，若不对算法进行优化则会导致模型训练时间周期过长，延缓数据库更新进程，不利于在未来的深入研究。因此，本小节对模型的实现算法进行深度剖析，改变了运算时的数据结构和运算顺序，以用“空间”换“时间”作为指导思想，充分发挥硬件设备的性能，制定了相应的优化思路并完成了对算法的优化。具体实施方案如下：

首先，本小节将模型中运算量较大的部分提炼出来，找到影响算法性能的模块。由模型提出的算法流程（图 2-55），在计算过程中，“估计未知链”是算法复杂度最大的部分，其余部分在事故结果确定的情况下复杂度为常数。

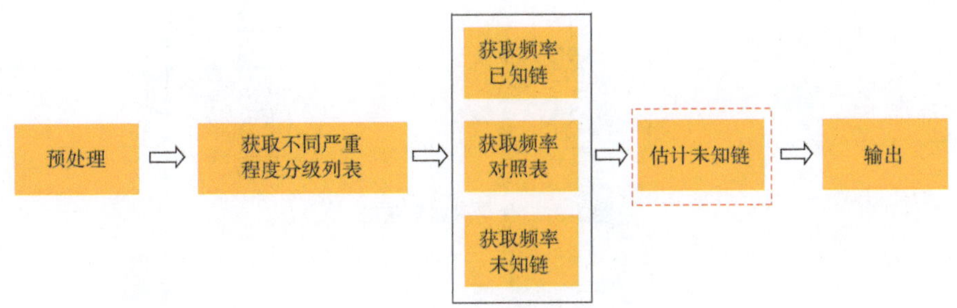

图 2-55　算法流程简图

接着，本小节将运算效率较低的模块（“估计未知链”）拆解为若干步，分析其运算性能与优化的可能性。“估计未知链”的具体实现如图 2-56 所示，设某种结果标签下有 n 条未知事故链，m 条中央路径（其中 $m<n$），按照模型思路计算则算法复杂度为 $O(n\times m)$。在这种计算方式下，算法复杂度都会随着未知事故链或已知事故链条数两者之一的增加成线性阶增长，尤其在数据量较大的多因素组合下，算法复杂度接近于 $O(n^2)$，此时，通过推理输出一条事故结果信息的效率会被大大降低。

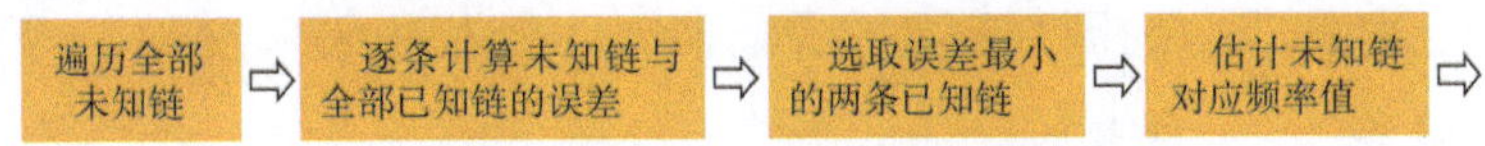

图 2-56　“估计未知链”实现流程示意图

进一步地，本小节确定了算法优化的关键节点，即一条未知链与多条已知链的计算，在模型中的计算思路是，在推理每条未知事故链的事故结果信息时，都逐帧与中央路径进行计算，这样的串行计算效率过低，于是本小节考虑将全部未知链拼接为一个高维矩阵，将中央路径延拓为与未知链矩阵大小一致的高维矩阵，以一次矩阵运算代替逐帧的串行计算。通过对比本小节最终确定了矩阵的维度为 2 时，综合运算效率最高，计算效率见表 2-9，于是本小节确定了优化思路。具体的步骤是将一条未知数据链延拓为 $a\times m$ 的矩阵，其中 a 为事故链节点个数，利用 GPU 并行运算能力降低算法复杂度。其优化思路示意图如图 2-57 所示。

不同数据维度的计算效率对比结果表　　表 2-9

矩阵维度	优　势	缺　陷	较原算法效率比
2	充分利用 GPU 并行计算矩阵	受到内存限制需要对数据进行多次重构	138%
3	无须对数据进行多次重构	不能充分利用并行运算能力	176%

经过优化后，算法复杂度为 $O(n\times k)$，其中 k 为以矩阵并行计算代替原算法中遍历 m 条中央路径逐条计算单条未知链信息的复杂度。由于 $k\ll m$，所以优化后算法的运行效率远高于原算法。

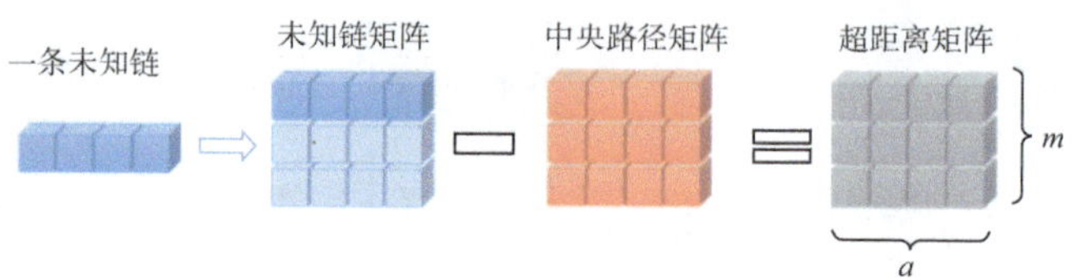

图 2-57　优化思路示意图

3）应用层

（1）应用层的基本结构。

应用层主要包括输入、规则子库、推理机和输出四个部分，用户通过交互界面依次输入想要查询的事故影响因素，推理机将其合并成一条事故链，并在规则子库中查询相应信息，最终将事故结果信息输出至用户端。在应用模式上分为离线模式和在线模式。

根据输入信息获取的方式不同，本小节将输入模块划分为动态因素与固定因素两部分。动态因素是指在车辆行驶过程中，客观道路条件下不易事先获取的、需要人为输入更新的因素，如：风险交通行为、天气、能见度等；固定因素指由车辆自身传感器或其他设备可预知的、容易获取的因素，如星期、地形、路面材料、交通信号控制方式、路侧防护设施、照明条件、路表情况、时间段等，见表 2-10。

动态因素与固定因素表　　表 2-10

动态因素		固定因素			
风险交通行为	天气	星期	地形	路面材料	交通信号控制方式
	能见度	路侧防护设施	照明条件	路表情况	时间段

推理机的主要功能是将用户输入的影响因素信息编码并翻译成数据链信息，在规则子库中检索该事故链的相关信息，整理后输出事故严重程度即伤亡程度和事故形态。其主要功能如图 2-58 所示。

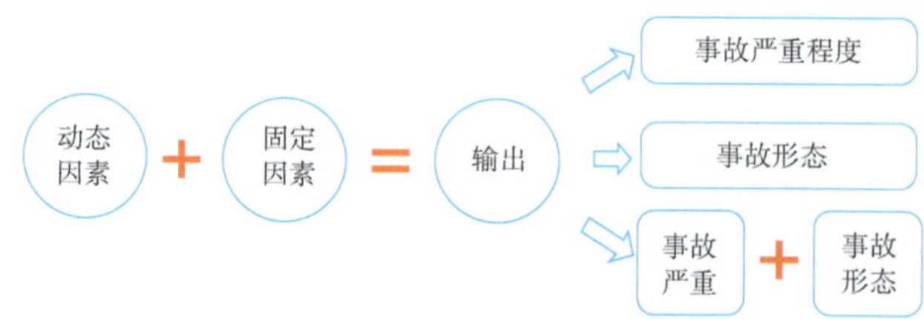

图 2-58　推理机功能示意图

输出模块的主要功能是将推理机整理后的事故结果信息进行可视化处理，以直观、友好的形式输出至用户端，更利于用户迅速获取需要的信息。

（2）应用层的在线模式。

应用层的在线模式是一种数据可在线更新、规则模型可在线运算、推理结果可在线输出的模型架构，其目的是应对数据资源开放共享的发展趋势，因此，在线模式的设计是具有前瞻性的。它的主要功能是为可更新的动态数据源提供高效的推理方法，从而生成更为准确的输出结果。

在结构上，在线模式与离线模式类似，主要包括输入、规则子库、推理机和输出四个部分（图 2-59）。在线模式与离线模式的区别在于两者对于事故链的运算模式不同、对规则生成模型的输出结果的处理方式不同。在离线模式下，推理机对于规则生成模型的输出进一步作求取“期望”的处理，并遍历所有可能的输入，得到完整的映射结果存入数据库中，应用时仅需输入相应的影响因素组合信息，系统在数据库中查询结果并输出。与离线模式不同的是，在线模式在结构上借鉴了集成学习中的 stacking 思想，以规则模型的输出作为输入建立了一个新的分类器，实现了离线模式中的推理功能。在线模式不再将未知事故链结果作为训练目标进行求解并存入规则映射子库中，而是利用已知信息训练出一个分类器，将分类器模型及相关参数存入映射子库中，应用时输入相应的影响因素信息，系统将输入的信息作为一条未知事故链，在线运算得到该条事故链的风险评估，并以此作为新的输入，经过一个训练好的分类器得到相应的事故严重程度作为最终输出。

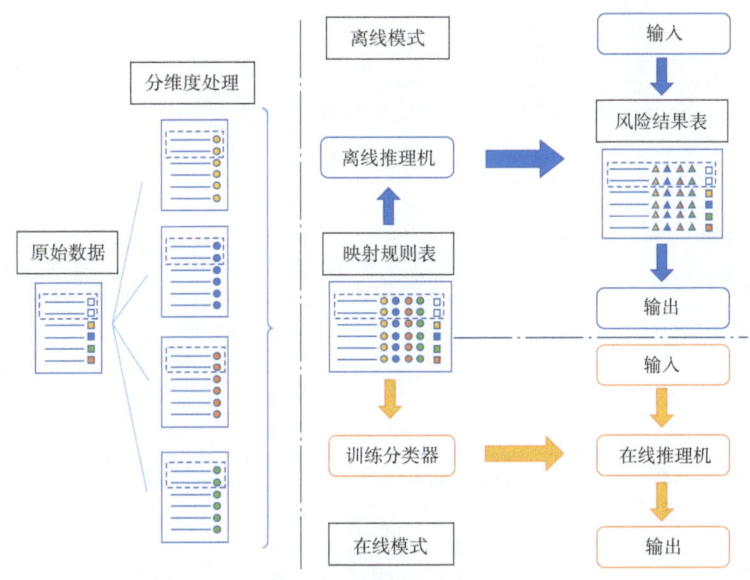

图 2-59　离线模式与在线模式

2.2.3　模型验证

1）数据选取与描述性统计

将全国 2015—2019 年（共计 5 年）道路事故数据（共计 36620 条数据信息）按 7: 3

分为训练集与测试集，将原始数据在事故严重程度四个维度上（死亡 0 人、死亡 1 人、死亡 2 人、死亡 3 人）进行训练，得到原始数据在四个维度上的近似“频率”，以近似频率作为输入、事故严重程度结果作为输出建立新的分类器，进一步对“频率”信息进行分类，最终得到在四个维度上的可能性，并取最大值作为对应样本的分类标记。

由于公路路段具有特殊性，本小节选取风险交通行为、路面状况、路侧防护设施、照明条件、天气、能见度、路表情况、时段 8 项主要影响因素，选择以事故死亡人数作为衡量事故严重程度的指标，各变量编码及描述性统计见表 2-11。由于数据中死亡 1 人占整个数据集的 95%，样本极不均衡，因此，本小节对每个样本的标记计算了权重，以确保出现频率较高的某一类标记权重较低，出现频率较低的某一类标记权重较高；直观来说，小样本被预测成功时得分更高，大样本被成功预测时得分更低。权重值的大小与样本标记在数据集中所占的比例成反比，具体权值见表 2-12。

变量编码与描述性统计表

表 2-11

影响因素	变量	编码	频数	占比
风险交通行为	驾驶人或号牌不符合规定	11	3868	0.10563
	人员异常停留或侵入	12	1262	0.03446
	不避让行人	13	2916	0.07963
	超速	14	2030	0.05543
	车辆技术状况问题	15	1472	0.0402
	违反标志标线和信号	16	1111	0.03034
	酒驾或服用违禁药物	17	1867	0.05098
	跟车距离过近	18	2260	0.06172
	逆行	19	1474	0.04025
	违法停车	20	253	0.00691
	不按规定会车	21	1566	0.04276
	操作不当	22	1251	0.03416
	肇事逃逸	23	248	0.00677
	不按规定让行	24	736	0.0201
	强行超车	25	1105	0.03018
	强行变道	26	539	0.01472
	超载	27	357	0.00975
	非机动车抢行	28	245	0.00669
风险交通行为	疲劳驾驶	29	535	0.01461
	违法倒车	30	288	0.00787
	非机动车违反信号	31	68	0.00186
	非机动车不靠右行驶	32	76	0.00208
	非机动车逆行	33	107	0.00292
	强行掉头	34	166	0.00453
	其他不安全行为	35	9005	0.2459
	其他	90	1815	0.04956
时段	0:00~5:00	11	4696	0.12824
	5:00~9:00	12	5862	0.16008
	9:00~17:00	13	13039	0.35606
	17:00~21:00	14	8683	0.23711
	21:00~次日 0:00	15	4340	0.11851
路面状况	完好	11	35481	0.9689
	施工	12	648	0.0177
	缺陷	13	301	0.00822
	其他	90	190	0.00519

续上表

影响因素	变　量	编码	频数	占比	影响因素	变　量	编码	频数	占比
路侧防护设施	无防护	11	18811	0.51368	能见度	50m 以内	11	4997	0.13646
	护栏	12	7293	0.19915		50～100m	12	9492	0.2592
	避险车道	13	29	0.00079		100～200m	13	7761	0.21193
	物理隔离设施	14	9385	0.25628		200m 以上	14	14370	0.39241
	其他	90	1102	0.03009	路表情况	干燥	11	30897	0.84372
照明条件	夜间有路灯	11	5218	0.14249		潮湿	12	4733	0.12925
	夜间无路灯	12	10661	0.29113		积水或漫水	13	438	0.01196
	非夜间	13	20741	0.56638		冰雪	14	428	0.01169
天气	晴或阴	11	32520	0.88804		其他	90	124	0.00339
	雨	12	3656	0.09984	死亡人数	0 人	10	451	0.01232
	雪或冰雹	13	213	0.00582		1 人	11	34930	0.95385
	雾或沙尘	14	185	0.00505		2 人	12	1054	0.02878
	其他	90	46	0.00126		3 人及以上	13	185	0.00505

样本权重表　　表 2-12

样本标记（死亡人数）	权　值	样本标记（死亡人数）	权　值
10	20.2993	12	8.6860
11	0.2621	13	49.4865

2）分类器的选择

对于新的分类器，可以选择树模型、线性模型、神经网络等。本小节选用树模型，在备选的树模型中，如决策树、梯度提升决策树（Gradient Boosting Decision Tree，GBDT）、极梯度提升决策树（eXtreme Gradient Boosting，XGBoost），本小节选用基于提升方法（Boosting）思想的集成模型 XGBoost。其优势在于，相较于其他树模型，尤其是 GBDT 而言，XGBoost 利用二阶泰勒展开式使其他对损失函数的近似更为准确，同时它在训练每一棵子树时参考随机森林的思想，对样本和特征进行随机采样，可有效地防止过拟合的发生。相较于神经网络而言，它的可解释性更强，其根据增益划分的每一个节点形成的每一棵子树都可以以二叉树的形式进行可视化。

3）模型输出结果

利用“中央路径法 + XGBoost”或单独使用 XGBoost 的方法，本小节对事故数据信息进行了训练和预测，其预测结果见表 2-13。由表 2-13 可知，做了加权处理的模型预测准确度较低，而不做加权处理的模型预测精准度较高。这是因为不做加权处理的数据存在样本标记不平衡的问题，导致预测精准度虚高，即使模型不进行训练，将所有输入样本预测为“死亡1人”也具有95%的预测准确度，而引入样本标记权重时，这一问题得以缓解，这也是加权后预测准确度有所降低的主要原因；另一方面，利用“中央路径法+XGBoost”的模型训练结果要优于单独使用XGBoost模型，这也反映了“中央路径法”在对于整个模型的预测准确度上具有积极效应。

事故严重程度预测表 表2-13

项　目	样本标记加权处理	样本标记不做加权处理
不采用中央路径	0.9613	0.9691
采用中央路径	0.9721	0.9783

中央路径法的本质是对原始数据在严重程度的四个维度上独立的补全相关信息，从一个角度来看，可以将中央路径法处理数据的过程看作是对原始数据特征向量的降维，将原有的、高维的事故数据信息映射至只有四个维度的低维信息（即“近似频率”），这样对后续模型处理而言，优化了输入的维度，同时事故严重程度的四个维度本身是具有独立性的，更加方便了后续预测分类器的建立。

2.3 本章小结

本章主要从两个方面对风险交通行为的事故特征进行了解析：

（1）从多维度多层次的统计分析角度进行解析，首先筛选确定风险交通行为，然后设计风险交通行为事故特征表征指标，包括绝对指标、平均指标和相对指标，然后分析不同风险交通行为在人的因素、道路因素、环境因素和车辆因素四个维度事故特征，形成风险交通行为的事故特征画像。

（2）从风险交通行为风险映射规则角度进行解析，基于风险交通行为特征与可采集的事故风险因素经过风险映射模型推理得到该条件下可能发生事故的严重程度及形态等事故结果信息的规则，为交通运行风险的识别和预测提供评估模型支撑。

本章参考文献

[1] The World Health Organization. Global plan decade of action for roadsafety 2021-2030[R/OL]. (2021-04-03)[2021-05-01]. https://www.who.int/teams/social-determinants-of-health/safety-and-mobility/decade-of-action-for-road-safety-2021-2030.

[2] TREAT J R, TUMBAS N S, MCDONALD S T, et al. Tri-Level study of the causes of traffic accidents. Volume I: Casual Factor Tabulations and Assessments[J]. Brakes, 1977.

CHAPTER 3 第 3 章

基于视频的动态目标实时监测技术

基于视频的动态目标检测与跟踪涉及计算机图像处理、视频图像处理、模式识别以及人工智能（Artificial Intelligence，AI）等诸多领域，本章在总结相关技术的基础上，重点研究AI算法在交通目标实时监测中的创新和应用。

3.1 基于视频的动态目标监测技术综述

视频图像处理技术在近几十年内发展迅速，动态目标监测技术作为视频图像处理领域中的重要研究内容，在近些年来备受人们关注。本章介绍的动态目标监测技术主要包含目标检测技术、目标跟踪技术和风险感知技术三部分。

目标检测技术是指快速、准确地将视频序列图像中的动态目标从背景中分离出来，它是后续的目标跟踪、分类、识别和行为分析等工作的基础。在交通道路的环境中，通常的动态目标主要包括行人、机动车、非机动车和异常物体等。

目标跟踪技术是指跟踪特定目标在连续图像中的位置并对目标赋予全局唯一认证信息，甚至包含对同一目标在跨摄像头下进行位置跟踪。利用这样的技术，可以得到目标在单摄像头或跨摄像头内的完整运动轨迹。

风险感知技术包含交通事件分析技术和环境风险感知技术，交通事件分析技术指基于得到的目标轨迹信息，并结合交通环境和交通规则，对交通事件作出研判。环境风险感知技术主要是对道路环境进行评价，包含能见度、抛洒物、路面平整度等指标，以做到对潜在交通事故的提前预警。

综上所述，基于视频的动态目标监测技术对道路运行中的风险可以起到主动防控的作用。

3.2 基于视频的动态目标检测技术

传统目标检测技术采用人工设计特征的方法，速度慢且精度低。深度学习引入目标检测领域以来，目标检测技术取得了很多突破性的进展，本节对深度学习的双阶段、单阶段交通目标检测技术进行了详细研究，并展望了未来的发展。

3.2.1 双阶段的目标检测技术

双阶段的目标检测技术是指将检测问题划分为两个子问题，分别是产生检测框的候选区域和对候选区域进行分类和位置回归。这类技术的典型代表是基于区域候选的卷积神经网络（Region Proposals with Convolutional Neural Network，R-CNN）系列。

R-CNN 是由 Ross Girshick 等人在 2013 年提出来的，首次将卷积神经网络（Convolutional Neural Network，CNN）方法引入目标检测领域，大大提高了目标检测效果，可以说改变了目标检测领域的主要研究思路。相较于传统方法，R-CNN 在推理速度和数据集应用上均有明显优势。

推理速度：经典的目标检测算法使用滑动窗法依次判断所有可能的区域，而 R-CNN 则采用选择性搜索（Selective Search）的方法预先提取一系列较可能是物体的候选区域，之后仅在这些候选区域上提取特征，进行判断。

数据集应用：经典的目标检测算法基于先验，人工设计目标区域内的特征，无训练过程。本书则采用深度网络进行特征提取。使用的两个训练数据集分别是一个较大的识别数据集（ImageNet ILSVC 2012）标定了每张图片中物体的类别，共计 1000 万张图像和 1000 类；一个较小的检测数据集（PASCAL VOC 2007）标定了每张图片中物体的类别和位置，共计 1 万张图像和 20 类。同时采用双阶段训练的方法，使用 ImageNet 进行预训练得到初始特征提取器，而后用 PASCAL VOC 调优参数。

R-CNN 主要可以分为 4 个步骤：

（1）每张图像采用选择性搜索的方法生成 1000～2000 个候选区域，选择性搜索的基本思路是使用一种过分割手段，将图像分割成若干小区域，然后基于颜色和纹理等信息合并当前小区域中相似度最高的两个区域。重复上述步骤直到整张图像合并成一个区域为止。最终输出所有曾经存在过的区域，即得到候选区域。

（2）对每个候选区域，归一化到同一尺寸，并使用经过预训练的深度神经网络提取特征。

（3）将提取到的候选区域特征送入每种类别的支持向量机（Support Vector Machine，SVM）分类器中，判断是否属于当前类别。

（4）使用回归器精细修正每个候选框的位置。

R-CNN 流程如图 3-1 所示。

R-CNN 存在着几个明显的缺陷，首先，多个候选区域对应的图像需要预先提取，占用大量的磁盘空间；其次，每一个候选区域都需要进入神经网络计算，上千个候选区域存在大量的范围重叠，重复的特征提取带来巨大的计算浪费。另外，神经网络需要固定尺寸的输入图像，截断或拉伸等操作会导致输入神经网络的图像信息丢失。

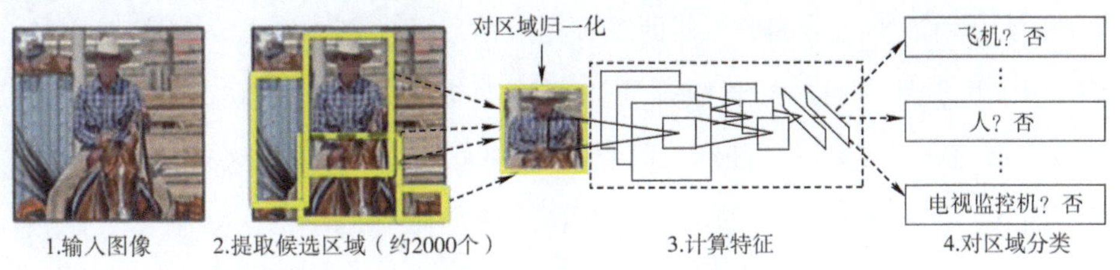

图 3-1 R-CNN 流程图

针对神经网络需要固定尺寸的输入图像这一缺陷，HE 等在 2014 年提出了空间金字塔池化网络（Spatial Pyramid Pooling，SPP），在 CNN 中其实只有全连接层需要固定的输入，那么是不是只要在全连接层前加入一个网络层，使其对任意的输入产生固定的输出就可以了？SPP 的方法是对于最后一层卷积层的输出做池化，但是这个池化窗口的尺寸和步长设置为相对值，是针对不同输入尺寸自适应的一个比例值，这样对于任意输入经过这层后都能得到一个固定的输出。同时，在这个方法的基础上，继续加入空间金字塔模型（Spatial Pyramid Matching，SPM）的思路，SPM 是一种在传统机器学习常用于特征提取的方法，主要思路就是对于一幅图像划分成若干尺度的一些图像块，比如一幅图像分成 1 份、4 份、16 份等。对每一个图像块提取特征然后融合在一起，这样就可以兼容多个尺度的特征。SPP 首次将这种思想应用在 CNN 中，网络结构如图 3-2 所示。

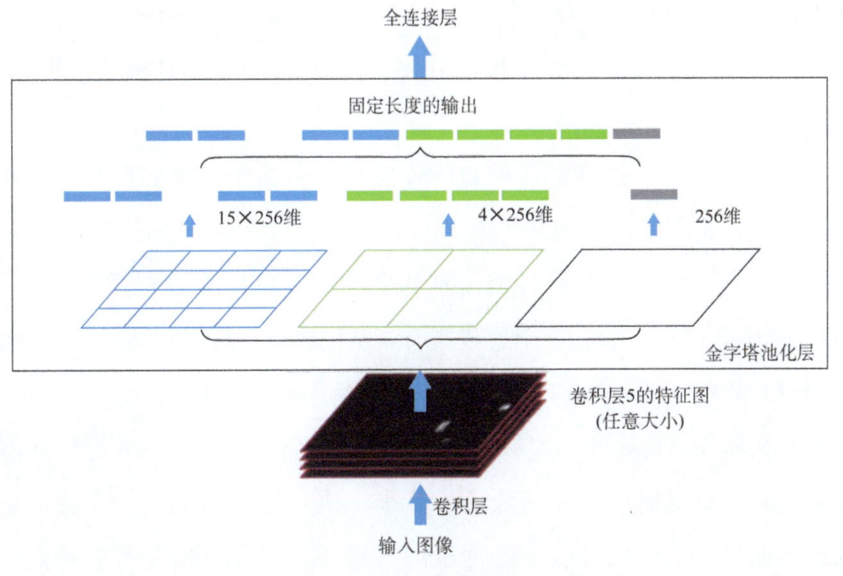

图 3-2 SPP 的空间金字塔特征池化层

SPP 通过空间金字塔池化操作，使得 CNN 的特征不再是单一尺度的。实现了网络可以接收任意大小的输入，也就是说能够很方便地进行多尺寸训练。其次是对于任意大小的输入产生固定的输出，这样使得一幅图片的多个候选区域提取一次特征成为可能。

但是无论是 R-CNN 还是 SPP，其训练都是多阶段的。基本流程都是首先通过 ImageNet 预训练网络模型，然后通过检测数据集微调模型提取每个区域候选的特征，之后通过 SVM 分类每个区域候选的种类，最后通过区域回归，精细化每个区域的具体位置。为了避免多阶段训练，同时在单阶段训练中提升检测准确率，Fast RCNN 在 R-CNN 的基础上做出了实质性的改进，网络结构如图 3-3 所示。

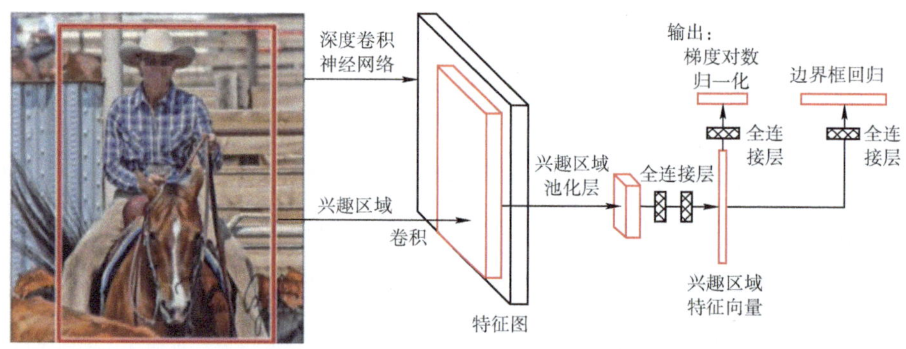

图 3-3 Fast RCNN 的网络结构图

Fast RCNN 的主要创新点包含以下两个方面。

（1）除提取候选区域外，其他部分均实现端到端训练。具体方案是，所有的特征都暂存在显存中，同时，与 SPP 类似，提出了一个兴趣区域（Region of Interest，RoI）的池化层，可以将不同尺度的输入进行池化得到固定尺寸，方便后续神经网络的特征提取，因此不需要额外的磁盘空间。

（2）多任务损失函数：把类别判断和位置精修统一到深度神经网络中，不需要再进行额外的特征存储。实现上是使用两个不同的全连接层，第一个全连接层有 $N+1$ 个输出（N 是类别总数，1 是背景），表示各个类别的概率值，采用梯度对数归一化（Softmax）分类器而不是 SVM 分类器；第二个全连接层有 $4N$ 个输出，表示坐标回归值（tx，ty，tw，th），采用平滑 L1 范数（Smooth L1）而不是 R-CNN 中的 L2 范数。

但是，如上文所述，Fast RCNN 存在的问题是选择性搜索这一步过程并不是端到端的，依然非常耗时。需要使用更加高效的方法来解决，具体是加入一个提取边缘的神经网络，即找到候选框的工作也可以交给神经网络来做。完成这样任务的神经网络叫作区域候选网络（Region Proposal Network，RPN）。

Faster RCNN 的主要贡献就是设计了提取候选区域的网络 RPN，代替了费时的选择性搜索，将候选框提取合并到深度网络中，使得检测速度大幅提高。具体做法是，将 RPN 放在最后一个卷积层得到的特征图后面，通过滑动窗口的方式实现候选框的提取，每个滑动窗口位置生成9个候选窗口（不同尺度和不同宽高），提取对应9个候选窗口（也被称为锚点，anchor）的特征，用于目标分类和边框回归，目标分类只需要区分候选框内特征为前景或者背景，边框回归确定更精确的目标位置，如图3-4所示。

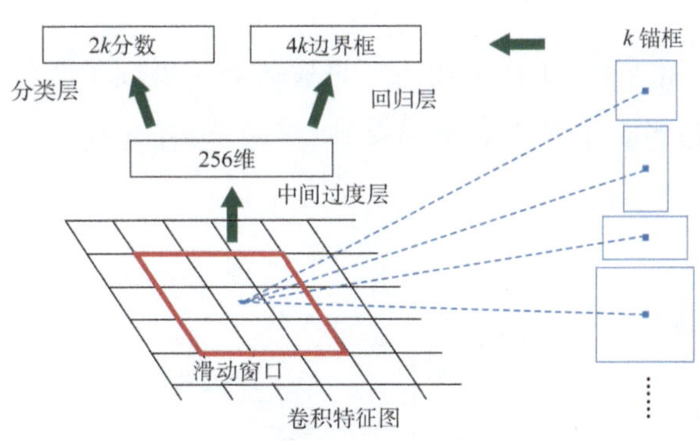

图3-4　Faster RCNN 的 RPN 结构

但是，稍加推理，即可发现 RPN 会使生成的候选区域存在正负样本不均衡的问题，Faster RCNN 通过多个方面来消除不利影响。分别有：

（1）为了训练速度和训练精度的平衡，原始图像进入训练之前需要先进行放缩，使图像的短边为600（或者长边为1000）。

（2）在训练过程产生的 anchor 中，忽视掉所有的超过图像边界的 anchor。因为这些 anchor 会带来大量的、难以纠正的错误，并且导致训练的损失函数难以收敛。而在测试过程中，对于超出边界的 anchor 并不是删除，而是修剪掉其超过边界的部分。

（3）RPN 得到的大量候选区域可能会相互重叠，冗余度较高，需要采用非极大值抑制（Non-Maximum Suppression，NMS）去除冗余候选区域。经过实验验证，NMS 并不会降低检测的准确度，同时可以大量减少无关的候选区域。

（4）对每个标定的目标框区域，与其重叠比例最大的 anchor 记为正样本，以保证每个目标框至少对应一个正样本 anchor。对剩余的 anchor，如果其与某个目标框的重叠比例大于0.7，则也记为正样本，也就是说每个目标框可能会对应多个正样本 anchor，但每个正样本 anchor 只可能对应一个目标框。另一方面，如果与任意一个目标框的重叠比例都小于0.3，则记为负样本。

在训练策略上，Faster RCNN 也做出了调整，采用一种 4 步迭代的训练策略：首先，在 ImageNet 上预训练 RPN，并在 PASCAL VOC 数据集上微调；然后，使用 RPN 产生的候选区域单独训练一个 Fast RCNN 模型，需要说明的是，这个模型也经过在 ImageNet 上的预训练；接着，用 Fast RCNN 的特征提取器初始化 RPN，然后对 RPN 中剩余层进行微调，此时 Fast RCNN 与 RPN 的特征提取器是共享的；最后，固定特征提取器，对 Fast RCNN 剩余层进行微调。这样经过多次迭代，Fast RCNN 可以与 RPN 有机融合在一起，形成一个统一的网络。

之后提出的 Mask RCNN 在 Faster RCNN 的基础上又集成了实例分割任务，实例分割任务是判断每个像素分别属于哪个对象的分类任务。多任务网络相互促进，网络结构如图 3-5 所示。

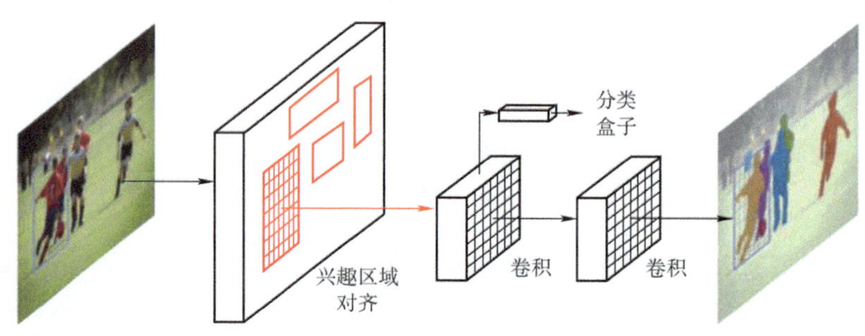

图 3-5　Mask RCNN 的网络结构图

但是，在集成实例分割任务的过程中，原图 RoI 与提取特征的 RoI 存在浮点数的累积误差，这个问题对目标检测任务影响不大，但是对于逐像素分类的实例分割任务来说影响很大。Mask RCNN 提出了兴趣区域对齐（RoI Align）的池化操作，创新性地解决了这一问题。具体做法是，原图 RoI 到特征图的 RoI 不再进行四舍五入的取整操作，仍然保持浮点数，在池化操作时采用双线性插值获取浮点数索引的元素值，更精确地找到其对应的特征值。同时在梯度反传的过程中，由于必须要把梯度传播到整数值位置索引处，因此，会将梯度传播到所有与该浮点值距离小于 1 的整数值处。

纵观本节介绍的双阶段目标检测模型，其基本思路都是去模拟人类的思考的过程。当遇到陌生的物体时，首先需要知道这个物体的具体位置，对应提取候选框的过程。然后再去观察这个物品的特征，比如说颜色、形状等，对应提取特征和分类的过程。但由于双阶段目标检测模型存在计算耗时、训练难度大等问题，近年来单阶段目标检测模型逐渐成为主流，下一节中将主要介绍这一类模型。

3.2.2　单阶段的目标检测技术

随着移动端计算性能的提升，越来越多的应用希望能在移动端本地运行起来，规避数据风险的同时提升用户体验。目标检测的趋势也从关注精度转移到平衡精度和速度。

如上一节所述，RCNN 奠定了双阶段检测模型的基础，基本思路是通过一系列方法（选择性搜索或者候选区域网络）产生足够多的区域候选，然后通过分类网络判别候选区域属于哪一类目标并同时回归出目标的精确位置。这种双阶段的网络具体存在以下三个弊端。

（1）速度瓶颈：由于第一阶段产生的候选区域通常达到几千个，因此，后续的分类回归的速度无法做到实时响应。

（2）训练复杂：通常采用交替训练的方式，训练过程烦琐，网络结构不够优雅。

（3）无法考虑全局信息：由于先产生区域候选，然后进行特征提取，无法在进行分类回归时考虑全局的信息，因此对背景的误报较高。

在此背景下，单阶段的目标检测技术应运而生，其中代表典型包括 SSD 和 Yolo 系列的工作。

2016 年，Redmon 提出的 Yolo 作为单阶段目标检测模型的开端，主要思路是对原图进行区域划分，不再进行候选区域提取，直接在每个区域回归对应目标的位置及类别。速度提升十分明显，在 GPU 机器能够实现 45fps（帧每秒），Fast Yolo 甚至达到 155fps，作为对比，Faster RCNN 只有 0.5fps。另外，对于背景的误报也显著低于 RCNN 系列。这是由于 Yolo 可以考虑到图像全局信息，在模型的迁移和泛化效果上要好于双阶段的检测网络。方法思路如图 3-6 所示。

Yolo 网络的设计十分简洁，首先将输入图片划分为 $S \times S$ 个图像块，然后在每个格子回归出 B 个检测框，每个检测框包含 5 个值（x，y，w，h，$conf$），区别于 RCNN 系列，x 和 y 为目标中心点相对于珊格边界的偏移比例，w 和 h 为目标宽高相对于输入图像的比例，$conf$ 为预测目标框与所有真实目标框的重叠交并比（Intersection over Union，IoU）。同时每个图像块回归出其包含各个类别（假设类别数为 C）的概率。将目标检测问题转换为完全的回归问题。对于每张图来说，只需要回归出 $S \times S \times (B \times 5 + C)$ 的向量即可。

在训练方面，骨干网络采用 ImageNet 数据集做预训练，由于包含一些小目标，因此将网络输入从 224 提升到 448。非目标区域一般多于目标区域，这样会减弱前景区域对损失函数的贡献，为了平衡背景前景对分类及坐标回归的影响，Yolo 通过放大前景对于损失函数的权重进行一定均衡。

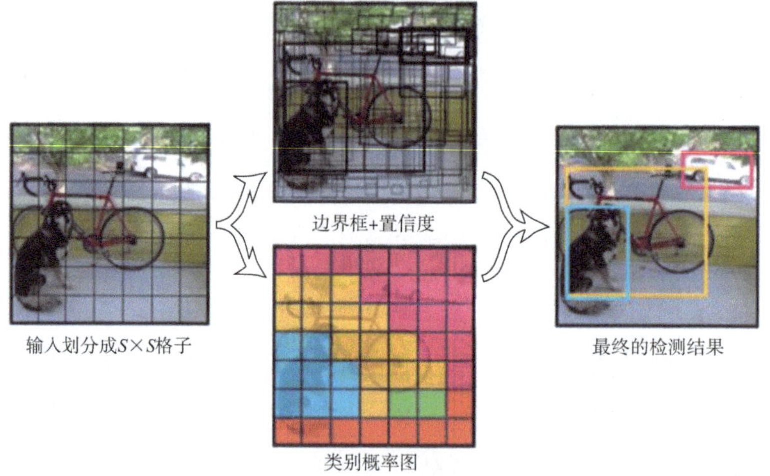

图 3-6　Yolo 直接对每个图像块进行分类和回归

在数据增强方面，加入随机的线性变换和裁剪及调整颜色模型（Hue，Saturation，Value，HSV）的饱和度和亮度进行增广用以减弱过拟合。

总体来看，Yolo 除了速度提升明显外，最为典型的优势就是能够感知上下文信息，感受野通常为全图，可以大量降低对于背景的错误召回。经过统计，背景错误召回降低达到近 3 倍。

在 Yolo 网络发表不久之后，2016 年 SSD 网络也被 Liu 提出，SSD 的网络结构如图 3-7 所示。

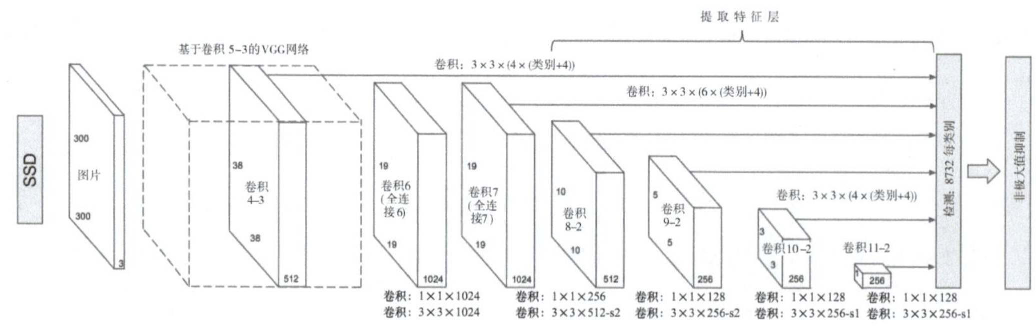

图 3-7　SSD 的网络结构示意图

具体而言，边界框方面，SSD 模型没有使用 k 均值聚类来发现宽高比，而是人工定义了一个宽高比集合（比如：{1，2，3，1/2，1/3}），以用于每个网格单元位置的 B 个边界框。对于每个边界框，会预测其在边界框坐标（x 和 y）以及尺寸（w 和 h）上和边界框的偏移量。

标签定义方面，Yolo 和 SSD 的一大主要区别是 Yolo 是先预测前景存在的概率，然后再预测属于每个类别的概率，而 SSD 则试图直接预测每一个类别存在于每一个给定包围框中的概率。在计算损失时，SSD 会将有最高 IoU 的每个目标框与包围框进行匹配，同时也会将目标框与 IoU 超过某个定义阈值的其他包围框进行匹配，不因为这些包围框并不是最佳而惩罚这些优良的预测。

样本均衡方面，正如上文提到的，SSD 对边界框的最佳预测并不基于存在目标的事实。因此，SSD 使用一个交叉熵损失来直接预测每个类别的概率。由于大多数包围框都属于背景类别，需要 SSD 使用一种被称为难样本挖掘（Hard Negative Mining）的技术来采样负样本，使得在计算损失时，最多只使用 3∶1 比例的正样本和负样本预测。

输出层方面，为了能进行多个尺度的预测，SSD 输出模块会逐步对卷积特征图进行下采样，间歇性地得到边界框预测，如图 3-7 中从卷积层指向预测框的箭头所示。

2017 年，Redmon 提出的 Yolov2 在 Yolo 的基础上，增加了各种细节操作，基本弥补了 v1 在小目标检测及漏检的问题，速度和精度都有大幅的提升，在 VOC 测试集上精度为 76.8%，取得了当时单阶段模型的最优精度，同时依旧保持了 67fps。在做检测的同时，进一步研究了弱监督检测的可行性，通过少量的带有检测框的数据及大量的只有类别标签的数据训练分类器，形成不强依赖检测标签的超强检测器，Yolov2 可以实现超过 9000 类目标的检测任务，Yolov2 相较于 Yolo 的改进见表 3-1。

Yolov2 相较于 Yolo 的改进　　表 3-1

变量和精度	Yolo	Yolo + 变量累积							Yolov2
批量归一化		√	√	√	√	√	√	√	√
高分辨率分类器			√	√	√	√	√	√	√
卷积				√	√	√	√	√	√
锚框				√	√				
新网络					√	√	√	√	√
维度聚类						√	√	√	√
位置预测						√	√	√	√
通过层							√	√	√
多尺度								√	√
高分辨率检测									√
VOC 平均精度	63.4	65.8	69.5	69.2	69.6	74.4	75.4	76.8	78.6

Yolov2 的改进具体包含：

（1）加入批量正则化（Batch Normalization，BN），提升 2% 左右的平均精度均值（mean Average Precision，mAP），同时可以移除随机剔除等其他操作，也可以避免过拟合的出现。

（2）骨干网络使用更高分辨率来预训练，具体是将预训练的 ImageNet 图片分辨率调整为 448 ×448，让网络适应于高分辨率的输入。

（3）借鉴了 RCNN 系列的 anchor 机制，改变 Yolov1 直接回归每个包围框坐标的方式，Yolov2 对每个包围框回归相对于 anchor 的偏移量，使得网络收敛性进一步提升。

（4）直接回归相对坐标，RCNN 系列在回归目标中心点坐标时，没有明显的约束，每个框都是回归到整幅图片上进行计算，因此收敛性略差，Yolov2 对每个包围框回归出其相对于图像块的位置，然后加上图像块相对于全图的偏移量。

（5）Yolov2 最后一层特征图的尺寸为 13 ×13，对于一些小目标来说，确实容易丢失。通过采用一个很巧妙的方法，直接把前一层尺寸为 26 ×26 的特征图转换为 13 ×13 ×4，然后与最后一层特征图在通道维度叠加起来，获得了更高分辨率的特征图。

（6）输入尺寸动态调节也是很有效的一步操作，每经过一定的迭代次数，将网络输入的尺度进行一次随机变换，让网络能够学习到不同尺度下的特征。这样的好处还在于，网络可以动态均衡速度和精度，例如想要提高精度，那只要调大测试图像的输入尺寸即可。

Yolov2 之后，相继又有 Yolo 的系列网络（Yolov3、Yolov4），也有 Retina 网络、Refine网络和 RFB 网络等结构。

Retina 网络主要解决单阶段目标检测正负样本不均衡的问题，采用的方法是，提出了一种新的损失函数——Focal Loss。Focal Loss 是对二分类交叉熵损失函数的改进，使用不同的参数控制正负样本、难易样本在参数更新时的重要程度，缓解正负样本极不均衡的情况，并让分类器更关注难易样本中的困难样本，提升分类器精度。

Refine 网络设计了两个损失函数，巧妙地以单阶段的形式完成了双阶段的两个任务，使其结合了单阶段和双阶段的优点。具体流程是，首先利用自下而上的方式生成“伪多尺度特征图”，人工设置 anchor，输出前背景二分类和粗定位，并为其设计第一个损失函数；然后设计自上而下和横向连接的方式，其中横向连接用反卷积实现上采样，输出真正的多尺度特征图。最后，第一步输出的 anchor 传递给多尺度特征图作为输入，进行细定位和多分类，为其设计第二个损失函数。

RFB 网络的出发点是使用更大的骨干网络可以提升检测效果，但计算花费大；使用轻量级骨干网络，虽然计算花费小但精度不够高，但想尝试能否通过手动增强轻量级骨干网络提取的特征，达到速度和精度间的平衡。因此，提出了空洞卷积（Dilated Convolution）模拟视网膜偏心率，并基于空洞卷积构建模块用以模拟人眼视网膜感受视野与偏心率的关系，增强卷积网络提取的深度特征，网络结构如图 3-8 所示。

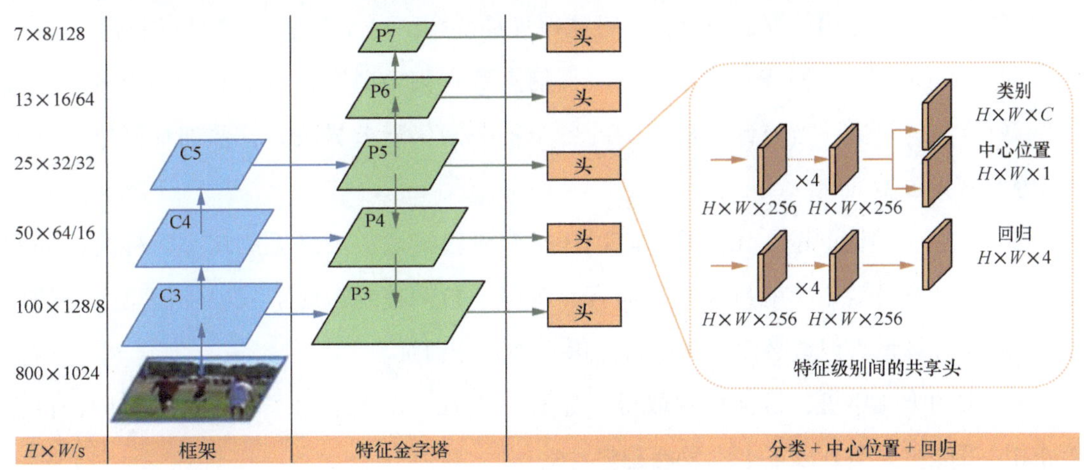

图 3-8　RFB 网络结构示意图

上述网络模型都是基于 anchor 的前提，基于 anchor 的物体检测问题通常被建模成对一些候选区域进行分类和回归的问题，在一阶段检测器中，这些候选区域就是通过滑窗方式产生包围框，而在二阶段检测器中，候选区域是 RPN 生成的候选区域，但是 RPN 本身仍然是对滑窗方式产生的 anchor 进行分类和回归。基于 anchor 的检测算法由于 anchor 太多导致计算复杂，及其所带来的大量超参数都会影响模型性能。近年的 anchor free 技术则摒弃 anchor，通过确定关键点的方式来完成检测，大大减少了网络超参数的数量。代表工作有 Corner 网络、FCOS 网络和 ATSS 网络等。

3.2.3　现存挑战和未来展望

基于深度学习的目标检测在检测精度以及检测速度上，较传统方法获得了极大的提高，但依然面临着一些问题：

（1）对于小数据量，目前的框架可能无法得到好的结果。目前的算法大多使用了迁移学习，也就是先在现有的大数据集中进行训练，再将训练好的“半成品”做微调操作。若目标数据不在 ImageNet 等数据集中，训练效果要视目标与大数据集相关程度而定。虽然有些算法设计了一种从零开始训练的网络，也取得了不错的效果，但是其检测速度尚有待提升。

（2）深度学习解释性差，特别是在更深的层次上，很多时候只能依靠测试和经验来猜测其有效或无效的原因，对于中间的过程缺少明确的解释，更像是一个黑盒。这也是绝大多数深度学习网络急需解决的问题。

（3）计算强度大，使用 GPU 提升了计算机的运算能力，但是很多操作依然过于庞大。如何在简化、复用计算的同时，尽可能保证准确率，可能会是一个可以创新的点。

（4）信息的损失，对于场景信息、语义信息等视频中原有信息的利用不充分，造成一些有效信息的损失。当前计算机视觉的各个任务间仍然差异较大，预训练网络和学习目标等方面无法做到统一。

（5）小目标检测问题，无论是单阶段还是双阶段算法，始终无法在小目标检测问题上获得令人满意的效果。就目前算法而言，为保证检测速度，通常减少特征金字塔的层数，以减少计算量，但这必然导致小目标得不到充分训练。

在过去的十几年里，目标检测取得了显著的成就。在未来的一些研究工作中，目标检测领域可能主要呈现以下七大发展趋势。

（1）轻量型目标检测：为了加快目标检测的推理速度并使其能够在移动设备上快速流畅地运行，近年来一些研究学者为此做了大量的努力，但目前的一些检测算法速度仍然较慢，在一定程度上阻碍了检测算法的落地进程。轻量快速且高精度是目标检测经久不衰的主题。

（2）与 AutoML 结合的目标检测：基于深度学习的检测算法变得越来越复杂且严重依赖于经验设计，未来的一个发展方向就是将目标检测与 AutoML 技术结合。

（3）领域自适应的目标检测：对于不满足独立同分布的目标检测数据（特别是对于一些现实世界的监控数据）仍然是一个挑战，对抗生成学习在领域自适应方面已经显示出了强大的效果，这对于目标检测技术来讲应该具有很大的促进作用。

（4）弱监督目标检测：基于深度学习检测算法的训练通常依赖于大量高质量标注的图像数据集，运用弱监督目标检测技术，可以使检测算法使用部分边界框标注的数据集进行训练，因此，弱监督技术对于降低人力成本和提高检测灵活性非常重要。

（5）小目标检测：如前所述，在场景图像中检测小目标一直是目标检测领域长期以来所面临的一个挑战。

（6）视频检测：高清视频中的实时目标检测/跟踪对于视频监控和自动驾驶具有重要意义，现有的目标检测算法通常是为单张图像的物体检测而设计的，通过探索视频帧序列之间的空间和时间相关性来改善检测性能是一个重要的研究方向。

(7) 信息融合目标检测：具有多种数据源（例如深度图像、三维点云、激光雷达等）的目标检测对于自动驾驶和无人机应用非常重要。一些未解决的问题包括：如何将训练好的检测模型迁移到不同模态的数据中，如何通过信息融合以改进检测性能等，这是未来发展的一个重要研究方向。

3.3 基于视频的动态目标跟踪技术

目标跟踪是计算机视觉研究领域的热点之一，并得到广泛应用。目标跟踪就是在连续的视频序列中，建立所要跟踪目标的位置关系，得到目标完整的运动轨迹，更具体是给定图像第一帧的目标坐标位置，计算在下一帧图像中目标的确切位置，如图 3-9 所示。在运动的过程中，目标可能会呈现一些图像上的变化，比如姿态或形状的变化、尺度的变化、背景遮挡或光线亮度的变化等。目标跟踪算法的研究也围绕着解决这些变化和具体的应用展开。

(1) 目标跟踪技术根据研究的类型，可以分为以下几种任务。

①单目标跟踪：给定一个目标，追踪这个目标的位置。

②多目标跟踪：追踪多个目标的位置。

③目标重识别：利用计算机视觉技术判断图像或者视频序列中是否存在特定目标的技术，被广泛认为是一个图像检索的子问题。

④多目标多摄像头跟踪：综合前几个研究任务，跟踪多个摄像头拍摄到的多个目标。

⑤姿态跟踪：追踪目标的姿态变换。

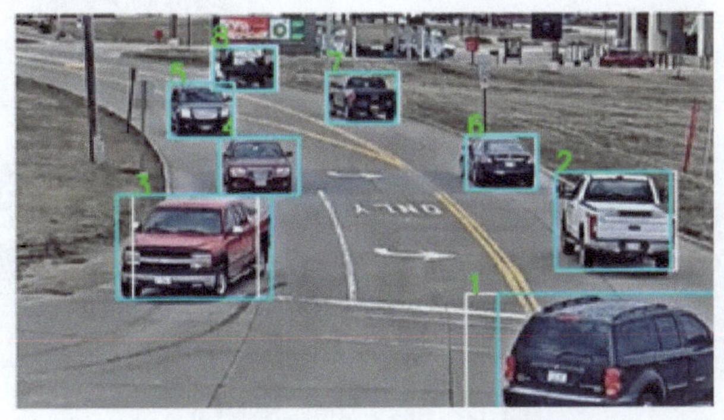

图 3-9 交通场景下车辆目标跟踪

（2）按照任务计算类型，目标跟踪技术又可以分为以下两类。

①在线跟踪：在线跟踪需要实时处理任务，通过过去和现在帧来跟踪未来帧中物体的位置。

②离线跟踪：离线跟踪是离线处理任务，可以通过过去、现在和未来的帧来推断物体的位置，因此准确率会比在线跟踪高。

（3）如图 3-10 和图 3-11 所示，目标跟踪的主要挑战包括以下几个方面。

图 3-10　目标跟踪中的一些挑战

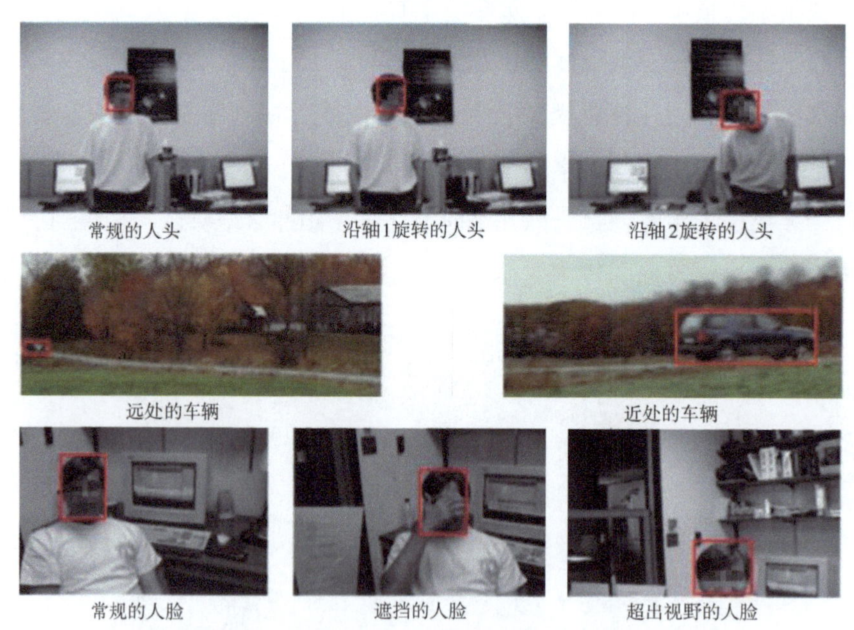

图 3-11　目标跟踪中的其他挑战

①姿态变化：姿态变化是目标跟踪中常见的干扰问题。动态目标发生姿态变化时，

会导致它的特征以及外观模型发生改变，容易导致跟踪失败。例如：突然转弯的车辆、道路上的行人。

②尺度变化：尺度的自适应也是目标跟踪中的关键问题。当目标尺度缩小时，由于跟踪框不能自适应跟踪，会将很多背景信息包含在内，导致目标模型的更新错误；当目标尺度增大时，由于跟踪框不能将目标完全包括在内，跟踪框内目标信息不全，也会导致目标模型的更新错误。因此，实现尺度自适应跟踪是十分必要的。

③遮挡与消失：目标在运动过程中可能出现被遮挡或者短暂的消失情况。当这种情况发生时，跟踪框容易将遮挡物以及背景信息包含在跟踪框内，会导致后续帧中的跟踪目标漂移到其他目标上面。若目标被完全遮挡时，由于找不到目标的对应包围框，会导致跟踪失败。

④图像模糊：光照强度变化，目标快速运动，低分辨率等情况会导致图像模糊，尤其是在动态目标与背景相似的情况下更为明显。因此，选择有效的特征对目标和背景进行区分非常必要。

3.3.1　手工规则的目标跟踪技术

手工规则的目标跟踪技术主要可以分为生成式模型和鉴别式模型。早期的工作主要集中于生成式模型跟踪算法的研究，如光流法、粒子滤波、Meanshift 算法和 Camshift 算法等。此类方法首先建立目标模型或者提取目标特征，在后续帧中进行相似特征搜索，逐步迭代实现目标定位。但是这类方法也存在明显的缺点，就是图像的背景信息没有得到全面的利用，且目标本身的外观变化有随机性和多样性特点，因此，通过单一的数学模型描述待跟踪目标具有很大的局限性。具体表现为在光照变化、运动模糊、辨率低和目标旋转形变等情况下，模型的建立会受到巨大的影响，从而影响跟踪的准确性。

鉴别式模型是指将目标模型和背景信息同时考虑在内，通过对比目标模型和背景信息的差异将目标模型提取出来，从而得到当前帧中的目标位置。通过将背景信息引入跟踪模型可以很好地实现目标跟踪。因此，鉴别式模型具有很大的优势。2000 年以来，人们逐渐尝试使用经典的机器学习方法训练分类器，例如多实例在线学习、支持向量机、结构化学习、随机森林、度量学习。2010 年，通信领域的相关滤波方法被首次引入到目标跟踪中。作为鉴别式方法的一种，相关滤波无论在速度上还是准确率上，都显示出更优越的性能。自 2015 年以后，随着深度学习技术的广泛应用，人们开始将深度学习技术用于目标跟踪。

在时间维度上，按照时间顺序，目标跟踪的方法经历了从经典算法到基于核相关滤波算法，再到基于深度学习的跟踪算法的过程。本小节给出经典算法和基于核相关滤波算法的主要路线和关键技术。

经典目标跟踪算法主要是根据目标建模或者对目标特征进行跟踪。基于目标模型建模的方法通过对目标外观模型进行建模，然后在之后的帧中找到目标。例如，区域匹配、特征点跟踪、基于主动轮廓的跟踪算法和光流法等。最常用的是特征匹配法，首先提取目标特征，然后在后续的帧中找到最相似的特征进行目标定位，常用的特征有：SIFT 特征、SURF 特征和 Harris 角点等。但随着研究的深入，人们发现基于目标模型建模的方法对整张图片进行处理，实时性差，因此，将预测算法加入跟踪中，探索出基于搜索的方法，具体是在预测值附近进行目标搜索，减少了搜索的范围。常见的一类预测算法有卡尔曼滤波和粒子滤波方法；另一种减小搜索范围的方法是内核方法，运用最速下降法的原理，向梯度下降方向对目标模板逐步迭代，直到迭代到最优位置。

近年来，人们将通信领域的相关滤波引入了目标跟踪中。相关滤波是指衡量两个信号的相似程度，速度可以达到数百帧每秒，可以广泛地应用于实时跟踪系统中。其中不乏一些性能优良的跟踪器，比如：MOSSE、SAMF 和 BACF。

MOSSE：基本思想是越是相似的两个目标相关值越大，也就是视频帧中与初始化目标越相似，得到的相应也就越大。

SAMF：该方法第一次将方向梯度直方图和颜色表征结合，类似检测算法里面常用的多尺度检测方法，在 7 个尺度的缩放图像分别检测，然后取 7 个响应图的最大值点。

BACF：是采用较大尺寸检测图像块和较小尺寸滤波器来提高真实样本的比例，或者说滤波器填充 0 以保持和检测图像一样大。具体是给出循环移位样本左乘一个 0 和 1 组成的掩膜矩阵，以使真实训练样本的比例增加。

随着深度学习方法的广泛应用，人们开始考虑将其应用到目标跟踪中并使用深度特征并取得了超越传统方法和核相关滤波方法的性能，具体内容将在下一小节给出。

3.3.2 深度学习的目标跟踪技术

在大数据背景下，利用深度学习训练网络模型，得到的卷积特征输出表达能力更强。在目标跟踪上，初期的应用方式是把网络学习到的特征，直接应用到相关滤波的跟踪框架里面，从而得到更好的跟踪结果。本质上卷积输出得到的特征表达，更优于方向梯度直方图或颜色表征等特征，这也是深度学习的优势之一。

尽管方法种类繁多，大多数基于深度学习的目标跟踪算法共享如图 3-12 所示的部分或全部步骤。

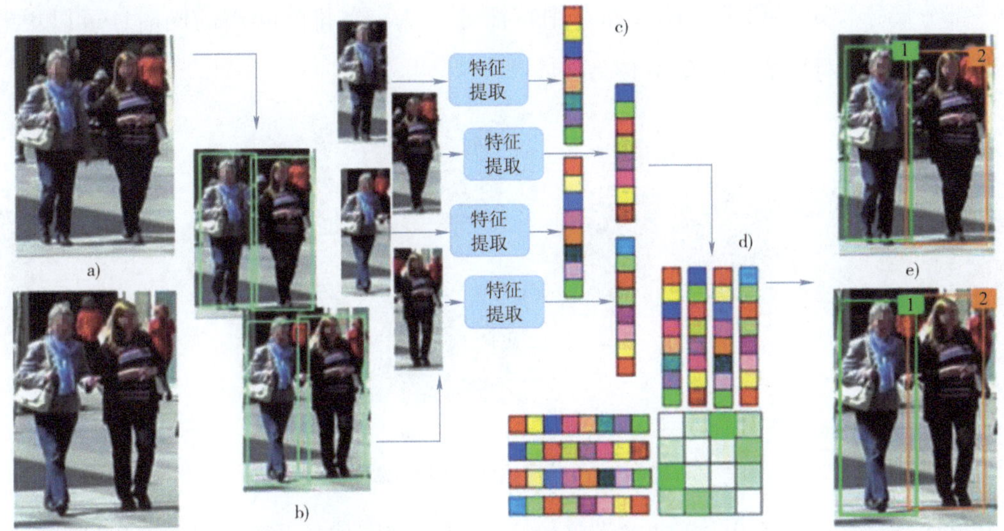

图 3-12　基于深度学习的目标跟踪算法流程

检测阶段：如上一小节所述，首先定位出图像中目标位置。

特征提取/运动预测阶段：一种或多种特征提取算法分析检测和轨迹，提取外观、运动和交互特征。可选项是，运动预测器预测每个跟踪目标的下一个位置。

近似阶段：特征和运动预测用于计算成对的检测和短轨迹之间相似度/距离的得分。

关联阶段：通过相同 ID 分配给标识相同目标的检测阶段，相似度/距离度量将属于同一目标的检测和小轨迹关联起来。

同时，在不断的实践当中，应用深度学习在目标跟踪中的方法可总结为以下四个研究方向。

（1）表观特征学习：使用深度神经网络提取目标特征。

（2）数据相关学习：学习图像对之间、短轨迹之间的关联关系。

（3）运动状态预测：用于预测轨迹前进方向，更好地进行关联。

（4）端到端学习法：是最具有挑战性的任务，关注点在将目标跟踪整个阶段做联合训练。

下面将会介绍不同研究方向上的代表工作。首先是发表于 2015 年的 FCNT，FCNT 发现不同的卷积层会从不同的角度来刻画目标。顶部的卷积层编码了更多的关于语义特征并且可以作为种类检测器，这些特征对于区分不同的类别，或者对抗形变和遮挡具有更好的鲁棒性。而底部的卷积层携带了更多具有判别性的局部信息，并且可以更好地区分具有相似外观的目标。在跟踪的过程中，利用这两种层的不断切换而完成跟踪。同时对于一个物体来讲，并非所有的特征都对鲁棒的跟踪有用，实际上只有一部分是有用的，另外一部分属于噪声，利用一种选择有用特征的方法，在排除噪声的同时，可以更好地跟踪目标。FCNT 网络结构如图 3-13 所示。

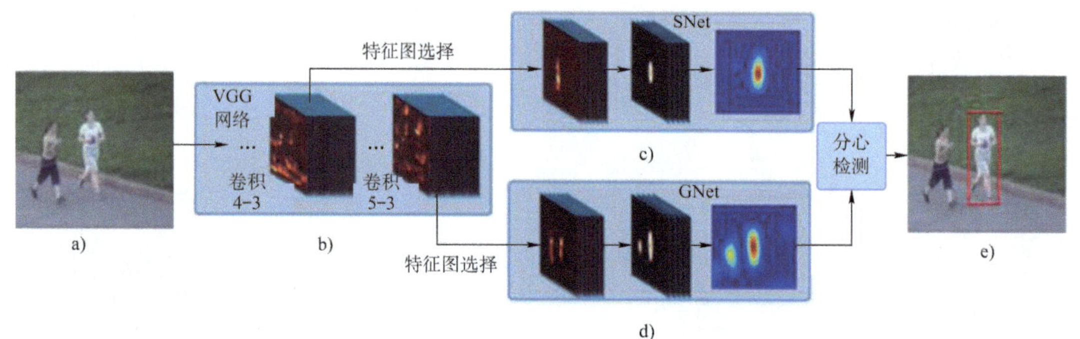

图 3-13　FCNT 的网络流程示意图

从该网络结构可以看出，FCNT 是将输入的视频帧图像首先利用骨干网络提取特征，然后分别利用浅层的特征传送给 SNet 和深层的特征传送给 GNet，接着分别将这两个特征图进行映射，最后根据一个干扰性判别器，选择其中的一个激活图作为最终的输出，给出跟踪目标的包围框。在下一帧到来后，在上一帧的位置中心，提取出一个区域，然后再进行类似的选择和定位。选择有用特征方面，FCNT 使用第四阶段卷积层和第五阶段卷积层的特征图作为输入来预测目标的热力图。该模型通过最小化预测的前景热力图与目标热力图之间的差距来进行训练。

基于 Siamese 网络的目标跟踪算法，始于 SiamFC，SiamFC 开创了深度学习目标跟踪方法的一个范式，后续出现了大量的改进方法，是综合性能上可以与相关滤波抗衡的，并得益于大数据和深度学习潜力的方向。SiamFC 通过使用相似度学习的方法来解决目标跟踪的问题。在离线阶段把深度卷积网络看成一个通用的相似性学习器，然后在跟踪时对相似性进行在线估计。简单地说，SiamFC 训练了一个 Siamese 网络，并在较大的搜索区域内搜索与模板相似的子区域。相似性估计通过计算互相关性得到。

SiamFC 的骨干网络是 AlexNet，去掉填充和全连接层，加入 BN 层，改为全卷积网络的结构，步长是 8，得到与输入图像分辨率相关，通道数 128 的特征图。跟踪流程是两路输入图像分别用训练好的同一个 CNN 提取特征，模板图像缩放到 $127 \times 127 \times 3$，得到特征 $6 \times 6 \times 128$。检测区域是模板图像大小的 4 倍，缩放到 $255 \times 255 \times 3$，并得到特征 $22 \times$

22×128。相似性度量通过交叉相关（Cross-Correlation）实现，计算每个位置的相似度得到的得分图。实际上就是将输入特征 6×6×128×1 作为卷积核，对 22×22×128 的特征图进行卷积操作，得到 17×17×1 的输出。最后将得分图做双三次插值上采样，获得更精确稳定的目标位置。SiamFC 网络主体结构如图 3-14 所示。

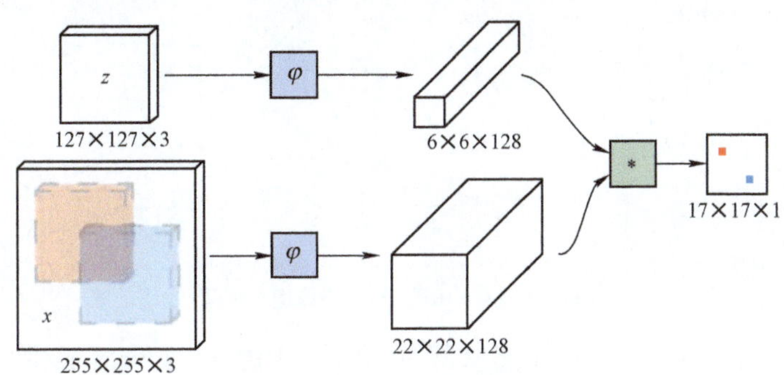

图 3-14　SiamFC 的网络主体结构

与相关滤波对比互有优势，相关滤波得益于循环矩阵假设和快速傅里叶变换，计算速度非常快，较大的特征图也能轻松应对，但缺点是循环矩阵假设造成了边界效应，检测范围受限；交叉相关的优点是滑窗检测，没有边界效应，有卷积高效实现速度可以接受，缺点是计算量高，仅适合较小的特征图。

SiamFC 采用多尺度检测方法实现尺度自适应，尺度检测时扩大或缩小检测区域，但检测区域图像都要缩放到 255×255×3。3 个尺度可以达到 86fps，5 个尺度精度更高，达到 58fps。得益于 GPU 的并行计算，通过设置小批次的方式，一次性可以完成 3 或 5 个尺度样本检测。另一方面，SiamFC 不更新目标模板图像使得计算速度更快，但对特征的要求也更高。特征必须对各种干扰和形变都非常鲁棒。SiamFC 的特征来自 AlexNet 的第五阶段的卷积层，属于高层语义特征，不会像传统手工特征那样寻求纹理相似度。在线不更新带来的另一个好处表现在长时跟踪。因为目标模板不会被污染，而且检测区域足够大，一般的干扰不会造成跟踪失败。训练样本方面，SiamFC 是第一个用超大规模跟踪数据集来训练的算法，训练集包含 4417 个视频，超过 200 万标注帧，非常适合训练跟踪算法。而得益于深度学习，SiamFC 的训练数据越多效果越好。

2018 年，Li 提出的 SiamRPN 是对 SiamFC 的一次较大改进，SiamRPN 包含用于特征提取的 Siamese 子网络（Siamese Subnetwork）和候选区域生成网络（Region Proposal Subnetwork），其中候选区域生成网络包含分类和回归两条支路。在跟踪阶段，SiamRPN 将跟踪视作单样本检测任务（One-shot Detection Task），就是把第一帧的目标视为检测的模板，在后续帧里面检测与它相似的目标。得益于这些改良，传统的多尺度测试和在线微调可以被舍弃，同时大大提高了速度。训练阶段的网络结构如图 3-15 所示。

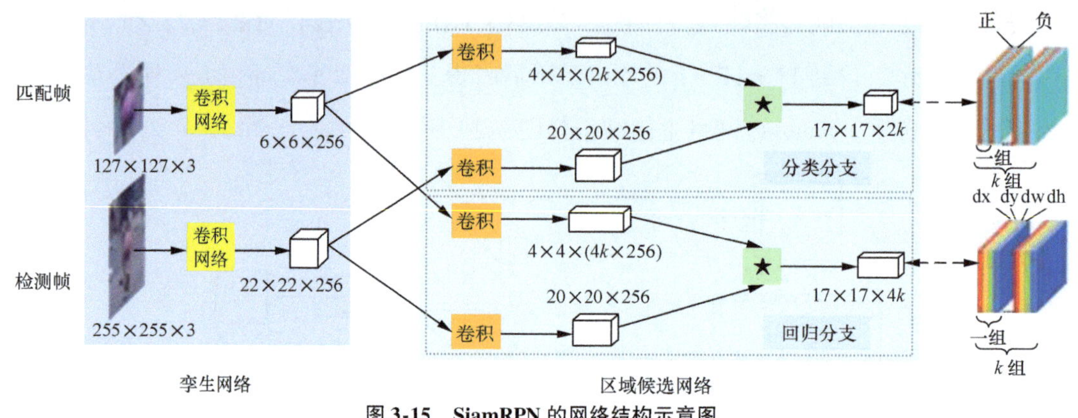

图 3-15　SiamRPN 的网络结构示意图

网络分为两部分，Siamese 特征提取部分，以及 RPN 的候选区域生成。Siamese 特征提取部分与 SiamFC 相同，用的是 AlexNet。跟踪阶段的网络结构如图 3-16 所示。

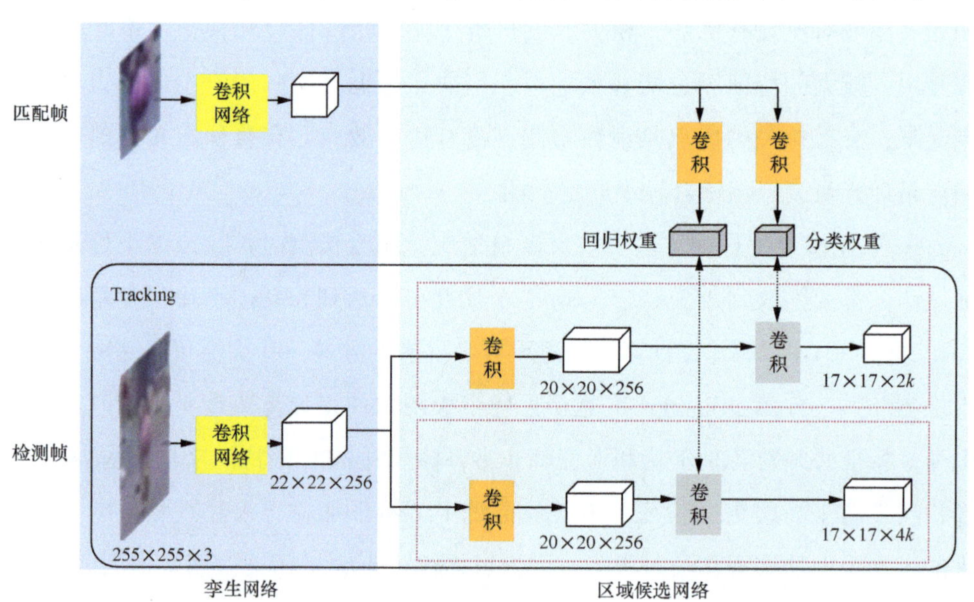

图 3-16　SiamRPN 的跟踪过程

跟踪过程是首先输入模板帧和检测帧，分别使用 Siamese 网络提取特征，使用 RPN 生成 k 个候选区域；然后对模板支路的候选区域和检测支路的候选区域做相似性度量，获得包围框；接着使用非极大值抑制对最后预测输出的包围框进行筛选，最后更新目标尺寸。

2016 年，Alahi 提出的 Social LSTM 旨在解决交通中行人的轨迹预测问题，特别是在拥挤环境中人与人交互行为常有发生的地方，如图 3-17 所示。文章构建的数据驱动模型，利用在序列预测上表现突出的 LSTM 模型以行人为单位进行轨迹预测，同时为了解决多个行人的 LSTMs 之间无法捕捉行人空间中交互的问题，模型在 LSTMs 每一步运行之间加入了池化层，池化层将整合其他行人的隐藏状态，并作为隐藏状态一部分传递下去，最终形成模型 Social LSTM。由于池化层的引入，使得 LSTMs 间出现动态数据的依赖，模型训练时需要有多个 LSTMs 同步并行运行和反向传播。

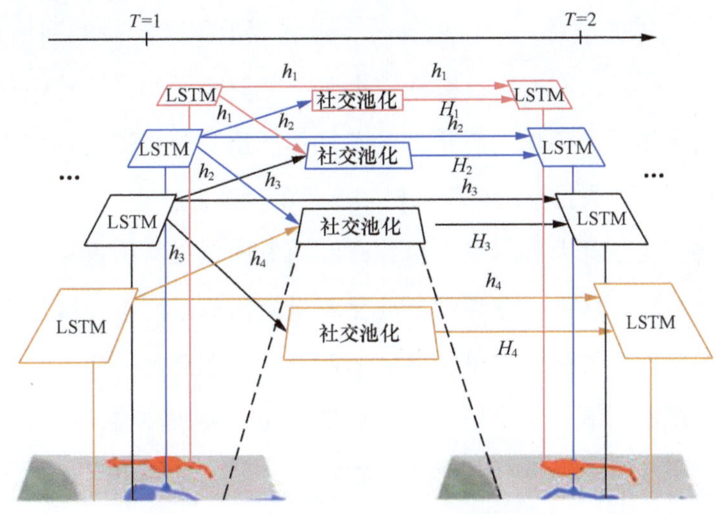

图 3-17　Social LSTM 的目标匹配过程

3.3.3　现存挑战和未来展望

发展至今，目标跟踪算法已取得很大的进步，特别是深度神经网络的引入，使算法精度得到大幅提升，但仍存在一些需要解决的问题。

速度是评价在线目标跟踪算法的一个重要指标。由于深度神经网络复杂的计算及模型更新时烦琐的系数，现存大部分深度目标跟踪算法速度都较慢。目标跟踪中大部分为低像素图像，不适合使用层数太多的卷积网络，是因为信息损失严重，也影响计算速度。很多深度目标跟踪算法采用小型神经网络提取特征。另外，跟踪中只给定第一帧目标位置，缺少跟踪物体先验信息，这就要求模型实时更新以确保跟踪精度，而这在深度目标跟踪算法中非常耗时。一些算法采用孪生网络结构保存先验信息，代替模型在线更新，算法速度得以提高。深度特征的高维度也会影响跟踪算法的速度，如果能提出有效的特征压缩方法，不管对算法速度还是精度都会有所帮助。只有高速且有效的算法才具有实际的应用价值。

影响深度神经网络效果的两个主要因素是网络结构和训练数据。现存大部分深度目标跟踪算法均采用 CNN 结构，虽然 CNN 结构的特征提取能力很好，但是难以建模视频帧中的时间连续性信息。一些算法采用 RNN 结构构建目标跟踪模型，但效果并不是很突出，仍需探索发展。还有一些新型的网络架构在图像分类领域取得很好的效果，这些网络架构是否能在目标跟踪领域成功应用也是令人期待。另外，限制深度目标跟踪算法发展的一个主要原因是训练样本的缺乏，没有如同图像分类任务那样的大规模训练样本，在线跟踪时只能给定第一帧的信息，难以训练一个适合当前跟踪物体的网络模型。近几年，无监督或弱监督方法受到人们的广泛关注。也有一些算法开始尝试将强化学习应用到目标跟踪领域。对抗网络可以生成迷惑机器的负样本，增强分类器判别能力。这些无监督和弱监督的方法可有效解决目标跟踪领域样本不足的问题。

除此之外，将视觉注意力机制引入目标跟踪的方向也很有前途。在原来的跟踪模型中加入特定网络生成目标区域显著性图，弱化背景突出前景。也可将注意力机制融入网络内部结构，引导跟踪器关注对结果有帮助的部分。现在已有一些方法将相关滤波当作特定层嵌入网络实现端到端训练，但只是简单地核化相关滤波器，如何能将传统算法中的一些方法嵌入到深度神经网络中也值得研究。

3.4 基于视频的交通风险感知技术

本节概述基于视频的交通风险感知技术，主要事件包括：超速、违法变道、逆行、违法倒车、人/物侵入/异常抛洒物、轨迹异常、跟车距离过近、低速行驶、违法停车，以及能见度等风险感知。

3.4.1 道路交通事件分析技术

前面提到的目标检测技术和目标跟踪技术，可以得到交通环境中对象的完整轨迹，这里的对象通常指机动车、非机动车和行人。同时，采用人工建模或者自动建模的方式，可以得到道路静态环境。基于上面要素就可进行交通事件的分析。可以分析的事件包括但不限于流量分析和交通拥堵检测、车型和车牌识别、车速检测、闯红灯行为检测、非法占用车道检测、交通事故检测、非法压实线检测、倒车逆行检测、连续变道检测、非法倒车检测、不按规定车道行驶检测和人行横道不礼让行人检测。

下面简单介绍几种主要的交通事件分析过程。

车速检测：现在的交通系统已经高度依赖视频监控设备获得的实时交通信息，基于视频监控实现车辆速度的自动提取，有利于主动防控风险。视觉测速是指将安装在道路上方的摄像机拍摄的车辆行驶图像序列，运用图像处理技术进行分析，通过一定的方法获取车辆在一段时间内的像素位移，并通过摄像机的标定建立图像像素坐标与空间中对应点的世界坐标的映射关系，获取车辆在一段时间内的实际位移，从而求出车辆速度。视觉测速相对雷达和激光测速，具有成本低，对静止车辆敏感等优点。

闯红灯行为检测：首先，采用高清摄像头实时采集道路上的车道、车辆和信号灯的视频图像；接着，对视频进行图像信息预处理，定制虚拟检测线、交通灯检测区域、车道检测区域，将定制结果保存在存储单元中；然后，用计算机视觉技术来检测车辆闯红灯行为，比如通过 HSV 颜色空间中的 H 分量来识别信号灯的状态，利用之前得到的车辆轨迹结合交通法规来识别车辆闯红灯行为。

交通事故检测：全球每年有 135 万人死于道路交通安全事故，在中国大约是 5 万~6 万人。其中一项指标是万车死亡率，即一年时间内，每一万辆机动车所对应的交通事故死亡人数。中国交通的万车死亡率是 1.66、美国是 1.26、日本是 0.51、英国是 0.49。可见，中国道路交通安全形势十分严峻。通过前文得到的车辆轨迹，可以快速判断出机动车处于运动还是静止状态，当检测到一辆或者多辆车辆在非停止区域处于静止状态，并且道路处于非拥堵状态，极有可能发生交通事故，可以快速处置。

3.4.2　其他道路环境的风险感知

其他道路环境的风险感知主要包括团雾检测、抛洒物检测和路面平整度检测等方面。下面分别介绍上述几个方面的风险检测技术。

团雾检测：团雾天气主要在秋冬季节频发，当前对于团雾检测精度和精准定位较差。基于 AI 视觉算法，利用三维重建和背景分割完成相机的场景理解，通过对视频检测场景中的道路、天空、水域、绿化等进行分割，从而获取目标检测区域；利用 Koschmieder 定律，计算目标检测区域大气能见度和区域透射率，并做多帧联合预测，由此实现能见度的气象事件检测；同时，沿线某个视频监控发现能见度低事件时，联动相邻两个视频监控启动能见度检测，如果相邻两个视频监控中至少有一个无能见度低事件，则判定团雾，如果相邻两个视频监控均有能见度低事件，继续联动相邻视频监控启动检测，以此类推，最终检测团雾事件的范围。另一方面，对出现在不同视频监控点位的同一辆车做轨迹关联，得到车辆在高速区间的跨相机完整轨迹，通过提取异常轨迹信息，辅助研判团雾天气，从而区分能见度低事件与团雾事件，真正意义上实现团雾的检测。由此可以实现快速发现、及时预警、快速处置团雾事件，提高应急管理水平，同时总结团雾事件规律特征，为团雾应急预案制定提供参考依据。

抛洒物检测：随着高速公路车流量的不断增长，因高速公路抛洒物诱发的事故数量激增。这些抛洒物大多为货车上未捆扎严实而掉下的货物或者汽车故障掉落的碎片，这些体积小而坚硬的物体，给高速公路司乘人员的安全带来了极大的威胁。利用视频技术对高速公路抛洒物进行实时、准确地检测，成为智慧交通领域一个非常有意义且亟待解决的问题。不同于高速公路上的机动车、护栏、标志标线等对象，抛洒物种类各异，不具有图形图像上的通用特征，传统的固定背景建模方法（比如：帧差法和高斯建模法）无法快速适应环境变化，导致前景提取过程中出现大量环境噪声。基于背景分离高斯混合模型的动态背景建模放啊，可以实现背景建模和背景更新。该模型重点解决的问题包括减少环境噪声出现在前景目标中和抛洒物一般具有从运动状态快速到静止状态的过程，避免静止状态的抛洒物被快速融入背景模型中，影响检测效果。

路面平整度检测：路面的平整度与路面各结构层次的平整状况有着一定的联系，即各层次的平整效果将累积反映到路面表面上。平整度检测是规定的标准量规，间断的或连续的测量路表面的凹凸情况，即不平整度的指标，是路面进行验收和养护的重要环节之一。利用计算机视觉的方法，可以将路面图像划分区域，每个区域内维护正常路面的纹理特征，利用相似性度量函数来判断路面是否发生破损。当某一区域的路面发生破损时，该区域的纹理特征会显著区别于正常路面的纹理特征，设定合适的阈值，即可产生报警信息，提前预防修补，以免发生严重的交通事故。

3.5 本章小结

本章主要介绍了基于视频的道路动态目标实时监测与环境风险感知技术，其中目标监测技术主要包含目标检测和目标跟踪两大技术，回顾了这两个研究领域的发展历史和经典方法，可以看出随着人工智能技术的不断发展和硬件资源成本的不断降低，在未来，深度神经网络将在解决实际问题中发挥更大的潜能。目标实时监测技术可以为环境风险感知提供算法基座，在道路交通事件分析和道路环境风险检测两方面，辅助智能感知和主动防控道路运行风险。

本章参考文献

[1] ALAHI A, GOEL K, RAMANATHAN V, et al. Social lstm: Human trajectory prediction in crowded spaces[C]. In Proceedings of the IEEE conference on computer vision and pattern recognition, 2016, 961-971.

[2] BERTINETTO L, VALMADRE J, HENRIQUES J F, et al. Fully-convolutional siamese networks for object tracking[C]. In European conference on computer vision, 2016, 850-865.

[3] GIRSHICK R. Fast r-cnn[C]. In Proceedings of the IEEE international conference on computer vision, 2015, 1440-1448.

[4] GIRSHICK R, DONAHUE J, DARRELL T, et al. Rich feature hierarchies for accurate object detection and semantic segmentation[C]. In Proceedings of the IEEE conference on computer vision and pattern recognition, 2014, 580-587.

[5] HE K, GKIOXARI G, DOLLáR P, et al. Mask r- cnn[C]. In Proceedings of the IEEE international conference on computer vision, 2017, 2961-2969.

[6] HE K, ZHANG X, REN S, et al. Spatial pyramid pooling in deep convolutional networks for visual recognition[J]. IEEE transactions on pattern analysis and machine intelligence, 2015, 37(9): 1904-1916.

[7] LI B, YAN J, WU W, et al. High performance visual tracking with siamese region proposal network[C]. In Proceedings of the IEEE conference on computer vision and pattern recognition, 2018, 8971-8980.

[8] LIU W, ANGUELOV D, ERHAN D, et al. Ssd: Single shot multibox detector[C]. In European conference on computer vision, 2016, 21-37.

[9] REDMON J, FARHADI A. YOLO9000: better, faster, stronger[C]. In Proceedings of the IEEE conference on computer vision and pattern recognition, 2017, 7263-7271.

[10] REDMON J, DIVVALA S, GIRSHICK R, et al. You only look once: Unified, realtime object detection[C]. In Proceedings of the IEEE conference on computer vision and pattern recognition, 2016, 779-788.

[11] REN S, He K, GIRSHICK R, et al. Faster r- cnn: Towards real- time object detection with

region proposal networks[J]. Advances in neural information processing systems, 2015, 28, 91-99.

[12] WANG L, OUYANG W, WANG X, et al. Visual tracking with fully convolutional networks [C]. In Proceedings of the IEEE international conference on computer vision, 2015, 3119-3127.

CHAPTER 4 第 4 章

基于雷达的多目标连续跟踪技术

实时、精准、全天候、全面感知道路交通流及交通行为是交通感知系统追求的目标。雷达可以采集物体的坐标数据，具有测距精度高、不受光照条件影响、实时性好等优点，是目前较适用于交通驾驶中进行目标检测的传感器，在智能化的环境感知领域中受到越来越多的关注。而应用雷达对交通目标进行检测，其优点是在恶劣环境下适用性极强，雷达发射的毫米波导引头穿透雾、烟、灰尘的能力强，具有全天候全天时的特点，从而使得多目标雷达在目标识别领域得到了广泛的应用，并且还在不断地拓展应用之中。近年来，由于雷达目标检测能力的提升，雷达目标检测技术应用在汽车智能化上展现了很高的民用潜力，国内外的学者基于雷达监测开展了广泛的研究。本章主要介绍基于雷达的动态目标实时监测技术、毫米波雷达多目标动态连续跟踪技术、激光雷达多目标动态连续跟踪技术以及多目标跟踪算法。

4.1　基于雷达的动态目标实时监测技术

目标跟踪是利用传感器对感兴趣的目标的运动状态进行估计的过程。用于目标跟踪的传感器可以是雷达、光学设备或声呐等，在诸多传感器中，雷达在目标动态连续跟踪方面应用较广。一般而言，目标的运动状态包括位置、速度及加速度等信息。在多目标跟踪系统中，雷达需对信号处理器提取的点迹进行关联、预测、滤波，以减小测量的随机误差并输出多目标航迹。雷达多目标跟踪技术已广泛应用于军事领域和民用领域。在军事应用领域，多目标跟踪主要应用于战场的远程预警、空间目标监视与预警、弹道导弹防御、精确制导、无人机任务规划、惯性导航、空中防御与进攻等，跟踪获取的目标数据是进行后期的数据融合、指挥决策、目标识别等任务的基础。在民用领域，多目标跟踪主要应用于航空和交通管制、辅助驾驶、导航、港口船只导航与防撞、医疗等。

在车辆目标检测中，应用最为广泛的就是毫米波雷达和激光雷达。它们的传感器机制和原理是不同的，所以拥有不同的优点和缺点，适用于不同的情况，但是它们都能获得前方目标的距离和速度等多种运动状态信息。毫米波雷达目前运用比较多，测试稳定，对于天气和光照的要求比较低，但是其结构复杂，制造成本比较高；而激光雷达会受到天气、光照等的影响，不良天气下测试影响比较大，精度也会下降。出于对性能的要求，大部分科学研究是以毫米波雷达为主，但是近几年激光雷达技术的兴起，也带动了车辆检测技术的提升。

2014 年，吉林大学高振海等利用毫米波雷达进行实验时，发现毫米波雷达能够准确地获取目标的距离和速度信息，在对目标的运动状态进行预计和验证后，证实了毫米波雷达的精确性。博世公司开发出了长距离毫米波雷达（Long Range Millimeter Wave Radar，LRR），利用硅锗（SiGe）技术，降低了生产成本，提高了检测距离和检测范围，同时也更准确地捕捉到目标。而韩国研究人员 HuhK 等利用二阶卡尔曼滤波对目标车辆信息进行测试，通过采样的离散化摒除白噪声的干扰，进行了最优化的计算。

激光雷达的扫描介质是红外和可见光波段的激光，激光雷达的结构比较简单，对比机器视觉的测试结果，数据的信息量要少很多，所以激光雷达的检测范围大，数据量小，具有一定的实时性。甘志梅等利用激光雷达的原始点云数据，通过合并车辆的外形和轮廓特征，让车辆的识别问题更简单，利用奇异值提取特征，保证了车辆目标的一致性，提高了激光雷达采集数据的精确度。Fayad 等利用激光雷达对车辆进行检测、跟踪和分类，采取仿射变动及局部运动的预计方法，将车辆的局部运动转换为整个全局的运动，又将车辆、道路和传感器的模型集成到一起，实现了基于激光雷达的车辆运行场景感知。

传统的雷达目标识别技术在研究中，仅仅是以发现目标与测量目标作为基础。受到雷达目标以及雷达任务等多方面的要求，在未来的发展中，雷达系统的出现，是雷达目标识别发展的根本方向。智能化识别是雷达目标识别技术的未来发展趋势，智能化识别的探索，有助于目标识别技术的发展。

4.2 毫米波雷达多目标动态连续跟踪技术

毫米波是无线电波中的一段，通常是指波长为 1 ~ 10mm 的电磁波，它位于微波与远红外波相交叠的波长范围，因而兼有两种波谱的特点。毫米波的理论和技术分别是微波向高频的延伸和光波向低频的发展。其中，毫米波雷达就是指工作频段在毫米波频段的雷达，它的测距原理跟一般雷达一样，通过把无线电波（雷达波）发出去，然后接收回波，根据收发之间的时间差测得目标的位置数据，无线电波频率位于毫米波频段的雷达都被称为毫米波雷达。以车载毫米波雷达为例，雷达通过天线向外发射毫米波，接收目标反射信号，经后方处理后快速准确地获取汽车车身周围的物理环境信息（如汽车与其他物体之间的相对距离、相对速度、角度、运动方向等），然后根据所探知的物体信息进行目标追踪和识别分类，进而结合车身动态信息进行数据融合，最终通过中央处理单元（Electronic Control Unit，ECU）进行智能处理。经中央处理单元合理决策后，以声、光及触觉等多种方式告知或警告驾驶人，或及时对汽车做出主动干预，从而保证驾驶过程的安全性和舒适性，减少事故发生概率。

为实现自动驾驶中的感知，需要对多个目标物单独跟踪。目标跟踪相对计算量较大，同时跟踪多个目标物需要大量的计算能力和内存。随着雷达技术的进步和持续增加的感知方案，雷达可以从目标物大量的散射点中检出目标物。如果跟踪器对目标物的每个反射点进行跟踪，会造成处理单元过载。因此，有必要对目标物进行聚类，之后再进行跟踪。目前已经有很多聚类跟踪算法。汽车传感器需要同时跟踪多个目标，而由于跟踪一个物体需要较高的算力，故有必要只跟踪有效目标，且需要使用聚类算法将所有从同一目标物反射点进行聚类。基本聚类算法包括欧氏聚类，通过计算雷达反射点的欧氏距离进行分组。所有目标尺寸内的反射点聚类为一个目标，给出一个形心位置，并给每个聚类点赋值新的距离和速度（所有聚类点的均值），以对每个目标进行有效跟踪。

由于毫米波的波长介于厘米波和光波之间，因此，毫米波兼有微波制导和光电制导的优点。毫米波雷达能精确地检测动态目标的运动方向、距离、速度、角度。与红外、激光、视频等光学导引头相比，毫米波导引头穿透雾、烟、灰尘的能力强，具有全天候全天时的特点。

4.2.1　毫米波雷达复杂条件下多目标检测技术

特斯拉（Tesla）汽车上面安装了 1 个前置的雷达、12 个超声波测距雷达和 8 个摄像头，通过多传感器的融合来感知车辆周围的环境信息。Huang 等使用激光雷达和摄像机进行前方车辆的检测，实验验证该方法为处理汽车的多视图问题提供了足够多的信息，提升了系统的鲁棒性。王战古等在 2017 年提出的方法中，首先将毫米波雷达和摄像头进行联合标定，获取兴趣区域，然后采用自适应阈值对兴趣区域内的图像进行二值化处理以获得车辆底部阴影信息，利用边缘检测和霍夫变换得到车辆上下边界的位置信息。刘志强等在 2018 年提出一种基于毫米波雷达和安防监控（Pan Tilt Zoom，PTZ）摄像机相结合的前方车辆检测方法。解决摄像机、雷达、世界坐标系的变换关系，实现空间上的融合；

采用线程同步方式实现时间上的融合。目标识别过程中，在图像中生成兴趣区域，对采集的当前周期内的后标的初始信息使用三阶的卡尔曼滤波算法进行预测，基于已训练好的级联分类器进行多尺度识别，得到兴趣区域内的车辆。吴国星等在2015年提出一种采用了底层的数据融合策略。在雷达数据通道，路面非车辆目标点的筛除采用霍夫变换和切比雪夫定理来实现，生成稀疏概率图。在图像数据通道，结合稀疏概率图与图像底层特征，建立视觉显著模型并生成车辆显著图像。在显著图上利用过分割方法快速定位路面车辆的位置。Sugimoto等采用特殊的方法获取目标的反射强度，定义具有最大反射强度的位置点即为该目标在图像中的位置，然后进行雷达和视觉信息在空间上的对准，实现了目标的检测。

1）毫米波雷达多目标检测技术研究

目标检测是交通系统中环境感知的重要技术，准确、鲁棒的目标检测结果是进行后续目标追踪的基础和关键。毫米波雷达可以采集物体的坐标数据，具有测距精度高、不受光照条件影响、全天候工作等优点，是目前较适用于交通驾驶中进行目标检测的传感器。以激光雷达为例，目标检测就是将每一帧的点云数据根据位置坐标信息进行分割并聚类为不同的目标，产生目标对象的外接矩形框并提取其中的特征信息。

2）相控技术的应用

相控阵雷达即相位控制电子扫描阵列雷达，利用大量个别控制的小型天线单元排列成天线阵面，每个天线单元都由独立的移相开关控制，通过控制各天线单元发射的相位，就能合成不同相位波束。相控阵各天线单元发射的电磁波以干涉原理合成一个接近笔直的雷达主瓣，而旁瓣则是各天线单元的不均匀性而造成。相控阵雷达从根本上解决了传统机械扫描雷达的种种先天问题，在相同的孔径与操作波长下，相控阵的反应速度、目标更新速率、多目标追踪能力、分辨率、多功能性、电子对抗能力等都远优于传统雷达，相对而言则付出了更加昂贵、技术要求更高、功率消耗与冷却需求更大等代价。

相控阵技术在应对复杂交通环境方面体现了强大的优势，因此，借助于相控阵雷达技术，通过高效重排数据、远距离射频与天线等方法解决复杂环境下识别难题，塑造并分类障碍物轮廓，从而达到在复杂环境下进行车辆实时感知并精确定位，为目标连续跟踪提供检测目标基础数据。

3）目标的检测和定位硬件实现

在毫米波雷达的目标检测和识别中，利用雷达回波中的幅度、相位、频谱和极化等目标特征信息，通过数学上的各种多维空间变换来估算目标的大小、形状等物理特性参数，最后根据大量训练样本所确定的鉴别函数，在分类器中进行识别判决，内容包括目标识别预处理、特征信号提取、特征空间变换、模式分类器及样本学习等模块。其中，特征信号提取是指毫米波雷达采集提取其发射的电磁波与目标相互作用产生的各种信息，包括：雷达散射截面积（Radar Cross Section，RCS）以及其他特征参数，常用的特征参数有目标的结构外形特征、目标的动态特征和回波波形特征等；而特征空间变换的目的为：改变原始数据分布结构、压缩特征空间的维数（降低）、去除冗余特征。

毫米波雷达发射电磁波扫描整个检测区域，检测区域内所有目标反射回波信号被毫米波雷达接收到；毫米波雷达收到回波信号，先进行高速信号采集和模数转换（Analogue-to-Digitalconversion，AD）；利用相控阵雷达的数字波束形成（Digital Beam-Forming，DBF）算法，对目标作波达方向估计（Direction-Of-Arrival Estimation，DOA），测量目标方位角；每一路DBF信号送给数字信号处理（Digital Signal Process，DSP）单元，完成目标距离、速度的计算，获得目标坐标、速度、强度信息，从而完成目标的识别和定位。

4.2.2　毫米波雷达多目标动态连续跟踪技术

雷达目标跟踪是雷达数据处理系统中的主要部分，最早起源于军事领域，已经发展了很多年。从1937年世界上第一部跟踪雷达SCR-28诞生，雷达目标跟踪相关问题就受到广大学者们的关注。之后随着大量的研究、发展和改进，目标跟踪技术也从之前的单目标跟踪逐步发展成了复杂环境下的多目标跟踪（Multi Target Tracking，MTT）。毫米波雷达对比其他传感器有着许多优良的特性，在目标动态连续跟踪中有着明显的优势，其主要特性有：

1）可用的频带宽度宽

毫米波雷达可用的频率范围为30～300GHz，整个毫米波频段有4个传播衰减相对较小的中心频段。它们的中心分别是35GHz、94GHz、140GHz和220GHz，其对应的波长分别是8.6mm、3.2mm、2.1mm和1.4mm，这些中心频率对应的带宽达到了16GHz。任何一个窗口的可用带宽都几乎可以包括或大于整个厘米波频段的带宽。而对于探测雷达来说，其可用的带宽越大，雷达的距离分辨率就越大，这既有利于采用扩谱的工作方式，也可以提高雷达的抗干扰能力。

2）多普勒频移宽

根据多普勒效应，动态目标雷达回波的多普勒频移满足

$$\Delta f = 2v_r/\lambda \tag{4-1}$$

式中，Δf 为多普勒频移，GHz；v_r 为两运动物体径向相对速度，m/s；λ 为波长，mm。

毫米波雷达比其他微波雷达产生的多普勒频移大10倍左右。因此，应用毫米波雷达可提高快速目标的分辨率和检测能力，并且可以根据检测目标表面振动的速度信号来检测目标的特性。

3）发射天线波束宽度窄

雷达的角分辨率是决定毫米波雷达发射天线波束宽度的决定因素，其与波束宽度及发射天线孔径之间的关系为

$$\theta_b = K\lambda/D \tag{4-2}$$

式中，K 为常数，在旁瓣为-25dB 可取 $4/\pi$。

可见，在天线口径一定时波束宽度θ_b与波长 λ 成正比，而与频率成反比。因而，所选雷达频率越高，则波束宽度越窄。对于窄波束宽度而言，可以有高的天线增益、高的角度跟踪度、不易受电子干扰、减少低仰角的多径效应和地杂波影响以及改善多目标分辨和识别能力的优点。因而，毫米波雷达非常适合用于多目标动态连续的跟踪。为了确定前方物体的运动状态，建立毫米波雷达目标检测区域，如图4-1所示。

检测区域毫米波雷达在进行前方目前检测时，会受到各种各样的目标，有静止目标，如护栏、指示牌等；有反向运动的车辆；有同车道行驶的车辆。这些目标中，同车道以及旁车道的车辆是检测的重点，称之为有效目标。为了获得有效目标，首先需要根据毫米波雷达反射回波的频移进行静止目标以及动态目标的界定。建立车辆行驶坐标系，以汽车行驶方向为 X 轴，垂直于 X 轴方向为 Y 轴，与车辆行驶方向相垂直，具体如图4-2所示。

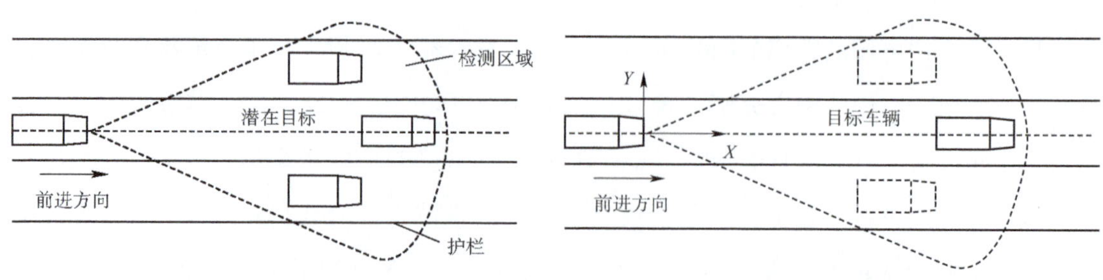

图4-1　毫米波雷达目标检测模型

图4-2　动态目标行驶坐标系

1）静止目标

确定车辆行驶坐标系后，对坐标系内目标进行分类，进行目标检测时，对于静止目标，可得信号随时间的变化规律如图 4-3 所示。

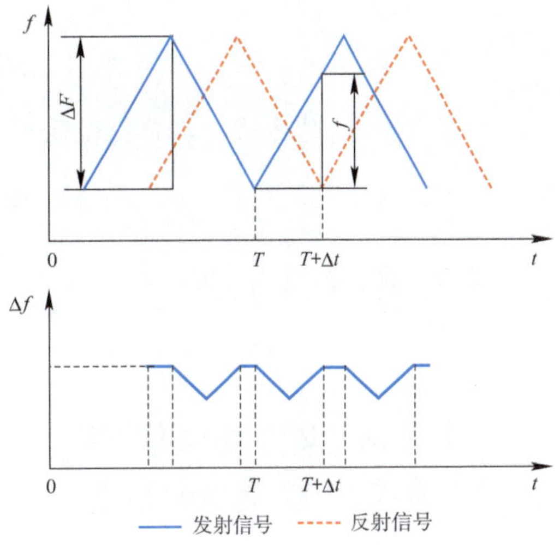

图 4-3　目标静止时信号随时间变化规律

图中：ΔF 是毫米波频率带宽；Δf 是发射信号与反射信号混频后产生的差频值。当毫米波遇到静止目标时，发射信号与反射信号产生差频值仅由自车运动引起，其每个周期内的上升沿与下降沿的差频数值都相同，且发射信号与反射信号间的频率有一个相同的延时时间 Δt。因此，对于静止目标而言，通过其延时时间 Δt 就可以计算出自车与静止目标之间的距离

$$D = \Delta tc/2 \tag{4-3}$$

式中，c 为光速，延时时间 Δt 远小于雷达的调制周期 T。

因而，通过三角形相似原理即可计算出静态目标的距离。

2）动态目标

对于动态目标，毫米波雷达发射信号与目标反射后接收信号会产生较大差异，具体如图 4-4 所示。

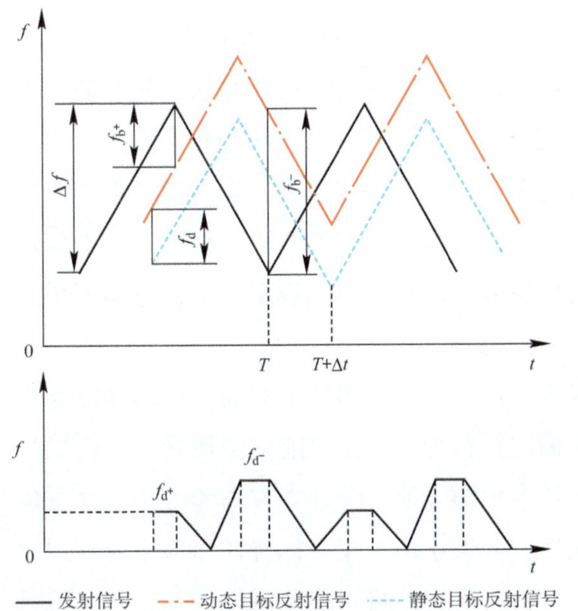

图 4-4　动态目标接收信号频率变化

图中：f_{b^+} 为动态目标反射信号与发射信息上升沿的频率差值，f_{b^-} 为动态目标反射信号与发射信息下降沿的频率差值。相比于静态信号，由于多普勒效应，动态目标的反射信号除了自身信号与反射信号之间的信号接收延时外，还会产生多普勒频移。其频率差之间的关系为

$$f_{b^+} = \Delta f - f_d \tag{4-4}$$

$$f_{b^-} = \Delta f + f_d \tag{4-5}$$

式中，f_d 为由于多普勒频移而带来的差频频率。

由式（4-4）和式（4-5）可得

$$f_{\mathrm{d}} = (f_{\mathrm{b}^-} - f_{\mathrm{b}^+})/2 \tag{4-6}$$

$$\Delta f = (f_{\mathrm{b}^-} + f_{\mathrm{b}^+})/2 \tag{4-7}$$

将式（4-7）代入式（4-3），得动态目标的距离计算公式为

$$D = \frac{cT}{8\Delta f}(f_{\mathrm{b}^-} + f_{\mathrm{b}^+}) \tag{4-8}$$

又由于多普勒效应，得

$$f_{\mathrm{d}} = \frac{2f_0 u}{c} \tag{4-9}$$

式中，f_0为雷达中心的工作频率。

最后将式（4-8）代入式（4-9），可得探测动态目标时的速度计算公式

$$u = \frac{f_{\mathrm{b}^-} - f_{\mathrm{b}^+}}{2}\frac{c}{2f_0} \tag{4-10}$$

式中，u 为动态目标相对于自车的速度，m/s。

由此，根据检测目标的运动速度大小判定目标的运动状态，若运动速度趋于0，认为前方目标为静止状态，否则为运动状态。

4.2.3 毫米波雷达异常交通行为智能分析技术

基于毫米波雷达的异常行为检测可以理解为特征分类问题，一般需要先提取特征，再由这些特征形成行为描述符。因此，在异常行为检测中特征提取至关重要。车辆异常行为检测提取的特征大致可分为基于像素的非目标特征和基于特定对象的目标特征。

在车辆较多的场景中，大多采用基于非目标特征的异常行为检测方法，而车辆个体异常行为检测多采用基于目标特征的方法。复杂场景中存在目标之间的相互遮挡，而稀疏场景中目标特征提取相对容易。此外，随着深度学习的快速发展，学者们考虑将深度特征引入车辆异常行为检测方法中。因此，异常行为检测的特征提取可分为手工提取特征和深度特征。深度神经网络可从视频数据自身分布规律中学到表示方法，不需要手动地在某个特定场景下设计合适的特征。

非目标特征提取方法不需要从图像中提取目标，即使在多目标的场景中同样能够进行异常行为检测，但却不能对场景中具体目标进行行为分析，只能检测场景中的全局行为异常。非目标特征提取方法一般通过提取场景中的光流、统计直方图和时空域立方体等像素级信息作为异常行为检测的特征。此外，背景建模等非目标特征提取方法常用于提取前景中的目标特征。相比非目标特征，目标特征通常可以提取目标的具体信息。目标特征的选择取决于场景、目标和预期的异常类型。轨迹特征是车辆异常行为检测较常

用的目标特征，确定跟踪车辆在连续视频帧中的位置后，将车辆位置连接即得车辆轨迹。由于提取较简单、容易解释等原因，轨迹特征学习和分析成为研究车辆行为理解的主要方法。速度、加速度和运动方向等是车辆异常行为检测方法中常用的非轨迹目标特征。基于这些目标特征的异常行为检测方法的主要思想是根据目标的速度、位置和方向突然变化是否符合预先定义的规则来检测异常行为。

1）逆行检测和超速检测

逆行和超速用毫米波的速度信息可以很容易判断，因此，只采用当前帧的目标数据进行判断，具体过程如图 4-5 所示。

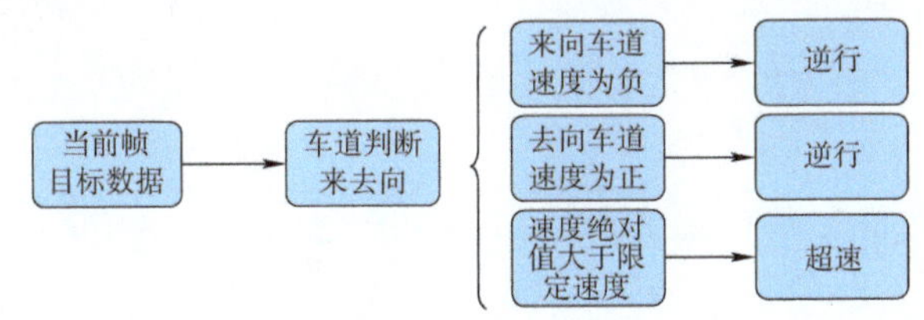

图 4-5　逆行检测和超速检测判断逻辑

2）压线检测

车辆压线检测的具体过程如图 4-6 所示。

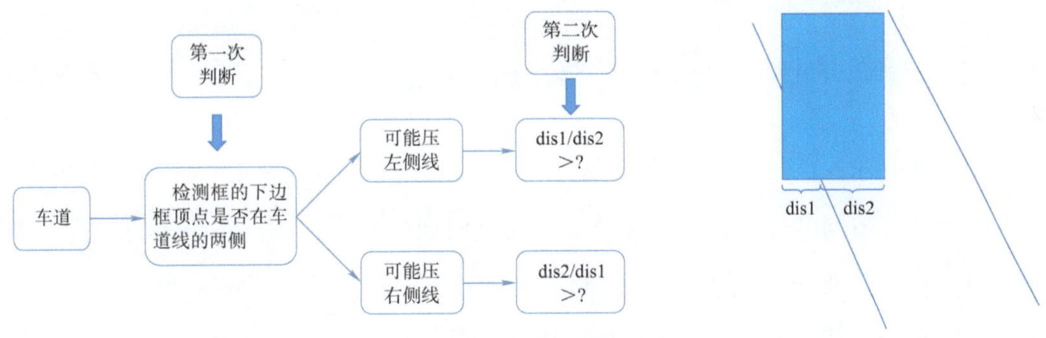

图 4-6　压线检测判断逻辑

3）变道检测

通常只对压线车辆进行换道检测，而不是全部车辆，且只有压线车辆轨迹大于一定帧数才会进行判断，具体过程如图 4-7 所示。

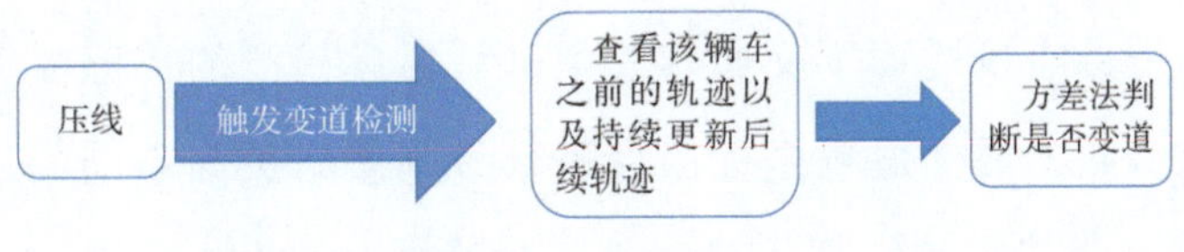

图 4-7　变道判断逻辑

4）车流量统计

利用车道和车道线信息，分来、去向和交通参与者类型；在流量统计区域通过判断交通参与者进入或离开该区域来实时统计进入或离开该路口的流量情况；通过上下两帧的帧差进行判断。

5）拥堵状态分析

根据每条车道内车辆平均速度信息判断是否发生排队事件；计算各车道内最前端车辆与最后端车辆的距离作为排队长度；根据车辆平均速度和排队长度判断当前的拥堵情况。

4.3 激光雷达多目标动态连续跟踪技术

本节主要研究内容包括复杂条件下激光雷达多目标检测技术、多目标快速精确定位和连续跟踪技术、异常交通行为智能分析技术，实现超视距的雷达目标参数与行为感知，为交通风险防控提供数据支撑。

4.3.1 激光雷达复杂条件下多目标检测技术

目标检测的任务是找出图像中所有感兴趣的目标（物体），确定它们的类别和位置。由于各类物体有不同的外观、形状和姿态，加上成像时光照、遮挡等因素的干扰，目标检测一直是最具有挑战性的问题。目标检测中能检测出来的物体取决于当前任务（数据集）需要检测的物体有哪些。假设目标检测模型定位是检测道路上的车辆，那么模型对任何一张图片输出结果不会输出行人、交通灯等其他类型结果。而目标检测作为交通系统中环境感知的重要技术，对道路上车辆、行人的检测的准确、鲁棒性是进行后续目标追踪的基础和关键。

激光雷达可以采集物体的坐标数据，由于具有测距精度高、不受光照条件影响、全天候工作等优点，是目前较适用于交通驾驶中进行目标检测的传感器。目标检测的任务就是将每一帧的点云数据根据位置坐标信息进行分割并聚类为不同的目标，产生目标对象的外接矩形框并提取其中的特征信息。基于激光雷达的目标识别主要包括两种手段，基于特征的方法和基于栅格地图的方法。基于特征的方法主要通过聚类、几何特征拟合、提取特征向量等步骤实现目标的识别，针对不同的目标，需要建立不同的几何模型，因此，一种检测算法只能识别一类目标。栅格地图利用离散的二维网格来划分环境空间，利用单元格中包含障碍物的概率来对环境进行表达。与基于特征的目标检测相比，栅格地图不需要假定目标的几何模型，可应用于多种类型的目标，如行人、自行车、汽车等。利用栅格地图感知环境的另一个优势在于后续的多目标跟踪与路径规划阶段。此外，栅格地图可以区分静态和动态的障碍物，这一功能可以降低多目标关联的错误率。以下以激光雷达为例，对目标检测过程进行描述，流程如图4-8所示。

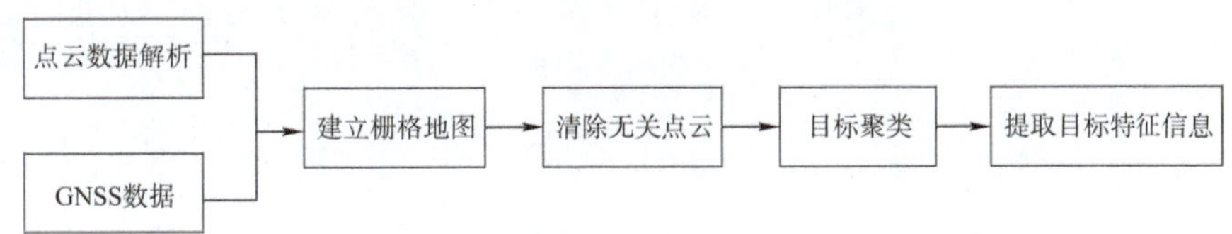

图4-8　激光雷达目标检测流程图

1）建立栅格地图

通过激光雷达距离传感器获取到的环境信息往往使用两种方式来进行描述，分别是直接表征法和栅格地图。直接表征法是对传感器收集的原始数据进行简单的拼接处理形成的地图。该方法可以形象地表示出三维空间中的物体特征，便于观察，但其数据维度较高，很难从中提取有用的信息并进行处理。栅格地图是目前无人驾驶领域广泛使用的地图信息处理方式，是将三维的点云坐标数据投射到二维平面上并栅格化该平面，每个栅格单元中存储对应的点云数据，大大降低了三维数据处理的费用。栅格地图建立流程如图4-9所示。

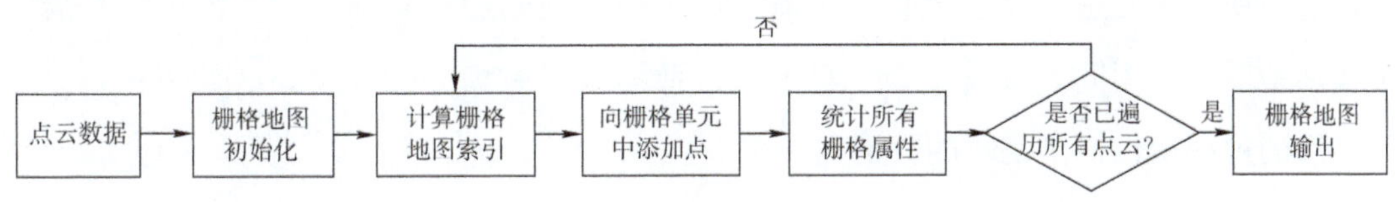

图4-9　栅格地图建立流程图

2）滤除无关点云

在典型的交通环境中，安装在无人驾驶车辆顶部的激光雷达接收到的点云数据包含大量与目标检测和追踪无关的数据，包括噪声点和地面点等。其中，在每帧激光雷达点云中地面点数据可能占到所有点云数量的50%～70%。这些不相关的冗余点数据会对目标识别的结果造成一定的影响，而且过多的无用点数据会加大算法的运算量，极大地影响数据处理的效率。为了减小冗余数据对后续目标检测的影响，需要针对点数据具有的特点与存在的问题进行相应的无关点云滤除。无关点云滤除流程如图4-10所示。

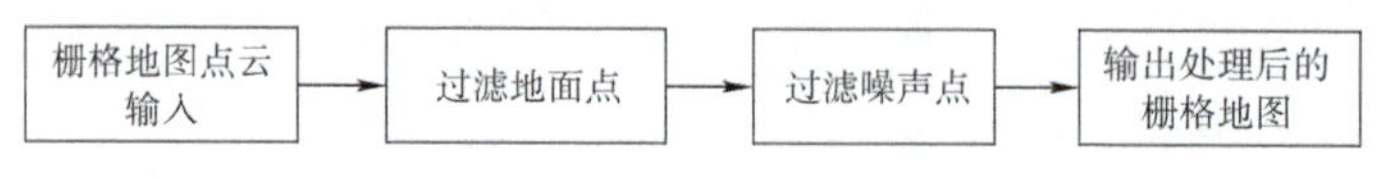

图 4-10　无关点云滤除流程图

3）目标聚类

分类是把某个对象划分到某个具体的已经定义的类别当中，而聚类是把一些对象按照具体特征组织到若干个类别里。虽然都是把某个对象划分到某个类别中，但是分类的类别是已经预定义的，而聚类操作时，某个对象所属的类别却不是预定义的。所以，对象所属类别是否为事先，是二者的最基本区别。

基于无监督的算法主要是聚类，例如 DBScan、k-means 等，该类算法的主要问题是速度慢，且容易将大目标分割为多个小目标、集中在一起的小目标检测为一个大目标等问题。有监督的算法主要是利用神经网络算法提取激光点云特征实现目标检测，但由于点云本身特性，无法直接利用图像检测算法实现检测，因此，需要对点云进行一定的预处理，最后利用神经网络进行特征提取，实现目标的检测。典型的分类算法有：决策树、神经网络、支持向量机模型、Logistic 回归分析，以及核估计等。聚类的方法有，基于链接关系的聚类算法、基于中心度的聚类算法、基于统计分布的聚类算法以及基于密度的聚类算法等。

当滤除地面点和噪声点后，栅格地图内包含的就是当前帧中所有对象目标的点云，不过对象目标被分成了一个个离散的栅格单元，这种情况下无法得出目标的中心点和大小等信息，所以需要进行聚类处理，将属于同一个对象的栅格单元连接到一起，最后将整个栅格地图分成不同对象的集合。只有将松散的点云数据分割成聚集的对象信息，才能为之后的追踪操作提供足够的数据支持。

4）提取目标特征信息

自然图像有其固有特性，即对于图像的某一部分，其统计特性与其他部分相同。这意味着在这一部分学习到的特征也能用在另一部分上，因此，对于图像上的所有位置，可以使用同样的学习特征。当对一帧的数据聚类完成后，已经得到了不同对象目标的集合，不过这些目标中既存在需要对其进行追踪的处于运动中的目标，也有不关心的静态目标。这些静态目标主要包括建筑物、树木等，静态目标应该被消除。本节算法只提取追踪的动态目标，而选择性地消除静态目标，可以有效减少对目标所需进行处理的数据量，提高目标跟踪的算法效率。

4.3.2　激光雷达多目标动态连续跟踪技术

为了获取目标的运动信息，必须进行目标跟踪。目标跟踪是指传感器在取得目标的位置、运动参数后，与已存在的轨迹进行数据关联，对轨迹进行跟踪状态判定，包括检测、激活和丢失；接着对轨迹下一时刻的位置及运动状态进行预测，并形成稳定的目标航迹；最后输出已激活的目标轨迹，其中多目标跟踪流程如图 4-11 所示。

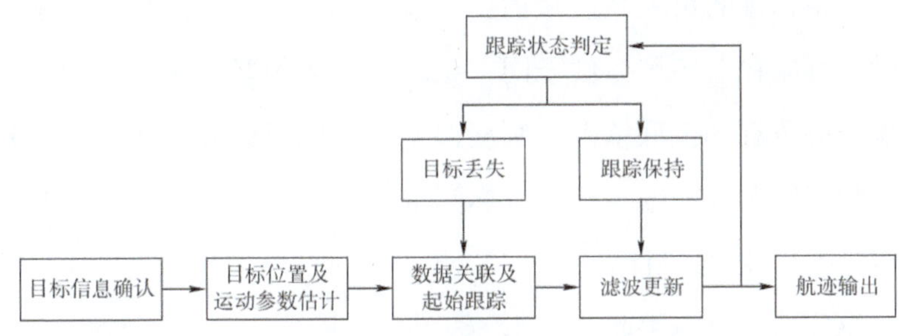

图 4-11　多目标跟踪流程图

1）目标信息确认

目标信息确认是指对雷达检测出来的目标点进行分类和筛选过程。对于毫米波雷达来讲，一般工作在高频区，分辨率较高，且道路车辆目标尺寸远大于毫米波雷达波长。这种情况下，目标散射特性由一组散射中心近似表示，因此，在基带信号处理过程中，真实目标的雷达回波会覆盖多个距离—多普勒分辨单元，形成雷达点云。若以每个点元为单位进行处理，则会将真实目标识别为多个目标。因此，需要采用点元聚类算法将属于同一目标的点元进行归类，不仅有助于降低虚警率，还可帮助获得目标的大小信息并对需要跟踪的目标进行筛选。

2）数据关联

对已存在的轨迹进行数据关联的过程如图 4-12 所示，包括关联区域计算、可关联目标筛选和建立关联矩阵并计算关联值三个主要步骤。

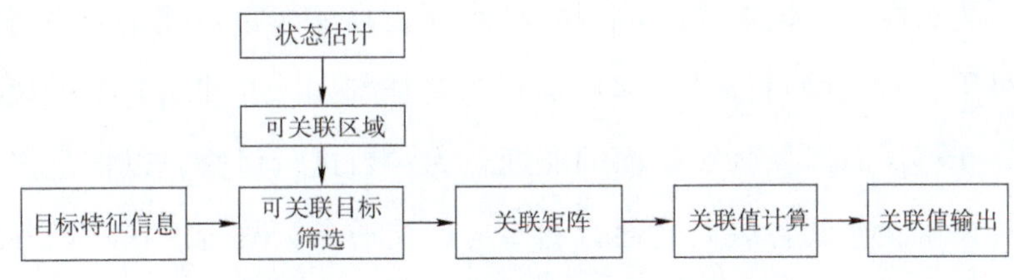

图 4-12　数据关联流程图

（1）关联区域计算。

根据上一时刻已追踪到轨迹状态和通过对该状态进行预测获得的状态预测值以及该预测值的误差协方差矩阵，可以推算出所有已追踪轨迹在当前时刻可能与检测目标发生关联的区域范围，该范围也被称为关联门限。

（2）可关联目标筛选。

根据上一步得到的各条轨迹的可关联区域，对当前时刻检测到的目标，根据中心点坐标判断其位于哪条轨迹的可关联区域内，完成对轨迹和目标的初步匹配。当检测到的目标数量较多时，可能有很多目标位于同一条轨迹的可关联区域内，如果不对这种情况进行处理，考虑当前所有的关联情况，则会浪费大量的时间和资源进行计算。所以，在每条轨迹的可关联区域内进行进一步的目标筛选，根据轨迹预测的状态属性和目标的特征进行对比，清除差异较大的目标。

（3）建立关联矩阵并计算关联值。

根据位于不同轨迹可关联区域内的剩余目标，建立全局关联矩阵，类似于联合概率数据关联滤波器中的确认矩阵。

3）跟踪滤波

由于目标机动性、外部杂波环境和雷达系统内部噪声等原因，雷达量测值必然存在测量误差，因此，需要通过滤波处理提高目标检测信息的可靠性。基本的处理包括建立目标运动模型、平滑滤波、预测更新等。

4.3.3 激光雷达异常交通行为智能分析技术

在道路上车辆的运行状态由于受到诸多因素的影响，驾驶人的行为具有随机性与不确定性。通过利用智能分析算法研究个体、车群、区域等不同层面的交通流和目标行为特征，可实现异常交通事件的识别与预测。

异常交通行为智能分析技术路线如图 4-13 所示。在基于雷达技术的多目标定位与连续跟踪数据条件下，对检测目标进行多层面行为特征判别，并找出其中的风险行为。需要对个体层面、车群层面以及区域层面的交通行为参数进行研究，以雷达多目标定位及连续跟踪数据为基础，得到各层面交通行为对应的交通参数集合。在获取各层面交通参数后，需要对各层面交通行为进行界定，并根据对应类别的交通参数对交通行为进行表述，明确不同交通参数条件下的交通行为类别。同时，需要对交通行为中的异常行为进行研究，为基于雷达多目标检测与追踪数据对交通异常行为进行分析提供理论依据。此外，对交通异常行为的判定需要应用智能分析技术，通过对机器学习方法进行研究，结合对于各层面交通行为特征的研究成果，对交通异常行为进行分析，并判断出其中的风险行为与非风险行为，最终将风险行为信息传送至预警系统，以进行下游预警系统及相应控制系统的后续工作流程。

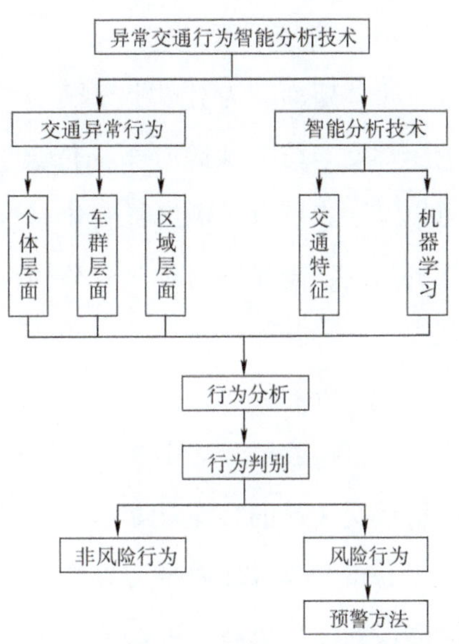

图 4-13　异常交通行为智能分析技术路线图

1）交通行为参数

激光雷达在复杂条件下多目标检测技术、多目标快速精确定位和连续跟踪技术可以获取多目标的相关信息数据，取得这些数据后对其进行分类，使其作为交通行为参数，能够满足后续研究的要求。对具体收集到的这些数据，例如多个目标的位置、速度、运动轨迹等交通信息，进行交通行为参数的研究分析，为后续的交通异常行为界定提供理论依据。

通过个体、车群及区域三个层面对交通行为参数进行研究，具体研究结构如图 4-14 所示。

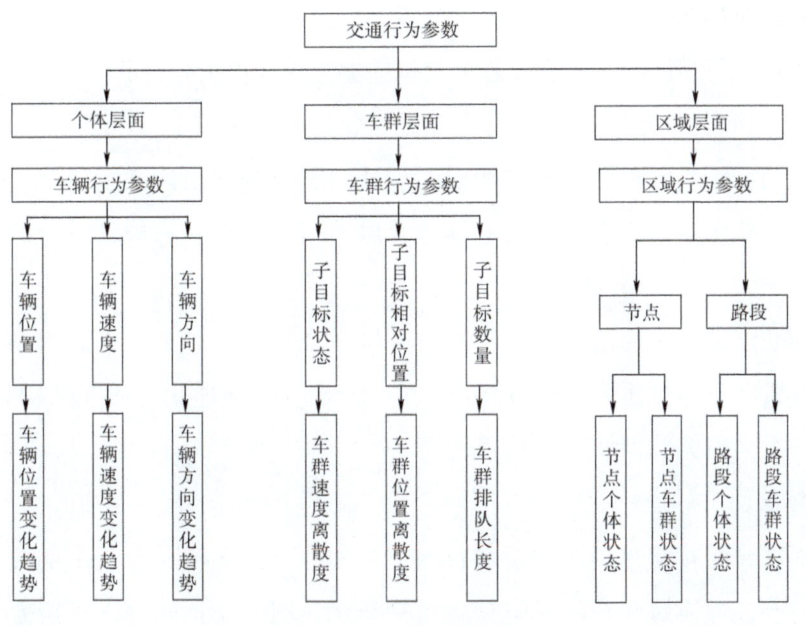

图 4-14　交通行为参数研究结构

(1) 个体层面。

个体层面即为对单个车辆的交通行为参数进行研究，通过雷达检测数据，可以获得的个体交通行为参数有车辆位置、车辆速度及车辆方向等，通过不同时段的参数更新，可以进一步获取车辆位置变化趋势、车辆速度变化趋势与车辆方向变化趋势等。此类参数的研究，需要做到对单个车辆运行情况进行充分表述，确保能够包含车辆运行的各种状态。

(2) 车群层面。

车群层面即为对多个车辆集合的交通行为参数进行研究，此处的车群可以表示一定路段或交叉口的多车辆集合，也可以表示车队等车辆集群的概念。通过雷达检测数据，可以获得的车群交通行为参数有子目标状态、子目标相对位置及子目标数量等，通过不同时段的参数更新，可以进一步获取车群速度离散程度、车群位置离散程度及车群排队长度等。此类参数的研究，需要做到对车群运行情况进行充分表述，确保能够包含车群的各种状态。

(3) 区域层面。

区域层面即为对某个区域中包含的交通行为参数进行研究，在城市交通路网中可以分为节点与路段。对区域层面的研究，需要以个体层面与车群层面研究成果为基础。通过雷达检测数据，可以获得的区域交通行为参数有节点个体状态、节点车群状态、路段个体状态与路段车群状态，以便于对各子节点与子路段进行状态评估。此类参数的研究，需要做到对车群运行情况进行充分表述，确保能够包含车群的各种状态。

2) 交通异常行为界定

在获取交通行为参数后，需要有相应的交通状态来与之对应。本部分主要对交通状态进行研究，并找出交通状态中的交通异常或风险行为，为交通异常行为的判别提供理论依据。

对于交通状态的研究通过个体、车群及区域三个层面进行，在交通状态研究的基础上，对交通异常状态与交通风险行为等进行进一步研究。交通状态研究结构如图 4-15 所示，交通风险行为研究结构如图 4-16 所示。

(1) 个体层面。

个体层面的交通状态包括车辆正常行驶、车辆停驶、车辆逆行、车辆掉头、车辆换道、车辆转向等。个体层面交通风险行为包括车辆压线、车辆闯灯、车辆紧急制动、车辆非法转向、车辆非法换道与车辆急转弯等。判断个体层面交通风险行为，不仅要根据自身交通行为参数，还需要结合车辆周围道路交通环境，包括车道渠化与交通信号信息等进行综合判断。

（2）车群层面。

车群层面的交通状态包括车群正常运行、车群阻塞、车群离散和车群排队等。车群层面交通风险行为包括车群密度过高、车群异常阻塞、车群速度异常和车群排队异常等。判断车群层面交通风险行为，不仅要根据车群自身交通行为参数，还需要结合车群周围道路交通环境，包括车道渠化与交通信号信息等进行综合判断。

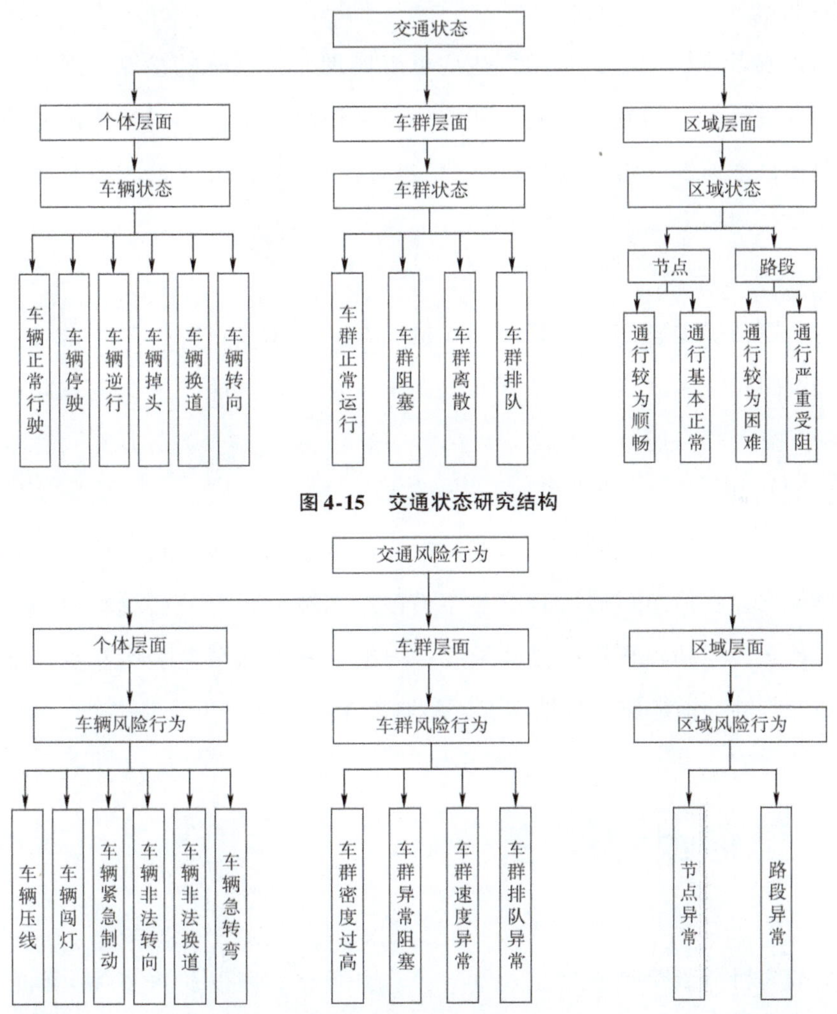

图 4-15　交通状态研究结构

图 4-16　交通风险行为研究结构

（3）区域层面。

区域层面的交通状态包括各子节点的状态与各路段的状态，节点与路段状态均可分为通行较为顺畅、通行基本正常、通行较为困难与通行严重受阻。区域层面交通风险行为包括节点异常与路段异常。区域层面风险行为判断的研究需要根据个体层面与车群层面的研究成果的基础上进行，判断依据除了自身子节点与子路段的状态量，还包括区域内个体与车群异常情况等。

3）交通异常行为判别及实验

激光雷达可以采集物体的坐标数据，具有测距精度高、不受光照条件影响、全天候工作等优点，是目前较适用于交通驾驶中进行目标检测的传感器。基于激光雷达这些特点，以下是在此基础上进行的异常交通行为分析和开发研究。

（1）超速检测。

对于机动车或者非机动车，激光雷达均可以实现非常精确的检测，因此，利用激光雷达可以对两者进行基本的超速检测，利用多目标检测技术、多目标快速精确定位和连续跟踪技术获得目标速度，将其与现行法律法规进行比对，可以检测出交通参与者是否超速行驶。

（2）非机动车逆行。

激光雷达可以精确地感知其场景内的非机动车，利用多目标检测技术、多目标快速精确定位和连续跟踪技术获得非机动车的航向角、轨迹与其所在的车道方向，进一步判断目标非机动车是否存在逆行行为。

（3）车流量检测。

利用激光雷达的多目标检测技术、多目标快速精确定位和连续跟踪技术可以获得每条车道内车辆平均速度信息；通过获取各车道内最前端车辆与最后端车辆的距离，将该距离做进一步计算，得到各车道的排队长度；根据上述得到车辆平均速度和排队长度这两个交通参数，判断当前道路的拥堵情况，检测各车道是否发生排队事件。

4.4 多目标跟踪算法

基于雷达的多目标跟踪是通过输入量测，输出经过处理以及滤波后所形成航迹的过程。其主要过程包含有量测预处理，量测关联与状态滤波等。量测数据预处理过程是对传感器信息的再一次处理优化。该过程通过系统误差配准、时间同步、异常值剔除等方法去除掉不相关的杂波数据以及噪声，达到降低系统计算量、提高跟踪精度的目的。航迹起始与终结是多目标跟踪过程的核心，其主要是指从目标进入监控范围开始到航迹确立的过程和目标从监控范围内消失时，做出相应决策，删除已消失航迹的过程。航迹起始不准确，使得雷达难以实现对航迹进行跟踪，航迹终结不及时，使数据量逐步增大，增加系统计算负担。数据关联过程是数据点之间的关联（航迹起始），数据点与已有航迹的关联（航迹更新），航迹之间的相互关联（航迹融合）过程。跟踪滤波是对于不同运动状态的目标，结合量测值对目标运动状态进行估计更新。

4.4.1　多目标跟踪算法原理

雷达在处理目标信息时采用基于分层的算法设计，即在目标航迹的建立及控制所需目标的选择过程中将处理过程分为若干阶段，后一阶段需要处理的目标只从前一阶段符合条件的目标中选取，同时在不同阶段采用不同的处理算法，这样可综合发挥不同算法的优势，并有利于提高算法的识别效率。

在图 4-17 中，由雷达信息预处理模块传来的原始目标信息将依次与雷达信息处理微控制单元（Micro Controller Unit，MCU）存储区中已存在目标的预测值进行比较，以确定相邻两次雷达检测周期中获得的目标是否为同一车辆。目标的预测值由雷达信息处理 MCU 存储区内已存在的雷达目标基于对前一采样周期信息的预测得到。

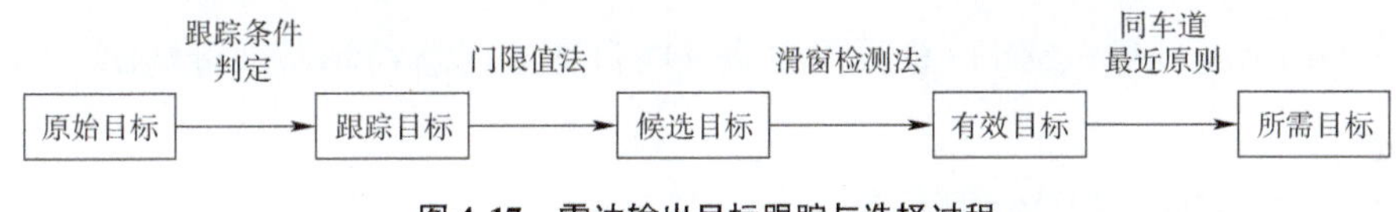

图 4-17　雷达输出目标跟踪与选择过程

利用原始目标信息对雷达信息处理 MCU 中相应的存储目标进行更新，同时置位跟踪标志位，建立跟踪目标。如果在雷达信息处理 MCU 存储区内没有找到符合条件的目标，则为此原始目标开辟新的存储单元进行存储，但并不置位跟踪标志位。由此便完成了雷达原始目标信息在雷达信息处理 MCU 内的存储与跟踪。

由跟踪目标到候选目标的确认采用门限值法。如果在 3 个连续的雷达检测周期内，同一目标的跟踪标志位均置位，则认为此目标有可能是实际存在的环境车辆，并将其作为候选目标。如果在 3 个连续的雷达检测周期内，同一目标的跟踪标志位均不置位，则表明此目标很有可能已经丢失跟踪，因此释放其对应的存储区，为新目标的建立做准备。在其他情况下跟踪目标的状态保持不变。由于车辆在行驶中会由于路面俯仰角变化或车体振动而造成雷达目标在短时间内的丢失，因此，对于候选目标使用滑动窗口检测确认其是否有效跟踪到了环境车辆目标，方法如图 4-18 所示。

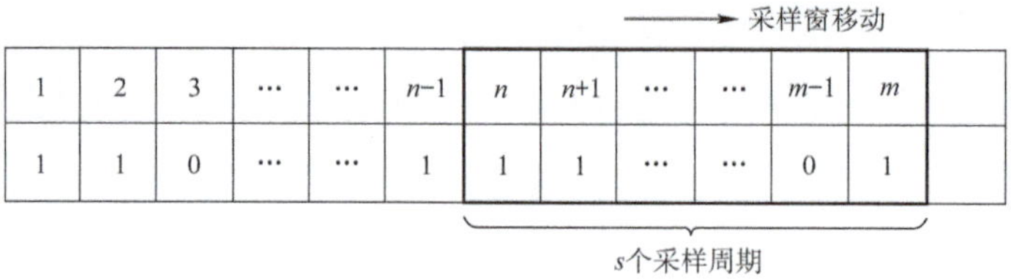

→ 采样窗移动

1	2	3	…	…	$n-1$	n	$n+1$	…	…	$m-1$	m	
1	1	0	…	…	1	1	1	…	…	0	1	

s个采样周期

图 4-18　滑动窗口检测方法

在图 4-18 中，n 及 m 均为不同雷达检测周期的序号，其下方的值为该检测周期对应的跟踪标志位（复位 0，置位 1）。假设采样窗口长为 s，则其起始位置为当前雷达检测周期 m，并向左延伸 s 个检测周期，以计算采样窗口覆盖范围内跟踪标志位置位的个数 q。如果 q/s 不小于门限值 K_w，则将该目标设定为有效目标。如果继续检测到有效目标的 $q/s < K_w$，则有效目标标志位复位，目标退回到候选目标状态。由此，即使在目标跟踪过程中由于路面起伏与车身振动等原因毫米波雷达意外地丢失了某几个检测周期的目标信息，但只要滑动窗口检测判定条件成立，有效目标仍可按照最近检测到的目标信息值进行输出，而不会引起目标运动信息的跳变。在本文中，s 的取值为 10，K_w 的取值为 0.7。

所需的目标在有效目标中进行选取，以便节约在所需目标切换时的用时。考虑到自适应巡航控制对主车道及旁车道车辆的检测需求，选取左右车道距离主车最近的各 2 个目标、主车道距离主车最近的 1 个目标作为控制所需目标进行输出，由控制器局域网络（Controller Area Network，CAN）总线传输协议向自适应巡航控制器进行输出。

4.4.2　多目标航迹起始算法

航迹起始是指未进入航迹稳定跟踪之前的航迹确立过程，是多目标跟踪首先需要解决的问题。在航迹建立初期，由于杂波数据与真实目标数据并无准确的统计规律。因此，处理杂波环境下的航迹起始问题较为困难，在这些航迹起始问题之中，在杂波环境下的多个机动目标航迹起始问题又最为复杂。有效航迹建立能够有效解决多目标跟踪系统中出现的计算量组合爆炸问题。如果航迹起始不准确，则后续的多目标跟踪过程可能产生较大的计算负担，导致目标丢失，跟踪失败。

目前，多目标航迹起始问题已经积累了大量的研究成果。主要分为基于顺序处理技术与批处理技术。基于顺序处理技术的航迹起始算法常应用于低杂波率环境中。若判断不当或门限设置不合理将产生大量虚假航迹或者出现目标航迹丢失，其中具有代表性的算法为直观法、逻辑法等。基于批处理技术的航迹起始算法可适用于杂波点较多的情况，但其对算法的实时性要求较低，航迹提取的质量受到影响。具有代表性的算法有 Hough

变换以及其相关的改进算法。

研究多目标航迹起始问题的目的是从雷达接收到包含有杂波、噪声的量测数据中发现目标并及时地给出每一个目标的当前时刻状态。由于在跟踪初始阶段无法准确获得目标出现时间、目标数目以及目标初始状态的先验信息，因此，无法提前设定以上信息。

4.4.3 常见多目标跟踪算法

1）基于极大似然类数据关联算法

该方法在已知目标数目的情况下，通过计算量测与目标的相关似然函数值，构造可能的量测关联分配。其主要算法包括航迹分叉法、联合极大似然算法、多维分配法和Viterbi数据关联算法等。极大似然数据关联算法的基本准则是以观测值为条件的目标状态向量的概率最大化，其主要缺点是计算量较大。通过结合新理论对算法结构进一步改进，减小计算负担，可以产生更好的跟踪效果。

2）基于贝叶斯多目标数据关联算法

贝叶斯数据关联算法是通过计算各个事件的概率的大小对数据进行关联的一类方法。主要包括最近邻算法、概率数据关联算法、联合概率数据关联算法、多假设算法和概率多假设算法等。

3）基于随机有限集合的多目标跟踪算法

基于有限集合理论框架下的最优贝叶斯多目标跟踪算法是运用随机有限集（Random Finite Set，RFS）表示目标的状态与观测值，并在此基础上建立信任质量函数，通过对信任质量函数的求导获得条件概率密度函数，最后将概率密度函数代入最优贝叶斯多目标跟踪框架中，估计目标状态以及数目。

4.4.4 常用跟踪滤波算法

1）贝叶斯滤波原理

贝叶斯最优滤波器是解决在给定量测的条件下，求得每一时刻状态向量的边缘后验分布。由于贝叶斯最优滤波器在递推的过程之中存在对多重积分进行计算的情况，导致无法获取到最优解。利用数值积分的方式可实现贝叶斯最优滤波递推过程，但是随着状态空间维数的不断增大，计算复杂程度也在不断地增加。

2）卡尔曼滤波器

卡尔曼滤波器是 Kalman 于 20 世纪 60 年代提出的基于状态估计的贝叶斯滤波闭环解决方案。卡尔曼滤波算法的主要特点是不要求保存过去的量测信息，当获取到新的量测之后，根据新数据与前一时刻的估计值，利用动态方程和递推方差即可求得新的估计值。所以，卡尔曼滤波器适用于动态测量过程。但是在实际滤波过程中，动态方程与量测方程并不满足线性条件，通常是非线性的，传统卡尔曼滤波算法并不适用，为了解决这一问题，需考虑如何近似非线性函数。其中，主要滤波算法有扩展卡尔曼滤波（Extended Kalman Filter，EKF）、无迹卡尔曼滤波（Unscented Kalman Filter，UKF）和粒子滤波（Particle Filter，PF）。

3）贝叶斯滤波非线性滤波器

扩展卡尔曼滤波器是一种处理非线性滤波问题的经典算法，其基本思想是通过 Taylor 级数展开的方法获取非线性状态模型和量测模型的线性化的近似表达，从而使用卡尔曼滤波过程进行处理。考虑到模型描述的是带有加性噪声的非线性系统，将非线性函数进行一阶 Taylor 级数展开，从而利用卡尔曼滤波公式计算。EKF 的优点是，在实现方面相对比较简单，时间复杂度较低。构建非线性化系统的近似是解决非线性系统滤波问题的常规做法，易于理解。EKF 的缺点是在计算的过程中需要系统的状态方程与量测方程是可微分的。但是在许多实际问题中，由于状态方程与量测方程阶数较高导致模型的线性化过程相对复杂，不易得到。EKF 虽能够被运用于解决非线性系统状态估计问题，但由于 EKF 通过计算其 Jacobian 矩阵进行线性化，计算误差会影响滤波精度。

4）无迹卡尔曼滤波

为了解决 EKF 对无法线性化的非线性系统状态估计的问题，一种基于无迹变化的无迹卡尔曼滤波算法被 Ulhmann 提出。无迹卡尔曼滤波算法对状态向量的概率密度函数进行近似化，表现为一系列选好的 sigma 点，并组合这些 sigma 点集近似随机变量高斯分布的均值与协方差。无迹变换的基本思路是生成的一系列由初始均值与协方差所确定的 sigma点，这些 sigma 点通过非线性函数进行计算，对其结果进行组合得到估计均值与协方差。尽管无迹变换理论与蒙特卡罗方法类似，但是二者有明显的区别，与蒙特卡罗法采样点随机选取不同，无迹变换的 sigma 点的选取是确定的、已知的。

相比于 EKF，UKF 状态随机变量通过 sigma 采样点的形式表示，这样采样点能够获得随机变量的均值与协方差，其优点是并没有采用某些线性化的方法近似非线性模型，而是运用 sigma 采样点直接在原有方程上进行计算。当状态量通过实际的非线性系统之后，后验均值与协方差可以精确到三阶，且对于任意非线性系统都有这一近似精度，同时不需要计算系统的 Jacobian 矩阵。但对于状态维数大于 4 的高阶系统，当自由调节参数 K 小于 0，导致某一些 sigma 点的权值为负值，使得滤波器的协方差出现非正定的情况，产生滤波不稳定甚至发散。

4.5 本章小结

实时、精准、全天候、全面感知道路交通流及交通行为是交通感知系统追求的目标。多目标雷达检测精度高、提供信息丰富、系统可靠性与稳定性高、抗干扰能力强、全天候工作和安装维护方便快捷，从而使得多目标雷达在这个领域得到了大规模的应用，并且通过与视频检测信息进行相互融合，可达到更好的检测效果。

本章参考文献

[1] 靳标. 认知雷达目标跟踪方法研究[D]. 西安:西安电子科技大学,2015.

[2] 陈云坤. 面向智能车的毫米波雷达与单目相机信息融合方法研究[D]. 重庆:重庆邮电大学,2019.

[3] 李建平. 面向智能驾驶的交通车辆运动预测方法研究[D]. 长春:吉林大学,2018.

[4] 高振海,王竣,佟静,等. 车载毫米波雷达对前方目标的运动状态估计[J]. 吉林大学学报(工学版),2014,44(6):1537-1544.

[5] 缪佳妮,杨金龙,程小雪,等. 运动信息优化相关滤波的多目标跟踪算法[J]. 计算机科学与探索,2021,15(7):1310-1321.

[6] 王战古,邵金菊,高松,等. 基于多传感器融合的前方车辆识别方法研究[J]. 广西大学学报(自然科学版),2017,42(2):419-428.

[7] 刘志强,张中昀,倪捷,等. 双动态条件下多传感器融合的车辆检测方法研究[J]. 机械设计与制造,2018(S2):6-10.

[8] 梁文静. 交通雷达多目标跟踪方法研究[D]. 西安:西安电子科技大学,2020.

[9] 廖沫. 基于多特征匹配的多目标跟踪方法研究[D]. 西安:西安电子科技大学,2020.

[10] KAI O,MOZOS M,BURGARD W. Using boosted features for the detection of people in 2D range data[C]. IEEE International Conference on Robotics & Automation, 2007, 3402-3407.

[11] 王雪松. 雷达技术与系统[M]. 北京:电子工业出版社,2014.

[12] 梁翼. 基于毫米波雷达及深度学习视觉信息融合的前方车辆检测方法研究[D]. 广州:华南理工大学,2019.

[13] FU Z,FENG P,NAQVI S M,et al. Particle PHD filter based multiple human tracking using online group-structured dictionary learning[J]. IEEE Access,2018,(6):14764-14778.

[14] FU Z,NAQVI S M,CHAMBERS J A. Multi-level cooperative fusion of GM-PHD filters for online multiple human tracking[J]. IEEE Transactions on Multimedia, 2019, 21(9): 2277-2291.

[15] 黄超,胡志军,徐勇,等. 基于视觉的车辆异常行为检测综述[J]. 模式识别与人工智能,2020,33(3):234-248.

[16] 齐行知. 城市交通场景中车辆异常行为检测方法研究[D]. 南京:东南大学,2016.

[17] 郑启晨. 稀疏浮动车数据下的路段异常交通行为识别[D]. 北京:北方工业大学,2021.

[18] 王畅,山岩,赵佳,等. 基于 ACC 系统的目标车辆换道与出入弯道状态辨识算法[J]. 汽车工程,2017,39(8):77-82.

[19] YILMAZ A,JAVED O,SHAH M. Object tracking:A survey[J]. ACM Computing Surveys, 2006,38(4):13.

[20] 乔向东. 信息融合系统中目标跟踪技术研究[D]. 西安:西安电子科技大学,2003.

[21] KUTSCHBACH T,BOCHINSKI E,EISELEIN V,et al. Sequential sensor fusion combine improbability hypothesis density and kernelized correlation filters for multi-object tracking in video data[C]. 14th IEEE International Conference on Advanced Video and Signal Based Surveillance,2017,1-5.

[22] HENSCHEL R,LEAL-TAIXÉ L,CREMERS D,et al. Fusion of head and full-body detectors for multi-object tracking[C]. IEEE/CVF Conference on Computer Vision and Pattern Recognition Workshops,2018,1509-150909.

CHAPTER 5 第5章

视频与雷达一体化融合的交通目标跨域连续跟踪技术

现阶段我国交通目标检测及异常行为检测技术主要以视频、雷达等单一技术为主，视频检测技术在识别物体和交通标志物、检测行人方面具有明显优势，但在距离较远、夜间、车辆遮挡、光照变化、杂波干扰、恶劣天气等环境下表现不佳；而雷达检测技术在远距离及恶劣环境下适用性极强，发射的电磁波穿透雾、烟、灰尘的能力强，测距精度高，可以全天候、全天时工作。因而，可将视频与雷达检测技术进行深度融合，实现优势互补，提高目标检测精度、扩大目标检测范围。与此同时，由于单个视频和雷达一体化设备的监控区域有限，难以长时间、大范围地跟踪动态目标，有必要通过融合多个视频和雷达一体化设备的数据信息，实现广域监控场景中动态目标的全程连续跟踪。针对上述问题，本章研究了视觉与雷达一体化检测跟踪方法，实现了大范围交通目标风险状态和行为的连续实时监测，形成了新一代道路运输网运行风险智能感知技术体系，为交通安全主动防控、交通精细化治理等应用需求提供更加及时可靠和系统全面的基础数据。

5.1 单个视频雷达一体化设备下的交通目标检测跟踪技术

视频 + 人工智能是当前实现目标信息感知的主要方式，但也存在一些技术瓶颈，例如在低照度、雨、雪等异常条件的检测效果不佳，检测目标速度、位置等物理信息的精度不足，检测范围和距离受限于分辨率等。而毫米波雷达不受光照、能见度、恶劣气候等自然条件的影响，同时可以精确检测目标的位置、速度等信息。因此，将视频与毫米波雷达进行结合，可以实现互补，扩大道路信息采集的范围，提高目标检测的精度和速度。

单个设备下的目标跟踪，是实现跨设备目标连续跟踪的基础研究内容，也是对目标的特征、行为以及属性进行更加准确感知的基础。本章将基于单个摄像头与单个雷达传感器采集的视频和雷达信号，利用信息融合技术，优化交通目标跟踪效果。

5.1.1 视频雷达数据融合技术

毫米波雷达和视频传感器数据融合算法可用于提升目标检测、跟踪和定位等任务的精度。目前的融合算法可分为以下两类：

（1）基于雷达和图像信息匹配的方法。

王炜、HARTENSTEIN 和欧海涛等团队的工作都属于这类融合算法，通常使用雷达的车辆定位数据产生兴趣区域，并在图像中搜索对应区域，从而完成两源数据的匹配。在匹配完成的基础上，通过卡尔曼滤波等改进方法对匹配好的两源数据进行位置预测与调整，得到最终的融合结果。在张锦等的工作中，雷达提供的车辆速度信息也可在融合算法中用于修正视觉图像中车辆的位置。在融合过程中，卡尔曼滤波等状态估计模型通常被用于减少错误数据的影响，或者当两源数据其中一种或两种不存在时进行预测，从而提高融合位置的准确性，详情参见翟高寿团队和高海军团队的工作。WANG Y H 等人采用后融合的方式将雷达与视频追踪结果进行融合，使用扩展卡尔曼滤波进行状态估计，获得了相对更好的追踪结果。KISHORE R K 提出了一种使用毫米波雷达和视觉图像融合的算法，针对自动驾驶车辆进行多目标跟踪。首先，从雷达和相机两种传感器分别获取车辆检测结果，对静止车辆的结果进行过滤，只保留无人车周围兴趣区域的车辆，可提高融合算法的效率。接着将过滤后的两种传感器数据合并，在此基础上，构建车辆轨迹和检测结果的代价矩阵，通过匈牙利算法完成车辆检测结果与对应轨迹的匹配，形成初步的融合结果。最后，为了提升结果的准确性，提出使用一种交互运动模型滤波修正初步的融合结果，该交互运动模型包含三个卡尔曼滤波器，以不同的状态转移矩阵并行工作，最终通过加权的方式得到最后的融合结果。

（2）基于深度学习的方法。

卷积神经网络在图像相关任务上取得突出成就的同时，也为视频和雷达的数据融合方法提供了新的思路。2019 年，NABATI R 等通过标定使雷达检测点与 RGB 图像对齐，然后利用图像目标检测算法 Fast R-CNN 产生锚框中心点，提出雷达区域建议网络（Radar Region Proposal Network，RRPN），有效缓解了 Fast R-CNN 在选择性搜索（Selective Search）上造成的速度瓶颈问题，实现了雷达和视频信息的融合检测。YADAV R 等在此基础上基于带有特征金字塔网络（Feature Pyramid Network，FPN）结构的 Faster R-CNN 对雷达和视频的融合检测工作做了进一步推进，不仅改善了雷达信息生成锚框的策略，还将其通过注意力的方式融入卷积神经网络中，在 NuScenes 数据集上取得了比 RRPN 更好的结果。NOBIS F 等认为雷达信息和视频信息在主干网络的第一层融合可能不是最优的，因此，基于 RetinaNet 算法在主干网络中设计了多层融合，希望网络能学习获得整体损失最小化的融合方式。BIJELIC M 等提供了一个包含相机、激光雷达（Lidar）、雷达

（Radar）、门控近红外（Gated NIR）、红外等多种传感器数据的恶劣天气数据集，并基于SSD 算法提出了一种自适应多模态深度融合网络来处理自动驾驶车辆在恶劣天气条件下的目标检测问题。SHAH M 等融合了 Radar、Lidar 和高清地图（Map）三种类型信息提出了端到端的 LiRaNet 网络，为研究的路侧视频与毫米波雷达信息融合网络设计提供了借鉴。

在以上两种方法中，基于雷达和图像信息匹配的方法通常采用传统数学建模的方式，具有更好的稳定性，能够适用于各种复杂的条件。基于深度学习的方法以有监督的卷积神经网络为主，通过将雷达数据转换为图像特征进行融合，具有更高的准确度。但目前有监督的训练过程依赖海量的标签数据，以及高性能的 GPU 或 TPU 算力，训练成本较高。

5.1.2　视频雷达融合检测跟踪方法

本节具体介绍视频与雷达数据融合过程中的时空同步方法、基于贝叶斯理论和基于深度学习的两种融合检测跟踪方法。

1）雷达与视频的自适应时空同步

雷达与视频在时空上的精准同步是进行信息融合的先决条件。二者进行同步需要对雷达和视频数据进行空间标定和时间标定。空间标定是指在一个统一的参照系下对目标的信息进行融合和综合描述，减少目标描述的误差和歧义性。时间标定是指将不同设备采集数据的时间起点对齐，从而将不同类型的数据帧进行对应。

（1）相机标定及视频道路坐标系的建立。

相机标定的一个重要任务就是计算相机的内外参数，其中内参数包括焦距、光心位置等，与相机内部构造及固有属性有关，外参数包括旋转参数矩阵和平移参数矩阵，反映了相机相对于参考世界坐标系之间的位置关系。相机的内参数和外参数共同决定了三维的世界坐标到二维的图像像素坐标的映射关系。因此，相机标定后，图像平面与三维空间之间的对应关系得以确立，具体原理和推导参见王伟、严腾和李婵等的工作。

在高速公路场景中，经过合理简化相机模型，选取适当的世界坐标系，标定参数简化到只有 4 个，即相机焦距 f、俯仰角 φ、偏转角 θ、相机高度 h，如图 5-1 和图 5-2 所示。

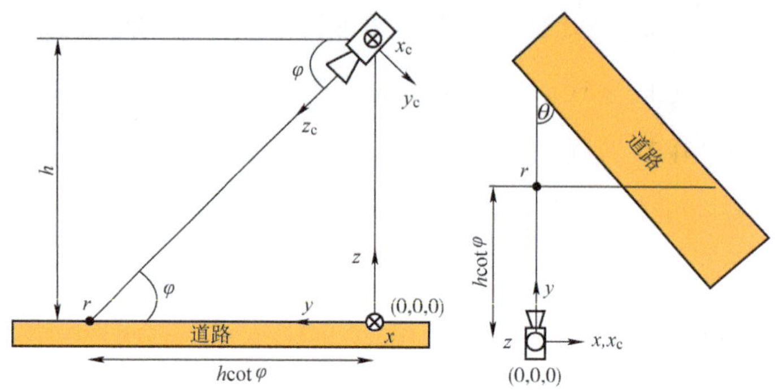

图 5-1 高速公路场景下的相机模型

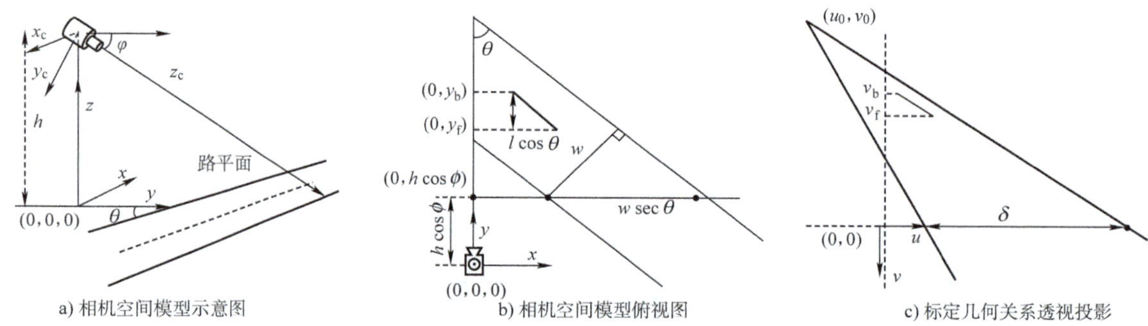

图 5-2 道路场景下相机空间及标定模型示意图

经过推导，可以得到从图像像素坐标系到道路坐标系的转换关系，表示为

$$u = \frac{xf_x\cos\theta - yf_x\sin\theta}{x\cos\varphi\sin\theta + y\cos\varphi\cos\theta - z\sin\varphi + h\sin\varphi} \tag{5-1}$$

$$v = \frac{-xf_y\sin\varphi\sin\theta - yf_y\sin\varphi\cos\theta - zf_y\cos\varphi + f_yh\cos\varphi}{x\cos\varphi\sin\theta + y\cos\varphi\cos\theta - z\sin\varphi + h\sin\varphi} \tag{5-2}$$

$z=0$ 时，有

$$u = \frac{xf_x\cos\theta - yf_x\sin\theta}{x\cos\varphi\sin\theta + y\cos\varphi\cos\theta + h\sin\varphi} \tag{5-3}$$

$$v = \frac{-xf_y\sin\varphi\sin\theta - yf_y\sin\varphi\cos\theta + f_yh\cos\varphi}{x\cos\varphi\sin\theta + y\cos\varphi\cos\theta + h\sin\varphi} \tag{5-4}$$

式中，f_x和f_y将以长度为单位的焦距f通过 dx 和 dy 转换为以像素为单位的焦距；dx 和 dy 分别表示感光面上每一像素点在 x 和 y 方向上的物理尺寸。

相机初始标定参数一般采用基于单/双消失点的方法求取，具体过程如下：

①提取路面标识和消失点。

②选取最小标定条件集合。

在 Neeraj K 的研究中，根据消失点数量的不同，可将标定方法分为两类：一是基于双消失点，最小标定条件集合有 VVH（two vanishing point，known height）、VVW（two vanishing point，known width）和 VVL（two vanishing point，known length）；二是基于单消失点，最小标定条件集合有 VWH（one vanishing point，known width，known height）、VLH（one vanishing point，known length，known height）和 VWL（one vanishing point，known width，known length）。

③冗余标识信息融合。

交通场景下，通常存在多组路面标线虚线段组和标识路面宽度的线段组，为了进一步提高相机标定精度，可将这些几何信息作为冗余的标识信息，融合求取最佳相机标定参数，构建起交通场景二维图像与三维世界之间的完备映射。

（2）雷达道路坐标系的建立。

雷达平面坐标系是以雷达探测方向的中轴线为基准的坐标系，是一种轴坐标系，为了处理方便，需要把轴坐标系转换为雷达道路坐标系，与图像道路坐标系一致。雷达道路坐标系以雷达在道路平面上的投影为坐标原点，x 坐标表示道路横向距离、y 坐标表示纵向距离，具体如图 5-3 所示。一般情况下，毫米波雷达给出的目标信息包括目标个数、标识号、目标 x 坐标、目标 y 坐标、目标 x 方向速度、目标 y 方向速度等测量数据。

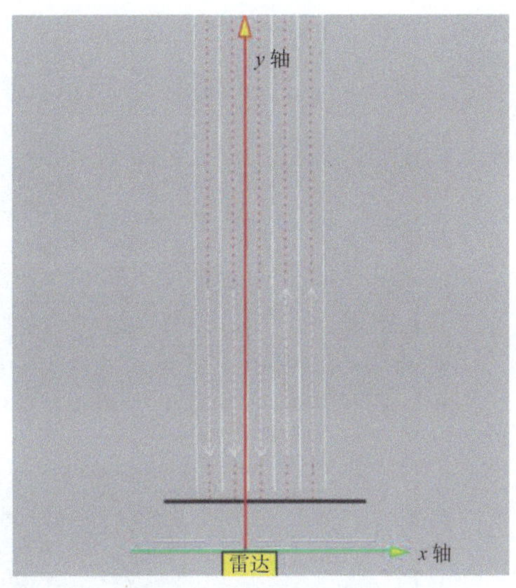

图 5-3 雷达平面坐标系

（3）传统的雷达视频时间同步。

传统雷达视频时间同步方法主要包含两种方式：时间戳同步和帧同步。

①时间戳同步。

时间戳同步方法主要可分为基于硬件的方法和基于软件的方法。基于硬件的方法主要基于数字电路计时器实现，基于软件的方法主要依赖以太网络应用层实现。

对于网络监控相机和雷达，应用层软件将基于网络时间同步协议实现网络监控系统中的时间授时功能，较为常用的是网络时间同步协议（Network Time Protocol，NTP）和精确时间协议（Precision Time Protocol，PTP）。选用受网络数据在网络模型传输耗时影响较小的 PTP 技术，设计基于 PTP 网络协议的分布式雷视一体化监控系统，理论上可以提供亚微秒级的时间戳同步监控数据。

②帧同步。

根据毫米波雷达的工作原理可知，毫米波雷达采样帧速率为 20fps，摄像机采样帧速率为 25fps，为了保证数据的可靠性，以摄像机采样速率为基准。

摄像机每采一帧图像，选取毫米波雷达最相邻的上一帧的缓存数据，来完成共同采样一帧雷达与视觉融合的数据，从而保证了毫米波雷达数据和摄像机数据的帧同步。

（4）雷达与视频的自适应时间同步。

传统时间戳同步方法比较复杂，成本较高；在实际环境中，设备的采样速率不恒定，帧同步方式的前提不成立。因此，基于场景匹配的时间同步方法成为可行的解决方案。

利用坐标转换，将雷达和视频采集的数据转换到统一的道路坐标系，但由于时钟不同步等原因，雷达数据和视频数据并不能很好地匹配到一起，可以通过两种场景的匹配，求出设备间的时钟偏差并进行修正，完成设备间的时间同步，如图 5-4 所示。雷达与视频自适应时间同步过程如图 5-5 所示，图中矩形框表示雷达检测的交通目标位置。

a) 图像原图

b) 时间同步前的数据

c) 时间同步后的数据

图 5-4　雷达与视频自适应同步示例

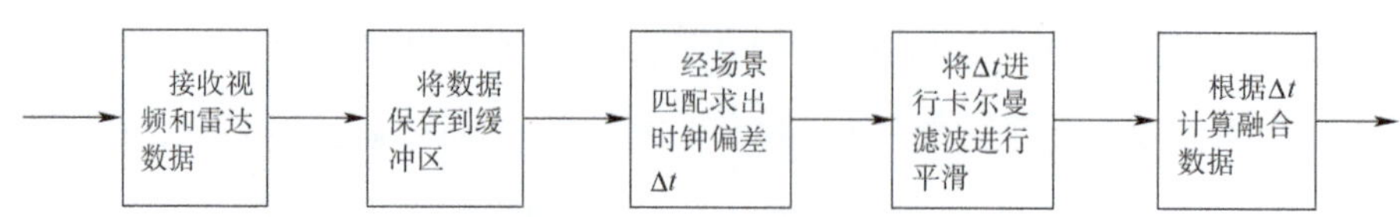

图 5-5　自适应时间同步过程

场景匹配是过程中较为复杂的步骤，假设在某时刻 t，雷达测得的目标集合为 M，相机测得的目标集合为 S，但由于检测和跟踪的处理时间不同，目标集合 M 和 S 所反映的坐标位置并不是同一时刻的，可以通过将不同时刻的这两个目标集合进行最优地匹配，从而进一步减小雷达和相机时间配准误差。

在接收雷达和视频数据的过程中，分别缓存一定数量的视频目标帧数据和雷达目标帧数据，进行最优匹配时，首先在视频目标帧缓冲区中选择一个基准帧，再从雷达缓冲区中选择雷达基准帧，以此为基础分别向后推进计算视频目标和雷达目标之间的代价，求出最小代价时的时钟偏差，如图 5-6 所示。

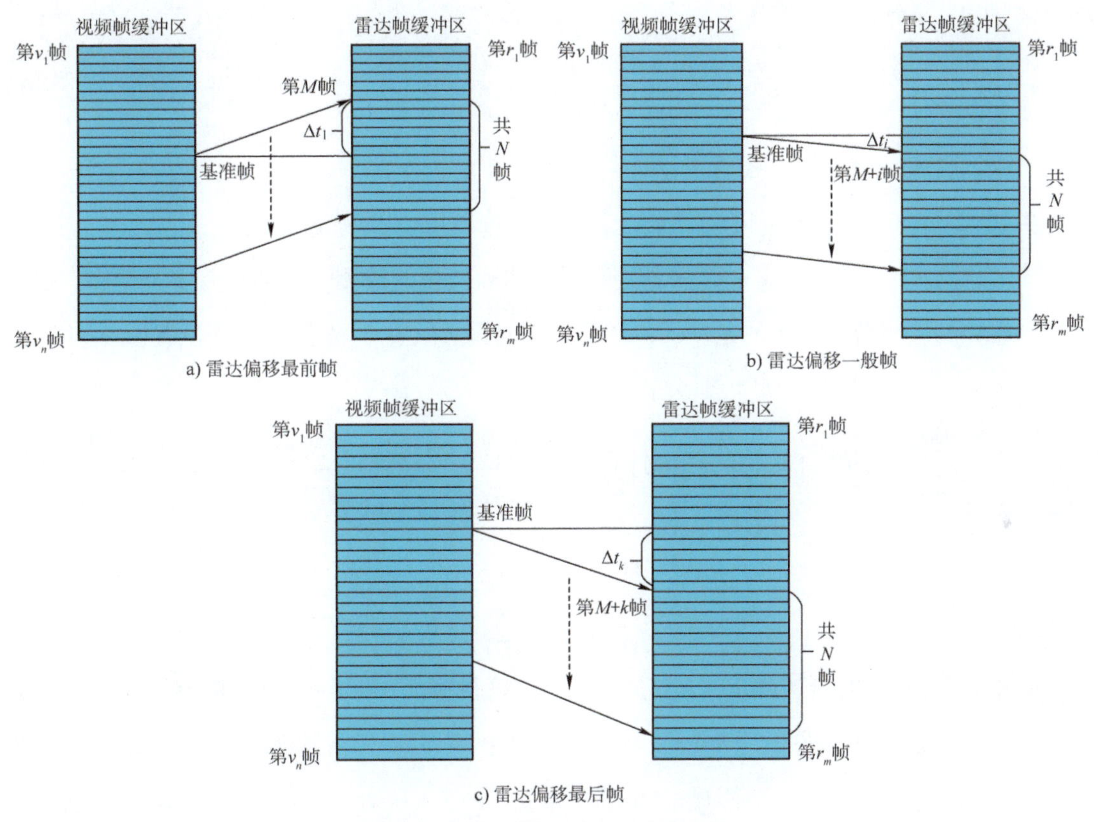

图 5-6　视频及雷达缓冲区匹配帧的选择

2）基于贝叶斯理论的雷达视频一体化检测跟踪融合算法

毫米波雷达发射的电磁波信号被其发射路径上的物体阻挡继而会发生反射，通过捕捉反射的信号，雷达系统可以确定物体的距离、速度和角度。视频目标检测的任务是识别一张图片中车辆目标的类别和位置。本节采用 Yolov3 算法来完成交通目标的检测任务，获得视频帧中车辆目标的检测结果。在获得雷达与相机的检测跟踪结果基础上，设计了一种基于贝叶斯理论的雷达视频一体化检测跟踪融合算法。

假设已知车辆目标真实位置的条件下，雷达和视频传感器对该车辆位置的检测结果服从高斯分布。由于检测结果在道路平面可以体现为 x-y-z 坐标形式，而在道路平面可以认为 z 为 0，因此，传感器的检测结果相对于真实位置应当服从 x-y 二维高斯分布。

二维高斯分布的函数表达式中，首先假设雷达或视频传感器对该车辆位置的 x-y 坐标的检测结果是相对独立的，且都服从高斯分布。因此，二维高斯分布函数表达为

$$f(x,y)=f(x)\cdot f(y)=\frac{1}{2\pi\cdot\delta_x\delta_y}\cdot e^{-\frac{[\delta_2^2(x-\mu_x)^2+\delta_1^2(y-\mu_y)^2]}{2\delta_x{}^2\delta_y{}^2}} \tag{5-5}$$

式中，雷达和视频检测出来的车辆位置 x 和 y 坐标相互独立，它们的概率密度分别为 $f(x)$ 和 $f(y)$，都服从一维高斯分布，即

$$f(x)=\frac{1}{\sqrt{2\pi}\cdot\delta_x}\cdot e^{-\frac{(x-\mu_x)^2}{2\delta_x{}^2}} \tag{5-6}$$

式中，δ_x 和 μ_x 代表位置坐标 x 维的均值和标准差。

类比式（5-6），同理可得位置坐标 y 维的概率密度 f（y）表达式。

令 f_1（x_1，y_1）和 f_2（x_2，y_2）分别表示雷达和视频的检测结果的位置 x-y 分布。已知雷达和视频的检测结果为 A 的条件下，车辆目标的真实位置 B_i 发生在某一位置 i（x_i，y_i）的概率 P（B_i | A）可以通过贝叶斯公式进行计算

$$\begin{aligned}P(B_i\mid A=(A_1,A_2))&=\frac{P(B_i)P((A_1,A_2)\mid B_i)}{\sum\limits_{i=1}^{n}P(B_i)P(A\mid B_i)}\\&=\frac{P(B_i)P(A_1\mid B_i)P(A_2\mid B_i)}{\sum\limits_{i=1}^{n}P(B_i)P(A\mid B_i)}\end{aligned} \tag{5-7}$$

式中，事件 B_i 的概率为 P（B_i），可以通过该目标上一时刻的轨迹预测得到，并假设目标在可能出现的区域内 P（B_i）服从高斯分布；事件 A 为雷达和视频检测结果分别为 A_1 和 A_2 事件的联合事件，并假设二者相互独立；P（A_1 | B_i）和 P（A_2 | B_i）分别为视频和雷达检测结果的先验概率，可分别通过二者各自的历史检测数据统计获得。

视频与雷达融合检测结果可以通过计算后验概率 P（B_i | A）的最大值而得到，表示为式（5-8）。显然，式（5-7）中的分母 $\sum\limits_{i=1}^{n}P(B_i)P(A\mid B_i)$ 不影响 P（B_i | A）最大值的确定，因此不参与计算。视频与雷达融合检测得到的车辆目标的位置为 m 点，其坐标为（x_m，y_m）。

$$P(B_m\mid A)=\max_i\{P(B_i\mid A)\}=\max_i\{(P(B_i)P(A_1\mid B_i)P(A_2\mid B_i))\} \tag{5-8}$$

应用式（5-8）进行融合检测的过程存在三种情况：

（1）视频检测结果和雷达检测结果均存在，如图 5-7a）所示；

（2）只有视频检测结果，如图 5-7b）所示；

（3）只有雷达检测结果，如图 5-7c）所示。

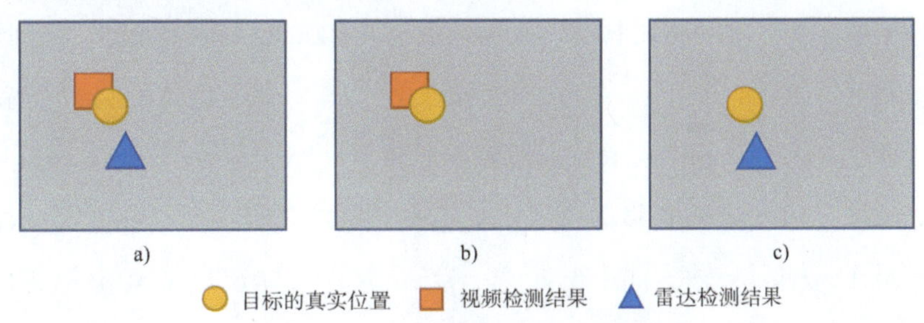

图 5-7　两源数据检测情况分析图

在第一种情况下，如图 5-8a）所示，对视频检测结果和雷达检测结果周围取一定区域的像素，如图 5-8b）所示，每个像素位置 i（x_i，y_i）都可能存在目标，其概率 P（B_i）服从高斯分布，并根据式（5-8）所示的车辆真实位置关于视频与雷达联合检测结果的条件概率 P（$B_i \mid A$），逐一对区域内所有像素位置 i 计算事件概率，概率最大的位置为融合后的检测结果，作为对于目标真实位置的估计值，如图 5-8c）所示。

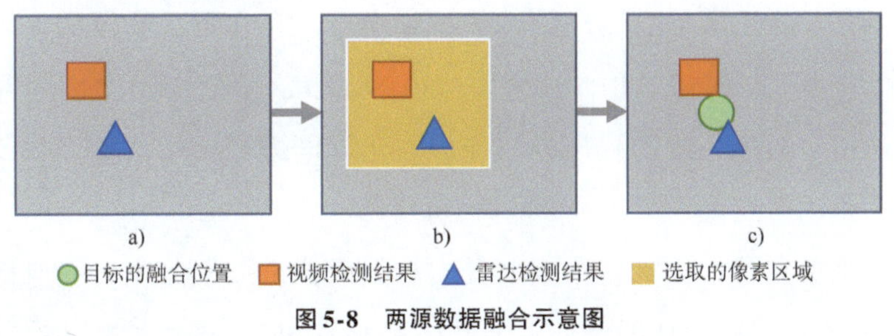

图 5-8　两源数据融合示意图

在第二种情况下取 P（$A_2 \mid B_i$）为 1，在第三种情况下取 P（$A_1 \mid B_i$）为 1，然后依据式（5-8）完成计算。最终将每一帧计算出的融合后的目标位置，结合卡尔曼滤波器进行矫正，即可获得基于雷达和视频信息融合的检测跟踪结果。

3）基于深度学习的雷达视频一体化检测跟踪融合算法

正如韩崇昭等指出，多传感器融合检测即把多个不同传感器的观测数据或判决结果进行综合，形成关于同一检测目标更完全、更准确的检测结果。随着卷积神经网络在图像相关任务中大放异彩，传感器融合也有了新的思路。本节介绍基于深度学习对视频和毫米波雷达传感器进行信息融合实现车辆位置检测的过程。

（1）数据准备。

数据采集是在现实交通环境中，使用相机和毫米波雷达固定好位置采集一段时间的完整数据。对图像数据进行标框标注，框选要检测的目标，然后在标签中注明该目标的类别以及轨迹编号等信息。实验案例采集到的视频数据的帧数为7123帧，分辨率为1920×1080，帧率为10fps。采集到的雷达数据为7123条，与视频数据对应。一个时间戳对应的雷达数据格式为：[{"id":16,"veh_length":4.6000000000000005,"y_axis_speed":0.0,"x_axis_speed":-25.8,"y_axis_value":2.688,"x_axis_value":184.448}]，其中，"id"表示目标车辆的编号，"veh_length"表示目标车辆的长度，"y_axis_speed"和"x_axis_speed"表示目标车辆在 y 轴和 x 轴方向上的移动速度，"y_axis_value"和"x_axis_value"表示目标车辆相对于雷达传感器在 y 轴和 x 轴方向上的距离。将雷达数据标定到像素坐标系的映射宽度设定为1像素。采集到的7123帧数据中0～5500帧作为检测数据集，余下的作为跟踪数据集，其中检测数据集划分比例为训练集:验证集:测试集=7:1:2。数据集包含的交通对象有“car”“truck”“bus”三种类型。

（2）算法设计。

Kaiming等以雷达和视频数据作为输入，基于Mask-Rcnn网络建立了两阶段的融合检测模型，网络结构设计如图5-9所示。第一阶段是对雷达和视频的输入信息进行特征提取和信息融合，利用融合后的信息粗略筛选出视频中可能存在目标物体的区域，区域建议网络（Region Proposal Network，RPN）结构（由Shaoqing等创建）之前的网络都属于第一阶段。第二阶段是对第一阶段找出的兴趣区域建议框进行精细调整，并预测出框内样本的具体类别。下面重点说明第一阶段的融合过程。

第一阶段网络有单独的雷达特征提取分支和图像特征提取分支，图像特征提取分支的输入是原始视频的一帧RGB图像，主干网络是Resnet50，图中C2、C3、C4、C5分别代表主干网络block2、block3、block4、block5的输出特征图。雷达特征提取分支的输入是与图像大小相等的嵌有雷达信息的特征图，雷达输入特征图经过两次Max-pooling操作得到特征图D2，D2再经过空间和通道压缩激励（Spatial and Channel Squeeze & Excitation，scSE）（由Roy等于2018年发明）模块得到特征图S2，同理可得特征图S3。值得注意的是，雷达特征图在进入scSE模块之前，先要通过1×1的卷积核，将通道数调整到与对应层级的图像通道数一致。信息融合过程通过特征图C2和S2，C3和S3分别进行Add操作实现，表现为特征图对应元素相加。

网络结构中使用的scSE注意力模块主要是通过建模卷积特征之间的相关性来对特征进行校准，使网络能增强雷达特征图中作用较大的特征，抑制作用不大的特征。雷达信息除了用于融合检测网络以外，还用于生成锚框。由于雷达检测点并不总是能映射到每个被检测目标的中心，有时只能获取到被检测目标的大致位置，因此，需要实现以雷达检测点为中心产生的锚框尽可能涵盖不同大小和纵横比的目标。如图 5-10 所示，本节通过假设雷达检测点可能映射到目标的中心、左侧、右侧、顶部、底部等情况，分别以 0.5、1.0、2.0 三种不同的纵横比在不同尺度的特征图上以相应的尺度生成锚框，来进一步利用雷达信息。

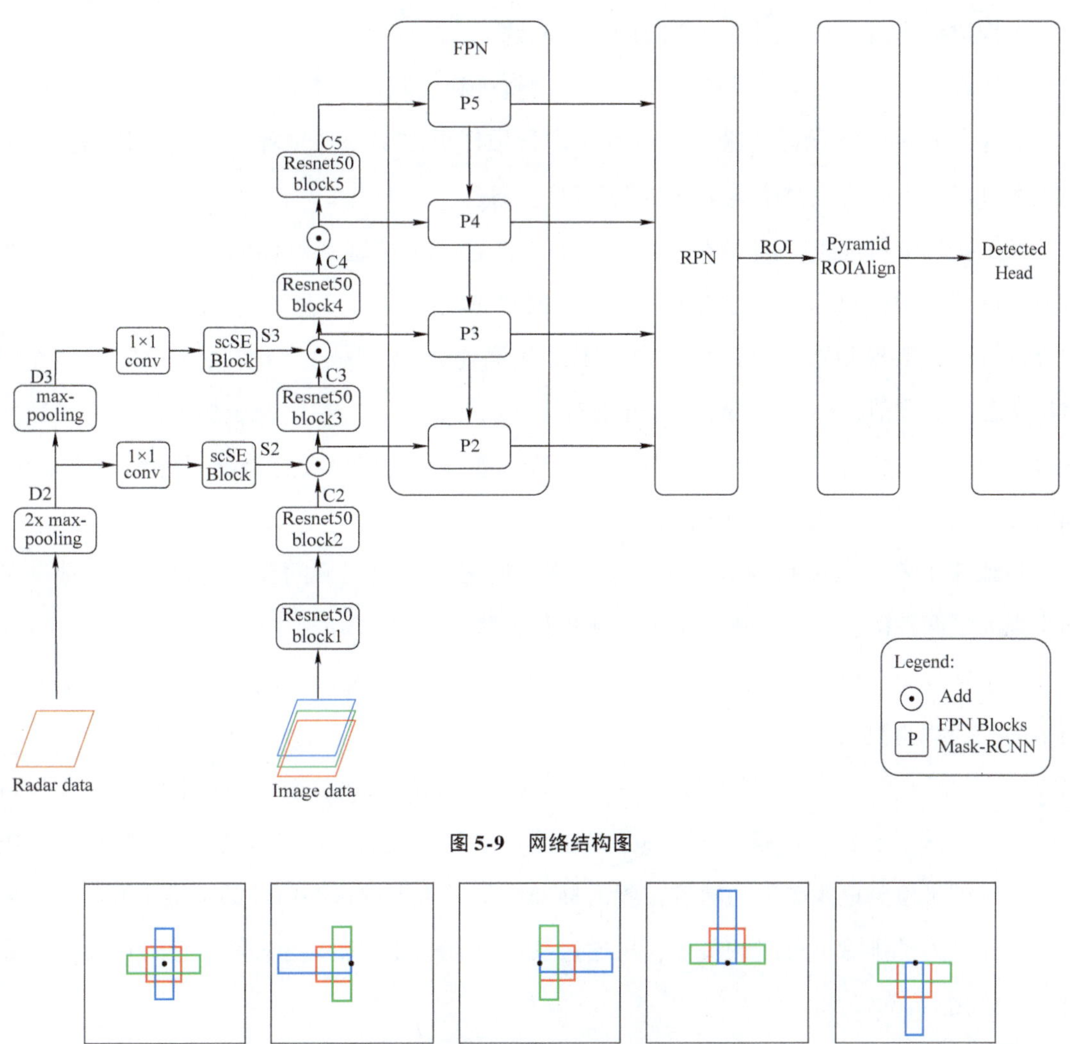

图 5-9　网络结构图

图 5-10　基于雷达点的锚框生成方式

设计完成的融合检测网络结合现有的跟踪器可以实现基于深度学习的雷达视频检测跟踪融合任务。多目标跟踪器 Deep SORT（Simple Online and Realtime Tracking with A Deep Association Metric）（由 Wojke 等于 2017 年发明）采用的跟踪范式是基于检测的目标跟踪（Tracking-By-Detection，TBD），即先对每一帧视频进行目标检测，再利用检测的结果进行目标跟踪，跟踪的效果依赖检测器的精度和数据关联的性能。基于融合检测网络的跟踪任务，在 Deep SORT 算法框架下的实现过程可以简单归结为四个步骤。

①通过训练好的融合检测算法对视频帧进行检测，获取到目标的检测框坐标、类别、置信度等信息。

②使用卡尔曼滤波器预测轨迹状态。

③根据检测目标和预测轨迹计算得到运动度量和表观度量，通过对两种度量方式加权，来构建检测目标和预测轨迹之间的关联问题。

④通过匈牙利算法求解关联问题，对预测轨迹和检测目标进行关联匹配。

步骤①利用前文设计的融合检测算法进行推理可以实现，步骤④使用匈牙利算法带入求解可得。下面重点对步骤②和步骤③进行描述。

为了实现多目标跟踪的步骤②，首先需要描述目标模型和目标的近似帧间位移。在 Bewley 的研究中，目标模型定义了一个 8 维的状态空间（u，v，r，h，$\dot{x}$，$\dot{y}$，$\dot{r}$，$\dot{h}$），其中（u，v）代表检测框的中心点位置，r 代表宽高比，h 代表高。（u，v，r，h）直接作为目标状态的观测值，（$\dot{x}$，$\dot{y}$，$\dot{r}$，$\dot{h}$）分别对应（u，v，r，h）在图像坐标上的速度。当检测目标与轨迹关联时，检测框的状态用于更新轨迹状态。如果没有检测目标和轨迹关联，则轨迹的状态只使用线性模型预测得到。

步骤③主要是在预测的卡尔曼状态和观测值之间构建指派问题，通过组合运动度量和表观度量两种信息，将轨迹和检测目标进行关联。

为了结合运动信息，通过计算预测的卡尔曼状态和测量值之间的马氏距离（Mahalanobis），可以得到

$$d^{(1)}(i,j) = (d_j - y_i)^{\mathrm{T}} S_i^{-1} (d_j - y_i) \tag{5-9}$$

式中，（y_i，S_i）表示第 i 条轨迹分布在测量空间的投影；d_j 表示第 j 个检测框，马氏距离通过测量检测框距离平均轨迹位置的标准偏差，来衡量状态估计的不确定性。

此外，为了排除不可能的关联，可通过从逆 χ^2 分布计算的 95% 置信区间对马氏距离进行二值化，表示为

$$b_{i,j}^{(1)} = \begin{cases} 1, & d^{(1)}(i,j) \leqslant t^{(1)} \\ 0, & d^{(1)}(i,j) > t^{(1)} \end{cases} \tag{5-10}$$

对于四维空间（u，v，r，h），相应的马氏距离阈值 $t^{(1)} = 9.4877$。如果第 i 条轨迹和第 j 个检测之间的关联是可接受的，则 $b_{i,j}^{(1)}$ 为 1，反之则为 0。从卡尔曼滤波器获得的预测状态分布只能提供目标位置的粗略估计，当运动不确定性较低时，马氏距离是一个合适的关联度量。

为了结合表观信息，通过计算第 i 条轨迹和第 j 个检测框之间表观特征的最小余弦距离（cosine distance），可以得到

$$d^{(2)}(i,j) = \min\{1 - r_j^{\mathrm{T}} r_k^{(i)} \mid r_k^{(i)} \in R_i\} \tag{5-11}$$

式中，r_j表示检测框 d_j的表观特征；$\| r_j \| = 1$；$r_k^{(i)}$ 表示轨迹 k 的表观特征。

为了定义关联是否允许，引入二值变量

$$b_{i,j}^{(2)} = \begin{cases} 1, & d^{(2)}(i,j) \leqslant t^{(2)} \\ 0, & d^{(2)}(i,j) > t^{(2)} \end{cases} \tag{5-12}$$

式中，检测框的表观特征是通过在大规模数据集上预先训练好的卷积神经网络计算得到的，同时阈值 $t^{(2)}$ 由该神经网络及其对应的数据集进行确定。

马氏距离提供了目标的位置信息，有利于短期预测。余弦距离考虑了目标的表观信息，有利于在长期遮挡后恢复轨迹 ID。让马氏距离和余弦距离相互补充，有利于更好地构建检测框和轨迹之间的关联关系。Wojke 等通过超参数 λ 对各指标加权，得到组合关联代价为

$$c_{i,j} = \lambda d^{(1)}(i,j) + (1 - \lambda) d^{(2)}(i,j) \tag{5-13}$$

如果关联在两个指标的选通区域，则为允许关联，表示为

$$b_{i,j} = \prod_{m=1}^{2} b_{i,j}^{m} \tag{5-14}$$

当一个目标长时间被遮挡后，卡尔曼滤波预测的不确定性会大大增加。假如两条轨迹竞争同一个检测框的匹配权，遮挡时间长的那条轨迹因长时间未更新位置不确定性更大，协方差会更大，马氏距离使用了协方差的倒数，马氏距离会更小，这会使得检测框更可能跟遮挡时间长的那条轨迹关联，显然这会破坏跟踪的持续性。为了减少跟踪过程中出现的不稳定的轨迹数量，基于检测融合的多目标跟踪任务实现过程中遵循了 Deep SORT 级联匹配（Matching Tracks）的方式对出现更频繁的轨迹优先匹配。

5.1.3　视频雷达检测跟踪性能评价体系

前面已经介绍了基于贝叶斯公式和基于深度学习的雷达视频一体化检测跟踪融合算法，必须建立评价体系对这些算法产生的轨迹进行性能评估，从而验证融合算法的性能。评价体系的建立和实现，对于算法性能的评估有着至关重要的根基性作用。针对多目标检测的跟踪评价方法，国内外很多研究团队从不同角度分别进行了探索。本节基于卡尔斯鲁厄大学的 Bernardin 团队的论文 *Evaluating Multiple Object Tracking Performance*：*The*

CLEAR MOT Metrics 中提出的评价体系，结合检测跟踪任务进行了改进，建立了对雷达与视频融合后轨迹的评价体系。评价体系包括基本原则、设计标准以及计算过程等。

（1）评价体系构建的基本原则和设计标准。

融合算法的评价体系会受到诸多因素的影响，评价体系必然是一个多层次的动态评价系统，它涉及目标检测和目标跟踪过程中的每个细节。唯有从多个层面、多个角度来设计指标体系，才能更加准确地反映出融合算法相对于单维度的雷达和单维度的视频算法的优越性。

对于一个理想的目标检测跟踪模型，在实际应用中需要满足以下三点要求：第一，在所有时刻都能够找出正确的物体数量；第二，要尽可能精确地估计出每个目标的位置；第三，在存在遮挡等情况时仍然能够分配给目标连续的 ID，保持追踪的一致性，避免跟踪目标的跳变。由此可以得到评价体系的设计标准如下：

①评价体系应该能够评价检测跟踪的目标位置和真实目标位置之间的误差；

②评价体系应该能够反映跟踪器长时间持续追踪目标结构的能力，即追踪到正确的目标轨迹的能力；

③评价体系中各指标的参数和可调节的阈值要尽可能少，使评估过程简单直接，使实验结果可对比性较强；

④评价体系要尽可能直观，易理解，要容易区分不同类型的误差；

⑤评价体系中的指标个数要尽可能少，且具有很高的表达能力。

（2）评价体系。

基于以上标准，设计出了多目标跟踪准确度（Multiple Object Tracking Accuracy，MOTA）和多目标跟踪精确度（Multiple Object Tracking Precision，MOTP）两个主要指标，这两个指标可以反映出多目标跟踪算法的准确度以及精确度，同时再结合反映跟踪轨迹一致性的标记转换数（IDSW）和轨迹残片数（Frag）等，共同构建出一套较为完整的针对多目标融合检测算法的评价体系，各项性能指标见表 5-1。

评价体系中的各项性能指标 表 5-1

指标代号	指标名称	指标描述
MOTA	多目标跟踪准确度	考虑了漏报、误报目标数和目标标号转换次数的跟踪准确性
MOTP	多目标跟踪精确度	所有帧中匹配的目标-预测对的总位置误差与匹配对数的比值
CLR_Re	召回率	匹配正确的目标数占总目标数的比例
CLR_Pr	准确率	匹配正确的目标数占匹配目标总数的比例

续上表

指标代号	指标名称	指标描述
MT	主要跟踪轨迹数	在真实目标被匹配总次数中，至少 80% 匹配成功的轨迹的数量
PT	部分跟踪轨迹数	在真实目标被匹配总次数中，20% ~80% 匹配成功的轨迹的数量
ML	主要丢失轨迹数	在真实目标被匹配总次数中，不足 20% 匹配成功的轨迹的数量
IDSW	标记转换数	一条跟踪轨迹上目标标号改变次数
Frag	轨迹残片数	真实轨迹被打断的次数
CLR_TP	正报数	被正确匹配的真实目标数量
CLR_FN	漏报数	未被正确匹配的真实目标数量
CLR_FP	误报数	与真实目标匹配错误的目标数量

下面将对评价体系中各评价指标的定义进行详解介绍。假设对于每一帧图像中有目标 $\{o_1, \cdots, o_n\}$，跟踪器在该帧的输出假设为 $\{h_1, \cdots, h_m\}$，那么对评价的过程中的有效匹配、错误匹配以及匹配步骤做如下解释。

①有效匹配。

在评价过程中应明确，对应的目标 o_i 和假设 h_j 之间的距离 $d_{i,j}$ 应该小于一个确定的阈值 T。如果超过了这个阈值，就不能视为一个有效假设，而应认为跟踪算法跟丢了目标。如图 5-11a）所示，用目标与假设之间的欧氏距离结合阈值 T 来衡量是否为有效匹配。首先需要根据目标框的左上角坐标值以及目标框的长宽值算出框的底边中点，该点代表目标 o_i 在某一帧中的真实位置。假设 h_j 的位置计算方法同理。同时，把阈值 T 设置为真实目标的宽度，当且仅当 $d_{i,j} < T$ 时，匹配是有效的。

②错误匹配。

在评价过程中，为了衡量跟踪算法的持续跟踪能力，还需要对错误匹配进行统计，包括漏检、误检和失配三种类型。漏检是指缺少匹配假设的目标数，误检是指缺少匹配目标的假设数。下面重点对失配进行定义。如图 5-11b）所示，展示了一种典型的失配情形，即标记转换。当目标相互靠近时，跟踪算法错误地交换了目标间的标记，导致失配。此外，当丢失目标后重新捕获并赋予新的标记时也会导致标记转换，造成失配。

为了表示失配误差，需要为每个目标 o_i 找到一个与之对应的最优匹配假设 h_j。最优匹配可以是目标 o_i 的初始匹配，也可以是整个视频序列中匹配次数最多的假设。失配误差定义为与“最优匹配”不同的匹配数。具体地说，当发生标记转换时记一次失配误差，而将两次标记转换之间的轨迹片段上目标匹配视为最优匹配。为了检测每次失配误差，需要建立一个目标-假设匹配表。设第 t 帧的匹配集为 $M_t = \{(o_i, h_j)\}$，且 $M_0 = \{\cdot\}$。

在第 $t+1$ 帧，如果目标 o_i 和假设之间的匹配关系与 M_t 中的（o_i，h_j）不同，则记为一次失配误差，并且更新匹配集 M_{t+1}，用（o_i，h_k）替换（o_i，h_j）。

当后续帧中，同时存在多个有效匹配时，可以使用上述匹配集 M_t，确定目标与假设的最优匹配。如图 5-11c）所示，尽管在 $t+1$ 帧时真实目标被漏检，但当 $t+2$ 帧中存在两个有效匹配假设 h_1 和假设 h_2 时，依然可以利用在 t 帧产生的匹配集 M_t 对假设 h_1 和假设 h_2 完成筛选：因为假设 h_1 包含于匹配集 M_t 中，而假设 h_2 不在，因此，目标 o_1 会优先考虑假设 h_1，而假设 h_2 被视为误检。

③匹配步骤。

令 $M_0=\{\cdot\}$，针对每帧图像 t，进行以下操作。

步骤 1：检验 M_{t-1} 中的匹配（o_i，h_j）是否有效，如果目标 o_i 与假设 h_j 均存在，且欧式距离未超过阈值 T，那么在第 t 帧中，目标 o_i 与假设 h_j 继续进行匹配。

步骤 2：对没有确定匹配的目标，尝试为其寻找可匹配的假设。注意，只能进行一对一匹配，且目标与假设之间的距离不能超过阈值 T。该匹配应该使目标与假设之间的距离尽可能地小，如果得到的匹配（o_i，h_k）与 M_{t-1} 中的匹配（o_i，h_j）不同，则用（o_i，h_k）替换（o_i，h_j），完成 M_t 匹配集的更新。

步骤 3：经过以上两个步骤，得到当前帧的完全匹配集。令 c_t 为第 t 帧的匹配数，计算每对匹配的目标 o_i 与其假设间的距离 d_t^i。

步骤 4：所有剩下的假设记为误检，所有剩下的目标记为漏检。令 fp_t 为误检数，m_t 为漏检数，g_t 为第 t 帧中出现的目标数。

步骤 5：对下一帧执行以上步骤。起始帧的 M_0 为空，需要初始化匹配集得到 M_1，本书约定由 M_0 到 M_1 不记为失配误差。

通过以上方法，可以得到目标与假设之间的最优匹配关系，并计算出跟踪误差。

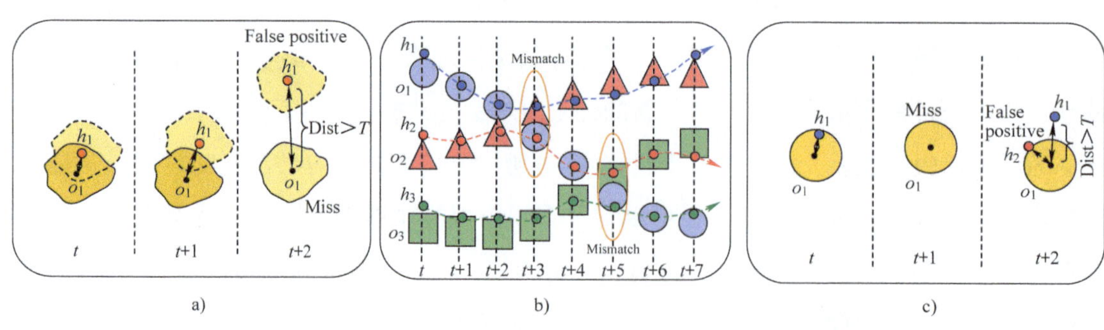

图 5-11　最优匹配示意图

（3）计算公式。

基于以上匹配标准和匹配过程，给出几个性能指标的计算公式。

①多目标跟踪准确度（MOTA）公式为

$$\text{MOTA} = 1 - \frac{\text{FN} + \text{FP} + \Phi}{T} \tag{5-15}$$

式中，FN 是指所有帧的未被正确匹配的真实目标数之和，即假设 fn_t 是第 t 帧的未被正确匹配的真实目标数，那么 $\text{FN} = \sum\limits_t \text{fn}_t$，同理 $\text{FP} = \sum\limits_t \text{fp}_t$；$T$ 为所有帧真正目标之和，即假设第 t 帧有 g_t 个目标，那么 $T = \sum\limits_t g_t$；Φ 是指所有帧的跳变数总和，即假设 ϕ_t 为第 t 帧的跳变数，那么 $\Phi = \sum\limits_t \phi_t$。

②多目标跟踪精确度（MOTP）公式为

$$\text{MOTP} = \frac{\sum\limits_{i,t} d_t^i}{\sum\limits_t c_t} \tag{5-16}$$

式中，c_t 表示第 t 帧的匹配个数；d_t^i 表示第 t 帧下目标 o_i 和与其配对的假设之间的距离。

（4）数据集存储格式。

数据集分为真实目标轨迹数据集和检测跟踪得到的轨迹数据集。

真实目标轨迹数据集的标注格式为：<frame>，<id>，<bb_left>，<bb_top>，<bb_width>，<bb_height>，<0/1>，<cls>，<visibility ratio>。

其中第一个值表示第几帧图片；第二个值为目标运动轨迹的 ID 号；第三个到第六个值为检测框左上角坐标和长宽；第七个值为目标轨迹是否被评估，0 表示不被评估、1 表示被评估；第八个值为该轨迹对应的类别（轿车、载货汽车、大客车、摩托车、自行车、行人）；第九个值为检测框的可见程度，表示目标运动时被其他目标检测框包含/覆盖。

融合后的检测跟踪轨迹保存格式为<frame>，<id>，<bb_left>，<bb_top>，<bb_width>，<bb_height>，<conf>，<-1>，<-1>，<-1>。

其中第一个值表示第几帧图片；第二个值为目标运动轨迹的 ID 号；第三个到第六个值为检测框左上角坐标和长宽；第七个值为置信度；第八个到第十个值默认为-1。

5.1.4 视频雷达融合检测跟踪方法的性能分析

本小节结合交通安全主动防控的应用需求，利用不同天气、不同时间、不同交通场景采集的视频和雷达数据，采用前面构建的评价体系，对5.1.2小节中构建的两种视频-雷达融合检测跟踪车辆目标的算法进行性能评估和分析。

1）基于贝叶斯理论的融合算法效果及分析

在某高速公路实验路段进行了算法测试，测试结果如图5-12所示。图中，红色和蓝色线条分别代表基于视频和雷达数据，利用多目标跟踪算法得到的车辆轨迹。绿色线条代表基于视频与雷达数据，利用5.1.2小节中所述的基于贝叶斯理论的融合检测算法得到的车辆轨迹。

a）场景1　晴天、车辆密度小

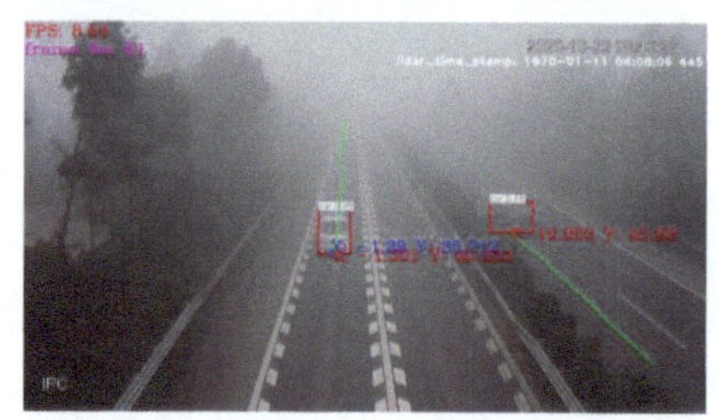

b）场景2　雾天、车辆密度小

c）场景3　黄昏、车辆密度小

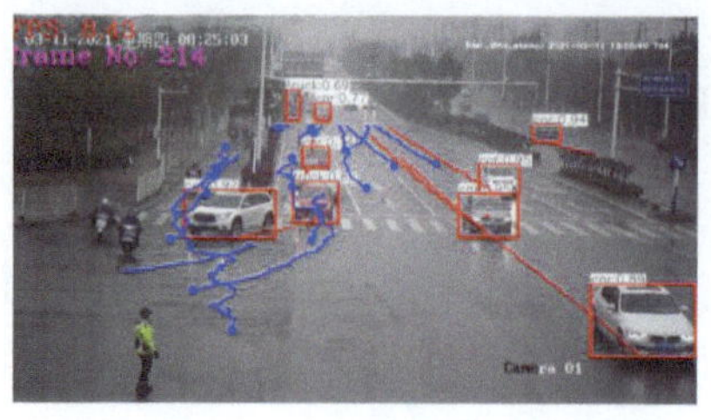
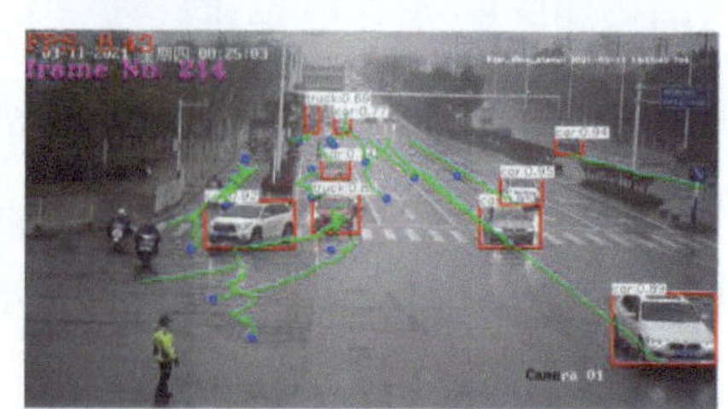

d）场景4　雨天、车辆密度小

图　5-12

e) 场景5　晴天、车辆密度较大

f) 场景6　夜间

图 5-12　融合算法检测跟踪结果

随后，对图 5-13 所示的场景中的车辆轨迹的真实值进行了人工标注，并根据 5.1.2 小节中构建的评价体系，对基于视频、雷达数据检测跟踪结果和基于融合算法的检测跟踪结果进行性能计算和统计，见表 5-2。

图 5-13　融合算法与视频、雷达检测跟踪性能对比可视化

检测跟踪性能统计　　表 5-2

项目	MOTA	MOTP	CLR_Re	CLR_Pr	MTR	PTR	MLR	CLR_TP	CLR_FN	CLR_FP	IDSW	MT	PT	ML	Frag
真值	100	100	100	100	100	0	0	12787	0	0	0	104	0	0	6
视频	72.1	86.2	77.8	93.6	53.8	46.1	0	9954	2833	671	52	56	48	0	37
雷达	50.1	85.5	73.5	76.0	45.1	50.9	3.8	9408	3381	2964	32	47	53	4	69
融合	61.1	88.7	85.7	77.8	71.1	28.8	0	10969	1820	3127	20	74	30	0	60

从表 5-2 中可以看出，视频与雷达融合检测跟踪结果在绝大多数指标上均领先于单传感器的检测效果，融合算法能够有效提高检测的范围和轨迹的完整度。只有在 MOTA 这

一项指标中，视频检测器的效果最高。这是因为实验场景的天气情况较为理想，并且拍摄视角较高，不存在车辆遮挡现象，因此，视频检测器在此场景下能够实现极好的检测性能。但是可以看出，多源传感器的融合检测方法表现出了最好的性能，证明了本节所提出思路和方法的有效性和优越性。

2）基于深度学习的融合算法效果及分析

5.1.2 小节中所述的视频与雷达融合检测深度学习网络模型的输入图像大小为 1024 × 1024，生成锚框的尺度为（16，32，64，128），Batch Size 为 2，初始学习率为 0.0001，学习率衰减因子为 0.000001，优化器选用 Adam，采用 Mask-Rcnn 在 MS COCO 数据集上预先训练好的权重作为融合检测深度学习网络的初始化权重。实验的计算平台为 NVIDIA GeForce GTX 1080 Ti 的 GPU，CPU 为 Intel Core i7-6800K，内存 64GB。

基于不同深度网络的检测跟踪融合算法在实际采集的数据集上的检测跟踪性能比较见表 5-3，实验中使用的跟踪器都是 DeepSORT。检测器 1 是 FFPN（RGB）检测器，指网络结构中只使用了 RGB 图像信息而训练所得的模型。检测器 2 是 Radar 检测器，其后串联卡尔曼滤波（Kalman filter）实现跟踪。检测器 3 是 RGB + Radar 融合检测器，指使用 Ritu Yadav 等提出的 BIRANet 网络结构训练得到的模型。检测器 4 是 RGB + Radar 融合检测器，指使用了本节提出的网络结构和锚框选取策略训练得到的模型。

检测跟踪性能比较 表 5-3

项　目	MOTA	MOTP	MT	ML	IDSW	Frag	CLR_ FP	CLR_ FN
检测器 1 + DeepSORT	0.835	**0.947**	20	**0**	8	21	122	367
检测器 2 + Kalman-filter	0.663	0.616	19	**0**	9	138	393	627
检测器 3 + DeepSORT	0.858	0.945	20	**0**	**5**	22	104	319
检测器 4 + DeepSORT	**0.876**	0.942	**21**	**0**	6	**18**	**66**	**300**

由表 5-3 可知，第三行中 MOTA、IDSW、CLR_FP、CLR_FN 等性能指标优于第一行和第二行，MOTP、MT、ML、Frag 指标上第三行与第一行数值近似，说明基于融合检测器 3 的检测跟踪效果要优于单独使用视频和单独使用雷达的检测跟踪效果。第四行中 MOTA、MT、ML、Frag、CLR_FP、CLR_FN 六项指标都达到了最佳，MOTP、IDSW 两项指标也与第三行相差不多，说明本书改进的融合检测器 4 优于融合检测器 3，优于检测器 2 和检测器 1。融合检测器 4 改进空间较大的指标是 CLR_FP 和 CLR_FN，原因可能是融合

检测网络中雷达的定位信息不够精准。基于融合检测器 4 的跟踪效果如图 5-14 所示，可以看出跟踪形成的轨迹是平滑、连续和稳定的。

图 5-14　融合算法的跟踪效果

5.2 多个视频雷达一体化设备下的交通目标连续跟踪技术

随着国内道路通行车辆的大量增加及其活动范围的不断扩大，需要进行道路监控的区域越来越大，但由于单个雷视一体机的监控区域有限，实际监控场景中通过单个监控设备不可能长时间大范围地跟踪动态目标，因此，可利用多个雷视一体机协同感知目标信息以获取更广范围和更高层次的监控场景感知能力，通过融合多个雷视一体机的感知数据信息，实现广域监控场景中动态目标跨设备连续跟踪。跨设备多目标连续跟踪的核心技术是对目标的跟踪，进而实现对感兴趣的目标进一步的定位分析。相对于传统的单个监控设备，由多个监控设备组成的监控网络虽然克服了视场角较小、抗遮挡能力弱以及目标距离较远时跟踪性能较差的缺点，但同时也引入了一些新的问题，本节内容主要聚焦在道路通行目标在跨监控设备过程中的目标交接、多源数据融合等方面。

结合雷视一体机的工作原理可知，道路通行目标处于雷视一体机不同的监控区域时所感知的目标信息存在差异性：当目标处于监控区域的远端时，仅能通过毫米波雷达获取目标的轨迹信息而无法准确获取目标的外观特征（颜色或形状），当目标处于监控区域近端时，可同时准确获取目标的轨迹和外观特征，如图 5-15a）所示。此外，为简化研究过程，本节假设相邻雷视一体机之间存在监控重叠区域，如图 5-15b）所示。

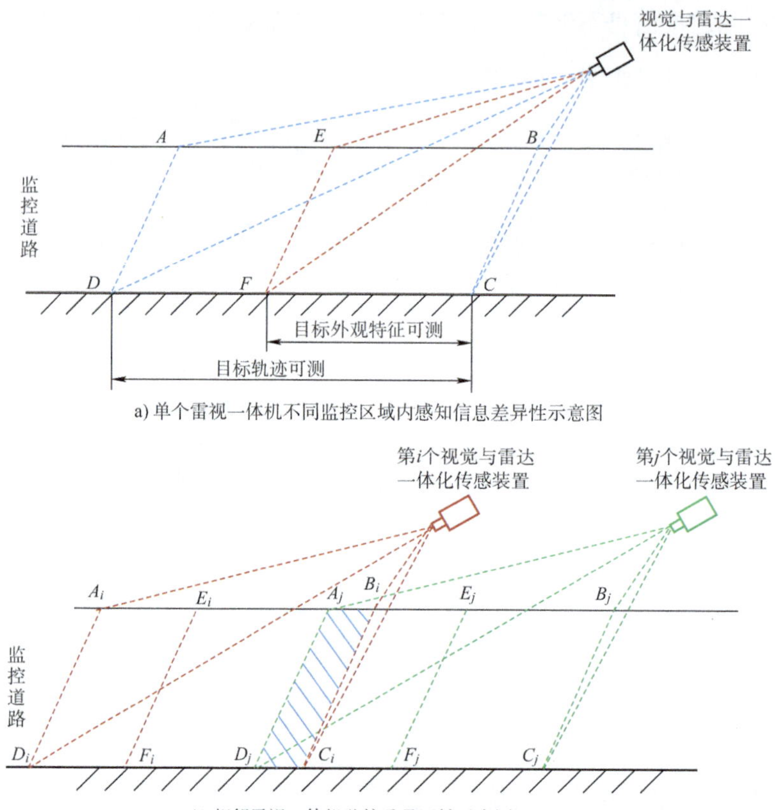

a) 单个雷视一体机不同监控区域内感知信息差异性示意图

b) 相邻雷视一体机监控重叠区域示意图

ABCD——视觉与雷达一体化传感装置的有效监控区域（该区域内的目标轨迹可测）；

EBCF——视觉传感装置的有效监控区域（该区域内目标的外观特征可测）；

$A_jB_iC_iD_j$——相邻的视觉与雷达一体化传感装置的监控重叠区域

图 5-15　雷视一体机监控区域示意图

5.2.1　雷视一体机监控网络拓扑结构

1）雷视一体机空间相邻性

为了建立动态目标之间的对应关系，监控网络中的所有雷视一体机信息处理前端通过有线以太网连接到中心计算机服务器，并为每个雷视一体机分配一个唯一的 ID。中心服务器的操作员根据各个雷视一体机安装位置、监控角度以及目标的移动方向确定每个雷视一体机的相邻雷视一体机，最终建立目标在不同雷视一体机之间转移的时空约束关系矩阵 $A_{n\times n}$。

$$A_{n\times n}=\begin{bmatrix} a_{11} & a_{12} & \cdots & a_{1n} \\ a_{21} & a_{22} & \cdots & a_{2n} \\ \vdots & \vdots & \ddots & \vdots \\ a_{n1} & a_{n2} & \cdots & a_{nn} \end{bmatrix} \tag{5-17}$$

式中，n 为监控网络中的雷视一体机数量；矩阵中元素 a_{ij}（i，$j=1$，2，…，n）的取值为 0 或 1；$a_{ij}=0$ 代表目标离开雷视一体机 i 的监控区域后无法直接进入雷视一体机 j 的监控区域；$a_{ij}=1$ 代表目标离开雷视一体机 i 的监控区域后可直接进入雷视一体机 j 的监控区域。

2）相邻雷视一体机之间的时间同步

在目标跨设备连续跟踪过程中，期望全部雷视一体机的采样时刻均是同步状态，但由于一些因素的影响难以实现设备同步，导致相邻雷视一体机之间存在超前或滞后的情况，如图 5-16 所示，因此，需要在进行目标关联前对相邻雷视一体机输出的目标运动信息进行时间同步。

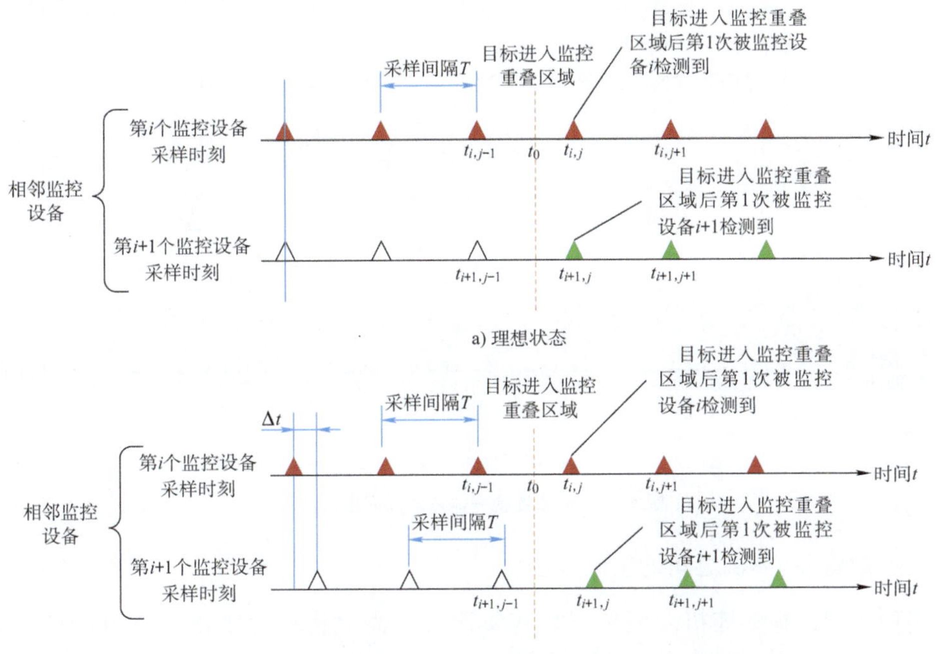

a) 理想状态

b) 第i+1个监控设备的采样时刻滞后第i个监控设备的采样时刻(滞后)

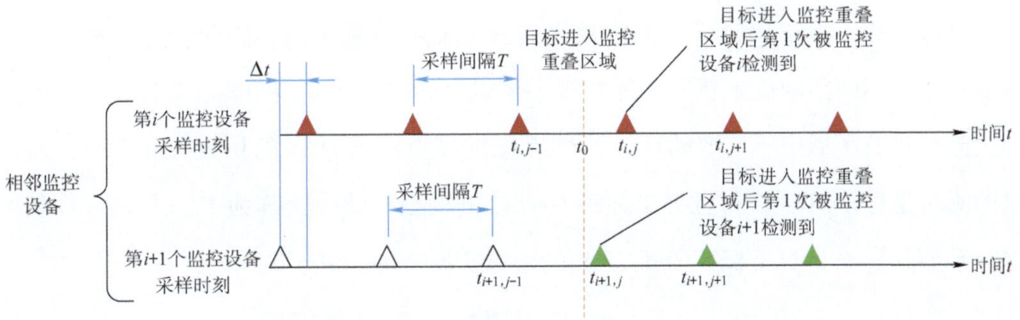

c) 第i+1个监控设备的采样时刻超前第i个监控设备的采样时刻(超前)

图 5-16　相邻雷视一体机采样时刻示意图

当第 $i+1$ 个雷视一体机的采样时刻滞后第 i 个雷视一体机的采样时刻时，利用卡尔曼预测获取所需时刻的目标运动信息，如图 5-17a）所示；当第 $i+1$ 个雷视一体机的采样时刻超前第 i 个雷视一体机的采样时刻时，利用线性内插获取所需时刻的目标运动信息，如图 5-17b）所示。

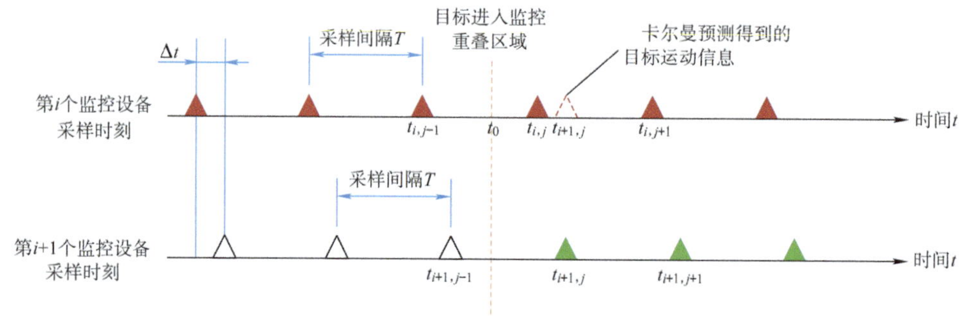

a) 第i+1个监控设备的采样时刻滞后第i个监控设备的采样时刻(滞后)

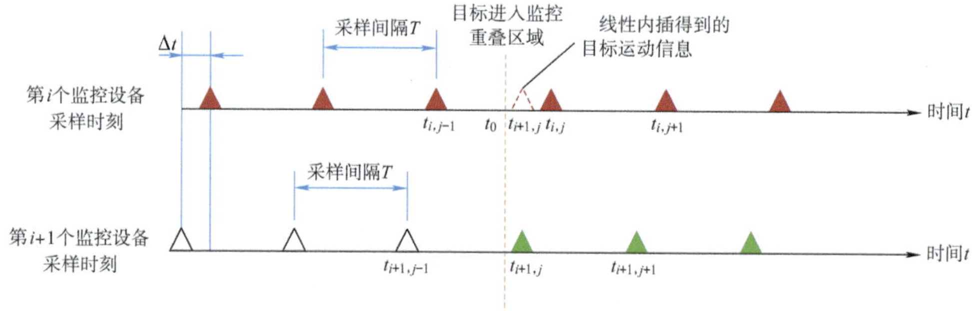

b) 第i+1个监控设备的采样时刻超前第i个监控设备的采样时刻(超前)

图 5-17　相邻雷视一体机时间同步示意图

3）相邻雷视一体机之间的空间同步

为实现相邻雷视一体机之间的目标连续跟踪，需要将相邻雷视一体机所检测到的目标空间位置信息由各自的测量坐标系转换到同一个坐标系中，然后才能使用数据关联算法进行目标关联。由于相邻雷视一体机之间存在监控重叠区域，因此，可在监控重叠区域选取若干个不同匹配点来获取相邻雷视一体机之间的坐标变换矩阵，如图 5-18 所示。

设监控重叠区域中所选取的任一匹配点在世界坐标系 $Oxyz$ 的位置矢量为 X，雷视一体机的测量坐标系 $Ox_iy_iz_i$ 与世界坐标系 $Oxyz$ 之间的坐标转换矩阵为 $\boldsymbol{P}_i$，雷视一体机的测量坐标系 $Ox_jy_jz_j$ 与世界坐标系 $Oxyz$ 之间的坐标转换矩阵为 $\boldsymbol{P}_j$，则

$$\begin{aligned}\boldsymbol{X}_i &= \boldsymbol{P}_i\boldsymbol{X}\\ \boldsymbol{X}_j &= \boldsymbol{P}_j\boldsymbol{X}\end{aligned} \tag{5-18}$$

式中，$\boldsymbol{X}_i$ 和 $\boldsymbol{X}_j$ 为同一匹配点分别在测量坐标系 $Ox_iy_iz_i$ 和 $Ox_jy_jz_j$ 的位置矢量。

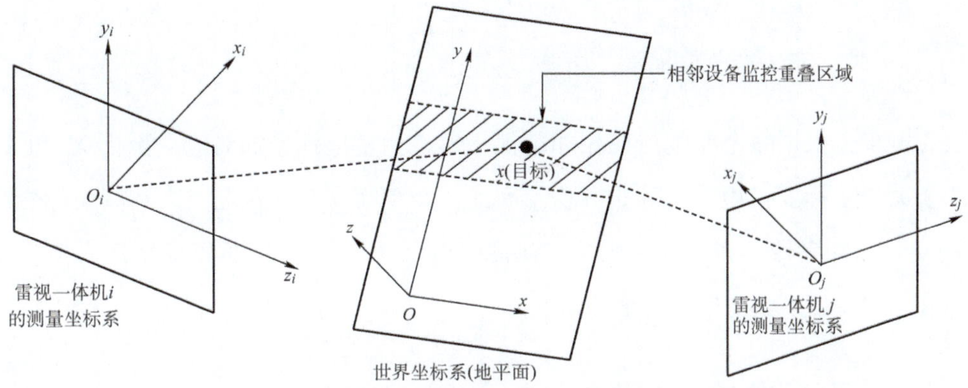

图 5-18　相邻雷视一体机坐标变换示意图

根据上式可得测量坐标系 $Ox_iy_iz_i$ 与 $Ox_jy_jz_j$ 之间的坐标系转换矩阵 $\boldsymbol{P}_{ij}$

$$\boldsymbol{X}_j = \boldsymbol{P}_j\boldsymbol{P}_i^{-1}\boldsymbol{X}_i = \boldsymbol{P}_{ij}\boldsymbol{X}_i \tag{5-19}$$

坐标系变换约束写成向量积的形式为

$$\boldsymbol{X}_j \times \boldsymbol{P}_{ij}\boldsymbol{X}_i = 0 \tag{5-20}$$

设坐标变换矩阵 $\boldsymbol{P}_{ij}$的第 j 行为 $\boldsymbol{h}_j^{\mathrm{T}}$，则有

$$\boldsymbol{P}_{ij}\boldsymbol{X}_i = \begin{bmatrix} \boldsymbol{h}_1^{\mathrm{T}}\boldsymbol{X}_i \\ \boldsymbol{h}_2^{\mathrm{T}}\boldsymbol{X}_i \\ \boldsymbol{h}_3^{\mathrm{T}}\boldsymbol{X}_i \end{bmatrix} \tag{5-21}$$

对应的向量积可以表达为

$$\boldsymbol{X}_j \times \boldsymbol{P}_{ij}\boldsymbol{X}_i = \begin{bmatrix} y_j\boldsymbol{h}_3^{\mathrm{T}}\boldsymbol{X}_i - z_j\boldsymbol{h}_2^{\mathrm{T}}\boldsymbol{X}_i \\ z_j\boldsymbol{h}_1^{\mathrm{T}}\boldsymbol{X}_i - x_j\boldsymbol{h}_3^{\mathrm{T}}\boldsymbol{X}_i \\ x_j\boldsymbol{h}_2^{\mathrm{T}}\boldsymbol{X}_i - y_j\boldsymbol{h}_1^{\mathrm{T}}\boldsymbol{X}_i \end{bmatrix} \tag{5-22}$$

式中，x_j，y_j，z_j 为位置矢量 $\boldsymbol{X}_j$ 沿测量坐标系 $Ox_jy_jz_j$ 各轴的投影分量。

利用 $\boldsymbol{h}_j^{\mathrm{T}}\boldsymbol{X}_i = \boldsymbol{X}_i^{\mathrm{T}}\boldsymbol{h}_j$，则有下面的等式关系

$$\boldsymbol{X}_j \times \boldsymbol{P}_{ij}\boldsymbol{X}_i = \boldsymbol{A}\boldsymbol{h} = \begin{bmatrix} 0 & -z_j\boldsymbol{X}_i^{\mathrm{T}} & y_j\boldsymbol{X}_i^{\mathrm{T}} \\ z_j\boldsymbol{X}_i^{\mathrm{T}} & 0 & -x_j\boldsymbol{X}_i^{\mathrm{T}} \\ -y_j\boldsymbol{X}_i^{\mathrm{T}} & x_j\boldsymbol{X}_i^{\mathrm{T}} & 0 \end{bmatrix}\begin{bmatrix} \boldsymbol{h}_1 \\ \boldsymbol{h}_2 \\ \boldsymbol{h}_3 \end{bmatrix}, \boldsymbol{P}_{ij} = \begin{bmatrix} \boldsymbol{h}_1^{\mathrm{T}} \\ \boldsymbol{h}_2^{\mathrm{T}} \\ \boldsymbol{h}_3^{\mathrm{T}} \end{bmatrix} \tag{5-23}$$

式中，A 的最后一行可以由第一、二行线性组合得到，因此

$$\begin{bmatrix} 0 & -z_j\boldsymbol{X}_i^{\mathrm{T}} & y_j\boldsymbol{X}_i^{\mathrm{T}} \\ z_j\boldsymbol{X}_i^{\mathrm{T}} & 0 & -x_j\boldsymbol{X}_i^{\mathrm{T}} \end{bmatrix}\begin{bmatrix} \boldsymbol{h}_1 \\ \boldsymbol{h}_2 \\ \boldsymbol{h}_3 \end{bmatrix} = 0 \tag{5-24}$$

由上式可得，根据每个匹配点在相邻雷视一体机测量坐标系的对应点坐标 $\boldsymbol{X}_i$ 和 $\boldsymbol{X}_j$ 可以得到两个关于坐标变换矩阵的等式方程，因此，至少需要5个匹配点来计算坐标变换矩阵 $\boldsymbol{P}_{ij}$ 中的9个未知参数。在实际应用中，往往获得 m（$m \geqslant 5$）对匹配点坐标 $\{\boldsymbol{X}_i \leftrightarrow \boldsymbol{X}_j\}$，通过求解 $\boldsymbol{A}_{2m\times 9}\boldsymbol{h} = 0$ 来获得坐标变换矩阵 $\boldsymbol{P}_{ij}$。

5.2.2 基于点迹的多目标跟踪算法

当目标由雷视一体机 i 进入与其相邻的雷视一体机 j 的过程中，如果目标被雷视一体机 j 第一次检测到的时候正处于相邻雷视一体机的监控重叠区域 $A_jB_iC_iD_j$ 内（图5-15），此时可采用基于目标点迹的数据关联算法实现跨设备多目标连续跟踪。

1）最近邻域算法

最近邻域算法（Nearest-Neighbor，NN）是一种工程上常见的利用先验统计特性进行互联的单目标数据互联算法，可适用于杂波环境，其主体思路是以预测点迹为中心建立互联波门，判断是否有落入到波门内的量测点迹，并进行数据互联，其具体方法如下：

（1）以预测点迹为中心建立关联波门，波门的大小设计应保证以一定概率接收到正确的量测点迹，波门设计时量测点迹应满足的约束条件为

$$[Z(k+1) - \hat{Z}(k+1|k)]^{\mathrm{T}}S^{-1}(k+1)[Z(k+1) - \hat{Z}(k+1|k)] \leqslant \gamma \tag{5-25}$$

式中，$Z(k+1)$ 为目标的量测信息；$S(k+1)$ 为新息协方差；γ 为波门判断系数。

当波门仅有一个量测点迹时，则用该量测点迹进行航迹更新，若波门内存在多个量测点迹，需要对波门内的点迹进行筛选。

（2）当落入波门内的点迹数目超过1个时，要对在落入波门的量测点迹进行筛选，采用的方法是判断候选量测点迹的最小马氏距离，选取统计距离最小的量测点迹作为进行数据互联的点迹，采用的判断方程为

$$d^2(Z) = [Z(k+1) - \hat{Z}(k+1|k)]^{\mathrm{T}}S^{-1}(k+1)[Z(k+1) - \hat{Z}(k+1|k)] \tag{5-26}$$

2）基于点迹的多目标跟踪算法流程

设当前时刻为 t_0，雷视一体机 i 在 $t_i = t_0 - \Delta t_i$ 时刻在监控重叠区域内检测到的目标集合为 $\boldsymbol{T}_i(t_i) = \{T_1^i, \cdots, T_n^i\}$，$t_i$ 为雷视一体机 i 输出的数据序列中离当前时刻最近数

据帧所对应的时刻，n 为目标数量，$\boldsymbol{T}_i$（t_i）的目标位置矢量集合为 X_i（t_i）= {$\boldsymbol{X}_1^i$（t_i），…，$\boldsymbol{X}_n^i$（t_i）}；雷视一体机 j 在 $t_j = t_0 - \Delta t_j$ 时刻在监控重叠区域内检测到的目标集合为 $\boldsymbol{T}_j$（t_j）= {T_1^i，…，T_m^i}，m 为目标数量，$\boldsymbol{T}_j$（t_j）的目标位置矢量集合为 X_j（t_j）= {$\boldsymbol{X}_1^j$（t_j），…，$\boldsymbol{X}_m^j$（t_j）}。

基于点迹的多目标跟踪算法具体流程如下。

步骤 1：利用时间同步方法将 X_i（t_i）= {$\boldsymbol{X}_1^i$（t_i），…，$\boldsymbol{X}_n^i$（t_i）} 与 X_j（t_j）= {$\boldsymbol{X}_1^j$（t_j），…，$\boldsymbol{X}_m^j$（t_j）} 进行时间同步，得到 X_i（t_j）= {$\boldsymbol{X}_1^i$（t_j），…，$\boldsymbol{X}_n^i$（t_j）}。

步骤 2：将时间同步后的 $\boldsymbol{X}_i$（t_j）和 $\boldsymbol{X}_j$（t_j）进行空间同步，利用雷视一体机 i 和 j 之间的坐标转换矩阵 $\boldsymbol{P}$，根据下述公式计算集合 $\boldsymbol{X}_i$（t_j）在雷视一体机 j 测量坐标系下的位置矢量集合 X_j'（t_j）= {$\boldsymbol{X'}_1^j$（t_j），…，$\boldsymbol{X'}_n^j$（t_j）}。

$$\boldsymbol{X'}_q^j(t_j) = \boldsymbol{P}\boldsymbol{X}_q^i(t_j), q = 1, \cdots, n \tag{5-27}$$

步骤 3：计算集合 X_j（t_j）= {$\boldsymbol{X}_1^j$，$\boldsymbol{X}_2^j$，…，$\boldsymbol{X}_m^j$} 与 X_j'（t_j）= {$\boldsymbol{X'}_1^j$，$\boldsymbol{X'}_2^j$，…，$\boldsymbol{X'}_n^j$} 中任意两个目标之间的欧氏距离，得到 $m \times n$ 维马氏距离矩阵 $\boldsymbol{D}$（t_j）

$$\boldsymbol{D}(t_j) = \begin{bmatrix} d_{11} & d_{12} & \cdots & d_{1n} \\ d_{21} & d_{22} & \cdots & d_{2n} \\ \vdots & \vdots & \ddots & \vdots \\ d_{m1} & d_{m2} & \cdots & d_{mn} \end{bmatrix} \tag{5-28}$$

式中，d_{ql}为 $\boldsymbol{X}_q^j$（$q = 1$，…，m）与 $\boldsymbol{X'}_l^j$（$l = 1$，…，n）之间的马氏距离。

步骤 4：根据马氏距离矩阵，采用最近邻域数据关联算法进行目标关联，得到目标关联矩阵 $\boldsymbol{A}^*$（t_j）

$$\boldsymbol{A}^*(t_j) = \begin{bmatrix} a_{11} & a_{12} & \cdots & a_{1n} \\ a_{21} & a_{22} & \cdots & a_{2n} \\ \vdots & \vdots & \ddots & \vdots \\ a_{m1} & a_{m2} & \cdots & a_{mn} \end{bmatrix} \tag{5-29}$$

式中，$a_{ql} \in [0, 1]$，$q = 1$，…，m，$l = 1$，…，n，其中 $a_{ql} = 1$ 代表目标 T_q^i与目标 T_l^j被成功关联上。

在理想情况下 $m = n$，相邻的雷视一体机在监控重叠区域检测到的目标数量相等，基本上能实现一一匹配。但由于雷视一体机的误检或漏检，存在 $m \neq n$ 的情况，这就意味着会有未关联成功的目标。

5.2.3 基于轨迹关联的多目标跟踪算法

在现实场景中，如果在目标从雷视一体机 i 的监控区域进入相邻的雷视一体机 j 的监控区域的过程中发生目标遮挡、漏检等问题，会导致目标被雷视一体机 j 第一次检测到的时候已经不在监控重叠区域，则相邻雷视一体机得到的往往是轨迹片段，而不是完整轨迹，如图 5-19 所示。为了解决这种情况下的跨设备目标跟踪问题，主要研究了一种基于双向运动预测信息的近邻传播聚类小轨迹关联方法对得到的轨迹片段进行关联。

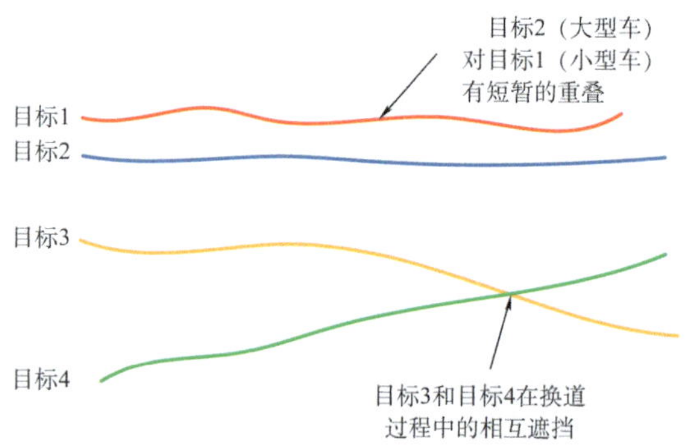

图 5-19 相邻雷视一体机检测的目标轨迹片段示意图

1）基于双向运动预测信息的轨迹片段距离矩阵

轨迹片段关联具有一定的限制条件，称其为轨迹的非重叠限制条件，包括以下两个方面的内容：①两条小轨迹不能在时间上有重叠；②多条轨迹不能同时成为同一条轨迹的邻接前驱或者邻接后驱。根据时间约束条件，可以粗略判断两条小轨迹之间是否可以关联，得到标记矩阵 B。

若两条可能关联的轨迹片段 TR_i、TR_j 属于同一个目标，则这两条轨迹片段在空间位置上具有一定的运动联系。设时间在前的轨迹为 TR_i，利用卡尔曼滤波算法计算出轨迹结束时的最终运动状态 x_{i_end}，根据此运动状态，采用卡尔曼预测目标在后一时刻的位置，重复上述过程，直至与时间在后的轨迹 TR_j 的初始时间重合，得到该轨迹在轨迹 TR_j 的起始时刻的目标预测位置（$\mathrm{loc}_{i,j}$，$\mathrm{loc}_{j\_\mathrm{start}}$）表示轨迹 TR_j 在它的起始时刻的目标位置，d_{b}（$\mathrm{loc}_{i,j}$，$\mathrm{loc}_{j\_\mathrm{start}}$）表示这一时刻后向运动预测得到两条轨迹之间的欧式距离。

根据时间在后的轨迹 TR_j 的初始状态 x_{j_start}，利用反向卡尔曼预测前一时刻目标位置，直到与 TR_i 的终止时间重合，得到该轨迹在 TR_i 轨迹终止时刻的位置（$\mathrm{loc}_{j,i}$，$\mathrm{loc}_{i\_\mathrm{end}}$）表示 TR_i 在终止时刻的位置，d_{f}（$\mathrm{loc}_{j,i}$，$\mathrm{loc}_{i\_\mathrm{end}}$）表示这一时刻前向预测得到的两条轨迹的欧式距离。利用前向预测距离与后向预测距离的几何平均值表示 TR_i、TR_j 之间的距离，表示为

$$d(i,j)=\sqrt{d_{\mathrm{b}}(\mathrm{loc}_{i,j},\mathrm{loc}_{j\_\mathrm{start}})\times d_{\mathrm{f}}(\mathrm{loc}_{j,i},\mathrm{loc}_{i\_\mathrm{end}})} \tag{5-30}$$

设相邻雷视一体机输出的轨迹片段集分别为 $\{\mathrm{TR}q\_1, \mathrm{TR}q\_2, \cdots, \mathrm{TR}q\_\mathrm{m}\}$ 和

$\{TRh\_1, \mathrm{TR}h\_2, \cdots, \mathrm{TR}h\_n\}$，基于双向运动预测信息的轨迹片段距离矩阵的具体计算流程如下。

步骤 1：轨迹索引号 i 从 $1 \sim m$；

步骤 2：轨迹索引号 j 从 $1 \sim n$；

步骤 3：判断两条轨迹是否在时间上存在冲突；

步骤 4：如果存在冲突：$d(i, j) = +\infty$；

步骤 5：如果不冲突：依次计算前向和后向运动预测距离；

步骤 6：根据时间在前的轨迹终止状态 x_{i_end} 计算后向运动预测距离 $d_{\mathrm{b}}(\mathrm{loc}_{i,j}, \mathrm{loc}_{j\_\mathrm{start}})$；

步骤 7：根据时间在后的轨迹起始状态 x_{j_start} 计算前向运动预测距离 $d_{\mathrm{f}}(\mathrm{loc}_{\mathrm{j,i}}, \mathrm{loc}_{i\_\mathrm{end}})$；

步骤 8：根据计算这两条轨迹之间的距离 $d(i, j)$；

步骤 9：$j = j + 1$；重复步骤 3 ~ 步骤 9 至 $j = n$；

步骤 10：$i = i + 1$；重复步骤 2 ~ 步骤 10 至 $i = m$。

2）基于近邻传播聚类算法的轨迹关联

在得到基于双向运动预测信息的轨迹片段距离矩阵后，采用近邻传播（AP）聚类算法进行轨迹关联。近邻传播聚类算法有两个优势：①聚类速度快；②不需要预先设置聚类的个数，对于多目标跟踪过程中，目标数目未知的情况，有较好的效果。AP 聚类算法用代表度 $r(i,j)$ 和有效度 $a(i,j)$ 表示数据点之间的信息，两者之和越大，则两个数据点的关联性越强。具体过程如下：

（1）初始化。

定义数据点（将每一条轨迹当作一个数据点）之间的相似度为 s，表达式为

$$s(i,j) = \begin{cases} 1/d(i,j), i \neq j \\ p_i, \text{其他} \end{cases} \tag{5-31}$$

式中，p_i 为偏向参数，其数值越大，表示该点作为一个类别的中心点的概率越大。与此同时，初始化 $r^{(0)}(i, j) = 0$，$a^{(0)}(i, j) = 0$。

（2）迭代求最佳轨迹关联结果。

利用下述公式更新代表度 $r(i, j)$ 和有效度 $a(i, j)$

$$r^{(t)}(i,j) = \lambda r^{(t-1)}(i,j) + (1-\lambda)[s(i,j) - \max_{k \neq j}\{a^{(t-1)}(i,k) - s(i,j)\}] \tag{5-32}$$

$$a(i,j)=\begin{cases}\min\{0,r^{(t)}(j,j)+\sum\limits_{l\neq i,j}\max\{0,r^{(t)}(l,j)\}\},i\neq j\\ \sum\limits_{l\neq j}\max\{0,r^{(t)}(l,j)\},\text{其他}\end{cases} \tag{5-33}$$

$$a^{(t)}(i,j)=\lambda a^{(t-1)}(i,j)+(1-\lambda)a(i,j) \tag{5-34}$$

最后，$r(i,j)$ 与 $a(i,j)$ 之和最大的数据点被选为数据集的代表点，对于轨迹 TR_i，得到其类代表轨迹索引为

$$\phi(\mathrm{TR}_i)=\underset{k}{\mathrm{argmax}}\{r^{(t)}(i,k)+a^{(t)}(i,k)\} \tag{5-35}$$

令 $G=\bigcup\limits_{i=1,\cdots,m}\{\phi(\mathrm{TR}_i)\}$ 表示所有类代表轨迹索引集合。具有相同类代表的小轨迹片段可能属于同一个目标。

3）基于非重叠限制的关联结果修正

由轨迹非重叠限制条件可知，待关联的轨迹之间存在着一定的时空约束关系，但是通过近邻传播聚类算法得到的结果，可能不满足这些约束关系。因此，需要对聚类关联的结果进行进一步的修正。具有相同类代表的轨迹片段属于同一类别，如果该类别中某两条轨迹存在冲突，则将类代表轨迹距离远的轨迹剔除该类别，并将其独立成为一个新的类别。

轨迹关联修正算法的具体流程如下。

步骤 1：轨迹索引号 j 从 $1\sim n$。

步骤 2：读取 G 中第 j 个轨迹片段的类代表数，找到与它具有相同类代表数的轨迹。

步骤 3：根据标记矩阵 B 判断这些轨迹两两之间是否存在冲突。

步骤 4：如果存在冲突，将类代表距离远的轨迹剔除该类别，并将其独立成为新的类别。同时对类代表轨迹索引矩阵 G 进行修改。

步骤 5：$j=j+1$；重复步骤 2～步骤 4 至 $j=n$。

5.2.4 基于外观特征的多目标跟踪算法

如果在目标从雷视一体机 i 的监控区域进入相邻的雷视一体机 j 的监控区域的过程中发生长时间的目标遮挡、漏检等问题，会导致目标被雷视一体机 j 第一次检测到的时候已经进入雷视一体机 j 的 *EBCF* 监控区域（图 5-15），在该区域内可通过视觉摄像机获取目标的外观特征。在这种情况下，目标轨迹长时间缺失，利用卡尔曼预测目标的位置误差越来越大，如果采用 5.2.3 小节中基于轨迹片段的目标关联算法，会导致目标关联的准确

率下降，此时可采用基于外观特征的目标关联算法。

1）外观特征相似度

设截止到当前时刻，已离开雷视一体机 i 监控区域且未关联成功的目标集合为 $\boldsymbol{T}_i=\{T_1^i,\cdots,T_n^i\}$，$n$ 为未关联成功的目标数量；与雷视一体机 i 相邻的雷视一体机 j 在 $EBCF$ 监控区域内检测到的目标集合为 $\boldsymbol{T}_j=\{T_1^i,\cdots,T_m^i\}$，$m$ 为检测到的目标数量。

（1）颜色相似度。

颜色特征相似度采用 RGB 颜色直方图表示。在 R、G、B 这 3 个通道中，每个通道平均分成 8 个区间进行统计，最后联合得到一个 24 维的颜色矢量。颜色相似度计算公式为

$$S_{ql}^{\mathrm{col}}=\frac{1}{24}\sum_{k=1}^{24}\left(1-\left|\frac{\mathrm{col}_q(k)-\mathrm{col}_l(k)}{\max\{\mathrm{col}_q(k),\mathrm{col}_l(k)\}}\right|\right) \tag{5-36}$$

式中，$\mathrm{col}_q(k)$，$q=1$，2，…，m，代表集合 $\boldsymbol{T}_j$ 中第 q 个目标的第 k 个区间的颜色；$\mathrm{col}_l(k)$，$l=1$，2，…，n，代表集合 $\boldsymbol{T}_i$ 第 l 个目标的第 k 个区间的颜色。

（2）尺寸相似度。

尺寸相似度采用两个目标边界框的面积比值来计算

$$S_{ql}^{\mathrm{size}}=\frac{\min\{\mathrm{aera}_q,\mathrm{aera}_l\}}{\max\{\mathrm{aera}_q,\mathrm{aera}_l\}} \tag{5-37}$$

式中，aera_q，$q=1$，2，…，m，代表集合 $\boldsymbol{T}_j$ 中第 q 个目标边界框面积；aera_l，$l=1$，2，…，n，代表集合 $\boldsymbol{T}_i$ 第 l 个目标边界框面积。

2）D-S 证据理论

在 D-S 证据理论中，Θ 表示 n 个互不相容的元素所组成的识别框架，$\Theta=\{\theta_1,\theta_2,\cdots,\theta_n\}$，其中 θ_i（$1\leqslant i\leqslant n$）称为单个子集，Θ 包含了所有对象，幂集定义为2Θ，是 Θ 所有子集的集合。

（1）基本概率赋值函数（Basic Probability Assignment，BPA）。

设 Θ 为识别框架，如果函数 m：2Θ→［0，1］满足 m（φ）=0，Σm（A）=1，则称 m 为 Θ 上的基本概率赋值函数：其中 m（A）叫作 A 的基本概率赋值，也就是对 A 的支持度，φ 为空集。如果 $\forall A\subseteq\Theta$ 且满足 m（A）>0，则称 A 为焦元。

（2）Dempster 组合规则。

假设在识别框架 Θ 内有两个证据 m_1 与 m_2，其焦元的基本概率赋值为 m_1（A_1）、m_1（A_2）、…、m_1（A_n）和 m_2（B_1）、m_2（B_2）、…、m_2（B_1），那么两个证据的合成公式如下所示

$$m(A) = m(A) + m(B) = \begin{cases} \sum_{A_i \cap B_j} \dfrac{m_1(A_i)m_2(B_j)}{1-k}, \forall A \subset \Theta, A \neq \varphi \\ 0, A = \varphi \end{cases} \tag{5-38}$$

式中，$i=1, 2, 3, \cdots n$，$j=1, 2, 3, \cdots, l$，$k \in [0, 1)$ 表示证据之间的冲突程度，其公式为

$$k = \sum_{A_i \cap B_j = \varphi} m_1(A_i)m_2(B_j) \tag{5-39}$$

如果推广到多个证据进行合成时，那么根据上式可以推导出最终的组合结果

$$m(A) = \frac{1}{1-k} \sum_{\substack{A_1, \cdots, A_n \subseteq \Theta \\ \bigcap_{i=1}^{n} A_i = A}} \prod_{i=1}^{n} m_i(A_i) \tag{5-40}$$

$$k = \sum_{\substack{A_1, \cdots, A_n \subseteq \Theta \\ \bigcap_{i=1}^{n} A_i = \varphi}} \prod_{i=1}^{n} m_i(A_i) \tag{5-41}$$

（3）判定规则。

设 A_1、A_2 为识别框架 Θ 内的两个单子集，其中

$$\begin{aligned} m(A_1) &= \max\{m(A_i), A_i \subset \Theta\} \\ m(A_2) &= \max\{m(A_i), A_i \subset \Theta and A_i \neq A_1\} \end{aligned} \tag{5-42}$$

若满足

$$\begin{cases} m(A_1) - m(A_2) > \varepsilon_1 \\ m(U) < \varepsilon_2 \\ m(A_1) > m(U) \end{cases} \tag{5-43}$$

则在整个融合结果中，融合后的 A_1 就是最终的结果，其中 U 表示不确定的命题，ε_1 与 ε_2 是两个门限值。

3）基于外观特征的多目标跟踪算法流程

首先，将已离开雷视一体机 i 监控区域且未关联成功的目标存入数据库，作为目标集合 $\Theta = \{T_1^i, \cdots, T_n^i\}$，并将雷视一体机 i 相邻的雷视一体机 j 在 $EBCF$ 监控区域内检测到的目标记作 T_{new}^j，设 T_{new}^j 的外观特征为 $\mathrm{col}_{\mathrm{new}}$（颜色特征）、$\mathrm{aera}_{\mathrm{new}}$（尺寸特征）。

其次，根据式（5-42）和式（5-43）分别计算目标 T_{new}^j 和 T_l^i（$l=1, 2, \cdots, n$）的颜色相似度 S_l^{col}、尺寸相似度 S_l^{size}，可得对目标 T_l^i（$l=1, 2, \cdots, n$）的置信度指派

$$\begin{aligned} m_{\mathrm{col}}(T_l^i) &= S_l^{\mathrm{col}} \\ m_{\mathrm{size}}(T_l^i) &= S_l^{\mathrm{size}} \end{aligned} \tag{5-44}$$

不确定性置信指派

$$m_{col}(\Theta) = \prod_{l=1}^{n}(1 - S_l^{col})$$
$$m_{size}(\Theta) = \prod_{l=1}^{n}(1 - S_l^{size}) \tag{5-45}$$

最后，根据 D-S 证据理论进行目标关联，满足以下条件表示目标关联成功：

（1）所关联上的目标具有最大置信指派值，而且与其他相似目标的置信指派值差值大于设定的门限值 ε_1；

（2）所关联上的目标不确定性指派值必须小于设定的门限值 ε_2。

5.3 应用案例

为了对本章模型性能进行验证，将该模型应用于广州广明高速公路祈福隧道进行实例研究。隧道结构异于一般高速路段，具有内部路基宽度狭窄、空间密闭性强、视野范围小等一系列特点，导致隧道路段存在一定的安全隐患、管理困难的问题。而且，由于国家公路的不断开发，隧道数量的逐渐增加，隧道交通事故也越来越多。研究表明：

（1）事故数量随隧道长度增加而上升，在长隧道中，变道、超车等行为更加频繁，致使交通事故增加。

（2）复杂的平曲线设计与相对平直的线形相比，更容易导致交通事故。

（3）隧道内事故的严重程度和造成的人员伤亡后果更为严重、隧道内事故致人死亡的风险是普通路段的两倍。

（4）隧道内的起火事故往往会造成严重的群死群伤事故。

近年来，相关学者对隧道风险的研究采取区段划分比较的方式，如图 5-20 所示，根据隧道路段不同区域特点，将隧道划分为 4 类 7 段区域，隧道全景如图 5-21 所示。挪威学者发现，隧道驶入区域事故率更高，随着车辆驶入隧道，事故率逐渐降低。发生事故最多的地方是进入隧道前的 50m 开放道路，即进口影响段。

对此，本章针对隧道高风险特点，以广州祈福隧道为例作了相关调研分析并开发了一套隧道数字孪生监控平台，以便于进行后续实验研究，如图 5-22 所示。

万集科技在广州广明高速公路祈福隧道智慧运营管控项目中，基于厘米级高精度地图、真实场景三维建模、全息感知智慧基站、车辆特征智能匹配，完成了全长 1.6km 隧道的数字化改造。改造后的数字隧道支持隧道全域运行动态监控、高可靠事件检测、车辆全域跟踪行为管理，赋能隧道调度管理，提高事件响应和处置效率。此外，数字隧道还支持厘米级高精度定位，为网联车辆提供伴随式信息服务。

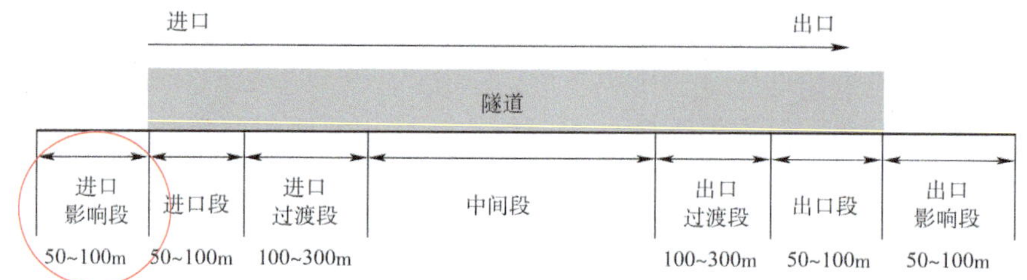

图 5-20　典型隧道路段区域划分示意图

图 5-21　隧道全景图

图 5-22　广州祈福隧道的数字孪生监控平台

隧道管理平台整合了传统机电系统，实现隧道内设备状态数据和运行数据的无线接入，支持隧道设备三维养护、应急预案触发、设备联动过程、隧道安全预警与诱导信息的路侧及时发布，赋能隧道运维与安全。

数字孪生平台主要功能包括：全域监测、高精定位、车后漫游、盲区预警、事件检测（禁止变道）、两客一危检测等。以下主要从智慧入口、伴随式服务、全域监控三个方面介绍数字隧道的核心技术和应用功能。

（1）智慧入口。

通过时间和空间的同步，智慧基站系统和车牌识别系统可协同工作，将车辆的车牌号、车牌颜色、车型、位置、速度、航向角、所在车道等信息进行绑定，左侧列表为实时的原始感知结果，目前车辆特征绑定成功率可达到99%以上，如图5-23所示。

图 5-23　智慧入口（正常）

全域运行状态监控，一方面可为后续车辆行为检测、事件自动化处理提供车辆数据基础；另一方面基于精准的车型感知能力，可实现隧道内重点车辆，如对两客一危车辆进行针对性的安全监控，如图5-24所示。

图 5-24　智慧入口（车后漫游）

（2）伴随式服务。

在隧道内布设了全域覆盖的智慧基站，基于单基站对车辆厘米级的感知定位能力和跟踪算法，可以通过车辆的位置和特征等多维信息对基站感知结果进行精准匹配，实现多基站间无缝的感知传递，完成车辆在隧道内的全域跟踪，如图5-25所示。

目前该平台每秒可跟踪车辆8个运动位置，隧道全域跟踪成功率大于98%，所以通过隧道管理平台可以监测每一辆车在隧道内完整的运行轨迹，如图5-26所示。

通过车辆的位置和特征等多维信息对基站感知结果进行精准匹配，实现多基站间无缝的感知传递，完成车辆在隧道内的全域跟踪。

图 5-25　基站特写

图 5-26　车辆伴随式的多维信息

车辆全域跟踪，可实现伴随式信息服务。服务内容包括：在隧道内卫星定位信号丢失的情况下，为车辆提供厘米级定位服务；当车辆出现变道、低速等异常行为时，选择隧道内位置最优的信息情报板、定向声音预警系统对车辆进行提醒；同时还可以为车辆提供隧道内的遗撒物、拥堵状态、盲区预警、限速预警等信息服务，如图 5-27 ~ 图 5-29 所示。

图 5-27　禁止变道预警

图 5-28　盲区预警

图 5-29　限速预警

（3）全域监控。

万集数字孪生平台不仅可以兼顾传统视频点位监控方式，还可以以上帝视角感知整个隧道的运行状态，基于车辆全域的运动轨迹分析可大大提高交通事故、遗撒物、逆行、碰撞、违法停车等事件检测的准确率和实时性，如图 5-30 所示。

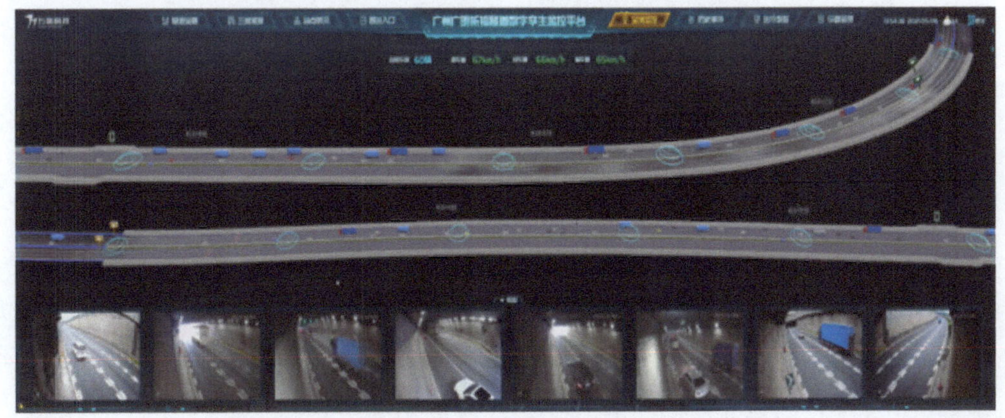

图 5-30　全域监控（正常）

同时平台也可接入一氧化碳/能见度检测装置、火灾等环境传感器数据，来实现隧道异常事件的自动发布及预警，为后续的事故处理争取时间，如图5-31所示。

图5-31 全域监控（事件）

同时智慧基站可在长隧道无卫星定位信号时提供厘米级的车辆定位服务，可为省级交通运输管理系统赋能，解决两客一危车辆在隧道内和监控需求，如图5-32所示。

图5-32 全域监控（两客一危）

5.4 本章小结

现阶段我国交通目标检测及异常行为检测技术以视频、雷达等单一技术为主，人工智能算法和数据融合技术欠缺；复杂交通场景中交通行为在线识别精度低、实时性差、运行风险辨识和评估智能化不足；复杂道路运输网欠缺多角度、多方位、考虑人因效益的自助矫正与风险主动防控技术。基于国内存在的这些问题，本书提出一套道路动态目标实时监测与环境风险感知技术，并从视频的动态目标实时检测技术、雷达多目标动态连续跟踪技术、全天候复杂场景下视频和雷达一体化融合、融合车基信息的目标感知可靠性提升技术与多维度风险因子检测技术多个方面，对道路动态目标实时监测与环境风险感知技术系统原理及应用进行描述与开发。该技术主要针对道路交通中多目标实时检测，在研究基于视频和雷达的目标检测、跟踪、识别算法的基础上，重点研究雷达视频融合技术、连续跟踪技术及实际应用案例；同时，对影响道路交通安全的环境风险感知技术和设备优化部署进行了描述。道路动态目标实时监测与环境风险感知技术适用于复杂交通场景的交通行为精准快速辨识、预测，同时配备一套高风险交通行为在线评估系统，集成风险目标实时监测的综合道路运输网集成装备。

本章参考文献

[1] 王炜．城市交通管理规划方案设计技术[J]. 交通运输工程学报,2003,(2):57-60.

[2] HARTENSTEIN H, LABERTEAUX K. VANET Vehicular Applications and Internetworking Technologies[M]. Hoboken,NJ,USA:Wiley,2010.

[3] 欧海涛,张卫东,张文渊,等. 基于多智能体技术的城市智能交通控制系统[J]. 电子学报,2000,28(12):52-55.

[4] 张锦,高世廉. 中国城市道路交通控制系统发展研究[J]. 西南交通大学学报,1997,32(1):44-49.

[5] 翟高寿,查建中,鄂明成. 集成智能城市交通控制系统体系结构的提出[J]. 系统工程理论与实践,2000,20(7):80-84.

[6] 高海军,俞国军,李振龙. 基于 agent 的城市交通信号控制[J]. 控制与决策,2004,19(7):18-21.

[7] WANG Y H, NIHAN N L. Can single-loop detectors do the work of dual-loop detectors[J]. Journal of Transportation Engineering,2003,129(2):169-176.

[8] KISHORE R K,SUMA M,et al. Multiple object tracking using radar and vision sensor fusion for autonomous vehicle[C]. 2020 IEEE International Conference for Innovation in Technology (INOCON),2020,1-6.

[9] NABATI R,QI H. Rrpn:Radar region proposal network for object detection in autonomous

vehicles[C]. 2019 IEEE International Conference on Image Processing (ICIP), 2019, 3093-3097.

[10] YADAV R, VIERLING A, BERNS K. Radar + RGB attentive fusion for robust object detection in autonomous vehicles[C]. 2020 IEEE International Conference on Image Processing (ICIP), 2020, 1986-1990.

[11] NOBIS F, GEISSLINGER M, WEBER M, et al. A deep learning-based radar and camera sensor fusion architecture for object detection[C]. 2019 Sensor Data Fusion: Trends, Solutions, Applications (SDF), 2019, 1-7.

[12] BIJELIC M, GRUBER T, MANNAN F, et al. Seeing through fog without seeing fog: Deep multimodal sensor fusion in unseen adverse weather[C]. Proceedings of the IEEE/CVF Conference on Computer Vision and Pattern Recognition, 2020, 11679-11689.

[13] SHAH M, HUANG Z, LADDHA A, et al. Liranet: End-to-end trajectory prediction using spatio-temporal radar fusion[C]. arXiv preprint arXiv: 2010.00731, 2020.

[14] 王伟,张朝阳,唐心瑶,等. 道路场景下相机自动标定及优化算法[J]. 计算机辅助设计与图形学学报,2019,31(11):1955-1962.

[15] 严腾. 高速公路场景下相机自动标定算法研究[D]. 西安:长安大学,2018.

[16] 李婵. 基于消失点及模型匹配的相机自动标定算法研究[D]. 西安:长安大学,2019.

[17] KANHERE N K, BIRCHFIELD S T. A taxonomy and analysis of camera calibration methods for traffic monitoring applications[J]. IEEE Transactions On Intelligent Transportation Systems, 2010, 11(2): 441-452.

[18] 韩崇昭,朱洪艳,段战胜. 多源信息融合[M]. 北京:清华大学出版社,2010.

[19] HE K, GKIOXARI G, DOLLAR P, et al. Mask r-cnn[J]. IEEE Transactions on Pattern Analysis and Machine Intelligence, 2020, 42(2): 386-397.

[20] REN S, HE K, GIRSHICK R, et al. Faster r-cnn: Towards real-time object detection with region proposal networks[J]. IEEE Transactions on Pattern Analysis and Machine Intelligence, 2017, 39(6): 1137-1149.

[21] ROY A G, NAVAB N, WACHINGER C. Recalibrating fully convolutional networks with spatial and channel "squeeze and excitation" blocks[J]. IEEE Transactions on Medical Imaging, 2018, 38(2): 540-549.

[22] WOJKE N, BEWLEY A, PAULUS D. Simple online and realtime tracking with a deep association

metric[C]. 2017 IEEE International Conference on Image Processing (ICIP),2017,3645-3649.

[23] BEWLEYA, GE Z, OTT L, et al. Simple online and realtime tracking[C]. 2016 IEEE International Conference on Image Processing (ICIP),2016,3464-3468.

[24] BERNARDINK ,STIEFELHAGEN R. Evaluating multiple object tracking performance:the CLEAR MOT metrics[J]. In EURASIP Journal on Image And Video Processing,2008, 1-10.

[25] ARUN H,LISA B,JONATHAN C,et al. Smart surveillance:applications,technologies and implications[C]. In IEEE Pacific- Rim Conference On Multimedia, Singapore, 2003, 2: 1133-1138.

[26] 李志华. 智能视频监控系统目标跟踪与分类算法研究[D]. 杭州:浙江大学,2008.

[27] LUTHONA F,LIÉVIN M,FAUX F. On the use of entropy power for threshold selection[J]. Signal Processing,2004,84(10):1789-1804.

[28] ALLILI M S,BOUGUILA N,ZIOU D. A robust video foreground segmentation by using generalized gaussian mixture modeling[C]. In Fourth Canadian Conference on Computer and Robot Vision,2007,503-509.

[29] JAVED O,SHAFIQUE K,RASHEED Z. Modeling inter-camera space-time and appearance relationships for tracking across non-overlapping views[J]. Computer Vision and Image Understanding,2007,109(2):146-162.

[30] MOTAMED C,WALLART O. A temporal fusion strategy for cross-camera data association [J]. Pattern Recognition Letters,2007,28(2):233-245.

[31] DA L,LIANG B ,ZHANG W. Real-time moving vehicle detection,tracking,and counting system implemented with OpenCV[C]. IEEE International Conference on Information Science and Technology,2014,631-634.

[32] 汪国强,盖琪琳,于怀勇,等. 基于背景差分法的视频目标检测算法研究[J]. 黑龙江大学工程学报,2014,(4):64-68.

[33] YAN G,YU M,YU Y,et al. Real-time vehicle detection using histograms of oriented gradients and AdaBoost classification[J]. Optik-International Journal for Light and Electron Optics, 2016,127(19):7941-7951.

[34] REN S ,HE K ,GIRSHICK R ,et al. Faster R-CNN:towards real-time object detection with

region proposal networks[J]. IEEE Transactions on Pattern Analysis & Machine Intelligence,2017,39(6):1137-1149.

[35] 韩凯,张红英,王远,等.一种基于 Faster R-CNN 的车辆检测算法[J].西南科技大学学报,2017,(4):65-70.

[36] 陶立超,赵宇明.基于分块颜色直方图和粒子滤波的物体跟踪[J].计算机工程与应用,2012,48(7):165-168.

[37] 魏驰.基于多摄像头的车辆跟踪系统设计与实现[D].成都:电子科技大学,2018.

[38] 彭锦佳.摄像头网络中车辆检测和识别方法的研究[D].大连:大连海事大学,2017.

[39] 谷晓琳,周石琳,雷琳.基于 m-best 数据关联和小轨迹关联多目标跟踪算法[J].系统工程与电子技术,2017,39(7):1640-1646.

[40] 韩蕾蕾,修建娟,董凯,等.基于轨迹预报的空间目标断续航迹关联算法[J].电光与控制,2019,26(12):100-104.

[41] 齐林,王海鹏,熊伟,等.基于先验信息的多假设模型中断航迹关联算法[J].系统工程与电子技术,2015,37(4):732-739.

[42] BAE S, YOON K. Robust online multiobject tracking with data association and track management[J]. IEEE Transactions on Image Processing,2014,23(7):2820-2833.

[43] 刘彩虹,张磊,黄华.交通路口监控视频跨视域多目标跟踪的可视化[J].计算机学报,2018,41(1):221-235.

[44] WANG C,LIU H,GAO Y. Scene-adaptive hierarchical data association for multiple objects tracking[J]. IEEE Signal Processing Letters,2014,21(6):697-701.

[45] BUCH N,VELASTIN S A,ORWELL J. A review of computer vision techniques for the analysis of urban traffic[J]. IEEE Transactions on Intelligent Transport Systems,2011,12(3):920-939.

[46] ZIVKOVIC Z,HEIJDEN F. Recursive unsupervised learning of finite mixture models[J]. IEEE Transctions on Pattern Analysis and MachineIntelligence,2004,26 (5):651-656.

[47] GREGGIO N,BERNARDINO A,LASCHI C,et al. Self-adaptive Gaussian mixture models for real-time video segmentation and background subtraction[C]. International Conference on Intelligent Systems Design and Applications,2010,983-989.

[48] 万琴,王耀南,袁小芳.改进联合概率数据关联的视频多目标快速跟踪[J].控制理论与应用,2011,28(10):1421-1430.

CHAPTER 6 第6章

多维度运行风险因子检测技术

交通运行风险因子是指从人、车、路、环境角度出发，对交通安全产生负面影响的要素。交通风险因子的检测是交通风险识别、预警、防控等的基础，也是提升道路网络运行安全性的迫切需求，而道路风险组成复杂，如何从纷繁复杂的道路风险因子中找到主要的影响因子并对其进行高效检测，是当前的研究重点与难点，也是当前研究所面临的挑战。在道路运输系统中，隧道、桥梁和长下坡路段更易受交通风险因子影响，是交通安全领域研究重点。本章从上述三类典型路段中存在的交通风险因子出发，介绍交通风险因子的检测技术。

不同类型的高风险路段具有不同的交通风险因子，如：隧道路段的内部照明、出入口“黑白洞”效应等是引发交通事故的主要因素；大桥路段因常发横风、团雾、雨雪等不利因素，易导致翻车、连环追尾等交通事故；长下坡路段车辆超载、超速、制动失效等的存在，增加了发生交通事故的风险。同时，风险因子包括了人、车、路、环境等多个维度，如何从复杂多样的风险因子中找到路段相应的风险主要影响因子，是进行风险因子分析的首要前提。

本章重点介绍交通环境风险因子的感知技术，通过对大桥、隧道、长下坡等高风险路段风险因子进行分析梳理，结合各类交通环境风险因子的检测设备工作原理以及适用场景，介绍检测器布设优化思想和相关理论。

6.1 风险因子分析及评价方法

不同类型的道路交通中风险因子差异性较大，且复杂多样，如何从繁多的风险因子中找出关键因子，是进行交通安全风险检测、预警、防控的前提。

6.1.1 多维度风险因子分析

多维度是指从人、车、路、环境等多个维度出发，找到路段上的潜在风险影响因子。由于不同路段对应的道路线形、道路结构、气候环境、交通流构成等因素存在较大差异，其交通安全风险亦呈现出不同的特点。大桥、隧道、长下坡这些特殊路段通常具有较高风险，值得重点关注，本节从事故类型、事故空间分布等方面对这些高风险路段的风险特点进行分析。

1）大桥路段交通安全风险分析

大桥的交通安全风险具有显著的区域分布特征和季节变化特征，这主要与大桥所处地理环境的特殊性有关。从地理层面分析，大桥一般居于大江大河、大海流域或山川峡谷地带，不同区域的大桥所处的气候环境有所差异，导致大桥风险防控中所关注的风险因子不同，如山川峡谷地带的大桥重点关注横风的影响，江河湖海流域的大桥重点关注团雾的影响，我国北方地区重点关注冬季冰雪路面的影响，我国南方地区重点关注雨季湿滑路面的影响。以下是对于三种典型的长大桥的特点分析。

第一类是跨海跨江大桥，这类大桥主要分布在我国沿海地区以及长江黄河中下游地带，也是桥梁类型中占比最多的。该区域主要受季风气候的影响，降水较多，带来的湿润水汽易产生雨雾，使能见度降低、增加路面湿滑程度、降低路面附着系数，对行车安全影响极大。尤其在东部沿海地区，夏季台风多发，低能见度和湿滑路面对行车安全影响极大。此外，台风天气带来的侧风对行车安全的影响也不容忽视，强侧风会使车辆产生侧滑、侧翻，严重者导致外车道行驶的空载货车坠车。

第二类较为常见的是峡谷大桥，这类大桥分布于山谷地带，其典型特征是多与隧道相连，峡谷风较为常见，峡谷风的来流风会有加速效应，峡谷间的距离越小，来流风的加速效应就越显著。因此，侧风是该区域桥梁重点关注的风险因子。此外，峡谷地带云雾缭绕，团雾频发，也是造成桥梁事故的主要风险因素。

第三类比较常见的是季冻区大桥。我国北方地区尤其是东北地区，冬季冰雪覆盖桥面，使路面附着系数极大降低，同时在一定气象条件下会在桥面产生暗冰，带来安全隐患。另外，冬季冰雪天气常伴随大风，更加剧了行车风险性。因此，冰雪和寒潮大风是该区域大桥需重点关注的两大风险因子。

以往学者对大桥路段交通风险进行了大量研究，大都对桥梁进行了区段划分以及事故统计分析，但根据各个学者研究的角度不同，区段划分结果有所不同，通常可以将桥梁划分为进近区、入口段、过渡段、中间段、出口段和下桥段几个部分，如图 6-1 所示。

统计结果显示：桥梁入口段交通事故率高于出口段，这与车辆上桥时的减速行为密不可分，桥梁中间段和过渡段的翻车事故数高于入口段和出口段，且严重程度更高，强侧风是导致桥梁中间段高翻车事故率的主要原因，桥梁事故中追尾事故占比最大，其次是撞护栏。

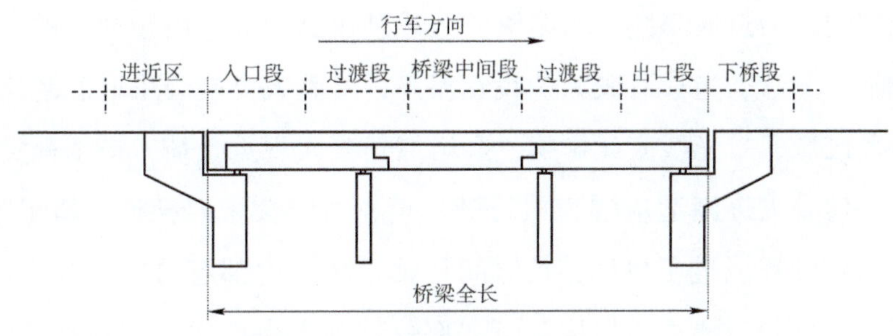

图 6-1　桥梁区段划分示意图

通过事故统计以及致因分析，对大桥路段风险因子进行了总结，形成交通风险因子集见表 6-1。

大桥路段交通风险因子集　　表 6-1

风险因子	驾驶人行为	（1）超载超限	（6）制动不当	（11）驾驶人预判失误
		（2）超速	（7）违法变道	（12）驾驶人操作失误
		（3）疲劳驾驶	（8）违法占道行驶	（13）急加减速
		（4）违法超车	（9）违法停车	—
		（5）酒后驾驶	（10）跟车距离不足	—
	车辆状态	（1）爆胎	（5）转向失效	（9）轮胎磨损
		（2）灯光失效	（6）制动失效	（10）车辆超过使用年限
		（3）制动系统工况不良	（7）制动器摩擦片不良	（11）货车缺少标识
		（4）制动系统不符合技术标准	（8）非法改装，如超高超宽等	—
	道路设施条件	（1）桥面局部变形较大	（6）桥桩沉陷导致局部坡度较大	（11）避险车道设置位置、参数等不合理
		（2）引桥段接洽不合理	（7）路面抗滑性能欠佳	（12）限速标志设置不合理
		（3）纵向线形组合不合理	（8）平面线形组合不合理	（13）路面排水不畅
		（4）平面线形指标不满足运行速度要求	（9）三维线性提供的视距不满足运行速度要求	（14）平曲线半径较小路段缺少视线诱导设施
		（5）纵断面线形指标不满足运行速度要求	（10）未安排桥侧避险车道	（15）护栏防护等级、型式选择不合理
	交通环境	（1）强降雨/区域性降雨	（5）强侧风	（9）重载货车比例高
		（2）路面结冰	（6）常发性雾区	（10）交通事故占用车道
		（3）暗冰	（7）降雪	（11）冰雹
		（4）团雾	（8）交通量大	（12）危化品车辆比例高

2）隧道路段交通安全风险分析

公路隧道是专供汽车运输行驶的通道，由于隧道内部与外部环境差异大，一直以来是重点关注的高风险路段。受隧道构造的影响，隧道不同区段行驶环境差异较大，相应地会对驾驶人驾驶行为造成影响。当车辆驶入或驶出隧道时，由于光线的突然变化，容易产生“黑白洞”效应，造成驾驶人的视觉振荡，驾驶人可能会采取急减速行为。在隧道进出口过渡段区域，受光线变化影响，会增加驾驶人视觉负荷，产生视觉疲劳。随着行驶时间增加，驾驶人逐渐适应隧道内行驶环境，可能会采取换道、超车等危险行为，且由于隧道内部驾驶环境过于单调，长时间行驶于隧道内部容易使驾驶人产生疲劳感，不利于行车安全。行驶至隧道出口段附近，部分驾驶人会产生急切地驶离隧道的心情，较为兴奋，采取加速行为。

在对于隧道风险的研究过程中，考虑到隧道不同区段行驶环境的差异性，通常对隧道进行区段划分，但各学者依据研究的侧重点不同，其区段划分方式也不尽相同，其中一种较为典型的区段划分方法将隧道分为进出口影响段、进出口段、进出口过渡段和中间段五部分，如图 5-20 所示。

综合相关研究，隧道事故特征可以总结如下：

（1）受隧道结构特征影响，交通事故率在不同区段内的分布存在差异，且事故类型在隧道空间中分布亦存在区别。

（2）隧道内追尾事故比例高。受隧道光线的影响，大部分车辆在隧道路段存在频繁的加减速过程，总体呈减速—加速—匀速—加速的过程，这导致隧道路段存在较大的运行速度差，这是追尾事故发生较多的主要原因。

（3）隧道进出口处事故发生率高。这主要由于驾驶人在隧道进出口受到“黑白洞”效应的影响，视觉感知能力降低，容易引发事故。另一方面，在雨雪等特殊天气下，隧道进出口附近地面状态的突然变化会降低驾驶人行驶安全性。

（4）火灾是隧道比较特殊的事故，由于隧道的相对封闭性，如果处理不及时容易造成大规模的人员伤亡与财产损失。

基于历史交通事故等数据，进行统计分析，总结得到隧道的交通风险因子集见表 6-2。

3）长下坡路段交通安全风险分析

长下坡路段因连续的下坡使其首末端具有较大的高程差，且长下坡多位于山区路段，地形起伏大，高原、微丘、重丘和山岭区颇多，道路线形复杂，因此，长下坡路段往往是道路交通事故多发路段，重特大交通事故频发。

由于长下坡通常存在较大的高程差，需要车辆频繁制动，而大型货车由于其载重大，采用鼓式制动器，制动散热性能差，容易引发制动热衰退现象，所以是长下坡路段的事故高发车型。由于车辆制动性能的下降，以及长下坡路段复杂的线形条件，通常长下坡路段主要的事故表现形式为：追尾、翻车、冲出路外（含坠车等）、撞固定物（含撞护栏、路边撞墙等）、剐蹭等。

隧道路段交通风险因子集 表6-2

风险因子	驾驶人行为	（1）超速	（5）酒后驾驶	（9）违法停车（硬路肩等）
		（2）急加/减速	（6）违法超车	（10）驾驶人预判失误
		（3）跟车距离过近	（7）违法占道行驶	（11）驾驶人操作失误
		（4）疲劳驾驶	（8）违法变道	—
	车辆状态	（1）爆胎	（4）制动失效（制动热衰退等）	（7）车辆超过使用年限
		（2）灯光失效	（5）发送机故障	（8）非法改装，超高超宽等
		（3）转向失效	（6）轮胎磨损	—
	道路设施条件	（1）路面排水不畅	（7）纵断面线形指标不满足运行速度要求	（13）限速标志设置不合理
		（2）较大纵坡与较小半径平曲线组合	（8）相邻路段运行速度协调性不良	（14）指路标志信息选取不合理
		（3）坡段组成不合理	（9）三维线性提供的视距不满足运行速度要求	（15）平曲线半径较小路段缺少视线诱导设施
		（4）反光贴设置不合理	（10）路基与桥隧结构物衔接路段线性指标过渡不合理	（16）路侧或中央分隔带护栏防护等级、型式选择不合理
		（5）曲线路段超高不满足运行速度要求	（11）路面抗滑性能欠佳	（17）缺少服务区、停车区等服务设施
		（6）平面线形指标不满足运行速度要求	（12）路基沉陷	—
	交通环境	（1）照明不良	（5）能见度低	（9）危化品运输车辆比例高
		（2）路面结冰	（6）一氧化碳浓度高	（10）路面积雪
		（3）路面积水	（7）视距不良	（11）洒落物
		（4）黑白洞效应	（8）重货车比例高	（12）交通量大

研究表明，长下坡路段的事故与道路线形息息相关，其事故在空间分布上具有一定的规律：

（1）长下坡路段的交通风险沿下坡方向逐渐增加，在连续下坡路段的后半段发生的事故在事故总数中占有很高的比例，尤其是坡底的事故最为集中。造成长下坡路段后半段风险高的原因包括：①制动热衰退，长下坡路段主要的事故车型为货运车辆，其载重大，动能大，制动过程中大量动能转化为制动器内能，且货运车辆常采用的鼓式制动器散热性差，导致随着下坡制动器温度逐渐增加，从而增加车辆制动热衰退的风险，进而增加了交通运行风险；②疲劳驾驶，由于在长下坡路段上行驶需要驾驶人频繁地采取制动措施，增加驾驶人操作强度，且经过下坡过程的长时间驾驶，容易增加驾驶人的疲劳感，在下坡路段的高速行驶状态下，易引发交通事故，增加道路运行风险。

（2）坡度大处风险高。事故率与平均坡度呈较强的相关性，多数学者的研究结论表明，事故率与坡度呈指数或线性的单调上升关系，即随着坡度的增加事故率上升，且当坡度超过一定值时，事故率急剧上升。

（3）坡度代数差大处风险高。在坡度变化较大的地方，交通风险较高，事故较为集中，主要是由于变坡点处较大的坡度代数差容易引起驾驶人的视觉错误，造成驾驶人对前方公路条件的感知结果与实际不符，导致驾驶人的不合理换挡、加减速等危险行为，容易造成交通事故。

（4）较大纵坡与较小半径平曲线组合处风险高。长下坡路段车辆行驶速度通常较高，遇小半径平曲线时转弯困难，且在急陡弯处驾驶人视线受限，不能及时发现前后方车辆，容易引发撞护栏、冲出路外、追尾、正面碰撞等交通事故，交通运行风险较高。

基于历史交通事故等数据，进行统计分析，总结得到长下坡路段的交通风险因子集见表6-3。

长下坡路段交通风险因子集 表6-3

<table>
<tr><td rowspan="19">风险因子</td><td rowspan="5">驾驶人行为</td><td>（1）超载超限</td><td>（6）违法超车</td><td>（11）驾驶人操作失误</td></tr>
<tr><td>（2）超速</td><td>（7）违法占道行驶</td><td>（12）取消牵引车制动</td></tr>
<tr><td>（3）跟车距离过近</td><td>（8）违法变道</td><td>（13）酒后驾驶</td></tr>
<tr><td>（4）疲劳驾驶</td><td>（9）违法停车（硬路肩等）</td><td>—</td></tr>
<tr><td>（5）下坡挡位选择不合理</td><td>（10）驾驶人预判失误</td><td>—</td></tr>
<tr><td rowspan="4">车辆状态</td><td>（1）制动失效（制动热衰退等）</td><td>（5）非法改装，如超高超宽等</td><td>（9）灯光失效</td></tr>
<tr><td>（2）制动系统工况不良</td><td>（6）转向失效</td><td>（10）车辆超过使用年限</td></tr>
<tr><td>（3）制动器摩擦片更换不及时</td><td>（7）轮胎磨损</td><td>—</td></tr>
<tr><td>（4）制动系统不符合技术标准</td><td>（8）爆胎</td><td>—</td></tr>
<tr><td rowspan="3">道路设施条件</td><td>（1）下坡总长度控制不合理</td><td>（4）较大纵坡与较小半径平曲线组合</td><td>（7）纵断面线形指标不满足运行速度要求</td></tr>
<tr><td>（2）平均纵坡不合理</td><td>（5）曲线路段超高不满足运行速度要求</td><td>（8）相邻路段运行速度协调性不良</td></tr>
<tr><td>（3）坡段组成不合理</td><td>（6）平面线形指标不满足运行速度要求</td><td>（9）三维线性提供的视距不满足运行速度要求</td></tr>
</table>

续上表

风险因子	道路设施条件	(10) 路基与桥隧结构物衔接路段线性指标过渡不合理	(14) 限速标志设置不合理	(18) 平曲线半径较小路段缺少视线诱导设施
		(11) 路面抗滑性能欠佳	(15) 指路标志信息选取不合理	(19) 路侧或中央分隔带护栏防护等级、型式选择不合理
		(12) 路基沉陷	(16) 缺少连续长大下坡预告、起终点、余长、行车安全提醒等标志	(20) 缺少服务区、停车区等服务设施
		(13) 路面排水不畅	(17) 避险车道数量、设置位置、参数及配套安全设施、预告标志等不合理	—
	交通环境	(1) 运行速度差大	(6) 强降雨或区域性降雨	(11) 黑冰
		(2) 交通量大	(7) 团雾	(12) 强侧风
		(3) 重载货车比例高	(8) 常发性雾区	(13) 冰雹
		(4) 外地车辆比例高	(9) 降雪	—
		(5) 危化品运输车辆比例高	(10) 路面结冰	—

6.1.2 风险因子评价方法

目前，关于风险的评估多是应用软科学方面的评估方法，例如层次分析法、故障树分析法、模糊综合评价法、敏感性分析法等。

层次分析法由美国运筹学家 T. L. Saaty 于 20 世纪 70 年代初期提出，是指将与决策总是有关的元素分解成目标、准则、方案等层次，在此基础之上进行定性和定量分析的决策方法。该方法所需定量数据信息较少，简洁实用。

故障树分析法是由上往下的演绎式失效分析法，利用布林逻辑组合低阶事件，分析系统中不希望出现的状态。模糊综合评价法是一种基于模糊数学的综合评价方法。该综合评价法根据模糊数学的隶属度理论把定性评价转化为定量评价，它具有结果清晰、系统性强的特点，能较好地解决模糊的、难以量化的问题，适合各种非确定性问题的解决。敏感性分析法是投资项目的经济评价中常用的一种不确定性分析方法，指从众多不确定性因素中找出对投资项目经济效益指标有重要影响的敏感性因素，并分析、测算其对项目经济效益指标的影响程度和敏感性程度，进而判断项目承受风险能力的一种不确定性分析方法。

道路风险因子重要度评价主要关注的是风险因子对于道路事故形成的促进作用或者说该风险因子诱发交通事故的概率，以及该风险因子引发的交通事故所造成的危害性大小，可以概述为事故可能性与事故严重性两个方面。实际过程中，可以利用历史事故数据统计结果作为重要度评价的依据。下面以层次分析法为例，对长下坡路段的风险因子重要度评价过程进行描述：

（1）建立层次结构模型。分析道路风险因子对交通安全的影响，选取长下坡路段风险因子重要度评价指标，构建层次结构模型，如图6-2所示。

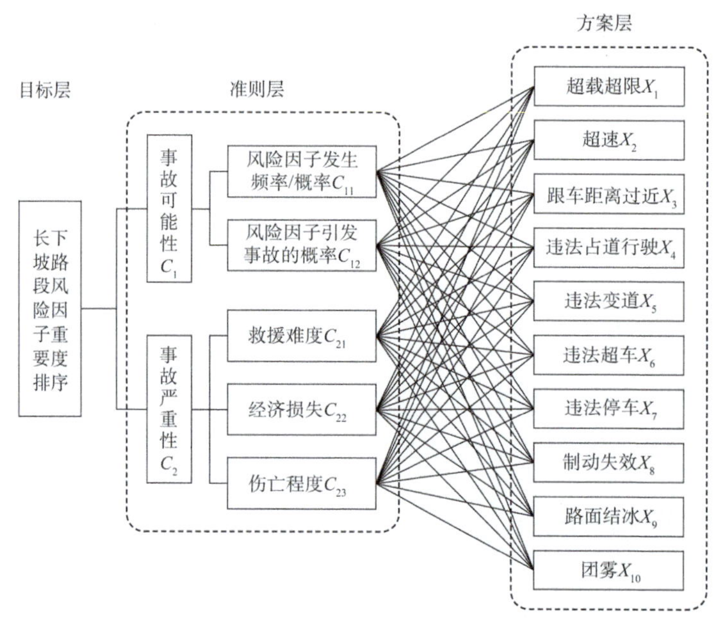

图6-2　长下坡路段风险因子重要度评价体系

（2）根据九标度法建立判断矩阵。判断矩阵表示针对上一层次某因素而言，本层次与之有关的各因素之间的相对重要性。在因素间两两进行重要度比较，构造判断矩阵$A=(a_{ij})_{n\times n}$，见式（6-1），其重要性标度含义见表6-4。

$$A=\begin{bmatrix} a_{11} & a_{12} & \cdots & a_{1n} \\ a_{21} & a_{22} & \cdots & a_{2n} \\ \vdots & \vdots & \ddots & \vdots \\ a_{n1} & a_{n2} & \cdots & a_{nn} \end{bmatrix} \tag{6-1}$$

重要性指标含义表　　　　表6-4

标度值	含　义	标度值	含　义
1	两元素具有同等重要性	7	一元素比另一元素强烈重要
3	一元素比另一元素稍重要	9	一元素比另一元素极端重要
5	一元素比另一元素明显重要	2，4，6，8	两元素的重要性对比介于两者之间时，取上述相邻判断的中间值

注：a_{ij}为元素i与元素j重要性比较结果，a_{ji}为元素j与元素i重要性比较结果，存在$a_{ij}=\frac{1}{a_{ji}}$。

（3）计算层次单排序及其一致性检验。

①计算权重系数。

利用式（6-2）进行权重系数的计算，其中 i，$j=1$，2，…，n。

$$\begin{cases} \overline{a_{ij}} = \dfrac{a_{ij}}{\sum\limits_{i=1}^{n} a_{ij}} \\ \overline{w_i} = \sum\limits_{j=1}^{n} \overline{a_{ij}} \\ w_i = \dfrac{\overline{w_i}}{\sum\limits_{i=1}^{n} \overline{w_i}} \end{cases} \tag{6-2}$$

据此计算得到向量 $W=(w_1, w_2, \cdots, w_n)$，即为各因素的权重。

②一致性检验。

为保证评价结果更具有客观性，须对权重计算结果进行一致性检验。

一致性检验需要通过计算相应的指标 CI 和 RI 的比值来得到，其中一致性比率 CI 计算公式见式（6-3）。

$$\mathrm{CI} = \frac{\lambda_{\max} - n}{n - 1} \tag{6-3}$$

式中，$\lambda_{\max}$为矩阵的最大特征值。

采用平均随机一致性指标 RI 对高阶判断矩阵进行评价，表 6-5 给出了 1 ~ 10 阶正互反矩阵计算 1000 次的结果。

一致性指标 RI 取值　　表 6-5

矩阵阶数 n	1	2	3	4	5	6	7	8	9	10
RI	0	0	0.58	0.90	1.12	1.24	1.32	1.41	1.45	1.49

最后，计算值 CI 与 RI 之比，称为随机一致性比率 CR，其计算公式见式（6-4）。

$$\mathrm{CR} = \frac{\mathrm{CI}}{\mathrm{RI}} \tag{6-4}$$

若 CR <0.1，认为计算结果可以接受，否则不能接受。

（4）计算层次总排序及其一致性检验。通过计算组合向量的特征值，再利用归一处理方法整合指标，得到各影响因素的权重值，并再次检验整体一致性，确保模型有效性。这一过程是从最高层次到最低层次依次进行。层次总排序的一致性比率 CR 计算公式如下。

$$CR = \frac{a_1 CI_1 + a_2 CI_2 + \cdots + a_m CI_m}{a_1 RI_1 + a_2 RI_2 + \cdots + a_m RI_m} \tag{6-5}$$

式中，CI_i、RI_i 分别为上层第 i 个因素对应指标；a_i 为上层第 i 个因素对总目标的权重。若 $CR < 0.1$，认为层次总排序通过一致性检验。

6.2 风险因子检测设备

交通环境中的风险因子，主要包括路面状态、风速风向、能见度、光照度以及火灾（隧道中最为明显）等。以下对交通环境风险因子的检测设备及原理进行总体概述，以指导工程中的检测设备选取。

6.2.1 路面状态检测器

路面状态检测主要指在降雨或降雪天气以及人为干扰因素导致道路表面存在凝结物情况下，对道路表面积水、积雪、结冰及温度的状态集合进行检测。路面状态检测器的输出结果体现了由于降雨、结冰等环境变化引起的道路表面湿滑程度的变动，检测方式主要可以分为接触式和非接触式，如图 6-3 所示。

a) 接触式

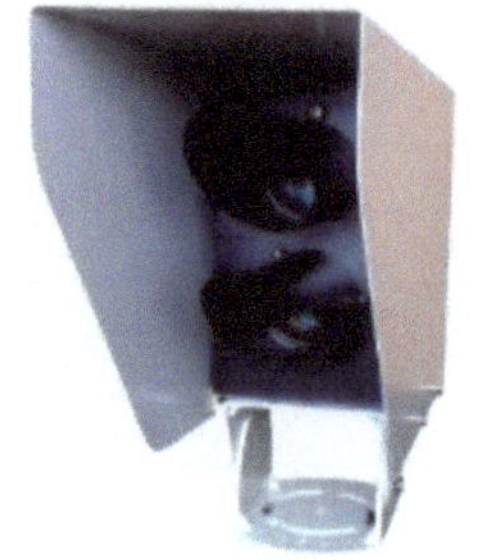

b) 非接触式

图 6-3 路面状态检测器

1）接触式路面状态检测器

接触式路面状况检测器是一种埋入式监测道路当前状况的监测设备。安装于路面沥青或混凝土中，安装完成后与路面平齐，具有环境抗耐性强的优点，其成熟的模块化和可拆卸设计的特点，不但保证了使用的安全与测量的准确性，更使外壳和内部电路部分更换工作仅需要数分钟，便于系统的升级及维护。

接触式路面状态检测器的检测原理主要有红外散射法、电导法、电容法等方法。红外散射法利用水、冰、霜等水的不同状态下对红外线的吸收不同，来确定介质的厚度；电容法利用不同物质介电常数的差别，可以测出路面是有水、冰或是霜的状态；电导法利用溶液的电导性质与溶液中离子浓度的关系，可以测试出路面的盐度。

2）非接触式路面状态检测器

相较于接触式检测器，非接触式检测器不需要切割路面，避免了对道路的破坏，安装过程不需要封闭道路，安装工作安全方便，因此应用更加广泛。非接触式路面状态传感器主要采取近红外光谱法、雷达技术以及图像分析法。

最为常用的是基于红外激光遥感技术的检测器，其根据水、冰、雪的红外光谱特性，通过对干燥路面反射的光谱信息和有覆盖物的情况下得到的光谱信息的对比，实时检测路面干、潮和湿的状态，测量水、冰、雪的覆盖类型和覆盖厚度，为道路气象信息系统提供道路湿滑告警信息，同时具有红外测温功能，能够监测路面温度，提供高温告警。仪器安装在一个全天候、耐久的外壳中，以保证承受恶劣天气，这使得它在任何天气条件下能提供精准数据。

雷达技术在结冰探测方面也取得了良好的效果，主要利用电磁波经过路面的水层、冰、雪的反射或散射后，电磁波的强度会发生改变来区分不同的路面状态。然而，商用雷达单元的价格昂贵，使得这一技术难以投入实际应用。

6.2.2　风速风向检测器

1）风速检测器

风速检测器种类很多，按工作原理可以分为机械式和超声波式两类，如图 6-4 所示。

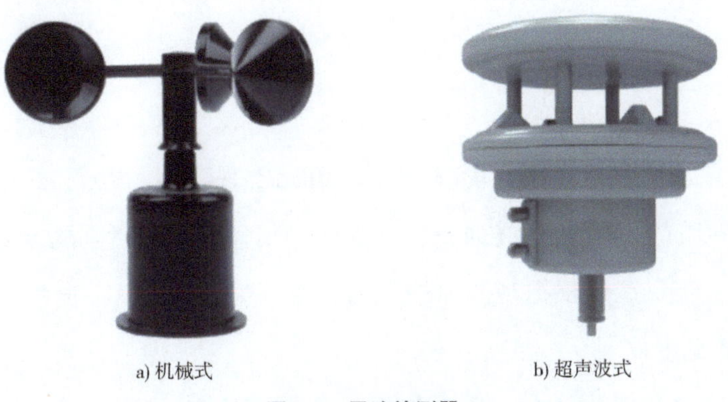

a) 机械式　　b) 超声波式

图 6-4　风速检测器

（1）机械式风速检测器。

空气流动产生的风力推动检测器内部叶片旋转，中轴带动内部感应元件产生脉冲信号，在风速测量范围内，风速与脉冲频率成一定的线性关系，可据此推算风速。典型的机械式风速检测器有皮托管式风速检测器、螺旋桨风速检测器等。

（2）超声波式风速检测器。

空气流动通过传感器探头测量区域，区域处设有两对超声波探头（一般成十字交叉排列），通过计算超声波在两点之间传输的时间差，就可以计算出风的速度，该方式可以避免温度对声速带来的影响。

2）风向检测器

气象学将风的来向称为风向，将单位时间内空气移动的水平距离称为风速。目前，在气象监测中使用较多的风向监测仪有电磁式、光电式及电阻式等几大类。

（1）电磁式风向检测器。

利用电磁原理设计，由于原理种类较多，所以结构有所不同，目前部分此类检测器已经开始利用陀螺仪芯片或者电子罗盘作为基本元件，其测量精度得到了进一步提高。

（2）光电式风向检测器。

光电式风向检测器采用低惯性轻金属的风向标响应风向，带动同轴码盘转动，此码盘按格雷码编码并以光电子扫描，输出对应风向的电信号，其结果易于采集和处理，可靠性较高。

（3）电阻式风向检测器。

这种风向检测器采用类似滑动变阻器的结构，将产生的电阻值的最大值与最小值分别标成360°与0°，当风向标产生转动的时候，滑动变阻器的滑杆会随着顶部的风向标一起转动，根据产生的不同电压变化就可以计算出风向的角度或者方向。

6.2.3 能见度检测器

能见度是气象观测项目之一。能见度用气象光学视程表示，气象光学视程是指白炽灯发出色温2700K的平行光束的光通量，在大气中传播至光通量削弱至其初始值的5%所通过的路径长度。能见度仪根据观测原理不同主要分为透射式及前向散射式两种。

1）透射式能见度仪

透射式能见度仪利用了光在大气中传播受到的直接衰减原理，主要由发射器和接收器组成，发射器提供一个经过调制的定常平均功率的光通量源，接收器主要由一个光检测器组成，利用光检测器输出测定透射系数，据此计算消光系数和气象光学视程。

2）前向散射式能见度仪

前向散射式能见度仪通过检测专用光源在指定大气体积中的前向散射强度及其散射系数，进而根据相关数学模型演算出大气能见度值。具有安装简便、体积小、适应性强等优点，而被广泛应用于各个领域。

6.2.4　光照度检测器

光照度检测器采用光敏二极管来检测日光照射变化的状况。其类型比较多，按光敏元件分类，有光敏电阻、光电二极管、光电三极管、雪崩光电二极管、光电倍增管及电荷耦合器件等，每一种光敏元件有其各自不同的特点，根据其特点在不同的应用中所选择的光敏元件也各不相同，如图 6-5 所示。

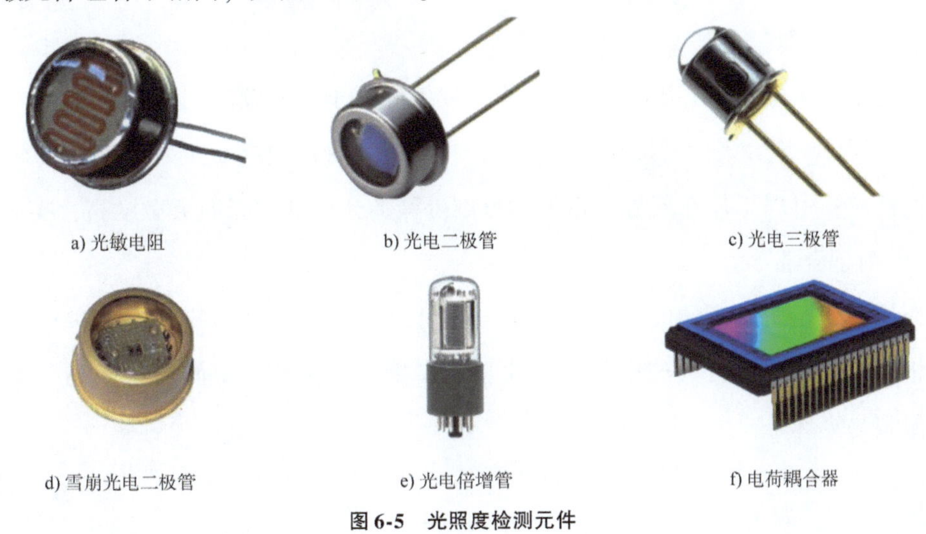

a) 光敏电阻　b) 光电二极管　c) 光电三极管
d) 雪崩光电二极管　e) 光电倍增管　f) 电荷耦合器

图 6-5　光照度检测元件

1）光敏电阻

光敏电阻是利用半导体的光电导效应制成的一种电阻值随入射光的强弱而改变的电阻器，又称为光电导探测器。具有体积小，灵敏度高，封装可靠性和光谱特性好的优点，但受温度影响较大。

2）光电二极管

光电二极管所用材料一般为硅或锗单晶材料，典型的有 PN 结型和 PIN 结型两种结构；在反向偏置或者是无偏状态下都能工作；频带宽，灵敏度高，响应速度快，噪声低，线性输出范围比较宽。

3）光电三极管

光电三极管的基本结构和普通三极管一样，有两个 PN 结，其工作原理分为两个过程：一是光电转换；二是光电流放大。最大特点是输出电流大，可以达毫安级。因为其具有电流放大作用，光电三极管比光电二极管灵敏得多，但其响应速度比光电二极管慢得多，温度效应也比光电二极管大得多。

4）雪崩光电二极管

雪崩光电二极管是一种 PN 结型的光检测二极管，由于在以硅或锗为材料制成的光电二极管的 PN 结上加上反向偏压后，射入的光被 PN 结吸收后会形成光电流，加大反向偏压会产生“雪崩”（即光电流成倍地激增）的现象，因此这种二极管被称为“雪崩光电二极管”。其利用载流子的雪崩倍增效应来放大光电信号以提高检测的灵敏度。雪崩光电二极管具有电流增益大，灵敏度高，频率响应快的特点。它是目前响应最快的一种光敏二极管，被广泛地应用于微弱辐射信号探测方面，但存在工艺要求高，受温度影响大的缺点。

5）光电倍增管

光电倍增管建立在外光电效应、二次电子发射和电子光学理论基础上，结合了高增益、低噪声、高频率响应和大信号接收区等特征，是一种具有极高灵敏度和超快时间响应的光敏电真空器件；可以工作在紫外、可见和近红外区的光谱区，光照灵敏度高，噪声低。

6）电荷耦合器

电荷耦合器属于典型的固体图像传感器，可以将吸收的光转换成电荷进行存储和传输，并将成像的光信号转换成电信号输出；具有测量范围宽、空间分辨率高、噪声低的优点，但容易损坏。

6.2.5 气体检测器

隧道路段空间封闭，空气流通受阻，通常布设气体检测器对空气中的有害气体进行检测，以保障隧道安全。隧道中的有害气体包括甲烷、一氧化碳、二氧化碳、硫化氢等。按照检测原理可以将气体检测器分为三大类：

1）利用物理化学性质的气体检测器

利用物理化学性质的气体检测器包括半导体式（表面控制型、体积控制型、表面电位型）和催化燃烧式两大类。半导体式气体检测器是利用气体在半导体表面的氧化还原反应导致敏感元件电阻值发生变化而制成的。这类传感器的制造工艺成熟，便于器件集成化，通常性能稳定、价格便宜。此外，利用特定材料还可以使检测器对某些气体特别敏感。催化燃烧式气体检测器是利用催化燃烧的热效应原理，在一定温度条件下，可燃气体在检测元件载体表面及催化剂的作用下发生无焰燃烧，载体温度升高，通过它内部的铂丝电阻也相应升高，从而使检测元件和补偿元件配对构成的平衡电桥失去平衡，输出一个与可燃气体浓度成正比的电信号。其结构很简单、生产制造成本低，对环境的温湿度影响不敏感，可检测大部分可燃性气体，但对于不能燃烧的气体，传感器没有任何响应，元件易受硫化物、卤素化合物等的影响，降低使用寿命。

2）利用物理性质的气体检测器

利用物理性质的气体检测器包括如热导式、光干涉式、红外吸收式等类型。其中，热导式气体检测器利用导热气敏材料在不同可燃性气体与空气导热系数差异影响下的电阻变化来对气体浓度进行检测。其有工作稳定性好、使用寿命长、检测范围广、装置简单、价格便宜、使用维护方便的优势，但也存在检测精度差、灵敏度低、温漂大等缺陷。光干涉式气体检测器利用光干涉原理对气体浓度进行检测，当采样室中气体浓度发生改变时，被采样气体对光的折射率也发生改变，使得穿越采样气室与标准气室的两束光线产生光程差，在光接收器处形成干涉条纹，通过测量干涉条纹的移动量即可得到被采样气体的浓度值。具有测量精度高、稳定性强、标校周期长的优点。红外吸收式气体检测器是一种基于不同气体分子的近红外光谱选择吸收特性，利用气体浓度与吸收强度关系鉴别气体组分并确定其浓度的气体传感装置。不同原子构成的分子会有独特的振动、转动频率，当其受到相同频率的红外线照射时会发生红外吸收，从而引起红外光强的变化，通过测量红外线强度的变化就可以测得气体浓度。其选择性好，只检测特定波长的气体，不易受有害气体的影响而中毒、老化，响应速度快、稳定性好，防爆性好，测量精度高，使用寿命长，但其测量范围窄，只能检测部分碳氢化合物，怕灰尘、潮湿。

3）利用电化学性质的气体检测器

利用电化学性质的气体检测器包括电位电解式、迦伐尼电池式、离子电极式、固体电解质式等类型。其中，电位电解式气体检测器利用电解原理对气体浓度进行检测，与参考电极相对的工作电极的电位因为电解过程的发生而发生变化，通过测量电解电流的流动，可以确定目标气体的浓度，是测毒类现场最广泛使用的一种技术。迦伐尼电池式气体检测器以电解池的形式出现，其阳极采用离子化倾向大的金属，氧气在通过电解质时在阴阳极发生氧化还原反应，使阳极金属离子化，释放出电子，电流的大小与氧气的多少成正比。由于整个反应中阳极金属有消耗，所以传感器需要定期更换。离子电极式气体检测器的工作原理是，气态物质溶解于电解质溶液并离解，离解生成的离子作用于离子电极产生电动势，将此电动势取出以代表气体浓度。这种方式的传感器由工作电极、对比电极、电解液和隔膜等构成。其对挥发性有机化合物灵敏度很高，可检测芳香烃类、酮类、醛类、氯代烃类、胺及胺类化合物和不饱和烃类气体。固体电解质式气体检测器利用气敏材料在通过气体时产生离子进而形成电动势的性质测量气体浓度，依据产生的电动势高低得到具体的气体浓度值。这种传感器电导率高，灵敏度和选择性好，广泛地应用于石化、环保、矿业、食品等各个领域。

6.3 检测器优化布设理论

在确定了路段重点风险因子之后，如何在有限的成本要求下实现高效的检测成为关键。以下首先对现有的检测器布设方法进行了介绍，其次，针对具体的道路风险因子检测任务，提出了适用于该任务的检测器优化布设理论思想。

6.3.1 现有检测器布设方法

学者们在检测器优化布设方面已有大量的研究，虽然根据具体任务不同，各方法之间有一定的差异性，但这些方法均有一个共同的目标——最大化检测覆盖范围或覆盖情况达到一定的要求。例如，KALANTARI E 等考虑用户需求的时变特性，在达到覆盖要求的前提下以最小化无人机基站布设数量为目标，提出一种无线蜂窝网络中无人机基站的布设方法，确定无人机基站的布设数量及其在三维空间中的布设位置。ALZENAD M 等提出一种无人机基站的三维布设方法，旨在使用最小的传输功率，最大化覆盖的用户数量。王婷等采用了一种基于虚拟势场法的改进粒子群算法优化传感器布设位置，该方法能够提升传统粒子群算法的收敛速度，并保证目标的绝对覆盖。LIN F Y S 等开发了一个鲁棒和可扩展的算法，以应对在成本限制和完全覆盖约束下的目标定位传感器布设问题。ZHAO H 等提出一种自主机器人传感器网络的简单运动控制算法，将覆盖需求建模为虚拟力场，并使传感器随力场作用强度变化而移动，以实现对目标物的按需覆盖。

在交通领域，目前的研究大多集中在交通状态检测方面，进一步依据检测内容的不同又可分为对于交通流量、速度等基本交通参数的检测和对于车辆行程时间的检测。针对于交通流量、速度等基本交通参数的检测，BIANCO等考虑检测器安装成本等，对路网中交通检测器定位问题进行了定义，提出了一种为获得全路网交通流量所需检测器的最少数量及布设位置的方法，以实现对全路网中流量与OD信息的估计，并确定了任意给定路网检测器布设数量的最高及最低限。林培群、徐建闽为获取各路段交通流量参数，构造了基于图论的路网检测器布设算法，将路网检测器布设问题转化为寻求有向图的流控制子图问题，实现任意路网上检测器布局优化。王殿海等根据路段间流量的相关性，通过路径-路段发生矩阵得到关键路段数量，并分析了网络规模、网络连通性等对关键路段数的影响，在确定关键路段数量的基础上，综合考虑路径覆盖率、道路等级等因素，建立了最优关键路段组选择的多目标优化模型，进而确定检测器布设位置。针对于车辆行程时间的检测/估计，KIM J等利用遗传算法，优化高速公路上传感器的布设位置，与传统的定点布设方法相比，能够更加准确地估计车辆的行程时间。PARK H等考虑交通条件的随机性，以行程时间检测误差最小为目标，提出关于蓝牙传感器布设的两阶段规划模型，第一阶段在传感器布设前，确定传感器布设的最优数量，第二阶段确定传感器在不同场景下的布设位置。

6.3.2　交通风险检测器优化布设

目前，交通领域检测器优化布设研究主要针对的是交通状态的检查，尚没有针对交通风险检测的检测器优化布设方法，现阶段交通风险的检测器布设方法大多为基于人工经验的定点布设，难以实现对交通风险的有效检测。而交通风险检测作为道路风险预警、救援或主动防控等工作的基础，是一项十分重要的工作。因此，针对这一任务，提出交通风险检测器优化布设理论思想。

为实现对风险因子的精准检测，就需要明确风险因子的分布位置，同时交通风险的检测精度还与检测器性能参数、数量以及位置相关，由此交通风险检测器优化布设可以划分为风险分布估计、检测器感知模型构建、优化布设模型构建三个部分。

1）风险分布估计

交通风险分布难以直接观测，而道路交通事故作为交通风险最直接的作用结果，可以利用交通事故，结合道路交通风险的分布特性，对交通风险分布进行估计。

通常认为，距离风险源越远，发生事故的概率越小，反之，事故发生的概率越高，代表该位置处风险程度越高，但考虑到事故发生的随机性特点，即交通事故的发生在时间和空间范围上均具有不确定性，可以将单次事故在时空维度上的风险响应表达为高斯分布的形式，通过累计多个单次事故，形成对于道路整体的风险时空分布估计，如式（6-6）所示。同时，结合对于道路交通风险分布的先验知识，例如，在道路环境一致的路段通常具有相近的风险，而在道路线形复杂的位置通常具有较高的交通风险等级，完成对风险分布估计的调整优化。

$$f(x,t) = \frac{1}{N(x,t)} \sum_i \Phi(x,t \mid x_i,t_i) Z(x_i,t_i) \tag{6-6}$$

式中，$f(x, t)$ 为风险因子的时空分布函数；$\Phi(x, t \mid x_i, t_i)$ 为事故相应风险因子的分布函数，表示 t_i 时刻空间 x_i 点处发生的交通事故对应风险因子在 t 时刻空间 x 点处的大小

$$\Phi(x,t \mid x_i,t_i) = \frac{1}{2\pi\lambda_1\lambda_2} e^{-\frac{1}{2}\left(\frac{(x-x_i)^2}{\lambda_1^2}+\frac{(t-t_i)^2}{\lambda_2^2}\right)} \tag{6-7}$$

λ_1、λ_2 的取值决定了单次事故相应风险因子在其相邻时空范围内的分布情况；λ_1、λ_2 越小事故发生点的风险越大，相邻时空范围内的风险越小；λ_1、λ_2 越大事故发生点的风险越小，相邻时空范围内的风险越大。

$N(x, t)$ 表示归一化因子

$$N(x,t) = \sum_i \Phi(x - x_i, t - t_i) \tag{6-8}$$

$Z(x_i, t_i)$ 表示 t_i 时刻在道路空间 x_i 处事故的发生情况

$$Z(x_i,t_i) = \begin{cases} 1, \text{事故发生} \\ 0, \text{otherwise} \end{cases} \tag{6-9}$$

2）检测器感知模型

交通风险检测器多样，而根据检测器类型、型号不同，其检测精度、检测范围等均具有较大的差异，例如，视频检测器可以认为是单侧型检测器，其检测精度沿检测器某一方向，距离越远，检测精度越低，而风速风向检测器可以认为是点检测器，其只能对检测器布设位置处的信息进行检测。为便于优化布设计算，需要对检测器感知性能进行描述，将其感知函数表达为 $\delta(x)$，具体函数形式依据实际应用过程中的检测器类型进行确定。

3）优化布设模型

检测器优化布设过程中，考虑到具体应用过程中的建设成本要求、检测精度要求、道路基础设施以及结构线型等对检测器的要求等实际问题设计具体的检测器优化布设模

型。利用风险分布估计结果和检测器感知模型实现对于检测覆盖范围以及检测精度的计量，作为对检测器布设质量的评价指标，形成模型的目标函数/损失函数。以具体工程要求形成模型的约束条件。例如：

（1）不同检测器的购置成本约束；

（2）检测器布设位置的供电成本约束；

（3）对于不同类型交通风险的检测误差约束；

（4）道路线形条件影响下的事故黑点或重点观察点的覆盖约束等。

在构建模型的基础上，可以利用优化求解算法，如粒子群算法、遗传算法等，实现模型的优化求解，最终得到各检测器的布设数量以及布设位置。

6.4 本章小结

交通风险因子是指影响道路交通安全的风险隐患要素，通常可从驾驶人行为、车辆状态、道路设施、交通环境等方面进行考虑。交通风险因子的检测是进行道路风险主动防控的关键，而风险因子数量众多、关系复杂、难以全面检测。本节重点介绍影响行车安全的环境因素感知技术，通过对大桥、隧道、长下坡等高风险路段风险因子进行分析梳理，结合各类交通环境风险因子的检测设备工作原理以及适用场景，并介绍检测器布设优化思想和相关理论。

本章参考文献

[1] 王露,刘玉雯,陈红. 侧风下峡谷桥隧连接段汽车的行驶特性[J]. 吉林大学学报(工学版),2019,49(3):736-748.

[2] SHAO H. Analysis of Accident Characteristics and Causes for Bridge-Tunnel Group Section of Mountainous Expressway[G]. ICLEM,2010,1826-1832.

[3] MARK H,ROBERT R,STEVEN S. Review of crashes at bridges in Kansas[C]. Proceedings of the Proceedings of the 2009 Mid-Continent Transportation Research Symposium,2009.

[4] AMUNDSEN F,RANES G. Studies on traffic accidents in Norwegian road tunnels[J].

Tunneling & Underground Space Technology Incorporating Trenchless Technology Research, 2000,15(1):3-11.

[5] 赵友功. 高速公路隧道速度特性分析及安全策略研究[D]. 西安:长安大学,2010.

[6] 杨帆. 高速公路纵面线形指标及其组合与交通安全关系研究[D]. 西安:长安大学,2018.

[7] KALANTARI E, YANIKOMEROGLU H, YONGACOGLU A. On the number and 3D placemen to drone base stations in wireless cellular networks[C]. 2016 IEEE 84th Vehicular Technology Conference (VTC-Fall), 2017.

[8] ALZENAD M, AMR E, FARAJ L, et al. 3D Placemen to fan Unmanned Aerial Vehicle Base Station (UAV-BS) for Energy-Efficient Maximal Coverage[J]. IEEE Wireless Communications Letters. 2016,6(4):434-437.

[9] 王婷,隋江华. 改进粒子群算法的传感器网络覆盖分布优化[J]. 辽宁工程技术大学学报(自然科学版),2020,39(3):280-286.

[10] LIN F Y S, CHIU P L. A near- optimal sensor placement algorithm to achieve complete coverage-discrimination in sensor networks[J]. IEEE Communications Letters, 2005, 9(1):43-45.

[11] ZHAO H, MAO L, WEI J. Coverage on demand: assimilation control algorithm for autonomous robotic sensor networks[J]. Computer Networks, 2018, 135: 190-200.

[12] BIANCO L, CONFESSORE G, REVERBERI P. A network based model for traffic sensor location with implications on O/D matrix estimates[J]. Transportation Science, 2001, 35(1):50-60.

[13] 林培群,徐建闽. 基于图论的路网交通检测器之布点[J]. 控制理论与应用,2010,27(12):1605-1611.

[14] 王殿海,徐程,祁宏生,等. 基于路段流量相关性的检测器优化布设[J]. 华南理工大学学报(自然科学版),2011,39(3):107-113.

[15] KIM J, PARK B, LEE J, et al. Determining optimal sensor location sin freeway using genetic algorithm-based optimization[J]. Engineering Applications of Artificial Intelligence, 2010, 24(2):318-324.

[16] PARK H, HAGHANI A. Optimal number and location of Bluetooth sensors considering stochastic travel time prediction[J]. Transportation Research Part C, 2015, 55: 203-216.

CHAPTER 7 第 7 章

风险交通行为辨识与预测技术

辨识道路上车辆的风险交通行为并对典型的风险交通行为进行预测和风险评估，在交通事故发生前对驾驶人进行警示是风险交通行为防控的重要手段，然而目前交通风险行为在线识别的精度较低，且典型风险交通行为的预测误差较大，导致风险交通行为防控效果较差。针对上述问题，本章主要介绍典型风险交通行为的辨识方法以及典型风险交通行为的预测和风险评估技术。

7.1 风险交通行为辨识技术

7.1.1 基于轨迹分析的车辆速度异常及逆行的辨识方法

常见道路交通数据的获取方法如图 7-1 所示，可以看出视频轨迹分析方法具有明显的优势，通过摄像机记录交通环境中交通参与者的行为视频数据并提取交通参与者的行为轨迹，进而进行分析。

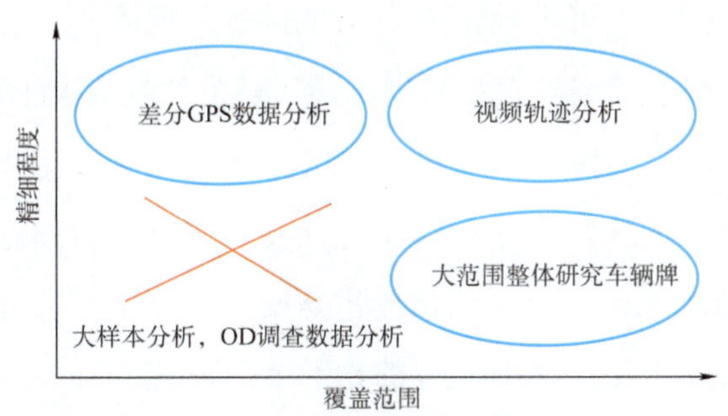

图 7-1　常见道路交通数据获取方法

相关研究中，摄像机通常架设在被观察对象的正上方，摄像机坐标系与世界坐标系保持一致，而且像平面与场景平面相互平行，因此，观察对象在像平面的坐标与其场景平面的坐标之间可直接使用摄像机内部参数确定的尺度因子矩阵进行换算。实际情况下，摄像机的架设位置往往受具体场景的限制，不能直接架设到交通对象正上方，故在进行像平面坐标与场景平面坐标转换时，除了尺度因子矩阵之外，还需要确定相应的旋转矩阵。针对以上问题，通常采用一种基于空间共面直线从单幅图像进行摄像机自标定的线性方法，来确定交通对象位置所在像平面坐标与场景平面坐标之间的转换矩阵，从而进一步将视频中的轨迹数据提取出来。目前，供研究者使用的轨迹提取软件较多，大部分软件都采用人工选点的方法提取交通轨迹，不能自动地进行研究对象的识别、跟踪和提取。跟踪和监控性能评估（Performance Evaluation of Tracking and Surveillance，PETS）主要用于计算机图像识别、事件检测以及性能评价方面的研究，具体包括行人和车辆跟踪、数量和密度检测、事件检测等。该技术的发展可应用于视频中研究对象的识别、跟踪以及交通事件的自动化检测，可为交通行为规律的研究提供丰富、精确的基础数据。

随着计算机软件、硬件及视觉技术的快速发展，利用交通视频监控系统提升道路安全管理水平是现代道路安全的重要保障，基于车辆运动轨迹的行为分析和识别成为其中一个最有前景的发展方向。通过监控视频对车辆进行跟踪并获取轨迹，进而对轨迹进行实时处理和分析，自动地检测道路中车辆的风险行为，如闯红灯、违法变道、违法转向、紧急制动、超速行驶和车辆逆行等。研究人员在交通监控中识别运动车辆的风险行为方面取得了一定进展，NEIL J 等使用自组织特征映射神经网络的方法对轨迹空间模式进行建模。HU 等利用模糊自组织映射方法学习目标的运动轨迹和行为模式，实现对风险事件的检测和判别。以上基于神经网络的学习方法网络设置复杂，学习速度慢，需要大量样本，对实时性要求较高。CAI 等提出了一种风险行为检测框架，该框架包括轨迹模式学习模块和风险检测模块，轨迹模式学习模块通过对轨迹聚类并学习方向模式，风险检测模块通过建立每类轨迹的隐马尔可夫模型来对新轨迹进行风险检测，该方法在训练时需要提前设定状态数目，适用于对场景先验知识比较了解的情况。ATHANESIOUS 等提出了一种新的基于轨迹聚类方法来检测车辆轨迹的风险行为，结合谱聚类理论和贝叶斯决策理论将事件分为正常和存在风险，该方法对实时性要求较高，可以通过深度学习的方法来扩展。YAN 等提出了双模式检测模型来检测道路交通中车辆风险运动模式。静态模式从背景建模中学习，用来检测在道路中保持静止的风险车辆；动态模式用来检测从跟踪轨迹中偏离主要运动模式的风险行为。PICIARELLI 等提出了一种基于轨迹的聚类方法，轨迹中的风险行为是由一系列集群形成的树提取的，风险行为轨迹是那些与树相比概率较小的轨迹。通过这种方法可以很容易地识别出在错误方向上行驶的车辆，但是这种方法不能估计车辆的速度。WANG 等分析了复杂场景下常见的车辆风险行为，如异常变道、超速行驶、低速行驶、逆行等，对于速度异常问题，该方法以简单的道路规定阈值为判别方法，场景适应性较差。通过以上研究发现，无监督学习成为异常检测的热点，该方法不需要轨迹标签，可以对轨迹自动学习来建立正常轨迹模型，通过与正常轨迹对比，来辨识新轨迹是否异常，应用广泛。

基于轨迹分析的车辆异常行为判别流程图如图 7-2 所示。

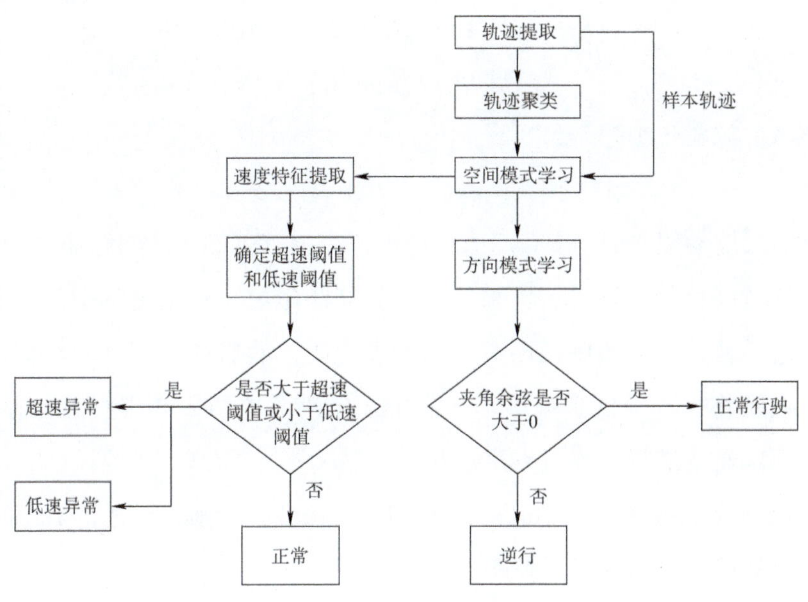

图7-2 车辆异常行为判别流程图

(1) 轨迹预处理。

轨迹长度筛选：为保持系统的稳定性，提高聚类准确度，需要采用足够长的运动轨迹进行学习，删除采样点较少的轨迹。

轨迹压缩：为减少轨迹相似性度量的计算，采用道格拉斯-普克算法对轨迹进行压缩，只保留轨迹的特征点。

(2) 轨迹空间模式学习。

轨迹的相似性在运动轨迹聚类中起着非常重要的作用，目前轨迹聚类中的距离度量主要包括基于欧氏距离的方法、基于最长公共子序列的方法、基于动态事件窗口的方法以及基于Hausdorff距离的方法。与其他几种方法相比，基于Hausdorff距离的方法对于轨迹点集之间的相似性度量更为高效。本节采用改进的Hausdorff距离计算轨迹的空间相似程度。假设轨迹集合中存在两条轨迹 $A=\{a_i, i=1, 2, \cdots, n\}$，$B=\{b_j, j=1, 2, \cdots, m\}$，对于轨迹 A 上的任意一点 a_i，在轨迹 B 上有距离 a_i 最近的点使得

$$\varphi(i)=\underset{j\in B}{\operatorname{argmin}}\,||\,x_i^a-x_j^b, y_i^a-y_j^b\,|| \tag{7-1}$$

那么，轨迹 A、B 的空间有向距离则可以表示为

$$h(A,B)=\frac{1}{N_{\mathrm{A}}}\sum_{i\in A}||\,x_i^a-x_{\varphi(i)}^b, y_i^a-y_{\varphi(i)}^b\,|| \tag{7-2}$$

式中，N_{A} 为 A 的轨迹点个数。

A、B 之间的对称距离为

$$H(A,B) = \begin{cases} h(A,B), h(A,B) \leqslant h(B,A) \\ h(B,A), h(A,B) > h(B,A) \end{cases} \tag{7-3}$$

由此可得 A、B 的相似度函数

$$s(A,B) = \exp(-H(A,B)/2\sigma^2) \tag{7-4}$$

式中，σ 为尺度参数，如果 s（A，B）越小，A、B 空间距离越小，相似度越高。

在计算出轨迹间相似度矩阵后，采用谱聚类算法学习车辆轨迹的空间分布模式。谱聚类的基本思想是构造数据集中两两关系的亲和矩阵，然后计算矩阵的特征向量和特征值，这些特征向量将样本降低到低维子空间中，使用简单的中心聚类方法来进行划分。利用谱聚类对车辆轨迹进行聚类的步骤如下：

对于给定的 m 条轨迹的集合 Traj = $\{T_1, T_2, \cdots, T_m\}$，利用改进的 Hausdorff 距离计算轨迹间相似度矩阵，其满足以下条件

$$S_{ij} = \begin{cases} 0, & i = j \\ s(T_i, T_j), & i \neq j \end{cases} \tag{7-5}$$

根据相似度矩阵 $\boldsymbol{S}$ 定义对角矩阵 $\boldsymbol{D}$。对相似度矩阵 $\boldsymbol{S}$ 中第 i 行的元素进行求和得到矩阵 $\boldsymbol{D}$ 的主对角元素 D_{ii} 为

$$D_{ii} = \sum_{j=1}^{n} S_{ij} \tag{7-6}$$

计算拉普拉斯矩阵 $\boldsymbol{L} = \boldsymbol{D}^{-1/2}\boldsymbol{S}\boldsymbol{D}^{-1/2}$，并对 $\boldsymbol{L}$ 进行特征值分解，对所有特征值进行由小到大排序。求取相邻特征值的差，设 k 为聚类类别数，则取 $k = \operatorname{argmax}_i |\lambda_i - \lambda_{i-1}|$。

选取与最大的 k 个特征值对应的 k 个特征向量 x_1，x_2，…，x_k，将这 k 个特征向量按列构造一个 $m \times k$ 的矩阵 $\boldsymbol{X} = [\boldsymbol{x}_1, \boldsymbol{x}_2, \cdots, \boldsymbol{x}_k]$。对 $\boldsymbol{X}$ 中的每一行做归一化处理得到一个新的矩阵 $\boldsymbol{Y}$，归一化公式为

$$Y_{ij} = X_{ij} \Big/ \left(\sum_j X_{ij}^2\right)^{1/2} \tag{7-7}$$

轨迹样本中的每一条轨迹 T_i 都和矩阵 $\boldsymbol{Y}$ 中的第 i 个行向量相对应，最后使用 k-means 聚类算法将矩阵 $\boldsymbol{Y}$ 聚成 k 个类。

将样本轨迹中的每一条轨迹按照其在矩阵 Y 中相对应的行向量的类别进行分配。

（3）轨迹方向模式学习。

将轨迹进行空间谱聚类学习后，轨迹被有效地划分为轨迹簇。通过提取各类簇的代表性轨迹来表示该类运动模式，对于第 k 类的任意一条轨迹 T_i，计算其与该类中其他轨迹的平均距离

$$\mathrm{dis}_i = \frac{\sum_{j=1}^{n_k} h(T_i, T_j)}{n_k} \tag{7-8}$$

式中，n_k 为第 k 个分布中的轨迹数量。

选取与其他轨迹平均距离最小的轨迹作为该分布的代表性轨迹，即中心轨迹，该轨迹代表了该场景下第 k 个运动模式。

对于每个中心轨迹 $T = \{c_i,\ i = 1, 2, \cdots, m\}$，$c_1 = (x_1, y_1)$ 表示起点，$c_m = (x_m, y_m)$ 表示终点，$\overrightarrow{c_1 c_m}$ 代表中心轨迹的位移向量，该向量代表了每类轨迹簇的方向模式。

（4）轨迹空间匹配。

对于每个新轨迹点 $P(x_0, y_0)$，利用中心轨迹的起点和终点确定方程 $ax + by + c = 0$，利用式（7-9）计算新轨迹点与各个中心轨迹的距离并将距离从小到大排序，距离最小的代表该点属于该条中心轨迹所在的运动模式。

$$d = \frac{|ax_0 + by_0 + c|}{\sqrt{a^2 + b^2}} \tag{7-9}$$

（5）轨迹方向匹配。

一个运动模式代表一个特定的运动方向，当新轨迹的方向与正常运动模式的方向不同时，必然会出现风险交通行为，比如逆行。当第一个轨迹点产生时，首先计算该轨迹点所属的运动模式，假设第一个点的方向与该运动模式中心轨迹的方向一致，对于其他的跟踪点（$i > 1$），异常行为检测的方向由式（7-10）进行判别。

$$\cos\theta = \frac{\boldsymbol{a} \cdot \boldsymbol{b}}{\|\boldsymbol{a}\| \, \|\boldsymbol{b}\|} \tag{7-10}$$

式中，$\cos\theta$ 代表向量 $\boldsymbol{a}$ 与向量 $\boldsymbol{b}$ 的余弦相似度，取值在 $[-1, 1]$ 之间；向量 $\boldsymbol{a}$ 表示每个运动模式的位移向量；向量 $\boldsymbol{b}$ 表示第 i 个跟踪点和第 $i+1$ 个跟踪点之间的位移向量。

如果第 i 个轨迹点和第 $i+1$ 个轨迹点所属的运动模式不同则判别该车发生了换道行为。当 $\cos\theta < 0$ 时，轨迹与运动模式的方向相反则判别该车辆发生了逆行。

（6）速度异常检测。

如图 7-2 所示，速度异常检测方法完全依靠道路的历史数据来识别速度轨迹异常的车辆，包括超速异常检测和低速异常检测。该方法主要是通过轨迹的空间模式学习得到各类轨迹簇后，通过提取各类轨迹簇中每条轨迹的速度特征，统计每条轨迹的速度变化曲线图，定义95%的驾驶人行驶车速为正常行驶区间，剩余5%为异常。通过设置超速行驶的阈值和低速行驶的阈值将这些异常的轨迹识别出来。当产生待识别的新轨迹时，以此判断每个点是否在正常的行驶速度区间之内。如果在则说明轨迹正常，如果大于超速阈值则说明该车超速异常，如果低于低速阈值则说明该车低速异常。

7.1.2 基于轨迹分析的车辆压线及方向角异常的辨识方法

（1）轨迹预处理。

轨迹长度筛选：为保持系统的稳定性，提高聚类的准确度，将采样点个数小于5的轨迹或长度小于150m的轨迹和一些采样混乱的轨迹删除。

轨迹平滑处理：为减小采样设备带来的误差和去掉轨迹中的噪声点，采用移动平均平滑算法对轨迹进行去噪处理。

（2）轨迹两级层次学习。

轨迹相似性在运动轨迹聚类中起着非常重要的作用，鉴于原始Hausdorff距离没有考虑轨迹之间方向的影响，本节提出一种考虑轨迹方向的Hausdorff距离，称为CDHD距离。假设轨迹集合中存在两条轨迹 $A=\{a_i, i=1, 2\cdots, n\}$，$B=\{b_j, j=1, 2\cdots, m\}$，定义 $\overrightarrow{a_ia_n}$ 为轨迹 A 的主矢量方向，$\overrightarrow{b_jb_m}$ 为轨迹 B 的主矢量方向。对于轨迹 A 上的任意一点 a_i，在轨迹 B 上有距离 a_i 最近的点，结合式（7-1），得轨迹 A、B 的有向距离为

$$h(A,B)=n\frac{1}{N_{\mathrm{A}}}\sum_{i\in A}||x_i^a-x_{\varphi(i)}^b,y_i^a-y_{\varphi(i)}^b||+m\cos<\overrightarrow{a_ia_n},\overrightarrow{b_jb_m}> \tag{7-11}$$

式中，系数 n 代表两条轨迹空间距离相似性的权重；系数 m 代表两条轨迹方向相似性的权重。

在进行轨迹方向聚类时，将CDHD距离的空间部分的权重 n 设置为0，方向部分的权重 m 设置为1，然后使用谱聚类算法对轨迹进行方向模式学习。

由式（7-3）可得轨迹 A、B 之间的对称距离 H（A，B），进而结合式（7-4）可得轨迹 A、B 之间的相似度函数 s（A，B）。然后结合式（7-5）~式（7-7）可得归一化后矩阵 $\boldsymbol{Y}$，最后使用k-means聚类算法将矩阵 $\boldsymbol{Y}$ 聚成 k 个类。

将样本轨迹中的每一条轨迹按照其在矩阵 $\boldsymbol{Y}$ 中相对应的行向量的类别进行分配。在进行第一次方向模式谱聚类后，轨迹将会依据主矢量方向分为不同的簇。然后对不同的方向簇进行第二次空间谱聚类，进一步将轨迹在空间位置上进行分组。在进行轨迹空间

位置聚类时，将 CDHD 距离的空间部分的权重 n 设置为 1，方向部分的权重 m 设置为 0，然后使用谱聚类算法对轨迹进行空间模式学习。

（3）轨迹建模。

上述提出的两级层次谱聚类算法已经实现了对车辆轨迹分层聚类，但是每类轨迹簇并没有合理的特征表达。为了简单、直观地表达每类轨迹簇的特点，需要对每类轨迹簇建立几何路径模型，来表达不同场景下不同轨迹簇的特征。对每个路径模型要大体表达出每类轨迹簇的形状、位置和方向特征。基于上述特征，提出一种轨迹几何路径建模方法。对于每类轨迹簇，该簇的路径模型主要由中心主矢量轨迹和两条边界轨迹组成。中心轨迹由 m 个轨迹点组成，代表了轨迹簇的模板轨迹，主矢量方向由起点指向终点，主要由每条轨迹对应点的平均值组成。而边界轨迹的作用主要反映每类轨迹簇的有效宽度，代表每类轨迹的分布差异，主要由各类簇的标准差决定。

对于轨迹簇 $C_j=\{\mathrm{tra}_i, i=1, 2, \cdots, n\}$，轨迹 $\mathrm{tra}_i=\{p_k=(x_k, y_k), k=1, 2, \cdots, m\}$，$n$ 代表轨迹的数量，m 代表每条轨迹中轨迹点的数量，j 代表簇的编号。平均轨迹的计算方法如式（7-12）所示。通过分析轨迹的分布特征，将中心轨迹的正负一个标准差范围 σ 设置为轨迹的上下边界轨迹。

$$x_{\mathrm{c}}^{j}=\frac{\sum\limits_{\mathrm{tra}} x_j}{n},\quad y_{\mathrm{c}}^{j}=\frac{\sum\limits_{\mathrm{tra}} y_j}{n} \tag{7-12}$$

式中，x_{c}^{j}、y_{c}^{j} 代表中心轨迹的第 j 个点的横坐标和纵坐标；n 代表每类轨迹总数。

由于每条轨迹点的数量不同，以最短轨迹的轨迹点数量为中心轨迹的轨迹点数量，最后将几类轨迹点进行线性插值，保证几条中心轨迹的长度相等。

对于每条轨迹提取轨迹点的方向角，方向角的定义如图 7-3 所示，p_t 和 p_{t+1} 为运动对象在 t 时刻和 $t+1$ 时刻的两个坐标点，θ_t 为 t 时刻的方向角，θ_{t+1} 为 $t+1$ 时刻的方向角。

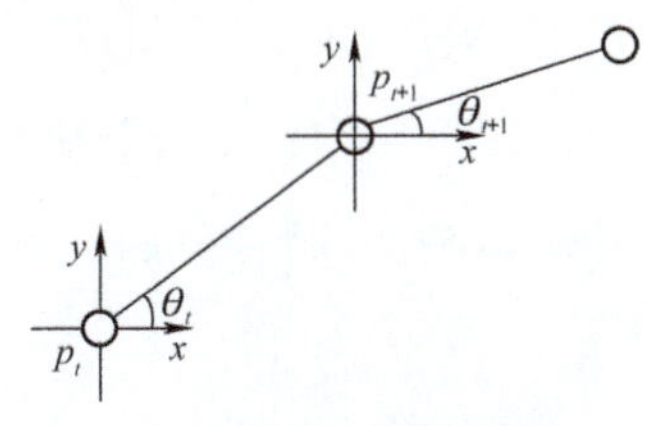

图 7-3　方向角示意图

设轨迹 $\mathrm{tra}_i=\{p_k=(x_k, y_k), k=1, 2, \cdots, m\}$ 表示一条采样轨迹，采样点数为 m，定义在点 p_t 处的方向角为

$$\theta_t = \begin{cases} \arctan\left(\dfrac{y_{t+1} - y_t}{x_{t+1} - x_t}\right), & x_{t+1} - x_t > 0 \text{ 且 } y_{t+1} - y_t \neq 0 \\ \arctan\left(\dfrac{y_{t+1} - y_t}{x_{t+1} - x_t}\right) - \pi, & x_{t+1} - x_t < 0 \text{ 且 } y_{t+1} - y_t < 0 \\ \arctan\left(\dfrac{y_{t+1} - y_t}{x_{t+1} - x_t}\right) + \pi, & x_{t+1} - x_t < 0 \text{ 且 } y_{t+1} - y_t > 0 \\ -\dfrac{\pi}{2} & x_{t+1} - x_t = 0 \text{ 且 } y_{t+1} - y_t < 0 \\ \dfrac{\pi}{2} & x_{t+1} - x_t = 0 \text{ 且 } y_{t+1} - y_t > 0 \\ 0 & y_{t+1} - y_t = 0 \end{cases} \tag{7-13}$$

通过提取每个模式每条轨迹的方向角特征，并分析方向角的分布特征，可以有效地得出方向角的变化范围，通过设置异常阈值来检测轨迹方向角是否异常。

（4）异常检测。

对于车辆运动轨迹，本节定义了两种异常交通行为。第一种是轨迹空间异常，第二种是轨迹方向异常。轨迹空间异常表示轨迹点的坐标偏离正常运动区间，将连续轨迹点出现在相邻运动模式之间的轨迹定义为车辆压线行驶。方向异常表示轨迹点方向角大于指定阈值且连续多次变化，将此种轨迹定义为车辆连续多次变道或曲线行驶。

假设轨迹簇 $C_n = \{\text{tra}_i, i = 1, 2, \cdots, n\}$ 为第 n 类轨迹，其上边界轨迹为 $\mu_n + \sigma_n$，下边界轨迹为 $\mu_n - \sigma_n$，μ_n 为第 n 类轨迹纵坐标的平均值，σ_n 为第 n 类轨迹纵坐标的标准差。$C_m = \{\text{tra}_i, i = 1, 2, \cdots, m\}$ 为第 m 类轨迹，其上边界轨迹为 $\mu_m + \sigma_m$，下边界轨迹为 $\mu_m - \sigma_m$，μ_m 为第 m 类轨迹纵坐标的平均值，σ_m 为第 m 类轨迹纵坐标的标准差。当测试轨迹 $\text{tra}_i = \{p_k = (x_k, y_k), k = 1, 2, \cdots, m\}$ 中连续多个轨迹点处于两个运动模式之间时，判定该轨迹为压线行驶轨迹，即 $\mu_n + \sigma_n < y_k < \mu_m - \sigma_m$，通过多次分析压线轨迹的特征，将轨迹点连续出现在两个模式之间的次数的阈值设置为 5。对于曲线轨迹 $\text{tra}_i = \{p_k = (x_k, y_k, \theta_k), k = 1, 2, \cdots, m\}$，$\theta_k$ 代表每个轨迹点的方向角。当 $\theta_{k+1} - \theta_k > 10$ 的次数大于或等于 3 次，则认为该轨迹为曲线行驶轨迹。

（5）试验结果与分析。

试验数据为路侧雷达采集的车辆轨迹数据，采集地点为某快速路由西向东匝道出口路段。数据采集场景如图 7-4 所示。视频覆盖区域范围为 180m 左右，包含 5 条车道，其中 3 条为直行主车道，2 条为右侧出口车道。采用路侧雷达提取视频中车辆的运动轨迹信息，包括时间、位置信息、速度、加速度、车辆长度等。

图 7-4　数据采集场景图

匝道出口处采集的原始轨迹图如图 7-5 所示，从中可以看出有一些采样混乱的轨迹和由于采样误差的影响产生的一些噪声轨迹点。原始轨迹经过预处理后的轨迹图如图 7-6 所示，首先将轨迹进行了长度筛检，去掉了采样长度较短的轨迹，然后去掉了一些采样混乱的轨迹，最终对轨迹采用移动平均算法进行了光滑处理，为后续数据处理提供了良好的数据支持。

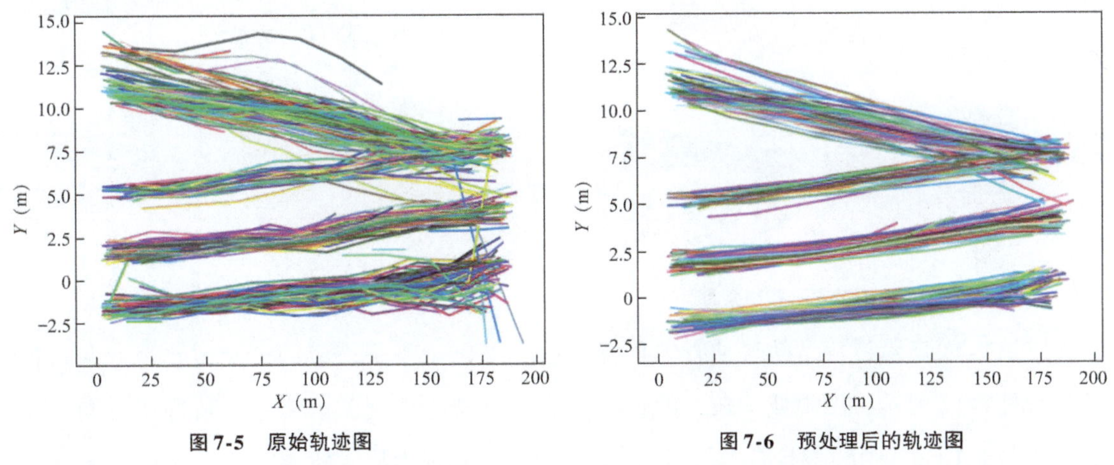

图 7-5　原始轨迹图　　　　图 7-6　预处理后的轨迹图

利用 CDHD 距离进行方向谱聚类的轨迹方向聚类图如图 7-7 所示，从图中可以看出，匝道出口 4 条车道根据方向相似性被分成了直行和出口两个方向，最上面轨迹簇为出口方向，下面 3 组轨迹簇为直行的 3 个车道方向。利用 CDHD 距离对方向谱聚类后的结果进行更细致的轨迹空间聚类，如图 7-8 所示，将直行方向的 3 条车道的轨迹聚类成了 3 个空间模式，代表不同直行车道车辆运动的模式。

对匝道出口轨迹进行两次层次谱聚类的结果图如图 7-9 所示，有效地将轨迹分成了 4 类运动模式。轨迹空间路径建模结果如图 7-10 所示，该模型主要反映出每个空间模式轨迹的变化情况，中间的轨迹表示的是每个运动模式的中心轨迹，该轨迹为每类轨迹的平均轨迹，能有效地代表该模式车辆的运动模式，阴影部分为每个模式的正常运动区间，代表大部分车辆在车道类的运动范围，阴影部分的边界代表每个模式车辆运动的边界。

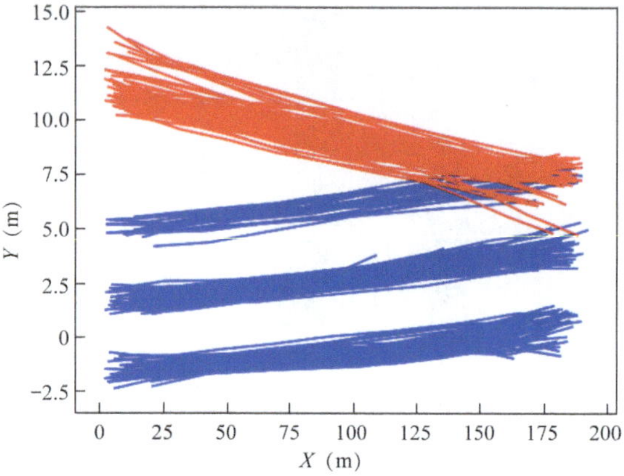

图 7-7　轨迹方向聚类图

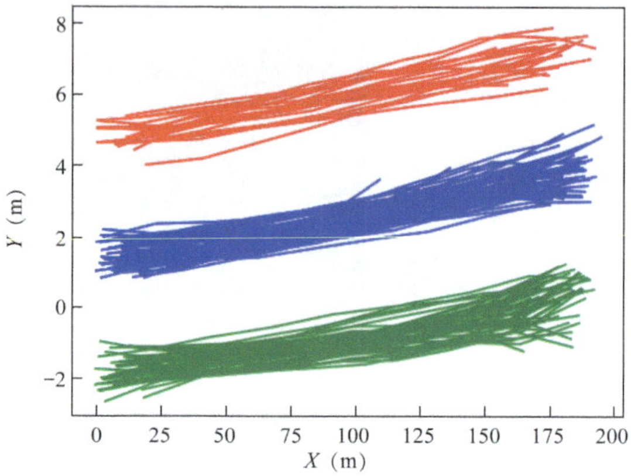

图 7-8　轨迹空间聚类图

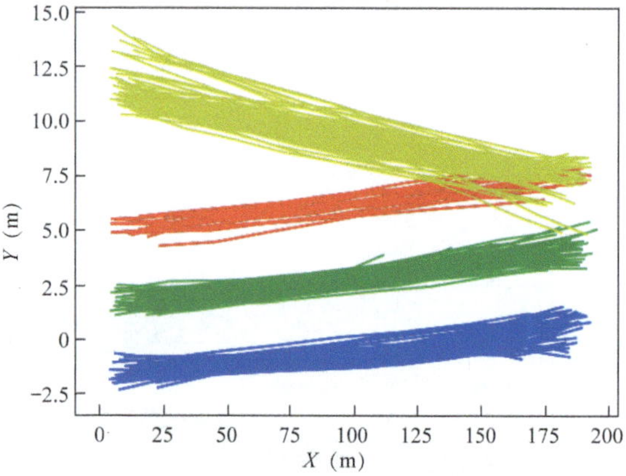

图 7-9　轨迹层次谱聚类结果图

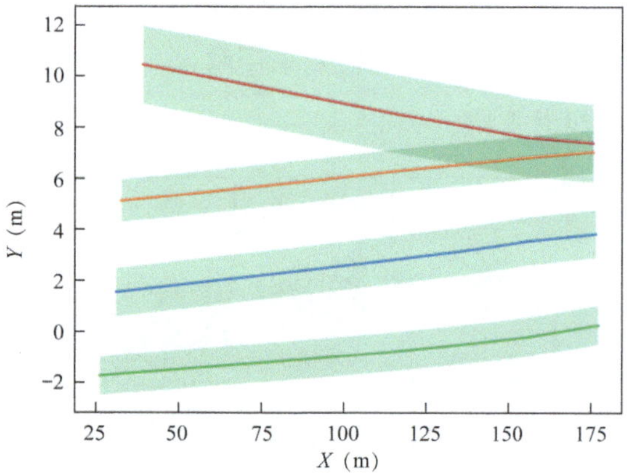

图 7-10　轨迹空间路径建模结果

如图 7-11 所示，正常轨迹的方向角特征主要在 0°上下平缓波动，异常轨迹方向角特征图如图 7-12 所示，图中波动较大的轨迹为曲线行驶的轨迹，该轨迹的轨迹点方向角出现连续大于 10°的变化，对比正常轨迹的方向角，将其视为异常轨迹。

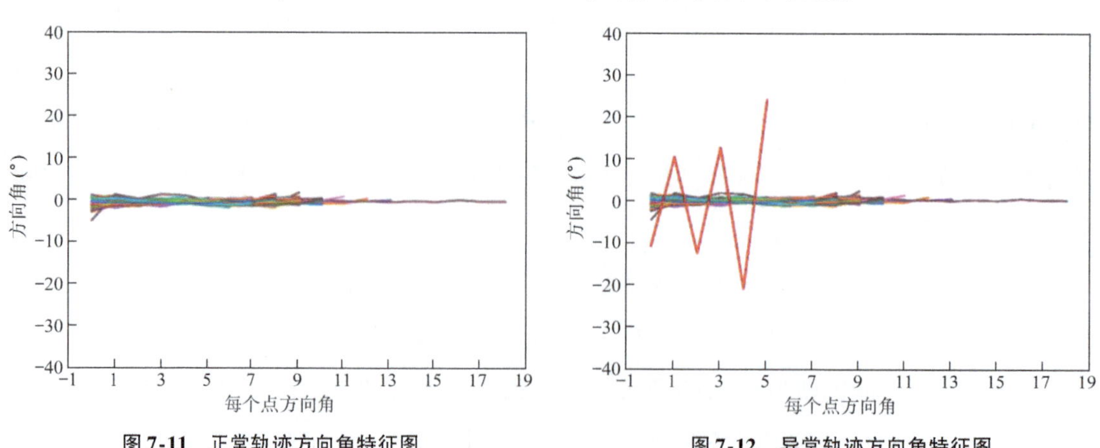

图 7-11　正常轨迹方向角特征图

图 7-12　异常轨迹方向角特征图

7.1.3　车辆弯道行驶侧翻行为辨识方法

为了研究车辆入弯过程中不同的行驶轨迹对弯道临界安全车速的影响，本节建立了车辆不同入弯轨迹下临界安全车速的仿真模型。以侧翻概率最高的货车为研究对象，通过 Trucksim 仿真软件建立某大型车辆整车动力学模型，将该车辆模型置于相同的弯道仿真环境下，设定不同行驶轨迹分别进行仿真分析，根据车辆侧向加速度以及横向载荷转移率进行侧翻临界状态分析，从而得到不同类型行驶轨迹下的车辆临界侧翻车速。

现有车辆弯道侧翻研究都建立在比较理想的行车轨迹上，即车辆沿着既定的车道中心线的轨迹行驶。这种方法忽略了行车过程中最为重要的驾驶人因素，不同的驾驶人有着不同的驾驶习惯，在弯道行驶时也会选择不同的路径。因此，本节着重分析不同行驶轨迹对于大型车辆在弯道处安全速度的影响。

（1）基于 Trucksim 的车辆动力学模型。

Trucksim 是一款集建模、仿真及分析软件包为一体的软件。在整车性能仿真预测时，可根据初始理论设计参数，进行参数化模型搭建，而不需要进行实体模型构建。软件中车辆动力学模型由车体、轮胎、动力系统、悬架系统、转向系统、制动系统以及空气动力学等 7 个子系统组成，可通过分别设置各子系统中的参数和特性曲线来进行仿真条件的配置。

本节选用一款长约 8m 的货车进行动力学模型的搭建。此次仿真主要为了研究不同的入弯轨迹对临界侧翻车速的影响，因此不存在车辆转弯时的换挡变速仿真。

整车参数的配置主要是针对整车的尺寸、质量以及各转动惯量等参数，以前桥质心在地面投影点为模型的原点。整车基础参数见表 7-1。

整车基础参数表　　表 7-1

名　称	单　位	数　值
宽度	mm	2480
高度	mm	3290
质心距前轴距离	mm	2100
质心距地面距离	mm	1200
簧载质量	kg	8870
侧倾惯量	$kg \cdot m^2$	12772. 8
俯仰惯量	$kg \cdot m^2$	51946. 3
横摆惯量	$kg \cdot m^2$	39116. 7

空气动力学主要是指在汽车行驶过程中车辆与周围空气两者之间相互作用力的关系及运动规律。依据美国机动车工程师学会有关空气动力学的规定，结合本节研究货车实

际属性，车辆的空气动力学参数设置情况见表7-2。

空气动力学参数　　表7-2

名　称	单　位	数　值
纵向参考点坐标	mm	-2250
横向参考点坐标	mm	0
垂直参考点坐标	mm	0
车辆正投影面积	m^2	7.3
参考长度	mm	4500
空气密度	kg/m^3	1.206

轮胎作为车辆动力学中重要的分析对象，对车辆的各种性能都有着直接的影响。轮胎模型的搭建主要包含轮胎外形尺寸、稳态力学特性、瞬态响应及动力迟滞等。按照实车配置的轮胎，本次建模选取半径为520mm的非线性轮胎特性作为仿真输入参数，前轴左右两侧为单轮，后轴左右两侧为双轮，双轮间距设置为310mm。轮胎建模所采用的基本参数见表7-3。

轮胎基本参数　　表7-3

名　称	单　位	数　值
滚动半径	mm	510
自由半径	mm	520
宽度	mm	265
垂直刚度	N/mm	980
最大垂直载荷	N	1000000
滚动阻力系数	—	0.0041
速度相关滚动阻力系数	h/km	0.0000256
转动惯量	$kg\cdot m^2$	14

转向系统由转向操纵机构、转向器、转向传动机构以及转向助力系统构成。本次建模根据实车的参数配置选用中型转向轴，即采用闭环控制的转向控制模式。转向系统参数设置见表7-4，左右转向轮运动学特性曲线如图7-13所示。

转向系统参数　　表7-4

名　称	单　位	数　值
名义传动比	(°)/(°)	25
主销内倾角	(°)	7.2
侧向偏移	mm	100
主销后倾角	(°)	5.2
纵向偏移	mm	0

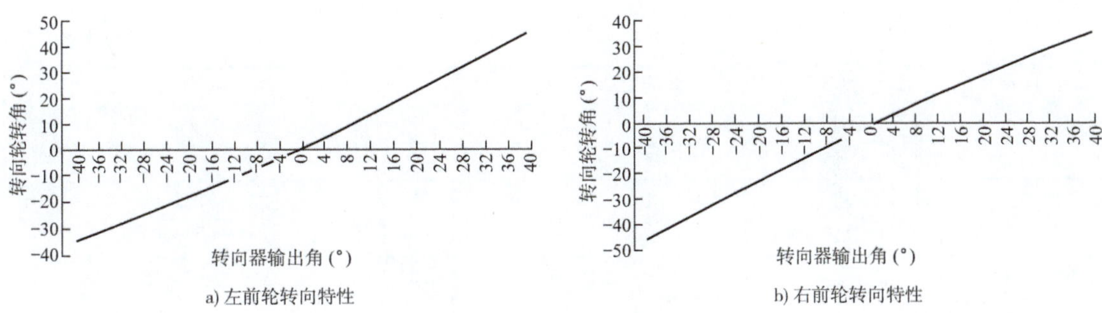

图7-13　转向轮运动学特性曲线

发动机的建模主要依据输出特性，主要包括发动机负荷特性、速度外特性、万有特性和调速特性。本次建模采用的发动机型号为YC6J245-52柴油发动机，额定功率190kW，额定转速2100r/min，发动机建模基本参数见表7-5。

发动机基本参数　　表7-5

名　称	单　位	数　值
额定功率	kW	190
额定转速	r/min	2100
曲轴转动惯量	$kg \cdot m^2$	1.7
发动机怠速	r/min	800

变速器采用6挡自动变速，各挡参数见表7-6。

变速器各挡参数　　表7-6

挡位	1	2	3	4	5	6	倒挡
传动比	4.70	2.21	1.53	1	0.76	0.67	-3.168
转动惯量（$kg \cdot m^2$）	0.37	0.34	0.42	0.4	0.4	0.4	0.34

本次仿真工况为车辆弯道行驶，仿真过程中不涉及制动情况，因此，在搭建制动系统模型时采用软件默认的具有ABS的非线性制动模块配置。

作为车辆的重要组成部分之一，悬架系统直接影响着车辆的操稳性和平顺性。根据本次仿真实车的配置，前、后桥均采用K&C非独立悬架，悬架系统的配置参数见表7-7。

悬架系统配置参数　　表7-7

名　称	单　位	数　值
前后桥非簧载质量	kg	570/760
前后桥轮距	mm	1930/1800
前后桥质心高度	mm	510/528
前后桥质心横向坐标	mm	0/0
前后桥左右轮转动惯量	$kg \cdot m^2$	10/20

续上表

名　称	单　位	数　值
前后桥左右轮前束角	(°)	0.594/0
前后桥左右轮外倾角	(°)	2
前后桥距离	mm	3800
前后桥侧倾与横摆转动惯量	kg·m^2	335/295

(2) 道路模型。

受地形的限制，目前国内高速公路、快速路的匝道弯道设计半径大约分布在15～300m之间。弯道半径的不同导致车辆受到的侧向力大小不同，车辆行驶的稳定性就不同，道路附着系数是影响车辆安全行驶的关键因素，对弯道侧翻也有着决定性作用，超高的设置就是为了防止车辆在过弯道时发生侧翻，超高值越高车辆过弯发生侧翻的概率就会越小。仿真环境中，路面状态设置为干燥，其他道路模型特征参数见表7-8。

道路模型特征参数　　表7-8

车道	半径（m）	宽度（m）	附着系数	角度（°）	超高
1	50	4	0.75	90	4%

最终的道路仿真模型如图7-14所示。

图7-14　道路仿真模型

(3) 驾驶人控制模型。

为研究弯道路段车辆行驶路径对临界侧翻速度的影响，通过对驾驶人模型的设定，来控制车辆的弯道行驶路径。本次仿真试验，选用驾驶人闭环控制，模型预瞄时间设置为1.0s，选用闭环换挡离合模块和制动模块，确保车辆以固定速度驶过弯道。

(4) 仿真试验设计。

目前主要的车辆侧翻评价指标有侧向加速度、侧倾角、车轮垂直反力、轮胎载荷转移率（Lateral-load Transfer Rate，LTR）等。本节选用侧向加速度和车轮垂直反力这两个指标作为判断货车侧翻的依据。对于车辆的侧向加速度不应大于0.4g，如果大于0.4g，则会影响货车行车安全，车辆容易发生侧滑失稳，甚至绊倒型侧翻，当路面附着系数较大时，车辆还会发生非绊倒型侧翻。在仿真输出中主要设置侧向加速度、各个车轮垂直反力等试验数据。

将车辆的入弯轨迹分成五种类型，分别是沿车道中心线的轨迹、沿车道内侧的轨迹、沿车道外侧的轨迹、沿车道内侧驶入外侧驶出的轨迹以及沿车道外侧驶入内侧驶出的轨迹。

使用前面建立的车辆动力学模型，在配置的路段环境下进行仿真，货车行驶速度设置为目标常数，导出车辆侧向加速度、各车轮垂直反力试验数据，然后依次完成不同轨迹状态下的仿真试验。

对于弯道行驶轨迹的设置主要通过对驾驶人模型中的转向模块进行控制。对于沿车道中心线、车道内侧以及车道外侧的轨迹，直接将 Steering 设定为 Forward in Lane Center，其中 Function Type 选择为 Constant，并分别将常数设置为 0、1、－1。对于沿车道内侧驶入外侧驶出以及外侧驶入内侧驶出的轨迹，将 Function Type 选择为 Linear coefficient，根据弯道路段的长度和宽度分别将线性系数设置为 0.01 和 －0.01。各弯道行驶轨迹如图 7-15 所示。

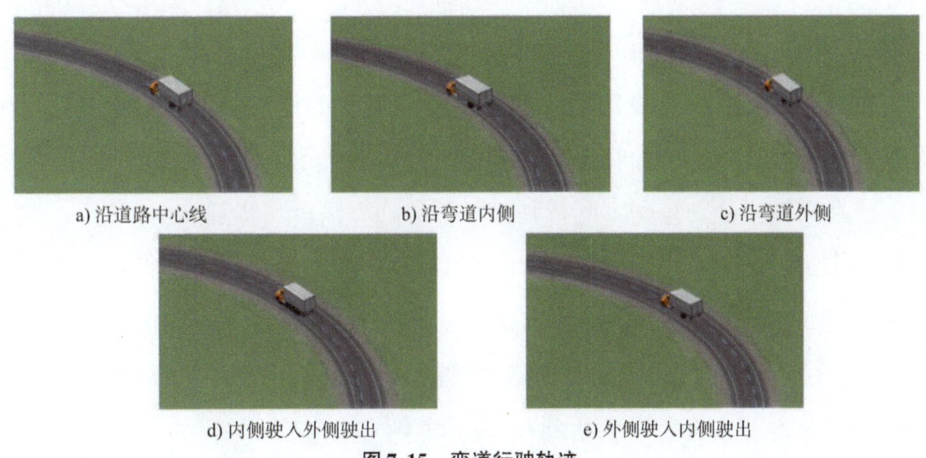

a) 沿道路中心线　b) 沿弯道内侧　c) 沿弯道外侧　d) 内侧驶入外侧驶出　e) 外侧驶入内侧驶出

图 7-15　弯道行驶轨迹

在不同的弯道行驶轨迹中设定相同的目标车速 50km/h，然后根据不同轨迹下的车辆侧向加速度的差异调节各轨迹下的目标车速，并根据上文中设置的评价指标，确定不同轨迹下的弯道安全车速。

（5）试验结果分析。

分别设置好相应的模型参数并运行仿真，查看预先设定的侧向加速度曲线图，并分别将五种不同入弯轨迹下的数据导入 Excel 中，通过 Matlab 绘图命令生成各轨迹下的侧向加速度曲线图，50km/h 时不同轨迹下的侧向加速度如图 7-16 所示。

从图 7-16 的侧向加速度曲线图可以看出，在相同的行驶环境下，车辆沿着各行驶轨迹的侧向加速度数值存在较大差异。其中沿车道内侧行驶车辆的侧向加速度最大，沿车道内侧驶入外侧驶出的车辆侧向加速最小。

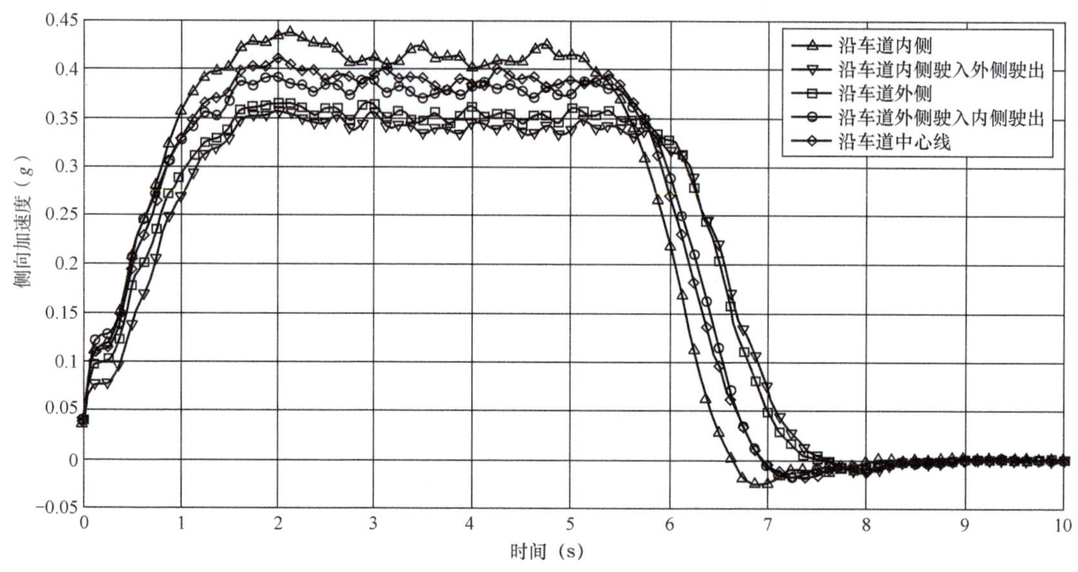

图 7-16　50km/h 时不同轨迹下的侧向加速度

在同一类的路径下，通过设定不同的速度分析车辆的侧向加速度、各轮胎的垂直反力，从而确定当前行驶路径下的临界侧滑车速以及临界侧翻车速。更换行驶路径的类型，并重复以上仿真操作，分别得到不同行驶路径下的临界侧滑、侧翻安全车速。

当车辆以车道中心线作为行驶轨迹时，如图 7-17a）所示，当车辆以 47km/h 驶入弯道时，在入弯 2.0s 左右，侧向加速度达到 0.4g，车辆即将出现侧滑现象；当车速超过 47km/h 时，在入弯 1.5s 后，侧向加速度超过 0.4g，车辆发生严重侧滑；而当车速低于 47km/h 时，侧向加速度均未达到 0.4g，车辆安全过弯。如图 7-17b）所示，当目标车速为 63km/h 时，车辆在入弯 2.0s 后，左前轮轮胎垂直反力降为 0，车辆即将发生侧翻。

当车辆以车道内侧作为行驶路径时，如图 7-18a）所示，当车辆以 45km/h 驶入弯道时，在入弯 2s 左右，侧向加速度达到 0.4g，车辆即将出现侧滑现象；当车速超过 45km/h 时，在入弯 1.5s 后，侧向加速度超过 0.4g，车辆发生严重侧滑；而当车速低于 45km/h 时，侧向加速度均未达到 0.4g，车辆安全过弯。如图 7-18b）所示，当目标车速为 61km/h 时，车辆在入弯 1.8s 后，左前轮轮胎垂直反力降为 0，车辆即将发生侧翻。

按照上述思路，分别对五种入弯行为进行分析，最终得到不同类型轨迹下的仿真临界车速见表 7-9。

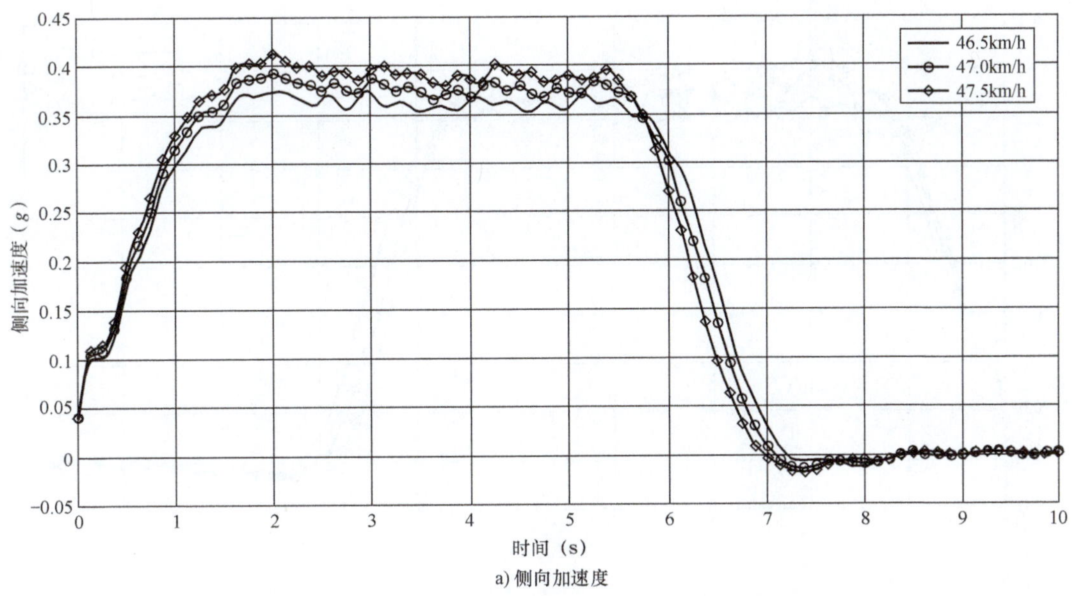

a) 侧向加速度

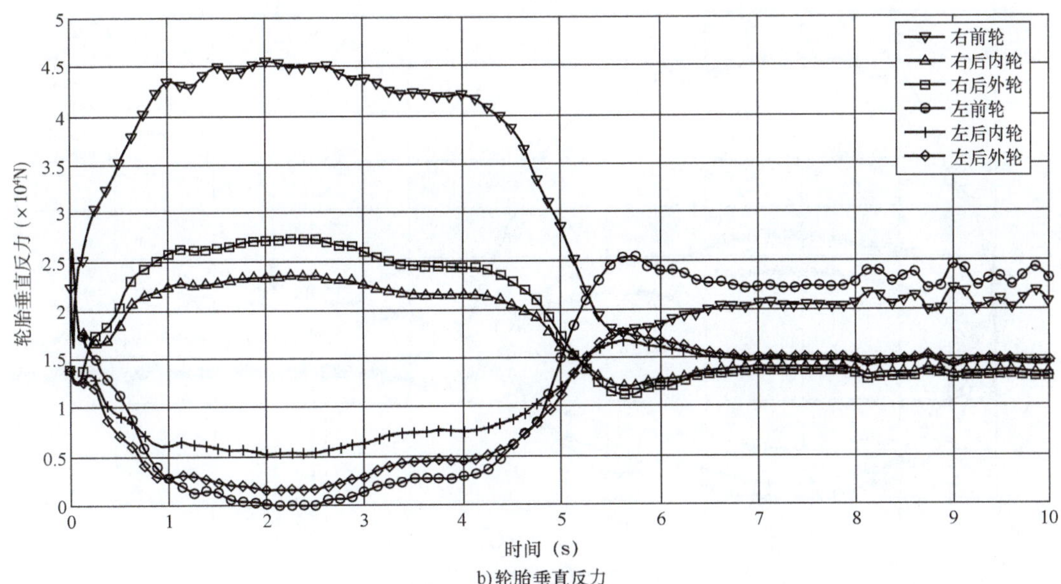

b) 轮胎垂直反力

图 7-17　沿道路中心行驶

不同类型轨迹下的仿真临界车速　　表 7-9

路径类型	临界车速	临界状态	路径类型	临界车速	临界状态
中心线	47.0	侧滑	中心线	63.0	侧翻
内侧	45.0	侧滑	内侧	61.0	侧翻
外侧	49.0	侧滑	外侧	65.5	侧翻
外入内出	48.5	侧滑	外入内出	64.5	侧翻
内入外出	50.5	侧滑	内入外出	68.0	侧翻

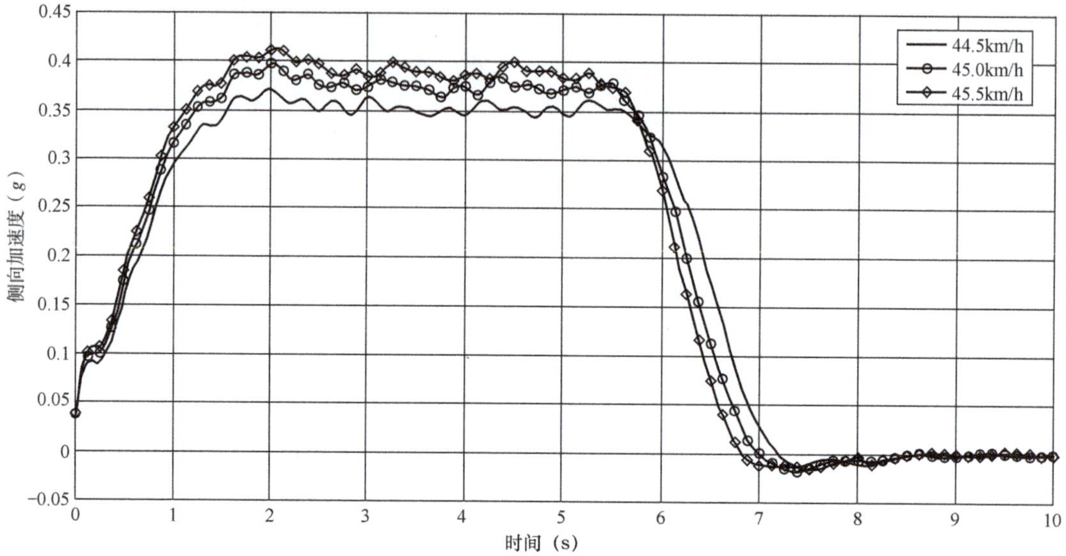

a) 横向加速度

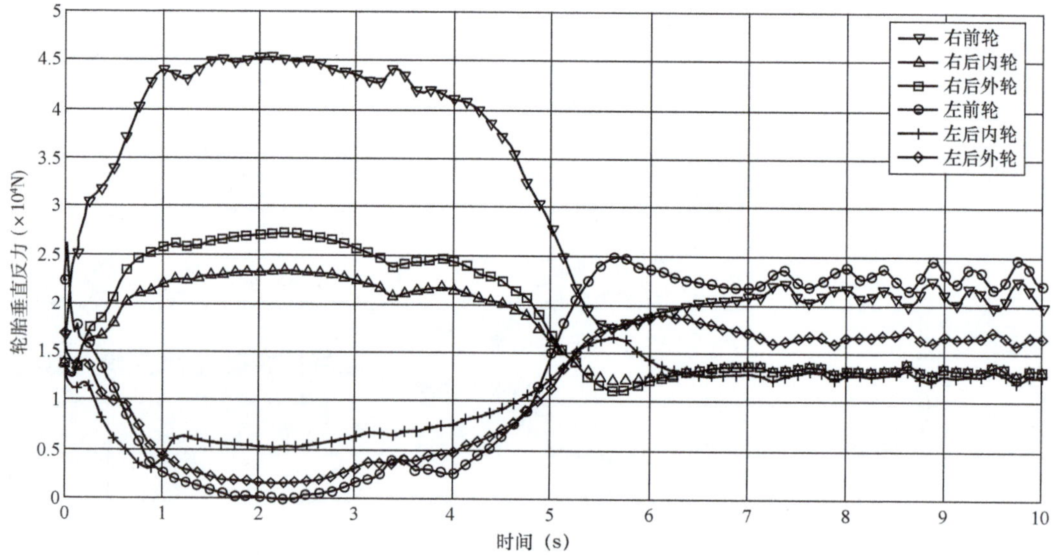

b) 轮胎垂直反力

图 7-18　沿内侧车道行驶

由上述建模验证过程可知，在驾驶人模型、车辆模型和道路模型保持不变的情况下，驾驶人选择不同的入弯轨迹状态下，侧滑临界车速和侧翻临界车速均存在较大差异。以往的研究中，受限于车-路运行监测手段的技术限制，往往无法精准感知到车辆的具体入弯轨迹和行为。本小节提出的考虑弯道行驶轨迹方法在实际应用时需要由监测手段的技术支撑，目前这些技术条件整体上进步明显，行业整体技术已经达到上述算法的需求，这为更精准地感知分析车辆弯道行为提供了良好的技术平台。

7.2 典型风险交通行为预测技术

风险交通行为辨识的结果是从交通系统中将异常的交通行为进行辨识，但异常的交通行为不一定都需要直接干预处理，只有在异常交通行为的风险状态严重到一定程度时才需要进行在线干预。因此，在异常交通行为辨识的基础上，对运行风险状态进行准确预测是后续风险干预的前提。本节内容中主要针对长下坡制动鼓温升、急弯路段安全车速、车辆轨迹开展预测算法研究。

7.2.1 长下坡路段货车制动鼓温升预测技术

1）基于制动鼓温升的失效风险分析

近年来，我国的高速公路建设重点已从东部平原逐步向中西部山区转移。但受到地形地质等条件的限制，公路需在较短的路程内克服较大的高差，导致山区高速公路连续长大下坡路段的数量和长度不断增加，安全隐患也不断上升。根据相关调查，山区高速公路长大下坡路段是交通事故的高发路段，其中事故主体大多为载货汽车，事故原因为在下坡过程中长时间进行较大强度的制动，进而导致制动器温度上升，制动效能严重降低乃至失效，最终车速失控而导致事故发生。

研究表明，制动器温度在200℃以内时，车辆可保持原有的制动效能，在200～300℃之间时制动器效能开始下降，当温度超过300℃时，制动器效能出现大幅度降低。另有研究认为，当制动器温度达到290℃时，制动效能将会降为正常情况下的66%，300℃时将降为60%，制动距离增加到1.67倍。在国外的相关研究中，美国联邦高速公路管理局（FHWA）的相关研究将260℃作为制动器安全温度，法国研究机构SETRA认为制动器温度超过200℃便会产生风险。

综上所述，货车在长大下坡行驶过程中，制动鼓因温升而导致制动效能下降是重要的事故原因，故在评估货车长大下坡行驶风险时，制动鼓温度应该是主要考虑的因素。

2）制动鼓温升预测模型

（1）温升预测模型的建立。

根据能量守恒定律，在连续下坡路段，车辆减少的机械能一部分用于克服滚动阻力、空气阻力、发动机制动阻力，剩余部分通过摩擦生热的形式转化为制动鼓的热力学能，部分热力学能又通过传导、辐射和对流形式散热，剩余部分在制动鼓和摩擦片内部积聚，并以制动器温度的形式表现出来。三种散热形式中，对流换热是最主要的散热方式，约占总散热量的80%，为简化计算，在建模过程中只考虑对流散热形式，其他散热量以修正系数的形式体现。

根据车辆受力分析可得制动鼓吸收功率

$$P_B = \frac{1}{2}\beta(1-s)(P_G - P_a - P_r - P_{ab}) \tag{7-14}$$

式中，P_G为重力对货车做功的功率，kW；P_a为空气对车辆做功的功率，kW；P_r为滚动摩擦力对车辆做功的功率，kW；P_{ab}为发动机制动系统对车辆做功的功率，kW；β为制动力分配系数；s为车辆在路面上的滑移率，滚动摩擦计算时，滑移率取0。

根据车辆动力学特性，车辆在长下坡行驶时，主要受重力G、斜面支撑力F_N、空气阻力F_w和地面滚动阻力F_f。车辆下坡受力分析如图7-19所示。

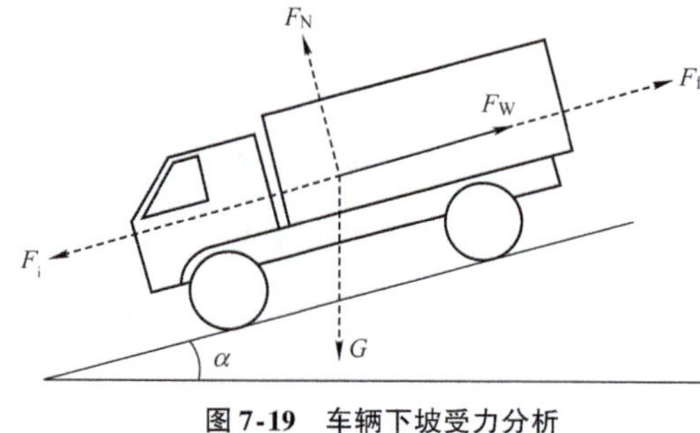

图7-19　车辆下坡受力分析

对应力表示为：

斜坡阻力

$$F_i = G\sin\alpha \tag{7-15}$$

空气阻力

$$F_w = \frac{1}{2}C_D A\rho V^2 \tag{7-16}$$

滚动阻力

$$F_f = Gf\cos\alpha \tag{7-17}$$

式中，$f=0.0076+0.000056V$。

车辆匀速行驶时对应功率表示为：

重力对车辆做功功率（kW）

$$P_G = F_i V = GV\sin\alpha/3.6 \tag{7-18}$$

空气对车辆做功功率（kW）

$$P_a = F_w V = C_D A V^3/76140 \tag{7-19}$$

滚动摩擦力对车辆做功功率（kW）

$$P_r = F_f V = GfV\cos\alpha/3.6 \tag{7-20}$$

牛顿冷却定律是处理温度变化问题的常用方法，适用于强对流和温差不太大时的工

况，世界道路协会根据能量守恒定律和牛顿冷却定理，理论推导出了连续下坡路段的制动鼓温度预测模型

$$T(t) = T_0 e^{-k_1 t} + T_a(1 - e^{-k_1 t}) + k_2 P_B(1 - e^{-k_1 t}) \tag{7-21}$$

式中，T_0为制动鼓初始温度，℃；t 为车辆运行时间，s；k_1 为热时间参数的倒数，$k_1 = (hA)/(cm\omega)$；k_2 为总传热参数的倒数，$k_2 = \omega/(hA)$；h 为对流换热系数，W/（m^2·℃）。

对流换热系数 h 为制动鼓温度变化率与制动鼓终点温度与环境温度差值的比值，依据采集到的数据得到各试验路段的对流换热系数 h 值，代入公式求得热时间参数的倒数 k_1和总传热参数的倒数 k_2的值，见表 7-10。

对流换热系数试验　　表 7-10

实验序号										h	k_1	k_2
1	2	3	4	5	6	7	8	9	10			
7.318×10^{-3}	5.08×10^{-3}	4.529×10^{-3}	4.506×10^{-3}	6.775×10^{-3}	4.291×10^{-3}	4.762×10^{-3}	4.789×10^{-3}	4.529×10^{-3}	5.449×10^{-3}	5.203×10^{-3}	6.57×10^{-5}	394.48

当车速 $V = 50\text{km/h}$ 时，匀速通过 $S = 5\text{km}$ 的长下坡，所需 $t = 360\text{s}$，此时 $k_1 t \to 0$，可以得到 $1 - e^{-k_1 t} \to 0$：做误差分析 $\frac{|(1 - e^{-k_1 t}) - k_1 t|}{1 - e^{-k_1 t}} \times 100\% = 3.3\% < 5\%$，故 $1 - e^{-k_1 t} \approx k_1 t$，因此，制动鼓温度预测模型式（7-21）可简化为

$$T(t) = Kt + T_0 \tag{7-22}$$

式中，$K = (T_a - T_0 + k_2 P_B)\ k_1 \approx k_1 k_2 P_B$。

结合式（7-14）得

$$K = k_1 k_2 P_B = \frac{1}{2} k_1 k_2 \beta(1 - s)(P_G - P_a - P_r - P_{ab}) \tag{7-23}$$

结合式（7-18）~式（7-20）得

$$K = \frac{1}{2} k_1 k_2 \beta(1 - s) GVi/3.6 - \frac{1}{2} k_1 k_2 \beta(1 - s)(C_D A V^3/76140 + GfV/3.6 + P_{ab}) \tag{7-24}$$

进一步，可转化为

$$K = k_a i - k_b \tag{7-25}$$

结合式（7-22）得

$$T(t) = (k_a i - k_b)t + T_0 \tag{7-26}$$

式中，$k_a = \frac{1}{2cm}\beta GV/3.6$；$k_b = \frac{1}{2cm}\beta\left(C_D AV^3/76140 + GfV/3.6 + P_{ab}\right)$；$P_{ab} = 0.2133n - 210.67$；$n = Vi_g i_0/0.377r$；$c$ 为制动鼓比热容 $c = 0.482\text{kJ}/(\text{kg}\cdot℃)$；$m$ 为制动鼓质量 $m = 80.05\text{kg}$。

（2）模型验证试验。

①试验路段。

以坡度为6%的1km长下坡路段为试验路段进行制动鼓温升试验，坡顶海拔高度为264.75m；坡底海拔高度为204.60m，如图7-20所示。

图7-20 试验路段

②试验设备。

试验设备主要包括GPS模块、雷达传感器、温度检测仪以及具有发动机辅助制动系统的总质量12.2t东风（DFA1120L11D6）单桥柴油机6.2m国四载货汽车，如图7-21所示。利用GPS获取当前车辆所处位置的经纬度以及海拔高度来确定长下坡试验路段；利用雷达传感器实时获取当前车辆的车速以及车辆运行时间；利用温度检测仪实时获取车辆制动鼓温度以及环境温度。选择驾龄6年以上的本地驾驶人以自然驾驶方式进行试验，为了保证实测数据的可靠性，本试验通过多次重复试验的方式进行相互验证，并通过手持红外测温仪对制动鼓温度进行探测来验证温度检测仪设备的可靠性。

图7-21 试验设备

试验参数见表7-11，将参数代入式（7-26）计算得到制动鼓温升预测模型为 $T(t) = 0.34145t + T_0$。

试验参数　　表7-11

参数	G（kN）	V（km/h）	f	n（r/min）	β	C_D	A（m^2）
对应值	110	50	0.0104	1100	0.6	0.7	7

③试验结论。

通过对坡度为6%，坡长为1km的下坡路段进行10组测试试验，对试验数据进行分析，得到制动鼓温度随时间的变化情况如图7-22所示。

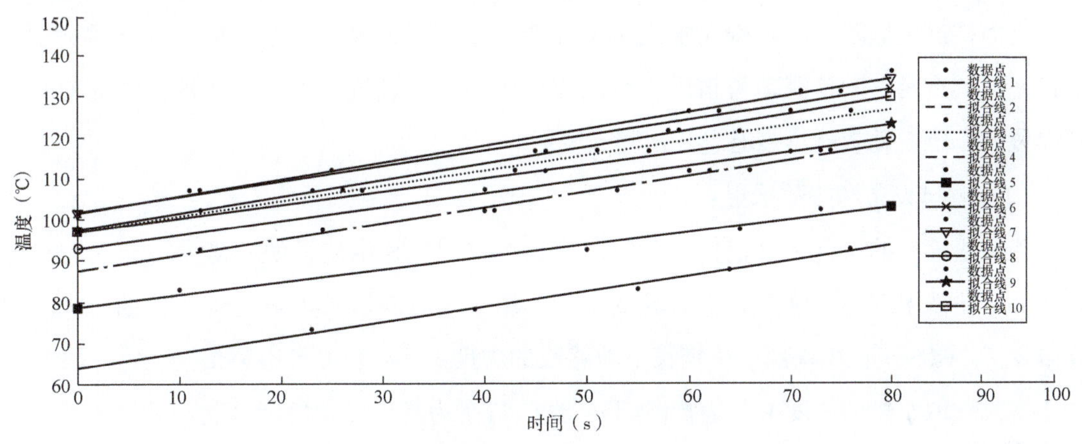

图7-22　制动鼓温度与时间关系图（坡度6%）

对10组测试试验进行系数整合求平均值为0.33628，通过模型计算系数为0.34145，见表7-12，接着进行误差分析。

试验结果　　表7-12

试验序号										平均值	计算值
1	2	3	4	5	6	7	8	9	10		
0.3669	0.3777	0.3715	0.3799	0.3004	0.3676	0.4046	0.3303	0.3164	0.4127	0.33628	0.34145

误差分析：

$$\frac{|0.33628 - 0.34145|}{0.33628} \times 100\% = 1.54\%$$

将预测模型预测值与实测模型实测值进行对比，从误差分布角度而言整体较小，这表明本节所建立的制动鼓温升预测模型的预测结果整体较准确，在一定范围内可应用于长下坡路段货车制动鼓温度的预测。

3）货车制动鼓失效风险预测有效性验证

（1）测试方案概述。

长下坡路段预测预警主要包括三个步骤：

①制动鼓温度预测；

②制动效能热衰退风险等级预测；

③制动效能热衰退风险等级预警。

测试中考虑到交通风险和驾驶人人身安全，因制动效能热衰退行为导致的制动失效的危险情况难以模拟。因此，拟在安全的常规工况下进行长下坡路段预测预警有效率测试，进而推广到危险工况。若在常规工况下能够正确进行风险等级预警，则能够证明所提出系统具有足够的预测预警精度，可以应用于高制动鼓温升的危险工况，从而对长下坡路段的车辆制动效能热衰退有效预测预警。

（2）测试设备和参数采集。

测试所需要的设备主要包括：轮毂温度检测仪、GPS 定位模块、毫米波雷达与试验货车等。轮毂温度检测仪安装于试验货车上，用于实时获取长下坡过程车辆的制动鼓温度数据 T；GPS 定位模块用于确定长下坡路段的坡度 i 和坡长 L 等道路信息；毫米波雷达用于实时获取车辆的速度 V 与通行时间 t；试验货车为具有发动机辅助制动系统的总质量 12.2t 东风（DFA1120L11D6）单桥柴油机 6.2m 国四载货汽车。

（3）具体实施方案。

①确定总试验次数 N。

载货汽车分别以车速 50km/h、60km/h、70km/h、80km/h 匀速通过长下坡路段，每组试验做 10 次，共 40 次试验。测试总次数记为 N。

②制动鼓温度预测模型的修正。

在试验测试时，拟应用的制动鼓温升预测模型为式（7-26）。上述模型是通过理论计算与实车验证得出的，实际应用时需要根据当时的车辆和环境因素对预测模型中的参数进行在线实时修正。

③制动鼓温度预测及风险等级预警。

利用修正得到的当前车辆的制动鼓温升预测模型，对车辆到达坡底时的制动鼓温度进行预测，根据表 7-13 制动鼓温度阈值和制动效能热衰退风险等级对应关系来判定预警风险等级，进而进行制动效能热衰退风险等级预警。

测试用制动鼓温度阈值和风险等级对应关系　　表 7-13

温度阈值（℃）	风险等级
<60	Ⅰ级
60～85	Ⅱ级
>85	Ⅲ级

④制动鼓温度检测及实际风险等级判定。

利用轮毂温度检测仪采集货车坡底制动鼓温度，并根据制动鼓温度阈值和制动效能热衰退风险等级对应关系来判定实际风险等级。

⑤确定实现了风险等级有效预警的数量 M。

针对制动效能热衰退的风险等级预警和实际风险等级能够对应的试验次数记为 M。

计算预测预警有效率

$$\rho = \frac{M}{N} \times 100\% \tag{7-27}$$

若在安全的常规工况下，长下坡路段预测预警有效率能够满足要求，则能够证明所提出系统具有足够的预测预警精度，可以应用于高制动鼓温升的危险工况，从而对长下坡路段车辆制动效能热衰退进行有效预测预警。临界制动失效工况下温度阈值和制动效能热衰退风险等级对应关系见表 7-14。

临界制动失效工况下制动鼓温度阈值和风险等级对应关系　　表 7-14

温度阈值（℃）	风险等级（正常天气）	风险等级（恶劣天气）
<200	Ⅰ级	Ⅱ级
200～260	Ⅱ级	Ⅲ级
>260	Ⅲ级	Ⅲ级

本小节通过分析制动鼓温升导致制动机能减弱甚至失效的机理，确定货车在长大下坡行驶过程中制动失效的主要原因为制动鼓温升。随后提出了预测货车下坡过程中制动鼓温升预测模型，并根据相关试验对模型进行验证。最后，提出了货车制动鼓失效风险预测有效率验证的方案，确定了进一步对风险预测有效率验证的指导思路，为下一步工作提供了方向与基础。

7.2.2　急弯路段车速预测技术

1）数据介绍及处理

要建立急弯路段车速预测模型，首先需要采集获取车辆在通行急弯路段时的真实数据样本。通过对大量数据样本进行分析并提取数据特征规律，可建立急弯路段的车速预测模型。针对上述需求，本节中通过采集车辆历史车速数据，对数据进行分析及处理，得到预测样本矩阵。使用的数据是通过车载GPS采集的重型半挂商用运输车历史轨迹数据。通过复原车辆轨迹，选取车辆轨迹中平缓的弯道，并提取弯道的线性特征，最终选取5处海拔落差不大的典型弯道，高速路段5处弯道的俯视图如图7-23所示。

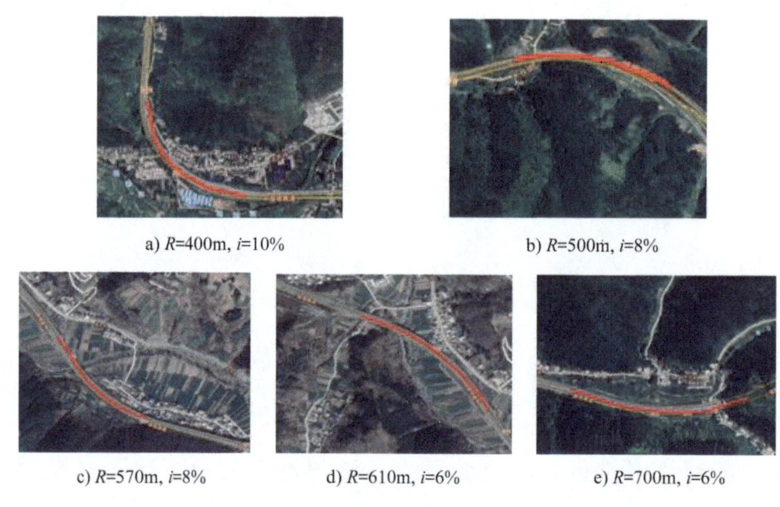

a) R=400m, i=10%　b) R=500m, i=8%　c) R=570m, i=8%　d) R=610m, i=6%　e) R=700m, i=6%

图7-23　高速路段5处弯道的俯视图

由于数据采样频率较低，以及在数据采集过程中受到GPS设备信号异常等因素，会对数据的精确度造成干扰，结合车速变化是随时间这一特征，需要对数据进行预处理。

滤波是指将信号中干扰信号滤除，还原出尽可能准确的信号，是一种对信号的最优估计，比较常用的方法有卡尔曼滤波、最小二乘法、维纳滤波等。本节选取的是Savitzky-Golay滤波器，Savitzky-Golay滤波器是一种特殊的数字滤波器，又称Savitzy-Golay平滑器，该滤波器可以在保留数据的相对极大值、极小值和宽度等分布特征的前提下，将一组数字数据处理得更平滑。也就是说，该滤波器可以在不扭曲数据倾向的前提下实现增加数据的精度作用。

2）车速预测模型的建立

提取弯道路段车速数据生成预测样本，预测样本中包含进入弯道前的5个车速以及未来时刻的预测车速。

通过SVM、回归等方法对数据进行分析，通过观测不同方法的均方根误差值（RMSE）及R^2最终选择线性回归的方法，不同预测方法对比结果见表7-15。

不同预测方法对比结果　　表 7-15

预测方法	RMSE	R^2
线性回归	1.6854	0.97
精细树	2.9157	0.92
SVM	1.6896	0.97
高斯过程回归	1.6956	0.97

给出速度预测样本（Y_i，X_{i1}，X_{i2}，…，X_{ip}），i 为模型训练数据的数量，$i=1$，…，p 为模型输入的历史车速数，该模型 p 为 5，即需要输入历史 5 个位置的车速信息。一个线性回归模型中因变量入弯车速 Y 和自变量历史车速 X 之间的关系除了 X 的影响以外，还存在天气等其他变量，因此，加入一个误差项 β_0 来捕获除了 X_{i1}，X_{i2}，…，X_{ip}之外因素对 Y_i的影响。所以车速预测模型

$$Y_i = \beta_0 + \beta_1 X_{i1} + \beta_2 X_{i2} + \cdots + \beta_p X_{ip}, \qquad i = 1, \cdots, n \tag{7-28}$$

利用 Matlab 工具箱计算得到回归模型的计算结果见表 7-16。

各回归系数计算结果表　　表 7-16

回归系数	回归系数的估计值	回归系数的置信区间
β_0	1.0128	[0.5352, 1.4903]
β_1	0.6739	[0.5135, 0.8343]
β_2	−0.4092	[−0.3537, −0.4521]
β_3	−0.1317	[−0.2622, −0.3320]
β_4	−4.7231	[−5.1344, −4.3119]
β_5	4.9461	[4.9461, 5.2887]
$R^2=0.9741$　　$p<0.0001$　　$s^2=2.8139$		

残差 $e_i=y_i-\hat{y}_i$（$i=1$，2，…，n），是每个观测值 y_i与回归方程所对应得到的拟合值 $\hat{y}_i$ 之差，实际上，它是线性回归模型中误差 ε 的估计值。$\varepsilon \sim N$（0，σ^2），即有零均值和常值方差。利用残差的这种特性反过来考察原模型的合理性就是残差的基本思想。残差图是以残差为纵坐标，以其他指定的量为横坐标的散点图。主要包括：

①横坐标为观测时间或观测值序号。

②横坐标为某个自变量的观测值。

③横坐标为因变量的拟合值。

通过观察残差图，可以对奇异点进行分析，还可以对误差的等方差性以及对回归函数中是否包含其他自变量、自变量的高次项及交叉项等问题给出直观的检验。车速预测

模型的残差图如图 7-24 所示。

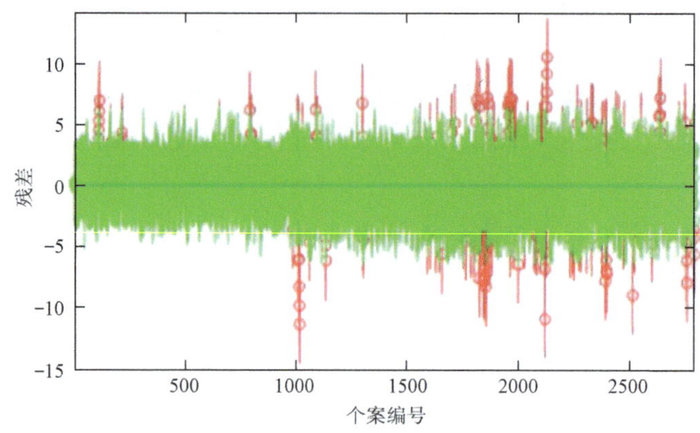

图 7-24　车速预测模型残差图

由结果对模型的判断可知：残差在零点附近，表示模型较好，接着就是利用检验统计量 R^2 与 p 的值判断该模型是否可用。

①相关系数 R^2 的评价：一般地，相关系数绝对值在 0.8 ~ 1 范围内，可判断回归自变量与因变量具有较强的线性相关性。本节车速预测模型 R^2 的绝对值为 0.9741，表明线性相关性较强。

②p 值检验：若 $p < \alpha$（α 为预定显著水平），则说明因变量与自变量之间显著地有线性相关关系。本节车速预测模型输出结果，$p < 0.0001$，显然满足 $P < \alpha = 0.05$。

③残差分析：可以清楚地看到残差大都分布在 0 的附近，因此，回归模型的效果比较好，表明模型预测精度较高。

以上统计推断方法推断的结果是一致的，说明因变量 Y 与自变量 X 之间显著地有线性相关关系，所得线性回归模型可用。

3）安全车速计算模型

车轮的垂直载荷变化可以通过横向载荷转移率（Lateral-load Transfer Rate，LTR）来描述，同时横向载荷转移率可以评价汽车稳定状态。因此，将横向载荷转移率作为汽车的侧翻因子。横向载荷转移率定义为左右轮胎垂直载荷之差与整车总的垂直载荷之比，表达式如下

$$\mathrm{LTR} = \left| \frac{F_{zr} - F_{zl}}{F_{zr} + F_{zl}} \right| \tag{7-29}$$

式中，F_{zl}、F_{zr}分别为车辆左右轮的垂直载荷，可得

$$F_{zr} + F_{zl} = mg \tag{7-30}$$

当车辆在弯道行驶时，车辆发生侧倾现象，垂直载荷在左右侧车轮上重新分配。显然，

LTR 的值在［0，1］之间，当 LTR = 0 时，车辆没有侧倾，即没有侧翻风险；当 LTR = 1 时，有一侧车轮垂直载荷为 0，即一侧轮胎离地，车辆发生侧翻。

图 7-25 为考虑悬架的车辆弯道受力分析图，假设路面是平整路面，忽略侧向风等环境因素。

对车辆侧倾外侧取矩，则

$$\sum M_0 = m_s a_y h_0 + m_s g\left(\frac{B}{2} - h\varphi\right) - F_{zr}B = 0 \tag{7-31}$$

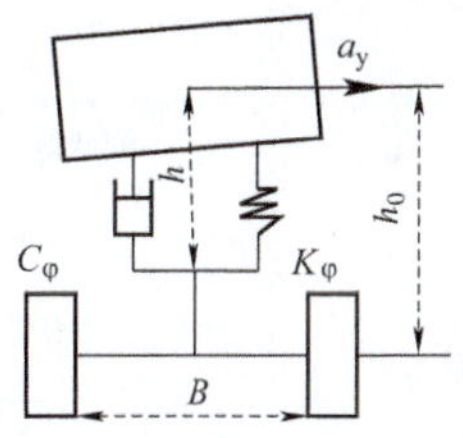

图 7-25　车辆弯道受力分析图

式中，m_s为簧上质量；a_y为侧向加速度；h_0为质心高度；h为侧倾中心到质心的距离；K_φ为车辆的侧倾刚度；C_φ为阻尼刚度，等效侧倾角为 φ；B 为车辆轮距。

忽略非簧上质量的影响，即取 $m_s = m$，可得

$$\mathrm{LTR} = \frac{2g\varphi + 2a_y h_0}{gB} \tag{7-32}$$

由车辆侧倾运动

$$I_x\ddot{\varphi} = ma_y h\cos\varphi + mgh\sin\varphi - K_\varphi\varphi - C_\varphi\dot{\varphi} \tag{7-33}$$

可知侧倾角的大小在汽车结构参数确定的情况下只与侧向加速度有关，因此，引入侧倾率 R_φ（rad/g），则侧倾角可以表示为

$$\varphi = R_\varphi \frac{a_y}{g} \tag{7-34}$$

且车辆在弯道行驶时，假设在当前状态车辆按道路半径匀速行驶，则横向载荷转移率 LTR 的最终表达式为

$$\mathrm{LTR} = \frac{2R_\varphi g + 2h_0}{gB}\left(\frac{u_i^2}{R}\right) \tag{7-35}$$

式中，u_i为车辆在弯道行驶时的车速；R 为弯道半径。

可以看出，汽车的横向载荷转移率只与弯道半径、车速及车辆的结构参数有关。

当车辆 LTR = 1 时，即车辆一侧轮胎离地，车辆将发生侧翻危险，故车辆在弯道中的安全车速为

$$u_{\max} = \sqrt{\frac{gBR}{2R_f g + 2h_0}} \tag{7-36}$$

4）预测预警有效率

（1）预测预警风险等级的判定。

车辆行驶在急陡弯路段时，通过毫米波雷达采集并记录进入弯道前的车辆车速信息，

总数据采集量记为 N。结合其他车辆和道路信息预测车辆在急陡弯中的行驶速度，计算大型车辆在急陡弯中的侧翻指数（Rollover Index，RI）和小型车辆在弯中的侧滑指数（Lateral Sliding Index，LSI），进而根据表 7-17 所示的侧翻侧滑指数阈值和风险等级的对应关系来判定车辆在急陡弯中行驶的预测预警风险等级。

侧翻侧滑指数阈值和风险等级对应关系 表 7-17

侧翻侧滑指数阈值	风险等级
<0.2	Ⅰ级
0.2~0.4	Ⅱ级
>0.4	Ⅲ级

（2）确定有效预测预警的数量 M。

将车辆行驶状态数据导入 Trucksim 仿真软件进行仿真分析，计算 RI 和 LSI，进而判定车辆在急陡弯中行驶的实际风险等级。预警风险等级和实际风险等级对应的试验次数记为 M。由式（7-27）计算预测预警有效率。

（3）推广到临界侧翻侧滑工况。

若在常规工况下能够正确判定预测预警等级风险，则能够证明所提出系统具有足够的预测预警精度，可以应用于易发生侧翻侧滑的危险工况，从而对急陡弯路段的车辆侧翻侧滑行为有效预测预警。临界侧翻侧滑工况下侧翻侧滑指数阈值和风险等级对应关系见表 7-18。

临界侧翻侧滑工况下侧翻侧滑指数阈值和风险等级对应关系 表 7-18

侧翻侧滑指数阈值	风险等级
<0.6	Ⅰ级
0.6~0.8	Ⅱ级
>0.8	Ⅲ级

本节通过分析车辆在弯道前的车速变化，提取车速特征，提出了车辆在弯道前的车速预测模型。并建立了车辆在弯道行驶时的力学模型，得到车辆在弯道中的安全车速计算模型。最后，提出了车辆在弯道路段风险预测有效率验证的方案，确定了进一步对风险预测有效率验证的指导思路。

7.2.3 基于深度学习的车辆轨迹预测技术

在高速公路场景中，连续换道是常见的风险驾驶行为。通过开发基于深度学习的车辆轨迹预测算法，可以快速、准确地预测出车辆的将来轨迹，辨识出换道行为，提前针对风险驾驶行为做出预警。

1）问题定义

车辆轨迹预测问题的目标是根据车辆及周围环境的历史信息，预测车辆的将来轨迹。假设在过去 T_{hist} 个时间点上的历史观测信息为输入矩阵 $\boldsymbol{X}$，在将来 T_{fut} 个时间点上车辆的将来轨迹为输出矩阵 $\boldsymbol{Y}$，车辆轨迹预测问题的目标为学习从输入矩阵到输出矩阵的条件概率分布函数 $f(\boldsymbol{X})$，满足

$$f(\boldsymbol{X}) = P(\boldsymbol{Y} \mid \boldsymbol{X}) \tag{7-37}$$

式中，$\boldsymbol{X} = [\boldsymbol{X}^{(t-T_{hist})}, \boldsymbol{X}^{(t-T_{hist}+1)}, \cdots, \boldsymbol{X}^{(t-1)}]$；$\boldsymbol{Y} = [\boldsymbol{Y}^{(t)}, \boldsymbol{Y}^{(t+1)}, \cdots, \boldsymbol{Y}^{(t+T_{fut}-1)}]$。

输入矩阵 $\boldsymbol{X}$ 由过去 T_{hist} 个时间点上的历史观测信息构成，每个时间点的历史观测信息包括当前车辆的状态和周围车辆的状态，即

$$\boldsymbol{X}^{(t)} = [x_{ego}, y_{ego}, v_{ego}, \theta_{ego}, \Delta x_{sur0}, \Delta v_{sur0}, \cdots, \Delta x_{sur7}, \Delta v_{sur7}]$$

$$\boldsymbol{X} = [\boldsymbol{X}^{(t-T_{hist})}, \boldsymbol{X}^{(t-T_{hist}+1)}, \cdots, \boldsymbol{X}^{(t-1)}]$$

式中，x_{ego}、y_{ego}、v_{ego}、θ_{ego} 分别为自车的横坐标、纵坐标、车速、航向角；Δx_{surn}、Δv_{surn} 分别为第 n 辆周车与自车之间的相对横坐标、相对速度。

周围车辆的编号如图 7-26 所示，如不存在该车，则用 $\Delta x_{surn} = 500\text{m}$、$\Delta v_{surn} = 0$ 的假想车代替。

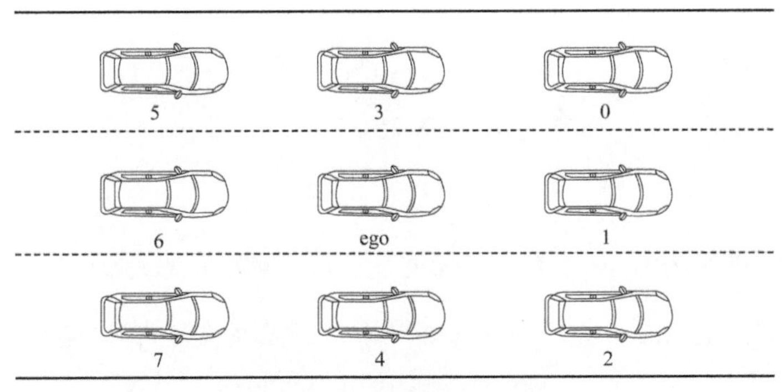

图 7-26　周围车辆编号示意图

输出矩阵 $\boldsymbol{Y}$ 由将来 T_{fut} 个时间点上的轨迹信息构成即

$$\boldsymbol{Y}^{(t)} = [x_{ego}, y_{ego}]$$

$$\boldsymbol{Y} = [\boldsymbol{Y}^{(t)}, \boldsymbol{Y}^{(t+1)}, \cdots, \boldsymbol{Y}^{(t+T_{fut}-1)}]$$

式中，x_{ego}、y_{ego} 分别为自车的横坐标、纵坐标。

在本模型中，输入和输出均为在 5Hz 的采样频率下采集的时长为 3s 的片段，因此，

$T_{\text{hist}}=15$、$T_{\text{fut}}=15$。

2）算法模型

本节介绍算法模型。时间序列预测问题常采用编码器-解码器结构的深度学习模型，编码器将输入序列编码为上下文向量（Context Vector），解码器将上下文向量解码为输出。常见的编码器、解码器模型有循环神经网络（Recurrent Neural Network，RNN）、长短时记忆网络（Long Short Term Memory，LSTM）等。本节提出了一种新的编码器-解码器设计，采用 Transformer 结构作为编码器，采用混合密度网络（Mixture Density Network，MDN）作为解码器，有效提高了轨迹预测的精度。

Vaswani 等 2017 年提出了基于注意力机制（Attention Mechanism）的 Transformer 网络结构，在自然语言处理等序列数据处理领域取得了重大进展。该算法基于多头自注意力（Multi-head Self-attention，MSA），通过计算序列中各个时间点数据之间的注意力分数，实现了对序列数据的处理。

假设输入的时间序列数据为

$$\boldsymbol{X}=\left[X^{(t-T_{\text{hist}})},X^{(t-T_{\text{hist}}+1)},\cdots,X^{(t-1)}\right]$$

式中，$\boldsymbol{X}^{(t)}$ 为 n 维向量；$\boldsymbol{X}$ 为（T_{hist}，n）维矩阵。

定义 Transformer 模型的参数矩阵 $\boldsymbol{M}_{\text{Q}}$，$\boldsymbol{M}_{\text{K}}$，$\boldsymbol{M}_{\text{V}}$ 分别是（n，d）维矩阵，根据矩阵运算，可以得到输入矩阵 $\boldsymbol{X}$ 的特征矩阵

$$\boldsymbol{Q}_{(T_{\text{hist}},d)}=\boldsymbol{X}_{(T_{\text{hist}},n)}\cdot\boldsymbol{M}_{Q(n,d)} \tag{7-38}$$

$$\boldsymbol{K}_{(T_{\text{hist}},d)}=\boldsymbol{X}_{(T_{\text{hist}},n)}\cdot\boldsymbol{M}_{K(n,d)} \tag{7-39}$$

$$\boldsymbol{V}_{(T_{\text{hist}},d)}=\boldsymbol{X}_{(T_{\text{hist}},n)}\cdot\boldsymbol{M}_{V(n,d)} \tag{7-40}$$

式中，$\boldsymbol{Q}$ 矩阵被称为 Query；$\boldsymbol{K}$ 矩阵被称为 Key；$\boldsymbol{V}$ 矩阵被称为 Value。

计算当前时间点的 Query 与所有 Key 的点积，除以系数$\sqrt{d}$，再施加 softmax 函数，可以得到当前时间点的注意力分数。以注意力分数作为权重，将每个时间点的 Value 叠加，可以得到当前时间点的输出。

以上过程可以用如下公式表示

$$\text{Attention}(\boldsymbol{Q},\boldsymbol{K},\boldsymbol{V})=\text{softmax}\left(\frac{\boldsymbol{Q}\boldsymbol{K}^{T}}{\sqrt{d}}\right)\boldsymbol{V} \tag{7-41}$$

基于 MSA 结构和神经网络中常用的全连接结构，可以构建 Transformer 神经网络模型，Transformer 网络的结构如图 7-27 所示。

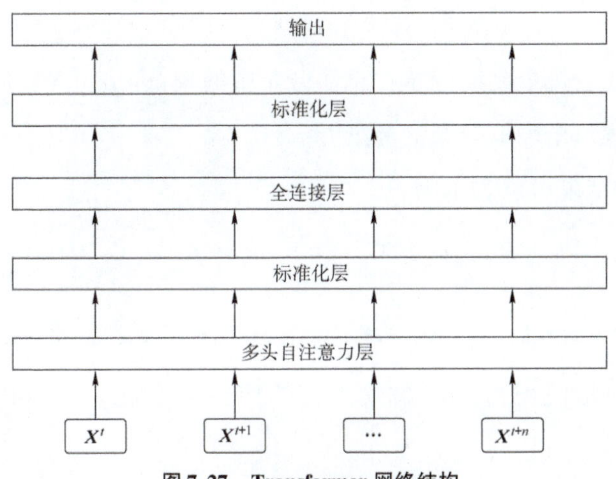

图 7-27　Transformer 网络结构

Transformer 结构利用注意力机制处理时间序列问题，与循环神经网络相比，不需要在时间轴上循环运算，实现了时间序列的并行处理，具有运行速度快、实时性好的优势。因此，选择 Transformer 结构作为编码器符合车辆轨迹预测的实时性要求。

混合密度网络是一种预测目标量概率分布的回归模型。假设模型的输入为 X，目标量为 y，传统的回归模型 $F(x)$ 输出是目标量的估计

$$\hat{y} = F(X) \tag{7-42}$$

模型训练的目的是使得损失函数（此处为均方误差）取最小

$$\mathrm{loss}(\hat{y}, y) = (\hat{y} - y)^2 \tag{7-43}$$

对于车辆轨迹预测问题，上述模型不能很好地预测车辆的轨迹。车辆轨迹预测问题是典型的多模态问题，即车辆的轨迹不是单一的分布，而是多个分布的叠加。如图 7-28 所示，粗实线和细实线表示车辆在当前时刻可能选择的两条轨迹，假设车辆会等概率地选择两条轨迹中的一条行驶，则传统模型经过学习后会预测车辆选择两条轨迹的中点，即虚线轨迹行驶，因为在两条轨迹的中点处均方误差最小。这样的模型会产生不符合常理的预测结果。

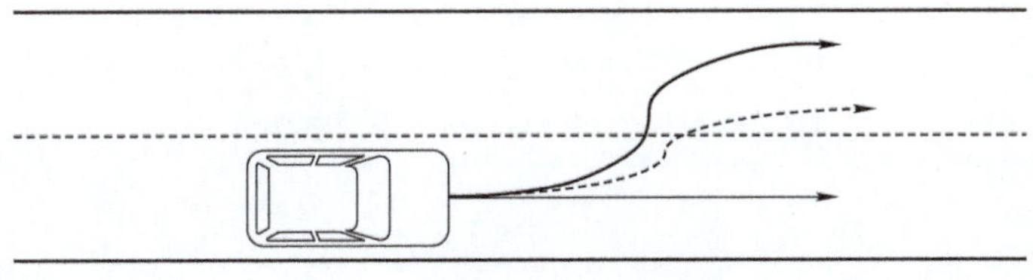

图 7-28　传统模型预测车辆轨迹

与传统模型不同，混合密度网络假设目标量的分布是多个高斯分布的叠加。因此，混合密度网络的输出是 3 个 K 维向量

$$(\boldsymbol{\pi}(X),\boldsymbol{\mu}(X),\boldsymbol{\sigma}(X)) = F(X) \tag{7-44}$$

式中，$\boldsymbol{\pi}(X)$ 代表每个高斯分布在总体分布中的权重；$\boldsymbol{\mu}(X)$ 代表每个高斯分布的平均值；$\boldsymbol{\sigma}(X)$ 代表每个高斯分布的标准差。

混合密度网络的结果可以表示为

$$P_{\pi,\mu,\sigma}(y \mid X) = \sum_{i=1}^{K} \boldsymbol{\pi}_i \Phi(\boldsymbol{\mu}_i,\boldsymbol{\sigma}_i) \tag{7-45}$$

式中，$\boldsymbol{\pi}$ 满足 $\sum_{i=1}^{K} \pi_i = 1$；$\Phi(\boldsymbol{\mu}_i, \boldsymbol{\sigma}_i)$ 表示平均值为$\boldsymbol{\mu}_i$；标准差为$\boldsymbol{\sigma}_i$的高斯分布。

模型训练的目的是使得目标函数最大，即使得 y 在$P_{\pi,\mu,\sigma}(y \mid X)$ 分布中的概率最大。

$$\mathrm{loss}(P_{\pi,\mu,\sigma}(y \mid X),y) = -\log(P_{\pi,\mu,\sigma}(y \mid X)) \tag{7-46}$$

混合密度网络的结构与全连接网络相似，只是在输出层中，混合密度网络输出 3 个 K 维向量，并且对 $\boldsymbol{\pi}$ 向量施加 softmax 函数，保证所有分布的权重之和为 1。

混合密度网络适合解决多模态问题，因此可以有效预测车辆轨迹的分布情况，如图 7-29所示。对混合密度网络输出的分布进行采样，即可得到预测的车辆轨迹。

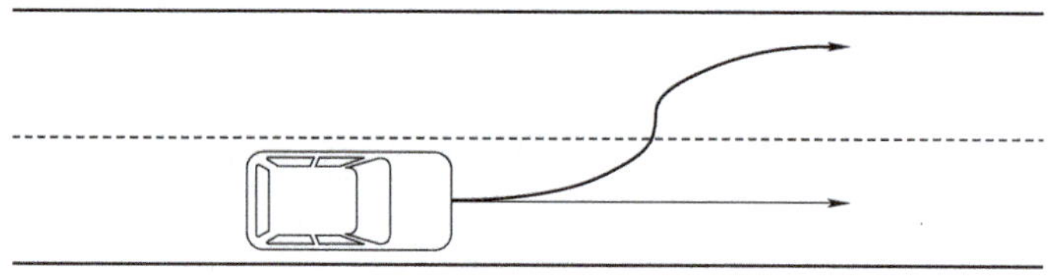

图 7-29　混合密度网络预测车辆轨迹

3）模型训练

模型训练在 HighD 数据集上进行。HighD 数据集是德国亚琛工业大学在德国科隆的高速公路路段上采集的车辆轨迹数据集。HighD 数据集由 60 个录像片段组成，每个片段平均时长为 17min，总时长 16.5h，每个片段覆盖 420m 长的路段。与轨迹预测问题中常用的 NGSIM 数据集相比，HighD 数据集更贴合高速公路驾驶场景，二者的详细对比可见表 7-19。

HighD 数据集与 NGSIM 数据集对比　　表 7-19

属　性	数　据　集	
	NGSIM	HighD
时长（h）	1.5	16.5
车道数量	5～6（单向）	4～6（双向）
车辆数	9206	110000

续上表

属 性	数 据 集	
	NGSIM	HighD
总行驶里程（km）	5071	45000
总行驶时间（h）	174	447
平均车速（km/h）	29.2	100.7

为了验证模型训练效果，对比不同模型的性能，将HighD数据集分割为训练集和验证集，选择编号为1~15的录像片段为验证集，编号为16~60的录像片段为训练集。

HighD数据集的原始数据包含了车辆的空间位置、运动状态和周车的编号信息。为了获取包含周车空间位置和运动状态的数据，需要对原始数据进行如下处理：

①对原始数据进行降噪滤波，过滤掉数据中的采样噪声。

②根据周车编号数据提取周车的空间位置和运动状态数据，计算出周车与自车间的相对位置和相对速度，拼接到原始数据集中。

③对于不存在的周车，设定一个相对位置为500m，相对速度为0的假想车填充。

④根据车道线位置计算车辆所处的车道，将车辆所处车道变更的时间点作为换道点。

⑤对于存在换道点的轨迹，取换道点前6s，换道点后4s，共10s的数据作为轨迹数据，记录到换道轨迹数据集中；对于不存在换道点的轨迹，随机取其中10s的片段作为轨迹数据，记录到未换道轨迹数据集中。

⑥对数据集中的所有数据做Z-score标准化处理。

对HighD数据集进行以上数据处理后，可以得到左、右换道轨迹数据集和未换道轨迹数据集。

在高速公路场景中，换道是常见的容易导致交通事故的行为。因此，准确地预测车辆的换道轨迹对于交通风险的预测和防控有重要意义。对于常见的车辆轨迹数据集，例如NGSIM数据集，每辆车平均完成0.45次换道，数据集中的换道轨迹远少于未换道轨迹，这会导致模型对于未换道轨迹产生过拟合，而对于换道轨迹欠拟合，进而影响模型对于车辆换道轨迹的预测精度。为了解决上述问题，需要让数据集中左换道、右换道和未换道轨迹数量相同。分别从左、右、未换道轨迹数据集中选取1500条轨迹数据，组合成最终的数据集，并根据轨迹所属的录像片段编号将数据集划分为训练集和验证集。

深度学习模型使用Pytorch框架搭建。编码器采用2层Transformer网络结构，隐藏层维度为64。解码器采用3层全连接网络结构，隐藏层维度为256。模型优化使用Adam优化器，学习率为 0.001，batch size 为 128。模型训练使用的硬件和软件环境为：CUDA 11.2；Pytorch 1.7.1；GPU 为 Nvidia RTX 3090。

平均移位误差（Average Displacement Error，ADE）和最终移位误差（Final Displacement Error，FDE）是车辆轨迹预测问题中最常用的两个性能评价指标，其中 ADE 定义为所有预测值与真值的均方误差的平均值，FDE 定义为最后一个时间点预测值与真值的均方误差。选择平均移位误差和最终移位误差作为评价指标，对比本节提出的车辆轨迹预测模型与常见车辆轨迹预测算法的预测性能，验证本节模型的预测有效性。用于对比的常见车辆轨迹预测算法包括：

①支持向量机（Support Vector Machine，SVM）。

②弹性网络（Elastic Net，EN）。

③长短时记忆（Long Short Term Memory，LSTM）。

④门控循环单元（Gated Recurrent Unit，GRU）。

其中：支持向量机和弹性网络算法采用 Scikit-Learn 库的默认参数，LSTM 和 GRU 模型采用 3 层网络结构，隐藏层维度为 256，其余参数与本节算法使用的参数一致。

本节提出的车辆轨迹预测模型与常见车辆轨迹预测算法的预测性能对比结果见表 7-20。

模型预测性能对比 表 7-20

算　法		平均位移误差（m^2）	最终位移误差（m^2）	参数量	模型耗时（ms）
机器学习算法	支持向量机	1.409	4.854	—	71
	弹性网络	0.515	1.777	—	45
深度学习算法	长短时记忆	0.833	2.909	1.5M	457
	门控循环单元	0.845	2.909	1.1M	248
	本节算法	0.263	1.509	0.2M	82

由表 7-20 可见，与传统机器学习算法相比，本节提出的车辆轨迹预测模型在预测性能上有明显提升；与其他深度学习算法相比，本节提出的车辆轨迹预测模型不仅性能提升显著，而且模型的参数量减少到了原来的 1/5 ~ 1/8，大大降低了模型部署所需要的计算量，提高了模型的实时性。

本节介绍了一种基于深度学习的车辆轨迹预测算法，该算法使用 Transformer 网络结构和 MDN 网络结构构建神经网络模型，可以输出车辆预测轨迹的概率分布，从而解决车辆轨迹预测中的多模态问题。该算法使用 HighD 数据集进行训练和验证，通过与其他算法的对比，验证了该算法在车辆轨迹预测问题上的有效性和实时性。

7.3 本章小结

本章主要介绍了风险交通行为的辨识方法和典型风险交通行为的预测和风险评估技术，其中风险交通行为的辨识方法部分详细介绍了车速异常、车辆换道、车辆逆行、压线行驶、曲线行驶以及车辆弯道侧翻侧滑等风险交通行为的辨识方法，所介绍方法辨识精度高且满足实时性的要求；在典型风险交通行为预测技术部分结合长下坡和急陡弯路段的路段特征详细介绍了长下坡路段货车制动鼓温升预测技术和货车制动鼓失效风险评估方法以及急陡弯路段车速预测技术和车辆侧翻侧滑风险评估方法，并提出了一种基于深度学习的车辆轨迹预测模型可准确预测车辆的行驶轨迹。本章所提出的风险交通辨识方法和典型风险交通行为预测和风险评估技术可为风险交通行为防控手段提供技术支持。

本章参考文献

[1] NEIL J,DAVID H. Learning the distribution of object trajectories for event recognition [J]. Image and vision computing,1996,14(8):609-615.

[2] NEIL S,ANDREW B. Learning spatio-temporal patterns for predicting object behaviour [J]. Image and Vision Computing,2000,18(9):697-704.

[3] HU WM,XIE D,TAN T,et al. Learning activity patterns using fuzzy self-organizing neural network[J]. IEEE Transactions on Systems Man and Cybernetics Part B (Cybernetics), 2004, 34(3):1618.

[4] CAI YF,JIANG HB,WANG H,et al. Trajectory-based anomalous behaviour detection for intelligent traffic surveillance[J]. IET Intelligent Transport Systems,2015,9(8):810-816.

[5] ATHANESIOUS J J,CHAKKARAVARTHY S S,VASUHI S,et al. Trajectory based abnormal event detection in video traffic surveillance using general potential data field with spectral clustering [J]. Multimedia Tools and Applications,2019,78(14):19877-19903.

[6] PICIARELLI C,FORESTI G L. On-line trajectory clustering for anomalous events detection [J]. Pattern Recognition Letters,2006,27(15):1835-1842.

[7] WANG X,ZHAO J,WANG Y,et al. Vehicle Feature Point Trajectory Clustering and Vehicle Behavior Analysis in Complex Traffic Scenes[C]// proceedings of the International Conference on Internet of Things,Springer,2019.

[8] 何江李,龚波. 基于道路几何参数的弯道临界安全车速模型[J]. 长沙理工大学学报,2017,14(4):75 ~ 82.

[9] LAMM R,ELIAS C M,MAILAENDER T. Comparison of operating speeds on dry and wet pavements of two-lane rural highways[M]. Washington:Transportation Research Board,1990.

[10] GOMES G, MAY A, HOROWITZ R. Congested Freeway Microsimulation Model Using VISSIM[J]. Transportation Research Record,2004,1876(1):71-81.

[11] 陈立辉,郭忠印. 高原环境连续下坡路段制动鼓温度预测模型[J]. 北京工业大学学报,2020,46(7):7-10.

[12] World Road Association. Road safety manual[M]. Washington:PIARC Technical Committee on Road Safety,2003.

[13] SAVITZKY A. Smoothing and Differentiation of Data by Simplified Least Squares Procedures [J]. Analytical Chemistry,1964,36.

[14] BRITZ D,GOLDIE A,LUONG M,et al. Massive Exploration of Neural Machine Translation Architectures[C]// Proceedings of the 2017 Conference on Empirical Methods in Natural Language Processing. Copenhagen, Denmark: Association for Computational Linguistics, 2017,1442-1451.

[15] BISHOP C M. Mixture density networks[R]. Birmingham:Aston University,1994.

[16] ZHENG Y. Trajectory data mining:an overview[J]. ACM Transactions on Intelligent Systems and Technology,2015,6(3):1-41.

[17] KRAJEWSKI R, BOCK J, KLOEKER L, et al. The highD Dataset: A Drone Dataset of Naturalistic Vehicle Trajectories on German Highways for Validation of Highly Automated Driving Systems[C]// 2018 21st International Conference on Intelligent Transportation Systems (ITSC). 2018,2118-2125.

[18] KAZEMI R,JANBAKHSH A A. Nonlinear adaptive sliding mode control for vehicle handling improvement via steer-by-wire[J]. International Journal of Automotive Technology, 2010,11(3):345-354.

CHAPTER 8 第 8 章

基于人因理论的风险交通行为矫正技术

风险交通行为是导致交通事故发生的核心因素，对风险交通行为的矫正问题一直是道路安全研究的重要领域。然而，当前的风险交通行为矫正技术主要属于被动矫正。本章在分析现有风险交通行为矫正技术和系列人因学研究基础上，开发了基于强化理论的行为矫正技术以实现多模态、差异化的风险行为自助矫正技术。

8.1 风险交通行为矫正技术概述

风险交通行为是指危及驾驶人和其他道路使用者安全的驾驶行为，例如，超速、急加速、急减速、不合时宜超车、逆向行驶和跟车太近等。REASON 等提出风险交通行为可被分为三种类型：失误、疏忽和过失。失误，是心不在焉的行为，主要对驾驶人本人造成影响，对其他道路使用者没有威胁；疏忽，通常是可能对其他人造成危害的错误判断和失败观察；过失则涉及故意违反安全驾驶条例。风险交通行为与交通事故的发生存在紧密联系，因此，对驾驶人在道路交通事故中的行为研究一直是道路安全研究的重要领域之一。然而，目前对风险交通行为的有效矫正问题仍未得到很好解决。

WIERWILLE 认为，导致风险交通行为的因素主要有四种：知识、训练或技能不足，驾驶员生理心理状态受损，不适当的任性行为，基础设施与环境问题。目前，减少风险交通行为的传统方法主要包括教育干预、警察执法和设立交通标志予以告警这三类。教育干预包括媒体宣传安全驾驶和对新手驾驶人的培训等手段，有助于减少不适当的任性行为或提升有关驾驶的知识技能，且干预效果往往较为持久。PLANT 发现年轻驾驶人在观看描述超速的社会后果并采用积极情感诉求的反超速广告后，其平均驾驶速度立即略有降低。也有学者认为警察执法虽是对违规驾驶行为的即时干预，但对某些风险驾驶行为仍具有长时干预效果。如增加警察执法后的路段车速会降低，且持续到该行动结束后的两周。最传统与方便的标志、路面标记和交通信号，旨在引导、警告或规范驾驶人，也是减少风险驾驶行为的对策之一。MA 和 YAN 认为，不断改进的各样交通标志能解决一部分因基础设施和环境问题所导致的风险驾驶行为。如考虑选用超大标志、补充标志和动态信息标志来提高其可见度和醒目度，使驾驶人更及时地感知标志。然而，上述三种传统方法对风险交通行为的矫正效果并不充分。针对驾驶人的教育干预效果会随时间衰减，且干预越密集在改变驾驶知识方面才会越有效。但由于教育干预成本过高，往往不够密集，且警察执法仅促进了驾驶人部分风险交通行为的减少。此外，交通标志和警察执法都不够及时与精准地矫正频繁出现的风险交通行为。

随着人工智能和硬件技术的发展，近年来对外界危险和驾驶人状态的检测和告警技术进步迅速。得益于检测准确度的提升，告警的可靠性也达到较高水平，并开始被大量应用于基础设施、移动设备的应用软件和车载驾驶辅助系统等平台上。告警信息可被呈现在可变信息标志和路面警告灯等道路基础设施上。如检测到逆行车辆后，路面逆行标志开始闪烁促使逆行驾驶人自我纠正，且相关可变信息标志会提醒其他驾驶人存在逆行车辆；带有告警功能的移动设备应用软件开始越来越多地出现。同时，车载告警能以多模态方式（视、听、触等）自然地嵌入驾驶环境中，且基于平视显示的告警信息可将驾驶人视线保持在道路上，从而比传统配置的移动设备告警应用软件更少导致分心。可用于风险交通行为矫正的不同模态的告警各有优劣（详见8.4节告警设计机理概述），故在实际应用中一般需综合考虑每种告警模态的优劣势，确保告警信息可被驾驶人有效感知与理解。

总体来讲，目前主流的风险交通行为干预矫正技术手段主要通过多模态告警等来实现，属于被动矫正，矫正效果是即时的，且单纯地重复暴露告警信息可能引发驾驶人的不悦或不敏感。如何实现基于驾驶人的自助矫正，提高驾驶人对风险交通行为的内省认知和矫正主动性，培养驾驶人的危险感知能力和安全交通行为习惯，从而降低风险行为是目前需要解决的重要问题之一。理想的自助矫正既应达到完善知识和训练技能的长时矫正效果，又会有助于驾驶人及时、自愿地减少不适当的任性行为。与此同时，风险交通行为类型多、特点散、发生随机性强，如何提供一种统一的方式来应对所有可能的高风险行为，且该方式可发挥驾驶人的主观能动性来实现主动矫正是目前亟须解决的核心问题。

采用基于行为主义心理学的强化理论（Reinforcement Theory）来实现对风险交通行为的自助矫正，是行之有效的解决思路之一。根据强化理论，任何习得的行为都与及时强化有关，经过强化的行为个体趋向于主动重复发生：及时强化将增加安全交通行为频率，及时惩罚将减少风险交通行为的频率。同时，强化理论强调差异化矫正，要求依照强化对象的不同采用不同的强化措施。因此，从行为主义心理学的强化理论视角出发，研究有效的风险交通行为矫正手段，符合基于人因理论的风险交通行为多模态、差异化自助矫正的内在要求。

8.2 基于强化理论的行为矫正技术

基于强化理论的行为矫正技术是一门针对人类的不良行为，采用行为主义的理论和方法进行矫正与干预的技术。强化理论是在经典条件反射理论基础上，由新行为主义的代表人物斯金纳（Burrhus Frederic Skinner，1904—1990 年）总结提出。强化理论也叫操作性条件反射（Operant Conditioning）理论。斯金纳通过研究提出，需区分“引发反应”与“自发反应”两种不同的反应，并由此提出存在应答性和操作性两类不同的行为。应答性行为是由可观察的特定刺激所引发的行为，如狗看见食物或听到铃声流口水，食物或铃声是引起流口水反应的特定刺激。操作性行为是在无可观察到的外部刺激的情境下，有机体自发做出的行为。应答性行为较为被动，由刺激控制；操作性行为代表着有机体对环境的主动适应，由行为的结果所控制，且人类的多数行为都属于操作性行为。斯金纳据此提出存在两类学习方式：一类是经典条件反射学习，用以塑造有机体的应答行为；另一类是操作式条件反射学习，可用以塑造有机体的操作行为。斯金纳长期致力于研究鸽子和老鼠的操作性条件反射行为，并据此提出了“及时强化”概念及强化的时间规律，形成了强化理论的核心原理。斯金纳的这些工作构成了行为矫正的基础。

自 20 世纪 50 年代起，研究人员就开始尝试将强化理论用于开发与评估行为矫正程序，帮助确立了行为矫正的原理和程序的效果。目前，基于强化理论的行为矫正技术已广泛应用于心理疾病治疗（如抑郁症、自闭症）、教育教学、商业、企业管理和道路交通安全等领域。

8.2.1 强化理论

尽管在行为矫正的相关介绍中，研究者往往将强化与惩罚技术分开介绍，但二者实质上是采用强化理论来塑造操作行为的两个方面（图 8-1）。采用强化技术提高特定行为的发生概率，而采用惩罚技术降低特定行为的发生概率。

1）强化技术

强化是能提高反应频率的行为结果，强化物是伴随于某一反应时能够增加该反应频率的任何刺激或事件。

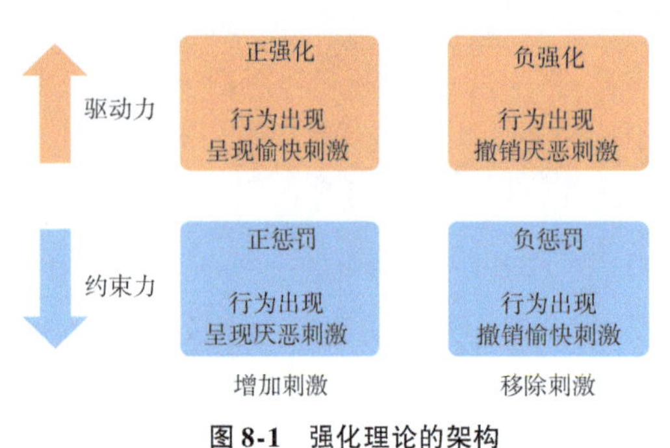

图 8-1　强化理论的架构

（1）强化类型：正强化和负强化。

强化类型可分为正强化和负强化。正强化是指随着有机体特定行为的产生，会出现愉快刺激增加或刺激强度的增强，从而导致该行为发生概率增大。负强化是指随着有机体特定行为的出现，出现不愉快刺激减少或刺激强度的减弱，从而导致目标行为发生概率增大。例如，当儿童希望看电视要求没有满足后开始大声哭闹，最终母亲同意他看电视，最终孩子停止哭闹。对该孩子而言，哭闹行为立马换来了允许看电视的结果，因此，孩子在家里更有可能哭闹，这是一个正强化过程。对母亲来说，同意孩子看电视，孩子哭闹的行为停止，因此，当孩子哭闹时母亲更有可能让他看电视，这属于负强化过程。

（2）强化物类型：初级强化物和次级强化物。

强化物分为初级强化物和次级强化物。初级强化物通常直接或间接与有机体的基本需求有关，因此刺激的产生不需要前提条件或人为训练，如阳光、食物等。次级强化物是通过与初级强化物或一个确定的强化物配合，变成确定的强化刺激的中性刺激物，如父母的关心对大多数孩子来说是条件强化物。在现代社会，金钱对于大多数人是条件强化物：以某种代币形式存在（如可兑换购物券的积分卡、可折扣换算现金的分数等），出现会伴随着后援强化物。后援强化物是指某些只能通过上述代币形式进行兑换的实物或行动奖励，从而满足被矫正有机体的愉快、满足需求，如电子游戏娱乐、购物卡等。

（3）强化程式：连续强化与间歇强化。

根据强化的程序，强化可分为连续强化与间歇强化。连续强化是指在每一次具体行为出现时都跟随强化刺激。如驾驶人在行驶过程中接收驾驶安全辅助系统的报警信息后，只要采取正确合理的应对措施后，都会给予驾驶人代币奖励。一般来说，连续强化程式的强化效果是最明显的，但连续强化会增加实验人员提供强化物的时间与费用成本，通常适用于养成行为强化习惯早期阶段。针对连续强化的缺点，有研究者提出了间隔强化技术，即按照一定规则（如时间间隔、比例）伴随操作行为出现时，给予强化物。间隔强化根据规则的不同可分为固定间隔强化、可变间隔强化、固定比例强化、可变比例强化。如在固定比例强化下，强化刺激的出现是按照有机体的行为反应出现次数是否达到某个比例来决定的。

2）惩罚技术

在行为矫正中，并非所有行为都需被强化。对某些行为，研究者希望能通过行为矫正技术使其减少甚至消失，惩罚技术就起到这样的效果。惩罚是指有机体做出某个特定行为后产生一种结果，该结果使有机体在将来会减少对这种行为的重复。这种用来减少行为在未来重复出现频率的刺激称为惩罚物。与强化类似，惩罚也分为正惩罚和负惩罚。在正惩罚中，一个行为发生伴随着刺激物的出现，导致这个行为在后续的出现频率降低；在负惩罚中，一个行为的发生伴随着一个刺激物的消除或减弱，导致这个行为在以后出现的频率降低。

8.2.2　代币矫正技术

代币矫正技术是指以某种形式的“替代货币”作为条件强化物，这种代币与及时强化物相反，它可以在后续系统允许的任何时间与地点，被有机体用来兑换后援强化物，从而可满足有机体的某种愉快刺激的需求。这使得有机体保持了高水平的获取代币期望，从而极力表现出期望行为、回避不良行为，达到行为矫正的目的。

实施代币行为矫正时，通常大致可划分为 8 个流程：

①确定目标行为。

②确定代币的形式。

③确定后援强化物。

④制定科学的强化计划。

⑤建立代币兑换后援强化物规则。

⑥设置代币兑换的时间、地点规则。

⑦决定是否采用反应代价。

⑧强化实验实施人员的管理培训等。

确定目标行为是指制定期望出现行为的详细清单。确定代币形式时，通常采用方便使用和记录的积分、硬币、小红花等。制定科学的强化计划是指要确定强化程式的类型，确定发放代币奖励的程度和时机。建立代币兑换规则主要是指实验人员确定兑换上述不同后援强化物所需要的代币数量。设置兑换代币时间、地点规则主要是设定被矫正人员用代币兑换上述后援强化物的时间与地点（如在少年管制中心，每天晚饭后被矫正人员可通过代币兑换 1h 的电子游戏时间）。反应代价是指当被矫正人员出现与期望目标行为相违背的行为时，没收一定数目的代币。实验实施人员的培训管理是指加强实验人员的理论技能培训，令其了解实验代币兑换规则，以确保实验人员严格履行职责的过程。

代币行为矫正的实施过程系统严谨，因此，被矫正人员的目标行为可得到一致性的强化。代币作为一种次级条件强化物，通常可由实验人员灵活地指定强化的奖励程度。但是，代币行为矫正对环境和实施人员的责任心要求较高，需要制定详细的强化惩罚机制，往往矫正时间成本较高。

8.2.3 基于强化理论的行为矫正技术在交通安全领域的应用

与传统的人为监督、制定法规措施等被动矫正手段不同，基于行为主义的强化理论行为矫正技术更注重行为发生时个体所处环境因素和自身因素的影响，通过人为设置条件强化物实现刺激的增加或减少来达到行为矫正目的，具有主动、自助行为矫正的特点。大量实证研究发现，撤销相关的条件强化物后，由于被矫正对象的某些行为得到了强化，即使脱离实验的矫正环境，被矫正对象仍可保持理想的行为矫正效果。正是具备上述不可比拟的优势，基于强化理论的行为矫正技术在众多领域得到了应用，包括交通安全领域。

相关研究发现，将强化理论应用于交通安全领域，可有效降低驾驶人的风险行为。如 MULLEN 在一项研究中实施反馈和分配代币积分（代币可以在实验结束后兑换期望的实验物品）来考察他们对超速行为的矫正效果。在代币治疗组中，只有当驾驶人能及时根据指示灯控制车速以维持在规定的速度范围时，代币系统才会积累分值；在对照组中不论驾驶人是否有效控制了车速，都会无差别地给予相同数额的礼品卡。结果发现，代币治疗组驾驶人的超速时间更短、平均行速度更慢、速度标准差也更小。PEER 通过应用程序软件开展对风险驾驶行为（超速、打电话、转弯加速）的记录，并给予相应的驾驶安全积分。对照组的驾驶人无论是否对风险驾驶行为做出正确反应都可在实验结束后进行抽奖；实验组的驾驶人只有对风险驾驶行为做出正确应对反应并获取相应的积分，且在实验结束后总积分满足最低抽奖要求时方可抽奖。结果同样发现，实验组的驾驶行为改善更为明显。DUNCAN 团队发现，奖励刺激可明显影响驾驶行为，高价值的惩罚显著削弱了驾驶人的超速行为和过快转弯行为，高价值奖励显著提升了驾驶人的安全车速控制行为。此外，也有研究者基于强化理论研究了期望的安全驾驶行为与奖励刺激物间的关系。他们在 62 辆租赁车辆中控台上安装了一款显示设备，在行驶过程中该设备每隔

15s 更新 1 次驾驶人的跟车距离和当前车速。当驾驶人符合安全驾驶速度和行驶距离时，给予积分奖励并可累积，这些积分可用于兑换指定的礼品奖励。他们通过调查、访谈和分析车辆的实际行驶数据发现，车辆信息显示和奖励刺激对驾驶人安全驾驶行为有较强的积极影响。

然而，以往相关的交通安全研究主要从正强化入手，探讨正强化对驾驶中风险行为的作用。在实际驾驶中，风险行为可分为外源性风险与自源性风险。前者由外部刺激导致，如前车异常停车、掉落异物等；后者由驾驶人本人在驾驶过程中引发，如超速、打电话等。对于外源性风险，应采取措施鼓励驾驶人做出安全的应对行为；对于自源性风险，则应采取措施尽可能地减少驾驶人的不安全行为。这需要正强化与负惩罚的联合使用。目前，尚未有相关研究对该问题进行探讨。此外，以往基于代币的驾驶安全矫正研究均在西方人群中开展，该思路是否适用于不同文化背景的东方人群，有待进一步明确。

8.2.4　研究小结

本节简要阐述了强化理论的基本原理，并以其中的代币矫正技术为例把实施矫正的流程进行了介绍。在此基础上，概述并分析了强化理论在交通安全领域的应用，提出了当前应用强化理论于交通安全领域中所存在的问题。本章其余三节将针对当前存在的问题进行解答。

8.3　风险等级与强化和惩罚力度的匹配矫正研究

本节采用代币矫正技术，探讨风险等级如何与强化和惩罚力度相匹配，从而有效减少驾驶中的风险交通行为。工作人员设立了初始总积分为 100 分的积分系统；为比较正强化与负惩罚的效果，将正强化与负惩罚的力度统一设为两档：5 个（低风险）与 15 个（高风险）积分。本节围绕自源性和外源性风险行为进行人因研究，检验是否可以通过承载正强化或（与）负惩罚的积分系统来提升驾驶人的安全行为，并通过比较统一高奖惩（即奖惩 15 个积分）、统一低奖惩（即奖惩 5 个积分）、差异化奖惩（高风险-高奖惩，低风险-低奖惩）三种不同方案的行为矫正效果，探明最佳的矫正规则。

本节包括三个模拟仿真研究。研究一考察面对自源性风险（以超速为代表），如何设计基于负惩罚的矫正方案来减少驾驶人的自源性风险行为。研究二考察面对外源性风险（以突降异物为代表），如何设计基于正强化的矫正方案来提升驾驶人规避外源性风险的概率。上述两个实验的驾驶场景均为包括大桥和隧道的高速公路。在上述实验基础上，研究三将正强化与负惩罚集成，考察完整的代币矫正技术能否有效减少驾驶中的风险交通行为，并将驾驶场景拓展至包含大桥、隧道、急转弯与长下坡的高速公路。

8.3.1 风险等级——积分负惩罚力度匹配研究

本小节以超速为自源性危险行为的典型代表，考察基于风险水平的差异化负惩罚能否有效降低风险行为。鉴于《中华人民共和国道路交通安全法》对超速 10%~20% 和 20%~50% 情况采取不同惩罚措施，分别将超速在 10%~20% 定义为低风险行为，超速在 20%~50% 为高风险行为。

1）方法

（1）被试。

被试自愿报名，且须满足以下条件：具有 C1 驾驶证和驾驶经验，视力、听力状况良好，在近一年内的高速公路累计驾驶时间至少 3h。被试分为 3 组：风险-积分匹配组（根据风险水平给予相应积分惩罚）、低惩罚组（总是低惩罚）、高惩罚组（总是高惩罚）。实验过程中无被试出现头晕等不适症状。3 名被试因速度超出平均速度 3 个标准差被剔除。

42 位有效被试参加实验。高惩罚组 14 人（7 名女性），年龄为 21~27 岁（M = 23.00，SD = 0.43），1~6 年驾龄（M = 2.21，SD = 0.13）；低惩罚组 14 人（5 名女性），年龄为 20~30 岁（M = 24.36，SD = 0.82），0.5~10 年驾龄（M = 3.29，SD = 0.76）；风险-积分匹配组 14 人（9 名女性），年龄为 20~36 岁（M = 23.93，SD = 1.02），1.5~5 年驾龄（M = 3.25，SD = 0.30）。3 组被试在年龄（F（2，41）= 0.764，p = 0.764）、驾龄（F（2，42）= 1.291，p = 0.286）上匹配。

（2）实验设备与材料。

本实验采用 6 自由度驾驶模拟器模拟自动驾驶环境。模拟驾驶器计算机刷新率为 60Hz，驾驶场景呈现在三面 LED 显示器（分辨率为 1920 × 1080），相邻两屏间夹角为 150°，形成环绕效果（图 8-2）。实验程序采用 Unity3D 引擎编写，模拟自动变速器车辆。车辆转向盘对车轮的转向角传动比为 15:1，车辆具有模拟的制动防抱死系统，极限制动情况下车轮滚动滑动比为 1∶9。地面模拟干燥的公路，滑动摩擦系数为 0.8，滚动摩擦系数为 0.25。驾驶场景为包括大桥（限速 80km/h）和隧道（限速 60km/h）的高速公路，其余路段限速为 100km/h。周围车辆密度为 20 辆车/km（不含自身）。周围车辆在不同车道的速度不同，第三车道恒定为 72km/h。如果超出当前限速，则调整为当前限速最大值；第一、二车道车速在 72～82.8km/h 间随机取值，若超出当前限速，则采用当前限速最大值。虚拟场景为双向六车道高速公路，包含直道（限速 100km/h）、隧道（限速 60km/h）和大桥（限速 80km/h）路段，总长 15km。隧道（长 2km）和大桥（长 2km）分别出现一次，间隔 1km，出现顺序在被试间平衡。

图 8-2　6 自由度模拟驾驶器示意图

（3）实验设计与流程。

实验采用 2（积分系统：有与无）×3（积分规则：高惩罚、低惩罚、风险-积分匹配）的混合设计。积分系统是被试内变量，积分规则是被试间变量。被试被随机分配到 3 个积分规则组中。初始积分为 100 分。风险-积分匹配组若超速持续 6s 时，超出当前限速 10%～20% 范围内扣 5 分，超出当前限速 20%～50% 范围内扣 15 分；高惩罚组若超速持续 6s 即扣 15 分；低惩罚组若超速持续 6s 即扣 5 分。实验按时间先后分为无积分系统（20min）、有积分系统（20min）两个阶段以避免积分系统对无积分阶段的干扰；两阶段间至少休息 3min。在有积分系统阶段，车辆中控屏位置及呈现积分界面示例如图 8-3 所示，实时显示积分情况，包括总积分、扣除积分及其原因（如已超速，扣除积分 5 分）。在无积分系统阶段，系统仍会按相应规则计算积分，但积分面板不出现。为避免路况熟悉性的影响，两阶段实验中所用的道路场景为同质的不同路段。实验中若被试超速，系统会持续发出听觉告警提示音（音高变化范围为 850～2348Hz 的简单音调）。

真实道路中行驶时驾驶人为节约时间等原因而超速行驶，而模拟驾驶中没有该刺激源，因此，当积分激励被添加到矫正系统中时，参与者可能不愿意超速行驶。RANNEY 提出提高心理逼真度的一种方法是规范参与者所接受的指令，如指令为“当你面试迟到时，像平常一样开车”。鉴于此，实验中要求每位被试在实验前均阅读制定的实验指导语，而指导语中明确了模拟实验中的驾驶情景和驾驶任务。在无积分系统阶段的开始，被试被告知：

请想象您正处于以下场景中：您从A市上了高速，准备赶往B市参加一个重要的研讨会议。在上高速时，会议负责人打电话来催促您尽快赶到会议现场。所以，您需要在保证驾驶安全的前提下，尽快驱车赶往B市。请注意，接下来的驾驶路段是模拟现实中的高速路段，道路两侧会出现限速牌，请您关注当前限速范围，遵守交通规则。在以上条件下，请您按照您平时的驾驶习惯进行驾驶。

在有积分系统阶段的开始，被试被告知：

“近年来，高速公路上事故越来越多，驾驶人易发生危险驾驶行为，为了提升驾驶人的安全意识，我们设计了一套面向驾驶人的积分系统，以帮助驾驶人矫正高速公路中的危险驾驶行为。该积分系统的规则如下：

①初始积分：本实验开始时，您会拥有初始积分100分。

②惩罚：若是您在模拟驾驶实验中出现超速，如果您连续超过当前限速10%～20%六秒，则将扣除5分；如果您连续超过当前限速20%～50%，则将扣除15分。

③积分兑换：在全部的实验结束之后，积分兑换商店开启，您可以使用积分进行额外的福利兑换（如充值话费抵扣券等）。

考虑到以上积分系统，请您在之前的情景下（驱车赶往B市参加研讨会）进行驾驶。”

a) 有积分系统

b) 无积分系统

图8-3 界面示例

实验开始前，被试在模拟器上进行5min的驾驶以熟悉驾驶设备的操作。正式实验需要约40min，并根据积分情况支付额度不等的被试费。

（4）数据分析。

研究采用驾驶平均速度、超速比例作为因变量。超速比例指驾驶人在实验中出现超速行为的时长占总驾驶时长的比例，反映驾驶人违规情况。数据分析采用2（积分系统）×3（积分规则）的重复测量方差分析。鉴于积分系统的效果是研究的关注对象，故通过事前比较（配对 t 检验）来分析不同积分系统的作用。

2）结果

平均速度的结果如图 8-4a）所示。方差分析表明，积分系统主效应显著（$F(1, 39) = 22.232$，$p < 0.001$，$\eta_p^2 = 0.363$），有积分系统下的驾驶速度显著低于无积分系统。积分规则主效应不显著（$F(2, 39) = 0.359$，$p = 0.701$，$\eta_p^2 = 0.018$）。积分系统与积分规则的交互作用显著（$F(2, 39) = 5.829$，$p < 0.01$，$\eta_p^2 = 0.230$）。事前比较发现，高惩罚条件下有积分系统的驾驶速度显著低于无积分系统情况（$t(13) = -3.340$，$p < 0.01$，Cohen's $d = -0.893$）；低惩罚条件下不显著（$t(13) = -0.578$，$p = 0.573$，Cohen's $d = -0.155$）；风险-积分匹配条件下有积分系统的驾驶速度显著低于无积分系统情况（$t(13) = -3.511$，$p < 0.01$，Cohen's $d = -0.938$）。

超速比例的结果如图 8-4b）所示。积分系统主效应显著（$F(1, 39) = 23.313$，$p < 0.001$，$\eta_p^2 = 0.374$），有积分系统下的超速比例显著低于无积分系统。积分规则主效应不显著（$F(2, 39) = 2.076$，$p = 0.139$，$\eta_p^2 = 0.096$）。积分系统与积分规则的交互作用显著（$F(2, 39) = 3.389$，$p < 0.05$，$\eta_p^2 = 0.148$）。事前比较发现，高惩罚条件下有积分系统的超速比例显著低于无积分系统情况（$t(13) = -3.442$，$p < 0.01$，Cohen's $d = -0.920$）；低惩罚条件不显著（$t(13) = -1.247$，$p = 0.234$，Cohen's $d = -0.333$）；风险-积分匹配条件下有积分系统的超速比例显著低于无积分系统情况（$t(13) = -3.435$，$p < 0.01$，Cohen's $d = -0.918$）。

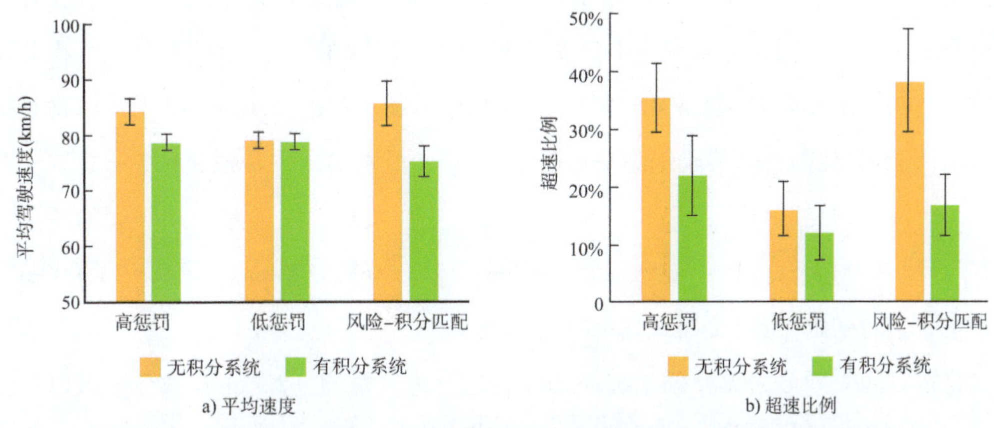

图 8-4　被试在不同实验条件（积分规则）下的驾驶绩效（误差线代表标准误差）

3）结论

研究一发现，积分系统有效降低了驾驶人的驾驶平均速度与超速比例；同时，积分系统仅在高惩罚、风险-积分匹配情况下效果达到显著水平。鉴于高惩罚系统对应成本更高的奖惩系统，故风险-积分匹配的积分系统设置更优。

8.3.2 风险等级——积分正强化力度匹配水平研究

本小节以高速公路中突降异物（如路灯或交通指示牌突然掉落）为外源性危险的典型代表，考察基于风险水平的差异化正强化能否提升驾驶人规避风险行为的概率。行驶过程中前方道路300m处路灯或交通指示牌突然掉落为低风险情况，前方道路100m处发生突然掉落为高风险情况。

1）方法

（1）被试、实验设备与材料。

45位有效被试参加实验。高奖励组15人（9名女性），年龄为20～35岁（M=24.40，SD=0.98），1～10年驾龄（M=3.27，SD=0.61）；低奖励组15人（8名女性），年龄为21～31岁（M=24.13，SD=0.64），1～6年驾龄（M=2.57，SD=0.48）；风险-积分匹配组15人（5名女性），年龄为20～25岁驾龄（M=23.13，SD=0.59），1～7年驾龄（M=2.78，SD=0.51）。三组被试在年龄（F（2，42）=0.538，p=0.588）、驾龄差异（F（2，42）=0.412，p=0.665）上匹配。实验设备与材料与研究一相同。

（2）实验设计与流程。

本实验采用2（积分系统：有与无）×3（积分规则：高奖励、低奖励、风险-积分匹配）的混合设计。积分系统是被试内变量，积分规则是被试间变量。被试在实验开始时被随机分配到3个不同积分规则组中。实验开始时，初始积分为100分。风险-积分匹配组在前方300m出现障碍物且成功规避时得到5分奖励，在前方100m出现障碍物且成功规避时得到15分奖励；高奖励组总是被奖励15分；低奖励组中是被奖励5分。在正式实验中，掉落障碍物是路灯或路牌（图8-5），仅发生在大桥、隧道路段。预设的掉落位置模式有两种：3000m、6000m、8000m、13000m，或2000m、5000m、8000m、12000m（均相对于正式实验初始位置），模式选取在被试间平衡。

实验按时间先后分为无积分系统（20min）、有积分系统（20min）两个阶段以避免积分系统对无积分阶段的干扰，两阶段间至少休息3min。在有积分系统阶段，在车辆中控屏位置呈现积分面板实时显示积分情况，包括总积分、奖励积分与文字提示信息（包含超速告警“您已超速”和躲避障碍物成功提示）。其余与研究一的设置相同。

在无积分系统阶段的开始，被试被告知：

请想象您正处于以下场景中：近日某区域突发 4.4 级地震，您需要前往一个比较偏僻的村庄考察，途经的高速路段年久失修，且因近日的地震出现设施损坏，可能会出现高空坠物，请您在驾驶过程注意，小心驾驶。请注意，接下来的驾驶路段是模拟现实中的高速路段，道路两侧会出现限速牌，请您关注当前限速范围，遵守交通规则。请尽量保持在第二车道行驶！在以上条件下，请您按照您平时的驾驶习惯进行驾驶。

在有积分系统阶段的开始，被试被告知：

“请想象您正处于以下场景中：近日某区域突发 4.4 级地震，您需要前往一个比较偏僻的村庄考察，途经的高速路段年久失修，且因近日的地震出现设施损坏，可能会出现高空坠物，请您在驾驶过程注意，小心驾驶。我们设计了一套面向驾驶人的积分系统，在本实验场景中，该积分系统旨在帮助驾驶人提高警戒意识，规避道路中的风险。该积分系统的规则如下。

①初始积分：本实验开始时，您会拥有初始积分 100 分。

②奖励：若是您在模拟驾驶实验中成功规避道路中出现的意外事故（如高空坠物），则根据规避风险的具体情况，给您一定的积分奖励。

③积分兑换：在全部的实验结束之后，积分兑换商店开启，您可以使用积分进行额外的福利兑换（如充值话费抵扣券等）。

请尽量保持在第二车道行驶！考虑到以上积分系统，请您在之前的情景下进行驾驶。”

a) 路牌掉落示例

b) 路灯掉落示例

图 8-5 行驶中两类掉落障碍物情景示例

（3）数据分析。

研究采用平均速度、超速比例和成功规避障碍的次数作为因变量。其中，成功规避碰撞次数在所有条件下均出现天花板（即几乎全部规避），故不做进一步分析。数据分析采用 2（积分系统）×3（积分规则）的重复测量方差分析，通过事前比较（配对 t 检验）来分析积分系统的作用。

2）结果

平均速度的结果如图8-6a）所示。方差分析表明，积分系统的主效应不显著（F（1，42）= 22.232，p = 0.755，η_p^2 = 0.002）。积分规则主效应不显著（F（2，42）= 0.176，p = 0.840，η_p^2 = 0.008）。积分系统与积分规则的交互作用不显著（F（2，35）= 2.189，p = 0.125，η_p^2 = 0.094）。事前比较发现，高奖励条件下有积分系统的驾驶速度显著低于无积分系统情况（t（14）= −2.518，p < 0.05，Cohen's d = −0.650）；低奖励条件下不显著（t（14）= 1.319，p = 0.208，Cohen's d = 0.341）；风险-积分匹配条件下不显著间（t（14）= −0.540，p = 0.598，Cohen's d = −0.139）。

超速比例结果如图8-6b）所示。方差分析表明，积分系统主效应显著（F（1，42）= 16.229，p < 0.001，η_p^2 = 0.279），有积分系统下的超速比例显著低于无积分系统。积分规则主效应不显著（F（2，42）= 0.085，p = 0.919，η_p^2 = 0.004）。积分系统与积分规则的交互作用显著（F（2，42）= 5.044，p < 0.05，η_p^2 = 0.194）。事前比较发现，高奖励条件下有积分系统的超速比例显著低于无积分系统（t（14）= −3.989，p < 0.01，Cohen's d = −1.030）；低奖励条件下不显著（t（14）= 0.238，p = 0.816，Cohen's d = 0.061）；风险-积分匹配条件下有积分系统的超速比例显著低于无积分系统情况（t（14）= −3.227，p < 0.01，Cohen's d = −0.833）。

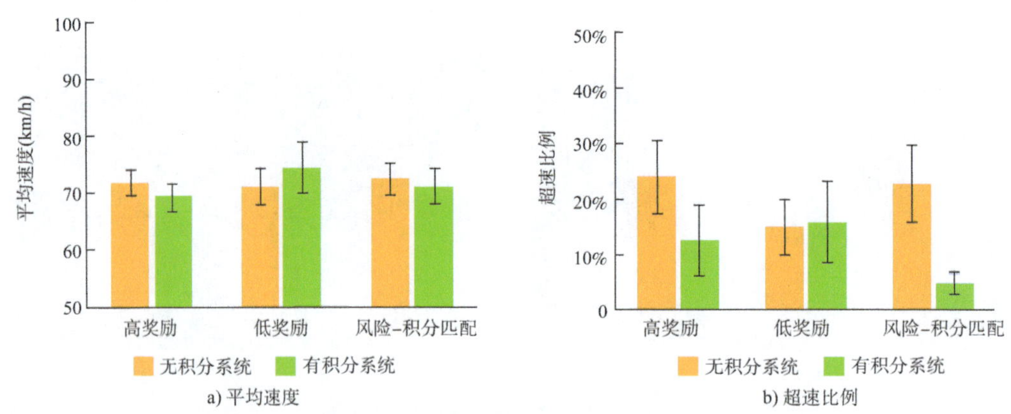

图8-6　被试在不同实验条件（积分规则）下驾驶绩效（误差线代表标准误差）

3）结论

研究二发现，积分系统显著降低超速比例，且积分系统只有在高惩罚、风险-积分匹配情况下效果达到显著水平。鉴于高奖励系统成本更高，因此风险-积分匹配的积分系统，即基于风险水平的差异化奖励，设置更优。

8.3.3　正强化与负惩罚的联合效果研究

本小节旨在上述两个实验基础上，建立完整的正强化与负惩罚积分机制，考察完整的代币矫正技术能否有效地减少驾驶中的风险交通行为。为更好地检验该矫正系统的有效性与适用范围，本小节采用了包含大桥、隧道、急转弯与长下坡四种高速公路场景。

1）方法

（1）被试、实验设备与材料。

42位有效被试参加实验。高奖惩组14人（9名女性），年龄为20～30岁（M=23.43，SD=0.64），0.2～6年驾龄（M=2.57，SD=0.48）；低奖惩组14人（8名女性），年龄为21～27岁（M=23.36，SD=0.48），1～6年驾龄（M=2.64，SD=0.43）；风险-积分匹配组14人（7名女性），年龄为20～25岁（M=22.71，SD=0.37），0.5～6年驾龄（M=2.39，SD=0.39）。三组被试在年龄（F（2，39）=0.606，p=0.551）、驾龄（F（2，39）=0.088，p=0.916）上匹配。

虚拟场景为双向六车道高速公路，包含直道（限速100km/h）、隧道（限速60km/h）、大桥（限速80km/h）、弯道（限速60km/h）和匝道（限速80km/h）路段，总长16km。其余路段限速为100km/h。隧道（长2km）、大桥（长2km）分别出现一次，间隔1km，四种场景出现顺序在被试间平衡。最后路段模拟高速公路出口U形路线，弯道（90°，半径125m）间隔1km出现两次后，再间隔1km，匝道（长3.3km，高度落差132m）出现一次。其余与研究二相同。

（2）实验设计与流程。

本实验自变量为差异化的积分系统。采用2（积分系统：有与无）×3（积分规则：高奖惩、低奖惩、风险-积分匹配）的混合设计。其中积分系统是被试内变量，积分规则是被试间变量。被试在实验开始时被随机分配到不同积分规则的组中。初始积分为100分。高奖励组总是被奖励或惩罚15分；低奖惩组总是被奖励或惩罚5分；风险-积分匹配组在高风险下被奖励或惩罚15分，在低风险下被奖励或惩罚5分。

实验流程与研究二相同。实验按时间先后分为无积分系统（25min）、有积分系统（25min）两个阶段以避免积分系统对无积分阶段的干扰，两阶段间被试至少休息3min。在有积分系统阶段，积分面板实时显示被试的积分情况，包括总积分、变动积分与文字提示信息（包含超速告警“您已超速”和躲避障碍物成功提示）。障碍物掉落设置与研究二相同。在无积分系统阶段的开始，被试被告知：

请注意，接下来的驾驶路段是模拟现实中的高速路段，请您关注当前限速范围，保持行驶过程中注意力集中，遵守交通规则。如果您出现了超速行为，车辆将会发出告警提醒。请尽量保持在第二车道行驶，在转弯时请打转向灯！在以上条件下，请您按照您平时的驾驶习惯进行驾驶。

在有积分系统阶段的开始，被试被告知：

我们设计了一套面向驾驶人的积分系统，在本实验场景中，该积分系统旨在帮助驾驶人提高警戒意识，规避道路中的风险。该积分系统的规则如下：

①初始积分：本实验开始时，您会拥有初始积分100分。

②惩罚：若是您在模拟驾驶实验中出现超速，则根据超速的具体情况，给您一定的积分惩罚。

③奖励：若是您在模拟驾驶实验中成功规避道路中出现的意外事故（如高空坠物），则根据规避风险的具体情况，给您一定的积分奖励。

④积分兑换：在全部的实验结束之后，积分兑换商店开启，您可以使用积分进行额外的福利兑换。

请尽量保持在第二车道行驶，在转时请打转向灯！考虑到以上积分系统，请您在之前的情景下进行驾驶。

（3）数据分析。

研究采用驾驶平均速度、出现障碍物前后500m的平均速度及超速比例作为因变量。由研究二结果发现，成功规避碰撞的次数绩效出现天花板效应，因此，本小节记录了出现障碍物前后500m的车辆速度，以便更好地检验积分系统对躲避碰撞行为的影响。数据分析采用2（积分系统）×3（积分规则）的重复测量方差分析。通过事前比较（配对t检验）来分析积分系统在不同积分规则下的作用。

2）结果

平均速度的结果如图8-7a）所示。方差分析表明，积分系统主效应显著（F（1，39）=17.549，$p<0.001$，$\eta_p^2=0.310$），有积分系统下的驾驶速度显著低于无积分系统。积分规则主效应不显著（F（2，39）=2.236，$p=0.120$，$\eta_p^2=0.103$）。积分系统与积分规则的交互作用边缘显著（F（2，39）=2.451，$p=0.099$，$\eta_p^2=0.112$）。事前比较发现，高奖惩条件下有、无积分系统的驾驶速度差异不显著（t（13）=−1.147，$p=0.272$，Cohen's d=−0.307）；低奖惩条件下有、无积分系统的平均速度差异边缘显著（t（13）=−2.111，

$p=0.055$，Cohen's d = −0.564)，有积分系统下的平均速度较低；风险-积分匹配条件下有积分系统的驾驶速度显著低于无积分系统情况（t (13) = −3.884，$p<0.01$，Cohen's d = −1.038)。

超速比例结果如图 8-7b）所示。方差分析表明，积分系统的主效应不显著(F (1，39) = 0.880，$p=0.354$，$\eta_p^2=0.022$)，积分规则主效应不显著（F (2，39) =0.917，$p=0.408$，η_p^2 =0.045)，积分系统与积分规则的交互作用不显著（F (2，39) =0.009，$p=0.991$，η_p^2 = 0.000)。事前比较发现，高奖惩条件下有积分系统和无积分系统间差异不显著（t (13) = −0.502，$p=0.624$，Cohen's d = −0.134)；低奖惩条件下不显著(t (13) = −0.853，$p=0.409$，Cohen's d = −0.228)；风险-积分匹配条件下亦不显著（t (13) = −0.502，$p=0.624$，Cohen's d = −0.134)。

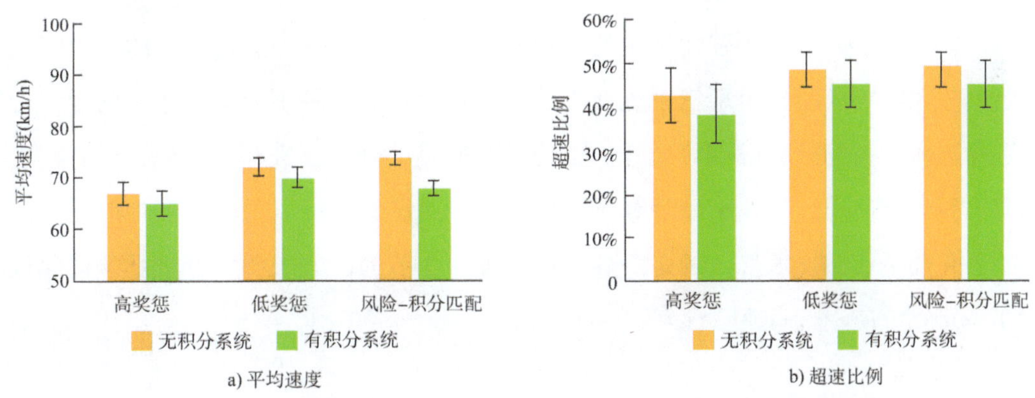

图 8-7　被试在不同实验条件（积分规则）下的驾驶绩效（误差线代表标准误差）

在出现障碍物前后 500m 间的平均速度结果如图 8-8 所示。方差分析表明，积分系统的主效应显著（F (1，39) =17.262，$p<0.001$，$\eta_p^2=0.307$)，有积分系统下的平均速度显著低于无积分系统。积分规则主效应边缘显著（F (2，39) =2.829，$p=0.071$，$\eta_p^2=0.127$)。积分系统与积分规则的交互作用显著（F (2，39) =3.350，$p<0.05$，$\eta_p^2=0.147$)。事前比较发现，高奖惩条件下有、无积分系统的平均速度差异不显著（t (13) = −0.782，$p=0.448$，Cohen's d = −0.209)；低奖惩条件下有积分系统下的平均速度显著低于无积分系统情况(t (13) =

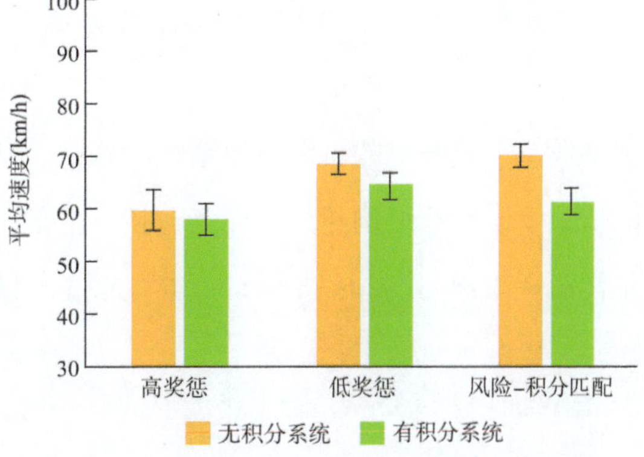

图 8-8　被试在不同实验条件（积分规则）下出现障碍物前后 500m 的平均速度（误差线代表标准误差）

-2.573，$p<0.05$，Cohen's d = -0.688）；风险-积分匹配条件下有积分系统下的平均速度显著低于无积分系统情况（t（13） = -3.797，$p<0.01$，Cohen's d = -1.015）。

3）结论

研究三发现，积分系统有效降低了被试的驾驶平均速度、超速比例和出现障碍物前后500m的平均速度。事前比较进一步发现，积分系统只有在风险-积分匹配情况下效果达到显著水平。因此，风险-积分匹配的积分系统，即基于风险水平的差异化奖罚的设置方式最优。

8.3.4 小结

本节通过三个模拟仿真研究发现，面对自源性（以超速为代表）风险和外源性风险（以突降异物为代表），基于强化理论的代币矫正系统均可有效提升驾驶人的驾驶安全水平，且基于风险等级的代币矫正系统效果最优。且矫正的效果不受驾驶场景的限制，同时正强化与负惩罚的效果具有可比性。更为重要的是，研究三进一步发现，只有当正强化与负惩罚综合使用时，基于风险等级的代币矫正系统效果可以最大程度地凸显，说明了将正强化与负惩罚技术整合的必要性与重要性。本节的研究表明，可将基于强化理论的代币矫正系统应用于高风险行为的自助矫正中。

8.4 面向风险交通行为的自助矫正系统原型

为更好地矫正交通风险行为，有必要将基于告警的被动矫正与基于强化理论的自助矫正技术相结合，实现优势互补：在风险行为出现时给予及时的多通道、差异化告警，从而实现多模态、差异化的自助矫正系统的构建，从而提高矫正系统的有效性。本部分将阐述该自助矫正系统的原型构建。该原型包括三个部分：①基于告警机理设计告警设备；②搭建差异化代币矫正规则设计；③设计差异化矫正系统的交互界面。以下分别予以介绍。

8.4.1 告警设计机理与设备

1）告警设计机理概述

良好的驾驶告警系统可有效避免交通事故发生。告警方式通常可分为单模态和多模态两类。单模态告警指采用视觉、听觉、触觉、嗅觉等单一通道实施告警。多模态告警指同时给驾驶人两种及以上通道的告警方式。目前，单模态与多模态告警主要是视、听、触三类为主，下面介绍这三类告警方式。

（1）单模态告警。

视觉告警根据视觉告警的表达方式分为三类。第一类为通过颜色、光线表达的告警信号，如信号灯、车辆警示灯等。第二类为有含义的抽象图标，包括特异性及非特异性图标，如并未指示是哪种紧急情况的注意危险标志“！”，图标中含有紧急情况的方向和种类等信息则属于特异性图标。第三类为有含义的文本符号，如“前方事故”的文本、70km/h 限速提示等。随着技术的进步，还出现了采用光幕形式呈现文本符号的告警。POLITIS 团队研究发现，在低紧急情况下，驾驶人对抽象符号的告警信号识别比文本告警有更短的反应时间。当驾驶人无法从周边环境感知到具体告警信息时，特异性告警图标可增加驾驶人对高误报驾驶系统的信任，显著降低事故发生的次数；但特异性告警符号也有缺点，如会增加驾驶人的认知负荷。因此，如何使用视觉告警符号需视具体情况决定。

听觉告警包括语音与非语音告警两类。语音告警可采用人的口语进行制作，也可通过合成语音读取文本来实现。非语音告警则包括简单音调、由抽象合成音构成的耳标（Ear-cons），直观传达物体信息及动作的听标。语音告警可包含更多的信息量，从而提高导航效果、增加情景意识程度、减少驾驶人的分心。非语音告警可有效传达紧迫感，在半自动驾驶中普遍将其作为接管的告警信号。

触觉告警是当前多模态告警中的重要组成部分。与听觉告警相比，触觉告警系统更隐秘、更令人感觉到舒适，易被驾驶人接受。触觉告警一般可分为被动与主动显示两种。被动显示如突起的文本、点或者符号，需要驾驶人通过触摸感知。主动告警的情况下，驾驶人不需要通过触摸即可感知到告警信息，如搭载具有转向振动告警的车道偏离告警系统等。触觉告警可通过座椅、转向盘、踏板或安全带呈现，也可通过可穿戴设备呈现。振动刺激在人体不同部位产生的效果不尽相同。如来自步行导航的振动刺激反馈研究发现，耳朵、手腕、手指、脖子和脚具有最高的振动感知能力，耳朵、手指和手腕适合传输方向信息。

（2）多模态告警。

多模态告警系统目前主要通过视、听、触三种通道进行组合。它们又可分为双模态与三模态两类。多模态告警方式有诸多优点。如它可实现在告警有效性和驾驶人满意程度间的平衡、在高负荷水平下仍有效等。由于驾驶会大量占用视觉通道和听觉通道，触觉通道从而在告警系统的设计中具有较大优势，故多模态告警的组合目前除视听告警组合外，设计者主要通过视触、听触、视听触的组合方式告警来弥补视、听相关告警的缺点。HUANG 发现，相比无触觉通道的告警而言，包含了触觉通道的多模态告警均可有效降低驾驶人的制动反应时间。

由于视觉告警可直观传达信息，听觉告警则更易引起注意，故视听告警组合是目前的首选项。根据相关研究发现，视听告警可有效改善驾驶人在左转时的视觉凝视行为；年长驾驶人对视听双模告警也比单模告警反应更快、更准确。视触告警组合相较其他组合告警优势并不明显。REINMUELLER 等发现，视触告警信号仅在执行分心任务的驾驶人中，在反应时上优于单视觉告警信号。听触告警在驾驶人视野受阻、显示器不可使用时可实施有效告警，并可减少自动驾驶接管过程中的信息丢失和错误反应。有关三模态组合告警的优势虽然尚无定论，但越来越多研究支持了三模态告警具有优势的结论。如视听触告警是 L3 自动驾驶中最为有效的接管告警方式。

综上，单模态告警与多模态告警各有优势，需根据具体场景来向驾驶人提供合适的告警方式。在高紧急情况下三模态告警最理想，中低紧急情况下视听告警最合适，而低紧急情况下驾驶人倾向于喜欢单模态的告警方式；同时，听觉告警是最为令人厌烦的报警方式。

2）告警设计与设备参数

根据上述相关分析，本节采用了基于风险等级的告警设计。在低风险下，采用视觉告警，在中低风险下采用视听告警，在高风险下采用视听触告警。为有效传递多通道告警信息，本节设计了基于手环的可穿戴告警设备。该手环的功能与参数介绍如下。

手环的视觉通道可实现文本和图形功能，包括呈现不同限速数字值和图标（如闪烁）。听觉通道可实现蜂鸣频率的设置与调整，如本节实验的告警信号使用 3500Hz 的蜂鸣音调（持续 0.1s、间隔 1.5s；语音响度 68.5dB）。触觉通道可实现 10Hz、持续 2.0s 的振动。

8.4.2 差异化积分矫正规则设计

本节通过问卷调研方式，考察了驾驶人对基于等级风险进行正强化与负惩罚的心理模型，并基于此设计差异化的积分矫正规则。本节通过问卷调研了驾驶人对超速（自源性风险)、异常停车（外源性风险）两类驾驶风险行为的心理模型。驾驶人需从自评和他评两个视角，对不同场景中驾驶行为的风险水平进行评定，并选择合理的积分分值来匹配该风险行为。自评视角是指驾驶人以第一人称视角带入场景中进行评估，他评视角是指驾驶人以第三人称视角将驾驶行为带入场景中进行评估。

本小节共获得 83 份有效问卷（问卷题目如图 8-9 所示）。填写者年龄分布在 19 ~ 41 岁，年龄均值 25.7 岁，无男女选项，驾龄分布在 1 ~ 13.5 年，平均驾龄 4.1 年，近 1 年平均驾驶总里程 2419.3km，平均高速公路驾驶总里程 2009.0km。数据分析时，自评与他评数据合并，以避免在自评下驾驶人对己方风险行为的偏护和对他方风险行为的苛刻。

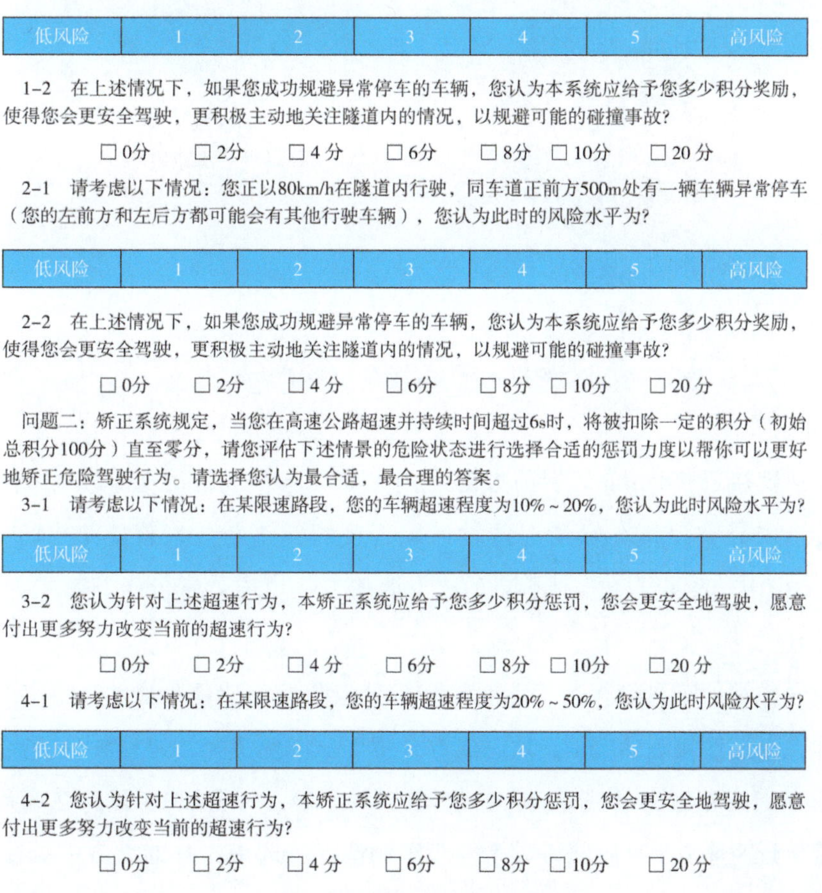

问题一：根据矫正系统规定，当您在驾驶中成功规避前方危险，将获得积分奖励（初始总积分100分）。请您对下述情景的危险状态进行评估，并选择合适的奖励力度以帮您可以更好地安全驾驶。请选您认为最合适，最合理的答案。

1-1　请考虑以下情况：您正以60km/h在隧道内行驶，同车道正前方500m处有一辆车辆异常停车（您的左前方和左后方都可能会有其他行驶车辆），您认为此时的风险水平为?

低风险	1	2	3	4	5	高风险

1-2　在上述情况下，如果您成功规避异常停车的车辆，您认为本系统应给予您多少积分奖励，使得您会更安全驾驶，更积极主动地关注隧道内的情况，以规避可能的碰撞事故?

□ 0分　□ 2分　□ 4 分　□ 6分　□ 8分　□ 10分　□ 20 分

2-1　请考虑以下情况：您正以80km/h在隧道内行驶，同车道正前方500m处有一辆车辆异常停车（您的左前方和左后方都可能会有其他行驶车辆），您认为此时的风险水平为?

低风险	1	2	3	4	5	高风险

2-2　在上述情况下，如果您成功规避异常停车的车辆，您认为本系统应给予您多少积分奖励，使得您会更安全驾驶，更积极主动地关注隧道内的情况，以规避可能的碰撞事故?

□ 0分　□ 2分　□ 4 分　□ 6分　□ 8分　□ 10分　□ 20 分

问题二：矫正系统规定，当您在高速公路超速并持续时间超过6s时，将被扣除一定的积分（初始总积分100分）直至零分，请您评估下述情景的危险状态进行选择合适的惩罚力度以帮你可以更好地矫正危险驾驶行为。请选择您认为最合适，最合理的答案。

3-1　请考虑以下情况：在某限速路段，您的车辆超速程度为10% ~ 20%，您认为此时风险水平为?

低风险	1	2	3	4	5	高风险

3-2　您认为针对上述超速行为，本矫正系统应给予您多少积分惩罚，您会更安全地驾驶，愿意付出更多努力改变当前的超速行为?

□ 0分　□ 2分　□ 4 分　□ 6分　□ 8分　□ 10分　□ 20 分

4-1　请考虑以下情况：在某限速路段，您的车辆超速程度为20% ~ 50%，您认为此时风险水平为?

低风险	1	2	3	4	5	高风险

4-2　您认为针对上述超速行为，本矫正系统应给予您多少积分惩罚，您会更安全地驾驶，愿意付出更多努力改变当前的超速行为?

□ 0分　□ 2分　□ 4 分　□ 6分　□ 8分　□ 10分　□ 20 分

图 8-9　问卷题目

注：此处为自评视角下的，在他评视角下，将题干中的“您”换为“小明”。

1）自车超速

对自车超速程度在10%～20%情况时与自车超速程度在20%～50%情况时两种风险程度感知进行配对样本 t 检验，$t(82)=21.328$，$p<0.01$，表明驾驶人对高速公路不同超速程度的风险感知具有显著差异。

根据不同选项的占比，评估用户对不同情境下的认为合适的惩罚力度（惩罚积分人数分布比例如图8-10所示）。车辆超速程度在10%～20%时，选择2分、4分和6分的人数占据比例相近，最终惩罚的积分取三者的均值，确定为4分。车辆超速程度在20%～50%情况时，选择10分、20分的人数占据比例较大，分别是22.9%和37.3%，并与选择8分的人数占据比例拉开明显差距，最终惩罚的积分取两项的均值，确定为15分。

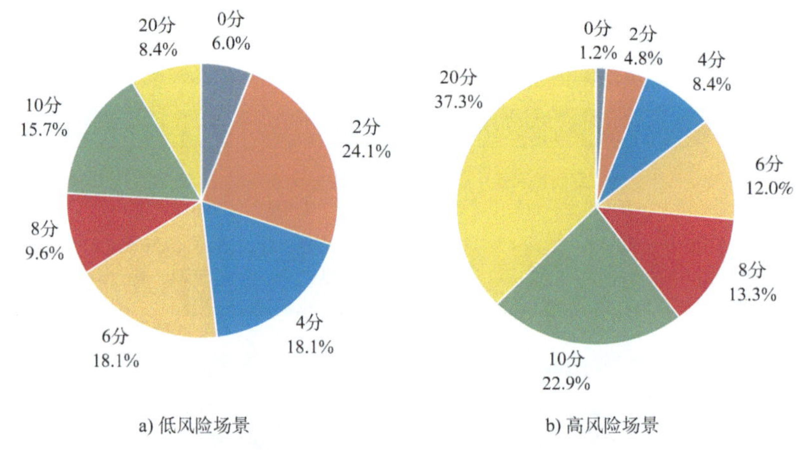

图8-10 不同惩罚积分人数分布比例

2）异常停车

对自车速度接近60km/h时遇前方隧道内异常停车车辆情况与自车速度接近80km/h时遇前方隧道内异常停车车辆情况两种风险程度感知进行配对样本 t 检验，$t(82)=20.647$，$p<0.01$，表明驾驶人对不同车速下遇前方隧道内异常停车车辆情况的风险感知具有显著差异。

对于遭遇异常停车风险行为，不同奖励积分人数分布比例如图8-11所示。在低风险情况下，即自车速度接近60km/h时遇前方异常停车车辆情况，选择0分、2分、4分和6分的人数占据比例相近，分别在16.9%、20.5%、21.7%和20.5%。在高风险情况下，即自车速度接近80km/h时遇前方异常停车车辆情况，选择4分的人数占据比例最高，为28.9%，但选择2分、6分和8分的人数占据比例基本一致，并不能忽略。基于上述结果，低风险下最终奖励的积分取0分、2分、4分和6分四者的均值，确定为3分；高风险下取2分、4分、6分和8分四者的均值，确定为5分。

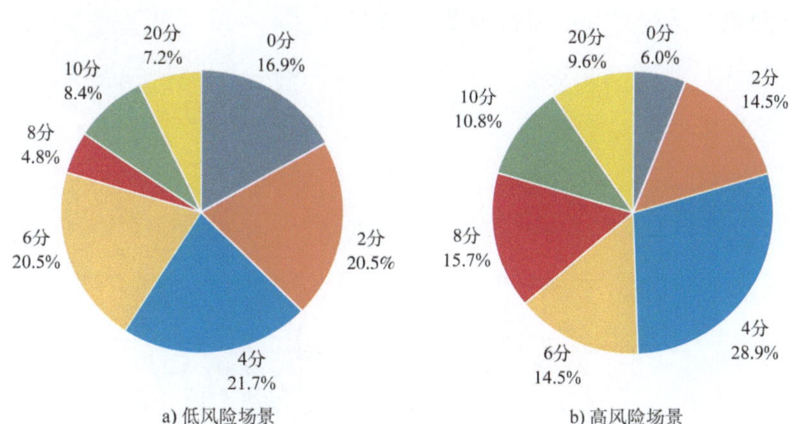

图8-11　选择不同奖励积分人数分布图

3）小结

综合自车超速与异常停车分析结果可看出，驾驶人对不同等级的风险感知有显著差异，且认为有必要对不同等级的风险进行相应的正强化与负惩罚。同时，对于不同的等级风险，驾驶人建议需给出不同的奖惩积分，体现了对风险行为进行差异化矫正的内在需要。

8.4.3　差异化矫正系统的交互界面

差异化矫正系统的积分界面需实时获取车辆状态信息、交通环境信息，从而根据设置规则实现积分奖惩改变。选择恰当的通信协议将模拟器控制单元、车辆传感器设备的数据传输至积分界面后台是首要目标。用户数据报协议（User Datagram Protocol，UDP）是4层模型的传输层协议，区别于传输控制协议（Transmission Control Protocol，TCP）协议，并不会在传输出现错误时提示或自动修改，而是将错误信息直接丢弃。本矫正系统强调传输效率而不是传输的完整性，因此，选择UDP用在模拟平台数据传输这种实时性要求高、容许数据包偶尔丢失的场合。利用网络套接字（Socket）的相关函数创建并完成通信过程。客户端程序运行在仿真实验平台，服务端程序运行在积分显示设备，两者通过局域网连接。虚拟仿真平台将车辆速度、加速度等运行参数以及车辆自身的位置信息实时发送至服务端，使用变量将这些信息保存在积分显示程序，用到某一状态信息时只需调用该变量。UDP通信流程如图8-12所示。

实现通信后使用Python语言中的Pygame模块创建界面以展示积分系统背景、字体等，服务端程序中加入车辆碰撞检测、不同程度的超过限速时计时功能，控制积分值变化并显示。设计的积分系统界面的风格如图 8-13 所示。

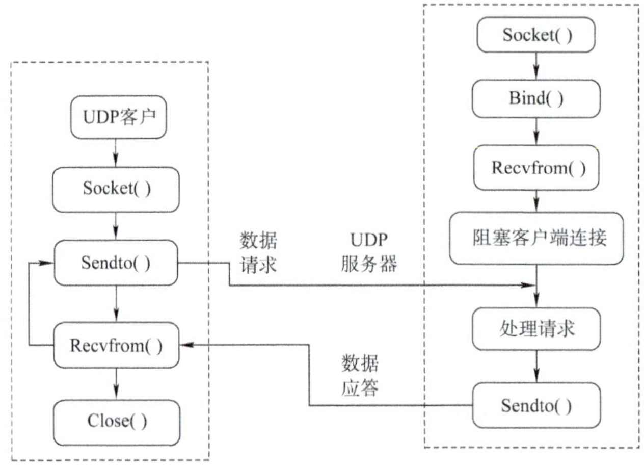

图 8-12 UDP 通信流程简图

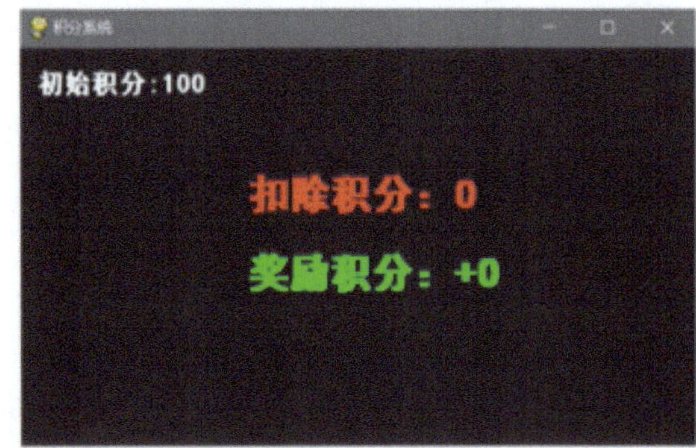

图 8-13 积分系统界面

8.4.4 小结

本节搭建了基于被动矫正与自助矫正技术相结合的面向风险交通行为的多通道、差异化自助矫正系统原型。根据告警机理，对比不同模态告警下的优势，研发了基于不同风险等级下的手环可穿戴式告警设备；通过问卷调研了驾驶人对自源性风险（超速）、外源性风险（异常停车）两类驾驶风险行为，从自评和他评两个视角评定风险水平，合理匹配奖惩积分分值与风险行为，制定差异化矫正规则；利用 Python 语言中的 Pygame 模块设计了差异化矫正系统的交互界面。本节为下一节该矫正系统的效用检验研究提供了理论、技术和装备的支持。

8.5 面向风险交通行为的自助矫正系统效用研究

本节将使用8.4 节搭建的面向风险交通行为的自助矫正系统，并检验该系统的效用。以包含直道、隧道、弯道、匝道路段的高速公路为研究场景，以超速（自源性风险）与隧道内异常停车（外源性风险）为风险交通行为，采用 8.4 节中的矫正规则、设备与交互界面，进行了模拟研究。实验设置了 4 种实验条件：①对照组，无任何矫正方式；②告警组，根据风险等级进行等级风险的被动告警；③矫正组，根据风险等级进行基于强化理论的主动矫正；④告警-矫正组（即基于 8.4 节所搭建的完整自助矫正系统），根据其风险等级同时实施被动告警与基于强化理论的主动矫正。

8.5.1 研究方法

（1）被试。

所有被试均取得 C1 驾驶证，且裸眼或矫正视力均在 4.8 以上。48 位有效被试参加实验，实验过程中无被试出现头晕等模拟器不适应症状。根据实验条件不同将被试分为 4 组，每组 12 人。对照组的年龄为 19 ~ 24 岁（M = 20.38，SD = 1.85；4 名女性），1 ~ 5 年驾龄（M = 1.88，SD = 1.55）；告警组的年龄为 19 ~ 24 岁（M = 20.71，SD = 1.80；5 名女性），1 ~ 5 年驾龄（M = 2.20，SD = 1.52）；矫正组的年龄为 19 ~ 24 岁（M = 21.80，SD = 2.28；5 名女性），0.5 ~ 5 年驾龄（M = 2.30，SD = 1.64）；告警-矫正组的年龄为 18 ~ 25 岁（M = 20.57，SD = 1.87；4 名女性），1 ~ 5 年驾龄（M = 2.50，SD = 1.58）。四组被试在年龄、驾龄上匹配（$p > 0.05$）。

（2）实验设备与材料。

本小节采用6 自由度开发型汽车驾驶模拟器、告警集成设备以及车辆数据采集台和驾驶人眼动信息采集设备进行实验。驾驶模拟硬件实验环境如图 8-14 所示。驾驶模拟器的运动平台控制及执行器的移动和旋转自由度均为 3，6 个动作缸根据平台位置、速度及加速度生成实际的平台运动，负责模拟体感；7 台投影仪形成前方 160°环视、后方 120°水平视角的虚拟视景；图像分辨率为 1920 × 1080，刷新率为 60Hz；10.1in[①] 显示屏与运行

① 1in = 0.0254m。

积分程序的 PC 端连接并安装在座舱中控台位置。

图 8-14　驾驶模拟实验环境

车辆数据采集台和驾驶人眼动信息采集设备如图 8-15 所示。车辆数据采集台记录自车和周围交通车辆的位置坐标以及自车的操作行为数据，采样频率为 60Hz。此外，还利用 monitor 计算机记录驾驶视频，实现驾驶数据回放，观察自车及交通车辆的行驶路径。Smart Eye Pro 头部和视线追踪系统用于采集被试的视觉交互过程，采样频率为 60Hz，该系统配备 4 个 Basler GigE 摄像头，同时摄像头一侧的红外闪烁确保了被试瞳孔的良好检测性能。

图 8-15　车辆行驶信息和眼动采集设备

模拟驾驶场景由三维建模软件 Multigen Creator 建立，并由实景漫游仿真平台 Vega Prime 驱动。虚拟场景为双向六车道高速公路，包含直道、隧道、弯道、匝道路段，总长

17.08km。为使高速公路场景更具代表性，添加两段长度分别为1701m和689m的隧道，根据典型风险场景的特点规定限速值，设立最高限速标志，长、直隧道路段限速80km/h，弯隧道路段限速60km/h，直线路段则限速100km/h，交通量为300辆/h。本小节选取的道路风险交通行为是隧道内自车车速接近60km/h或80km/h时（当前车道前方500m）出现异常停车车辆情形或驾驶人驾车超速。驾驶场景及风险位置如图8-16所示。

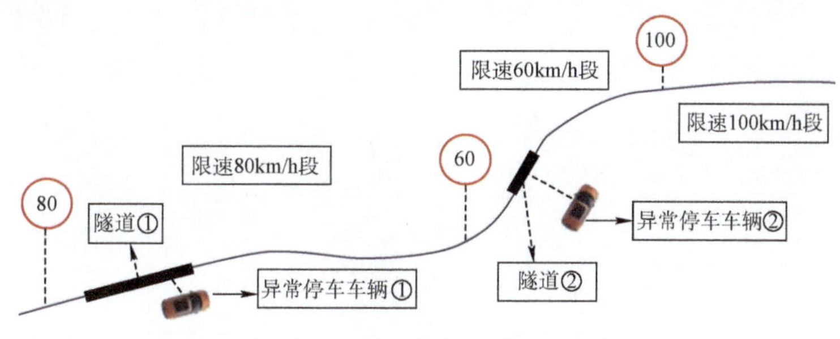

图8-16 驾驶场景及风险位置设置

（3）实验设计与流程。

实验自变量为矫正方式（被试间变量，4个组别）。风险包括2级：低风险（超速10%～20%或自车速度接近60km/h时遇前方异常停车）与高风险（超速20%～50%或自车速度接近80km/h时遇前方异常停车）。

在告警方面，对超速行为，超速10%以内采用视觉告警提醒，超速10%～20%采用速度限制图标+蜂鸣，超速20%～50%是视觉+蜂鸣+振动告警。对隧道内异常停车而言，由于隧道内光线条件不佳，使用视觉信息反而会带来潜在风险。若用户的视觉任务困难，使用听觉和触觉双通道告警效果更好。此外，含有语义信息的告警信号可增加驾驶的安全性及提高驾驶人危险探测能力。故在前方隧道内出现异常停车车辆情况时，我们采用了对驾驶人使用语音听觉通道加触觉通道的多模态告警。结合徐昶等学者的建议，当显示突发性事件时，信息单元上限为3个，由位置、事件及诱导信息组成。因此，告警语音设计为“前方500m有异常停车车辆，请变更车道”。实验指导语如下：

请想象您正处于以下情景中：您从A地上了高速，准备赶往B地参加一个重要的研讨会议。在上高速时，会议负责人打电话来催促您尽快赶到会议现场。所以，您需要在保证驾驶安全的前提下，尽快驱车赶往B地。在以上条件下，请您按照您平时的驾驶习惯进行驾驶。

请您保持在中间车道行驶，如需超车行驶，请在安全变道后驶回中间车道，继续赶往目的地（B地）参加研讨会。请您关注当前道路限速范围，遵守交通规则。

此外，根据被试观察习惯，将告警集成设备佩戴在驾驶人左腕或右腕。风险交通行为的自助矫正系统实验流程如图 8-17 所示。

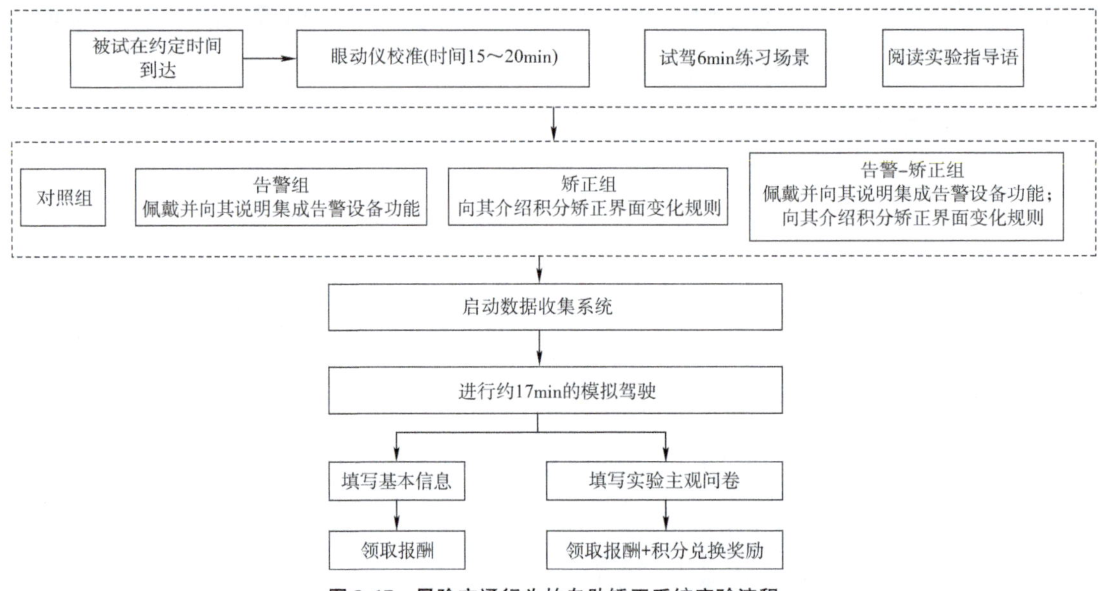

图 8-17　风险交通行为的自助矫正系统实验流程

本小节综合采用驾驶人车辆驾驶表现、视觉特性和主观评价三类评价指标。其中，驾驶人车辆驾驶表现指标包括平均车速、避免碰撞。驾驶人主观评价包含有效度、接受度、使用度、推广度、理解度、满意度、轻松程度和注意力分散程度。驾驶人视觉特性主要是驾驶过程中，驾驶人对特定区域的注意力分配、风险相关区域注视频次和单次视线离开路面的时间，相关数据采用眼动仪进行测量。驾驶人的眼动特性是反映告警是否有效的重要客观指标，有效告警会把驾驶人的注意力吸引到危险源或随后将要采取对策的相关区域。

（4）数据分析。

依照选取的评价指标并挑选出相应的数据，采用单因素方差分析法探究矫正类型（对照组、告警组、矫正组、告警-矫正组）的影响。

8.5.2　研究结果

（1）驾驶人车辆驾驶表现。

不同矫正方式下平均车速如图 8-18 所示。方差分析显示，矫正类型的主效应显著（$F(3, 44)=8.719$，$p<0.001$，$\eta_p^2=0.373$）。事后多重比较检验发现，告警组和对照组间无显著差异（$p>0.05$），矫正组与告警-矫正组间无显著差异（$p>0.05$），但告警组和对照组的驾驶车速均显著高于矫正组与告警-矫正组（$p_s < 0.05$）。上述结果说明，单纯的传统告警作用不明显，而仅仅矫正即可有效降低驾驶人的车速，凸显了基于强化理论矫正的独特作用。

四种矫正方式在不同风险超速行为上的超速比例结果如图 8-19 所示。方差分析表明，四组被试在无风险超速行为（$F(3, 44) = 5.874$，$p < 0.01$，$\eta_p^2 = 0.286$）、低风险超速行为（$F(3, 44) = 12.505$，$p < 0.001$，$\eta_p^2 = 0.242$）以及高风险超速行为（$F(3, 44) = 10.413$，$p < 0.001$，$\eta_p^2 = 0.415$）的超速时间比例上，矫正类型主效应均显著。事后检验表明，在无风险超速方面，矫正组与告警-矫正组的超速比例显著低于告警组（$p_s < 0.05$）；在低风险超速行为方面，矫正组与告警-矫正组的超速比例显著低于对照组（$p_s < 0.05$），告警-矫正组的超速比例显著低于告警组（$p < 0.05$）；其余均不显著。上述结果说明，基于强化理论矫正的效果在无风险与低风险超速情况下有着显著优于传统被动告警的效果。

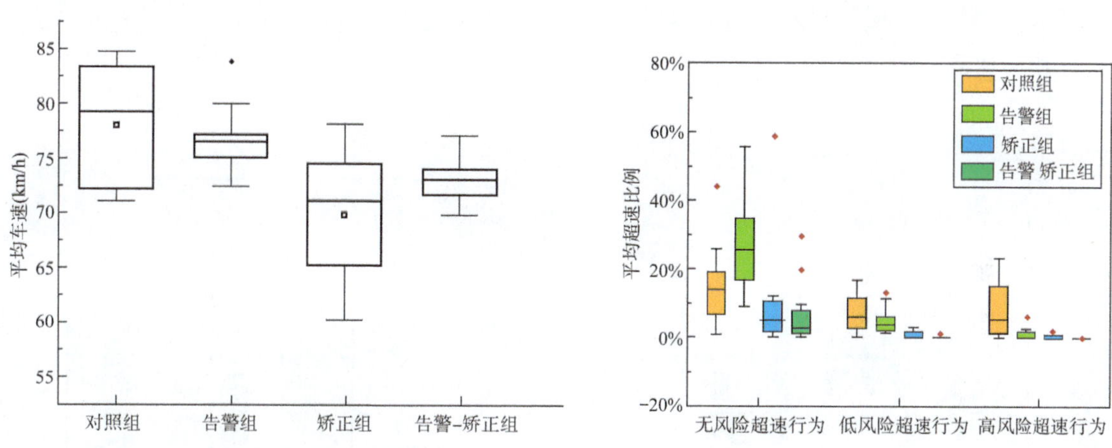

图 8-18　不同矫正方式下平均车速结果　　**图 8-19　不同风险行为下平均超速时间比例分布**

注：箱形图可反映数据的分布特征，上下两条横线代表数据的上下限，中间横线代表中位数，小方框代表平均数，实心原点代表数据分布的值。

提前变道距离是指驾驶人进行变道响应时距异常停车车辆的距离，以避免碰撞。绘制每位被试在存在异常停车车辆道路段的转向盘转角和横向偏移曲线变化图，将出现阶跃时刻作为变道开始时刻，根据该时刻车辆所处坐标值计算提前变道距离。不同矫正组下提前变道距离的结果如图 8-20a）所示。方差分析发现，矫正类型主效应显著（$F(3, 44) = 37.33$，$p < 0.001$，$\eta_p^2 = 0.718$）。配对样本 t 检验结果表明，对照组与矫正组驾驶人提前变道距离结果差异不显著（$p > 0.1$）。这可能是由于对照组与矫正组驾驶人在接近事件点时，均只能通过目视观察风险，进行变道操作。告警组与告警-矫正组驾驶人提前变道距离结果差异显著（$t(11) = -6.369$，$p < 0.01$，Cohen's d = 1.838）。相比于告警组，告警-矫正组中驾驶人在接收到告警信息后，会更积极主动的变换车道进行躲避。此外，告警-矫正组驾驶人提前变道距离显著长于其他三组（$p_s < 0.001$）。

避让时的换道时刻如图8-20b）所示。根据已获得的变道开始时刻位置，进一步根据变道时刻和周围出现交通车的数据，分析驾驶人变道避让时刻与相邻车道后车的碰撞时间。统计驾驶实验录像视频中被试变道避让时刻相邻车道存在后车的样本，挑出交通车类型以及该类型交通车对应的位置、速度数据，其中交通车速度大于自车速度视为有效数据。计算自车与相邻车道后车的相对速度，从而得出数值。学者OLSEN基于碰撞时间将变道避让时刻∈（5.5s，∞）划分为无碰撞危险级别；变道避让时刻∈（3s，5s］为紧急级别；变道避让时刻∈（1s，3s］为紧迫级别；变道避让时刻∈（0，1s］为濒临碰撞级别。对照组存在碰撞时间为1.4s和4.3s的情况，对照组变道过程相比告警组和告警-矫正组更可能引发新的危险。从图中可以看出，告警组和对照组（$t(11) = 3.199$，$p < 0.05$）、告警-矫正组和对照组（$t(11) = 2.817$，$p < 0.05$）间存在显著差异，其他各组均没有显著差异。

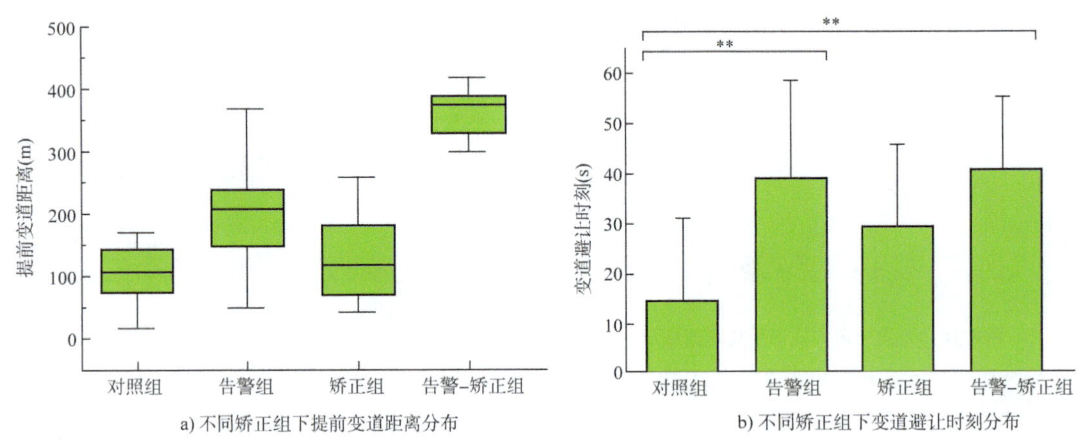

图8-20　不同矫正组提前变道距、变道避让时刻结果

注：误差线代表标准误，“＊＊”代表$p < 0.05$。

（2）驾驶人驾驶中的视觉行为。

为分析驾驶人对特定区域的注意分配，本节给定100ms为最小注视时间，筛选了驾驶人注视时长大于或等于100ms的数据作为一次有效注视。不同矫正组下驾驶人的注视点分布图如图8-21所示。对照组驾驶人对前方道路区域的注视点分散在水平［-20°，

20°]，垂直［-7.5°，10°］区域。相比对照组，其他三组驾驶人对前方道路的注视点更为集中，表现在水平方向的注视角度区间大小均控制在20°左右，且告警组和告警-矫正组垂直方向注视角度有所减小。告警组驾驶人减少了对右侧区域的注视，主要原因是驾驶人能够通过可穿戴设备获取道路一侧限速信息。矫正组驾驶人对车内区域的注视位于水平［5°，35°］，垂直［-25°，-15°］，水平注视角度范围仅次于对照组。多通道告警与差异化矫正两者结合后，驾驶人的注视点变得向车内中间区域靠拢，没有矫正组分散明显。告警组相比对照组，增加了告警集成设备。通过实验后对被试访谈得知，驾驶人多会选择忽略观察到的告警图标信息，参与矫正的被试会选择通过扫一眼中控处屏幕来确定积分的变化。

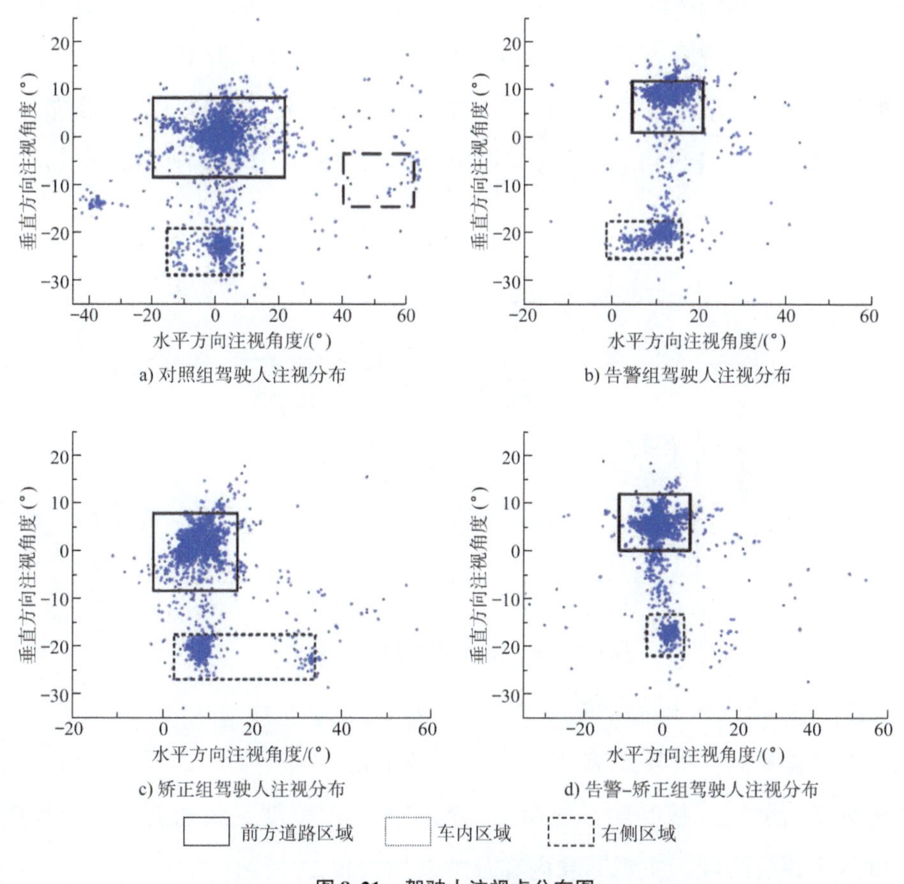

图 8-21　驾驶人注视点分布图

研究采用注意力分配率作为指标，分析了驾驶人在积分界面、车速表上的注意分布情况。注意力分配率是指驾驶人对该区域的注视停留时长占总注视时长的比值。在积分界面方面，告警-矫正组驾驶人注视积分界面频率（12.9 次/min ±1.5 次/min）较矫正组

(17.8 次/min ±1.31 次/min) 显著降低 ($p<0.05$)，表明当积分界面配合告警设备时，驾驶人对积分界面的关注减少，说明告警配合基于强化的矫正有其价值。在车速表方面，告警-矫正组的车速表分配率最低 (8.34 ±0.79)，告警组车速表注意分配率 (10.59% ±0.84%) 和对照组 (11.61% ±0.72%) 相近 ($p>0.05$)，矫正组 (14.25% ±1.30%) 显著高于其他组驾驶人 ($p_s<0.05$)，反映单独进行基于强化的矫正对按照限速驾驶的行为训练效果明显，驾驶人分配更多注意在车速变化上。此外，由于告警-矫正组能够由获得多通道反馈，对车内视觉的分配减少，结合驾驶人的车速控制数据中超速减少程度，差异化矫正结合多通道告警时，达到减速目的的同时驾驶人其余注意力还可以放在前方道路中央区域防止其他风险。

风险相关区域注视频次结果如图 8-22 所示。风险相关区域定义为限速标志牌以及异常停车车辆，用于评估矫正方式是否有效引导用户注意到了风险相关区域。方差分析发现，矫正类型主效应显著 ($F(3, 28)=3.231$, $p<0.05$, $\eta_p^2=0.257$)。事后检验表明，告警-矫正组、告警组的注视频率显著高于对照组 ($p_s<0.05$)；其余差异不显著 ($p_s>0.05$)。

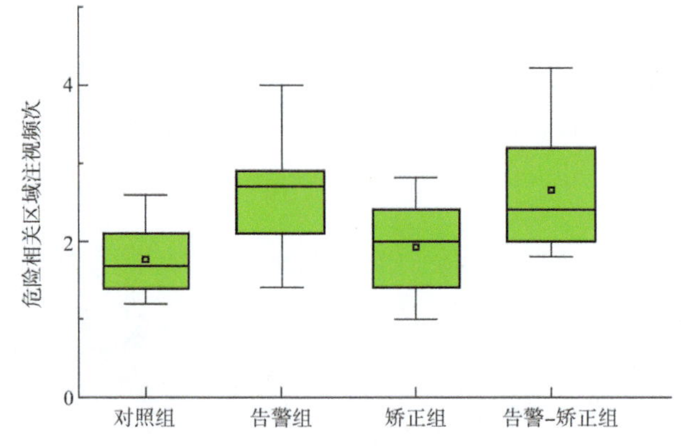

图 8-22　风险相关区域注视频次结果

(3) 驾驶人驾驶后的主观评价。

驾驶人在实验后就三种矫正方式（告警、基于强化的矫正、告警-矫正）进行评价。主观问卷包含了有效度、接受度、使用度、推广度、理解度、满意度、轻松程度和注意力分散程度八个评价维度。主观问卷内容及结果如图 8-23 所示。

通过计算样本观察值平均同意的百分比来体现评价结果。计算方法为计算各组 12 位被试对每道问题的平均得分和 1 的差值以及量表点数 5 与 1 的差值，并求这两项的比值。系统认可同意的平均百分比相关描述性结果见表 8-1。

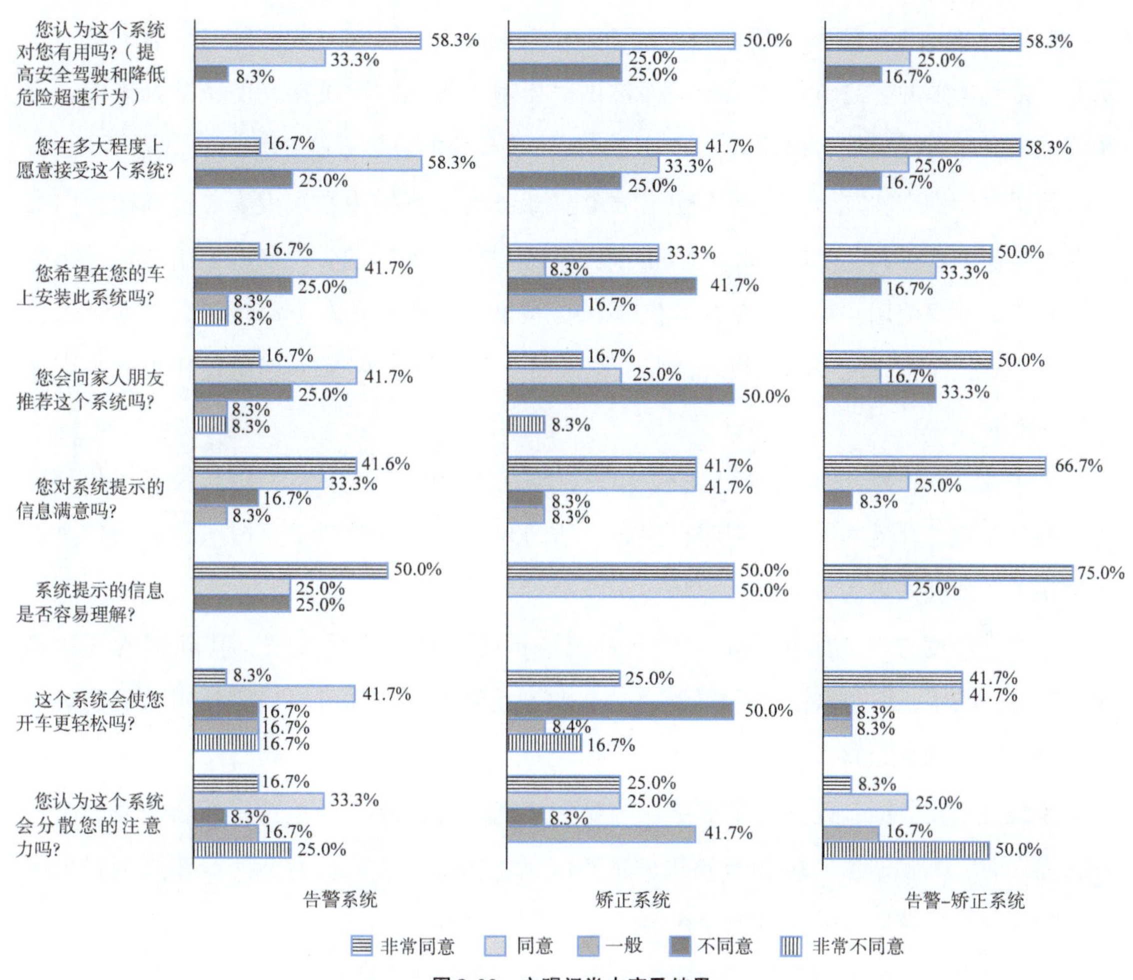

图 8-23 主观问卷内容及结果

驾驶人对系统认可同意的平均百分比 表 8-1

评价内容	告警组	矫正组	告警-矫正组
有效度	87.5%	81.3%	85.4%
接受度	72.9%	79.2%	85.4%
使用度	62.5%	64.6%	83.3%
推广度	62.5%	60.4%	79.2%
满意度	77.1%	79.2%	89.6%
理解度	81.3%	87.5%	93.8%
轻松度	52.1%	52.1%	79.2%
注意力分散度	50.0%	58.3%	31.3%

有效度方面，告警组、矫正组以及告警-矫正组中 80% 以上的驾驶人认为系统在提高安全驾驶和降低危险超速行为上有效，表明告警系统、矫正系统、告警-矫正系统均能有效降低超速行为。

接受度方面，告警-矫正组对该系统的接受度最高，达到85.4%，仅72.9%的被试表示愿意接受单独的多通道告警系统，而被试对于基于强化的矫正接受度位于两者间，表明驾驶人更愿意接受带有积分矫正的系统，而不是单独的告警系统。

使用度和推广度方面，告警-矫正组的被试最愿意于现实中在车上安装该系统及向家人朋友推荐该系统，其使用度和推广度分别达到83.3%和79.2%，而告警组和矫正组的被试则不太愿意使用和推广该系统，仅有60%被试愿意单独在车上单独安装多通道告警系统或差异化矫正系统或将该系统推荐给家人朋友，这与告警-矫正组的使用度和推广度有明显差异。

满意度方面，矫正组与告警组较为接近，均接近80%，而将多通道告警以及积分矫正这两个系统结合后的满意度则明显提高，达到89.6%，表明两个系统组合后的信息提示更完善，驾驶人更满意。

系统理解度方面，所有被试均认为系统提示的信息较容易理解，其理解度均达到80%以上，其中，告警-矫正组认为多通道告警系统和差异化积分矫正系统组合后的可理解度最好，达到93.8%。

系统轻松度方面，仅有一半被试认为施加多通道告警或差异化矫正后会使开车更轻松，而同时施加多通道告警和差异化矫正系统后，79.2%被试认为会使开车更轻松，表明仅施加一种系统时驾驶人可能会在遇到告警或积分变化时比较紧张。

系统的注意力分散方面，同时施加多通道告警和差异化矫正系统的被试中仅有31%认为会被分散注意力，而仅施加多通道告警系统或差异化矫正系统时，更多的驾驶人的注意力会被分散分别达到50%和58.3%，这与系统使用时的轻松度相吻合。

8.5.3 小结

本节使用8.4节搭建的面向风险交通行为自助矫正系统，从驾驶人车辆驾驶表现、视觉特性和主观评价三方面比较了三种矫正方式的效果。研究发现，在驾驶人车辆驾驶表现方面，传统的被动告警组不能有效降低驾驶人车速，而仅基于强化的矫正即可有效降低车速，且基于强化理论的矫正在无风险与低风险超速中均有着优于传统告警的显著优势；在风险行为中的提前变道方面，虽然告警组、告警-矫正组在变道时刻上均优于对照组，但只有告警-矫正组在变道距离上体现了明显的优势。在视觉特性方面，基于强化理论的矫正方案对按照限速驾驶的行为训练效果明显，驾驶人分配更多注意在车速变化上；

同时告警-矫正组可将更多注意投放在前方道路中央区域以防止其他风险，与告警组一样将对危险相关区域的注视频率显著高于对照组。最后，在主观评价方面，尽管在有效性方面驾驶人认为告警系统、矫正系统、告警-矫正系统均能有效降低风险行为，但是在其余的 7 个指标上（接受度、使用度、推广度、理解度、满意度、轻松程度和注意力分散程度）告警-矫正组方案均优于其他两个方案。因此，本小节验证了 8.3 节中有关代币自助矫正系统的有效性发现，并凸显了代币自助矫正的独特优势。同时，构建的风险交通行为自助矫正系统有效结合了被动告警与代币自助矫正的优势，实现了多模态、差异化的有效自助矫正，其效果显著优于传统的被动告警方式。

8.6 本章小结

本章系统介绍了基于强化理论的风险交通行为自助矫正技术。该矫正技术利用了强化理论中的代币矫正技术，并融合了被动告警的优势。系列人因学研究表明，本矫正技术可实现多模态、差异化的有效自助矫正，其矫正效果显著优于传统的被动告警方式。

本章参考文献

[1] DULA C S, BALLARD M E. Development and evaluation of a measure of dangerous, aggressive, negative emotional, and risky driving[J]. Journal of Applied Social Psychology, 2003, 33(2): 263-282.

[2] WANG J. Development of a Society on Wheels: Understanding the Rise of Automobile-dependency in China[M]. Springer Singapore: 2005, 211-232.

[3] REASON J, MANSTEAD A, STRADLING S, et al. Errors and violations on the roads: a real distinction? [J]. Ergonomics, 1990, 33(10-11): 1315-1332.

[4] GUO M, ZHAO X, YAO Y, et al. A study of freeway crash risk prediction and interpretation based on risky driving behavior and traffic flow data[J]. Accident Analysis and Prevention, 2021, 160, 106328.

[5] WIERWILLE W, HANOWSKI R, HANKEY J, et al. Identification and evaluation of driver

errors:Overview and recommendations[R]. United States:Federal Highway Administration, 2002,02(003).

[6] JONES V, GIELEN A, BAILEY M, et al. The effect of a low and high resource intervention on older drivers' knowledge, behaviors and risky driving[J]. Accident Analysis and Prevention, 2012,49:486-492.

[7] PAAVER M, EENSOO D, KAASIK K, et al. Preventing risky driving: A novel and efficient brief intervention focusing on acknowledgement of personal risk factors[J]. Accident Analysis and Prevention, 2013,50:430-437.

[8] EENSOO D, PAAVER M, VAHT M, et al. Risky driving and the persistent effect of a randomized intervention focusing on impulsivity: The role of the serotonin transporter promoter polymorphism [J]. Accident Analysis and Prevention, 2018,113:19-24.

[9] PLANT B R C, IRWIN J D, CHEKALUK E. The effects of anti-speeding advertisements on the simulated driving behaviour of young drivers[J]. Accident Analysis and Prevention, 2017,100:65-74.

[10] WALTER L, BROUGHTON J, KNOWLES J. The effects of increased police enforcement along a route in London[J]. Accident Analysis and Prevention, 2011,43(3):1219-1227.

[11] MA S, YAN X. Examining the efficacy of improved traffic signs and markings at flashing-light-controlled grade crossings based on driving simulation and eye tracking systems[J]. Transportation Research Part F: Traffic Psychology and Behaviors, 2021,81:173-189.

[12] NIU S F, LIU Y J, WANG L, et al. Effects of different intervention methods on novice drivers' speeding[J]. Sustainability, 2019,11(4),1168.

[13] JONGEN E M M, BRIJS K, MOLLU K, et al. 70 km/h Speed limits on former 90 km/h roads[J]. Human Factors: The Journal of Human Factors and Ergonomics Society, 2011,53(6):771-785.

[14] ZHOU H, ATIQUZAMAN M. Wrong-way driving on motorways[G]. In: Vickerman (Ed.), International Encyclopedia of Transportation, Elsevier: 2021,751-760.

[15] STARKEY N J, CHARLTON S G, MALHOTRA N, et al. Drivers' response to speed warnings provided by a smart phone app[J]. Transportation Research Part C: Emerging Technologies, 2020,110:209-221.

[16] HORREY W J, WICKENS C D, ALEXANDER A L. The effects of head-up display clutter

and in-vehicle display separation on concurrent driving performance[J]. Proceedings of the Human Factors and Ergonomics Society Annual Meeting,2003,47(16):1880-1884.

[17] WINKLER S,KAZAZI J,VOLLRATH M. How to warn drivers in various safety-critical situations-Different strategies,different reactions[J]. Accident Analysis and Prevention,2018,117:410-426.

[18] FENG J,DONMEZ B. Designing feedback to induce safer driving behaviors:a literature review and a model of driver-feedback interaction[J]. Human Factors:2013,404-410.

[19] TORRES M A,MEGÍAS A,CATENA A,et al. Opposite effects of feedback contingency on the process of risky decisions-making[J]. Transportation Research Part F:Traffic Psychology and Behaviour,2017,45:147-156.

[20] SKINNER B F. The behavior of organisms:An experimental analysis[J]. Appleton-Century,1938.

[21] SKINNER B F. Some contributions of an experimental analysis of behavior to psychology as a whole[J]. American Psychologist,1953,8(2):69-78.

[22] RAYMOND G. M. 行为矫正——原理与方法 第5版[M]. 石林等译. 北京:中国轻工业出版社,2018.

[23] MULLEN N W,MAXWELL H,BéDARD M. Decreasing driver speeding with feedback and a token economy [J]. Transportation Research Part F:Psychology and Behaviour,2015,28:77-85.

[24] PEER S,MUERMANN A,SALLINGER K. App-based feedback on safety to novice drivers:Learning and monetary incentives[J]. Transportation Research Part F:Traffic Psychology and Behaviour,2020,71:198-219.

[25] DUNCAN M,WIJNANDS J S,ANTHONY H,et al. The effect of ´smart´financial incentives on driving behaviour of novice drivers[J]. Accident Analysis and Prevention,2018,19(2018):68.

[26] MAZURECK U,VAN-HATTEM J. Rewards for safe driving behavior:Influence on following distance and speed[J]. Transportation Research Record,2006,1980(1):31-38.

[27] RANNEY T A. Psychological Fidelity:Perception of Risk[M]. United States:CRC Press,2011.

[28] ERIKSSON A,STANTON N A. Takeover time in highly automated vehicles:Noncritical

transitions to and from manual control[J]. Human Factors,2017,59(4):689-705.

[29] NAROTE,SANDIPANN P. A review of recent advances in lane detection and departure warning system[J]. Pattern Recognition,2018,73:216-234.

[30] KERSAVAGE K,SKINNER N P,BULLOUGH J D,et al. Investigation of flashing and intensity characteristics for vehicle-mounted warning beacons[J]. Accident Analysis and Prevention,2018,119:23-28.

[31] SCHWARZ F,FASTENMEIER W. Augmented reality warnings in vehicles:Effects of modality and specificity on effectiveness[J]. Accident Analysis and Prevention,2017,101:55-66.

[32] POLITIS I,BREWSTER S,POLLICK F. To beep or not to beep? Comparing abstract versus language-based multimodal driver displays[C]//Proceedings of the 33rd annual ACM conference on human factors in computing systems. 2015:3971-3980.

[33] POLITIS I, BREWSTER S, POLLICK F. Using multimodal displays to signify critical handovers of control to distracted autonomous car drivers[J]. International Journal of Mobile Human Computer Interaction (IJMHCI),2017,9(3):1-16.

[34] SCHWARZ F,FASTENMEIER W. Visual advisory warnings about hidden dangers:Effects of specific symbols and spatial referencing on necessary and unnecessary warnings[J]. Applied Ergonomics,2018,72:25-36.

[35] NEES M A,HELBEIN B,PORTER A. Speech auditory alerts promote memory for alerted events in a video-simulated self-driving car ride[J]. Human Factors,2016,58(3):416-426.

[36] LARSSON P,NIEMAND M. Using sound to reduce visual distraction from in-vehicle human-machine interfaces[J]. Traffic Injury Prevention,2015,16(sup1):25-30.

[37] KO S,KUTCHEK K,ZHANG Y,et al. Effects of non-speech auditory cues on control transition behaviors in semi-automated vehicles:empirical study,modeling,and validation[J]. International Journal of Human-Computer Interaction,2021,1-16.

[38] JI Y G,LEE K,HWANG W. Haptic perceptions in the vehicle seat[J]. Human Factors and Ergonomics in Manufacturing & Service Industries,2011,21(3):305-325.

[39] QI T,YANG J. Relationship between sound perception and acoustics of seat-belt warning sound[J]. Human Factors and Ergonomics in Manufacturing & Service Industries,2021,31(6):693-705.

[40] DIM N K, REN X. Investigation of suitable body parts for wearable vibration feedback in walking navigation[J]. International Journal of Human-Computer Studies, 2017, 97:34-44.

[41] HUANG G, PITTS B J. The effects of age and physical exercise on multimodal signal responses: Implications for semi-autonomous vehicle takeover requests [J]. Applied Ergonomics, 2022, 98, 103595.

[42] BAZILINSKYY P, PETERMEIJER S M, PETROVYCH V, et al. Take-over requests in highly automated driving: A crowdsourcing survey on auditory, vibrotactile, and visual displays [J]. Transportation Research Part F: Traffic Psychology and Behaviour, 2018, 56:82-98.

[43] BAKHTIARI S, ZHANG T, ZAFIAN T, et al. Effect of visual and auditory alerts on older drivers' glances toward Latent Hazards while turning left at intersections[J]. Transportation Research Record, 2019, 2673(9), 117-26.

[44] LUNDQVIST L M, ERIKSSON L. Age, cognitive load, and multimodal effects on driver response to directional warning[J]. Applied Ergonomics, 2019, 76:147-154.

[45] REINMUELLER K, STEINHAUSER M. Adaptive forward collision warnings: The impact of imperfect technology on behavioral adaptation, warning effectiveness and acceptance[J]. Accident Analysis and Prevention, 2019, 128:217-229.

[46] GEITNER C, BIONDI F, SKRYPCHUK L, et al. The comparison of auditory, tactile, and multimodal warnings for the effective communication of unexpected events during an automated driving scenario [J]. Transportation Research Part F: Traffic Psychology and Behaviour, 2019, 65:23-33.

[47] LEE J, YANG J H. Analysis of driver's EEG given take-over alarm in SAE level 3 automated driving in a simulated environment[J]. International Journal of Automotive Technology, 2020, 21(3):719-728.

[48] ADELL E, VARHELYI A, HJAELMDAHL M. Auditory and haptic systems for in-car speed management-A comparative real life study [J]. Transportation Research Part F: Traffic Psychology and Behaviour, 2008, 11(6):445-458.

[49] MARSHALL D C, LEE J D, AUSTRIA P A. Alerts for in-vehicle information systems: annoyance, urgency, and appropriateness[J]. Human Factors, 2007, 49(1):145-157.

[50] BALDWIN, CARRYL L. Designing in-vehicle technologies for older drivers: Application of sensory- cognitive interaction theory[J]. Theoretical Issues in Ergonomics Science, 2002, 3

(4):307-329.

[51] ROSARIO H D, LOUREDO M, DIAZ I, et al. Efficacy and feeling of a vibrotactile Frontal Collision Warning implemented in a haptic pedal[J]. Transportation Research Part F: Traffic Psychology and Behaviour, 2010, 13(2): 80-91.

[52] HAAS E C, ERP J V. Multimodal warnings to enhance risk communication and safety[J]. Safety Science, 2014, 61: 29-35.

[53] SERRANO J, DI STASI L L, MEGías A, et al. Effect of directional speech warnings on road hazard detection[J]. Traffic Injury Prevention, 2011, 12(6): 630-635.

[54] 徐昶,荣建,伍毅平,等. 基于驾驶人视认特性的可变情报板文字信息优化[J]. 公路交通科技,2020,37(09):113-119.

[55] ZHANG Y, YAN X, LI X, et al. Changes of drivers' visual performances when approaching a signalized intersection under different collision avoidance warning conditions[J]. Transportation Research Part F: Traffic Psychology and Behaviour, 2019, 65: 584-597.

[56] PENG J, GUO Y, FU R, et al. Multi-parameter prediction of drivers' lane-changing behaviour with neural network model[J]. Applied Ergonomics, 2015, 50: 207-217.

[57] OLSEN E C B, LEE S E, WIERWILLE W W, et al. Analysis of distribution, frequency, and duration of naturalistic lane changes [G] In: Proceedings of the Human Factors and Ergonomics Society Annual Meeting. Sage CA: Los Angeles, CA: SAGE Publications, 2002, 46(22): 1789-1793.

[58] FALKMER T, GREGERSEN N P. A comparison of eye movement behavior of inexperienced and experienced drivers in real traffic environments[J]. Optometry and Vision Science Official Publication of the American Academy of Optometry, 2005, 82(8): 732-739.